中国先秦史学会会长兼秘书长宫长为主持开幕式

山东省文旅厅产业处处长张百科（左）代表厅长王磊与济南市委常委、宣传部长杨峰（右）为“山东省嬴秦文化研究转化发展基地”揭牌

中共济南市莱芜区委书记朱云生会见参会专家学者，左为中国城市经济学会会长、中国社科院原副秘书长兼科技局局长晋保平

山东省社科联党组书记、副主席刘致福讲话

山东孙子研究会会长张建设致辞

济南市委常委、宣传部长杨峰出席会议并讲话

中共莱芜区委副书记、区长秦蕾致辞

山东孙子研究会顾问王伟力演讲

中国先秦史学会济南嬴秦文化研究基地、中国先秦史学会中华远古文明研究基地主任刘宗元做大会筹备报告

山东省人大教科文卫委员会副主任委员毕玉惠出席会议

部分领导专家合影：巴金文、李光合、孟祥才、刘宗元李平生、毕玉惠、江林昌（从左至右）

赠书仪式

参会领导和专家实地考察

参会领导、专家在嬴城遗址考察

中国先秦史学会顾问、河北师范大学教授沈长云致辞

山东社会科学院副院长张少红致辞

山东大学儒学高等研究院党委书记李平生致辞

泰山学院副院长王雷亭就《中华嬴秦文化园旅游总体规划》做相关说明

济南市文旅局党组副书记、副局长苏文致闭幕词

刘宗元（中）、柳明瑞（右）、刘家文（左）

济南市嬴秦文化研究院院长柳明瑞做学术发言

山东九羊集团原董事长、监事长许庆奎致答谢词

参会领导和专家参观嬴秦文化产业园规划情况

参会领导及专家在嬴城遗址合影

媒体采访专家曹定云

研讨会会场

嬴秦文化研究与成果转化

——中国·济南第三届嬴秦文化暨中华嬴秦文化园规划研讨会文集

主编　宫长为　刘宗元

山东大学出版社
SHANDONG UNIVERSITY PRESS

图书在版编目（CIP）数据

赢秦文化研究与成果转化：中国·济南第三届嬴秦文化暨中华嬴秦文化园规划研讨会文集 / 宫长为，刘宗元主编 .—济南：山东大学出版社，2021.9
ISBN 978-7-5607-6908-0

Ⅰ . ①嬴… Ⅱ . ①宫… ②刘… Ⅲ . ①文化史 - 中国 - 秦代 - 文集 Ⅳ . ① K233.03-53

中国版本图书馆 CIP 数据核字（2021）第 089352 号

策划编辑　唐　棣
责任编辑　李　淼
封面设计　张建刚

出版发行　山东大学出版社
社　　址　山东省济南市山大南路 20 号
邮政编码　250100
发行热线　（0531）88363008
经　　销　新华书店
印　　刷　山东华立印务有限公司
规　　格　720 毫米 ×1000 毫米　1/16
　　　　　29.5 印张　2 插页　466 千字
版　　次　2021 年 9 月第 1 版
印　　次　2021 年 9 月第 1 次印刷
定　　价　86.00 元

编 委 会

序

宫长为

摆在案头的这部书稿，即《嬴秦文化研究与成果转化——中国·济南第三届嬴秦文化暨中华嬴秦文化园规划研讨会文集》一书，将由山东大学出版社正式出版发行，谈点我的学习心得。

大家知道，嬴秦文化作为中华民族优秀传统文化的重要组成部分，在中国古代文明生成和发展过程中占有极其重要的历史地位，产生了广泛的、深远的影响。持续开展嬴秦文化研究，深入挖掘嬴秦文化的内涵和精神价值，肩负起时代的使命，肩负起历史的重托，有着重要的历史意义和积极的现实意义。

山东莱芜地处鲁中，泰山东麓，历史悠久，嬴秦文化源远流长。当地有识之士、专家学者经过二十年不断的精心打造，与时俱进，推陈出新，走创造性转化、创新性发展之路，引领嬴秦文化研究，探索中华远古文明，提升嬴秦文化内涵，传承中华文明基因，成为嬴秦文化研究的代表和区域文化研究的楷模。

如果我们稍加回顾，不难发现所走过的心路历程可以分为两个阶段、三个时期。

大体上说来，21世纪前十年，艰辛努力，积极探索，可谓十年生聚阶段；后十年，奋发有为，开拓进取，可谓十年升华阶段。这期间历经三个时期，第一个时期，以2011年9月首届中国·莱芜嬴历史文化学术研讨会为标志，确立“嬴秦始源”，夯实理论基础，构建中国先秦史学会嬴秦文化研究基地。

第二个时期，以 2017 年 10 月中国·莱芜第二届嬴秦文化与远古文明工作会议为标志，立足远古文明，开拓学术视野，构建中国先秦史学会中华远古文明研究基地。第三个时期，以 2019 年 11 月中国·济南第三届嬴秦文化暨中华嬴秦文化园规划研讨会为标志，深化学术成果转化，返本开新，构建中国先秦史学会嬴秦文化五省交流促进会。诚如老子所言，“道生一，一生二，三生万物，万物负阴而抱阳，冲气以为和”，形成了从文化事业的发展到文化产业的开发，实现新旧动能转换，开创嬴秦文化研究新局面，开启嬴秦文化研究新格局。

本书正是 2019 年 11 月中国·济南第三届嬴秦文化暨中华嬴秦文化园规划研讨会论文集汇编。前有本届嬴秦文化暨中华嬴秦文化园规划研讨会总结，可观其貌；后附嬴秦文化研究大事记，可观其成。其中第一部分收录各级领导致辞讲话为首；第二部分集中讨论中华嬴秦文化园规划；第三部分着重进一步探讨嬴秦历史与考古，同时侧重进一步阐释嬴秦文化精神与东夷文化关系。可以说是近年来嬴秦文化研究的集中体现，也是嬴秦文化成果转化的集中展现。

近些年来，我们更加觉得，改革开放以来重大成果就是由“三个自信”到“四个自信”，即由道路自信、理论自信、制度自信到道路自信、理论自信、制度自信、文化自信。文化自信是最根本的、最深沉的，源于对中华优秀传统文化的传承，只有文化自信，才能文化自觉；只有文化自觉，才能文化自强，才能走上中华民族伟大复兴之路。我们走进新时代，继续推进改革开放，由“四个现代化”到“五个现代化”，即由农业、工业、国防、科技现代化到农业、工业、国防、科技、国家治理体系和治理能力的现代化，这是重要的现代化，将引领我们走向“两个一百年”，实现中华民族的伟大梦想。

我们正处在这样一个伟大的时代，正处在这样一个历史转折关头。亦如习近平总书记所说，历史是一面镜子，鉴古知今，学史明智。嬴秦文化就是一面镜子，值得我们深思，值得我们传承。

2020 年 12 月 6 日凌晨于京东大运河

目　录

致辞讲话

放眼“嬴园”

研究论文

附 录

致辞讲话

中国·济南第三届嬴秦文化暨中华嬴秦文化园规划研讨会总结

宫长为

尊敬的各位领导、各位来宾、各位专家学者、社会各界朋友们、同志们：

大家下午好！

中国·济南第三届嬴秦文化暨中华嬴秦文化园规划研讨会即将圆满结束。在这里，我受大会组委会的委托，对本届研讨会作以小结，不妥之处，敬请批评。

应当指出，在党的十九届四中全会精神的指引之下，在深入学习贯彻落实习近平总书记新时代中国特色社会主义思想的过程中，我们来自全国著名高等院校、科研院所百余位专家学者，紧紧地围绕着嬴秦文化这一主题，展开了广泛、深入的探讨，取得了丰硕的学术成果。

可以这样说，我们在嬴秦历史文化的研究过程中，继第一届、第二届嬴秦文化研讨会的基础上，本届学术研讨会超出我们预期的目的，取得了空前圆满的成功！

为什么这样说呢？有以下三点理由。

其一，各级领导高度重视。本届学术研讨会自筹备以来，始终得到山东省委省政府、济南市委市政府，包括我们莱芜区委区政府主要领导的高度重视，并有专门的批示，从而确保前期的各项准备工作高效运转，畅通顺达，为本届学术研讨会圆满成功地举行，奠定了坚实的基础。

其二，主办、承办、协办单位全面配合。本届学术研讨会由中国先秦史学会、山东社会科学院、山东大学儒学高等研究院、山东孙子研究会、中共济南市委宣传部、济南市文化和旅游局联合主办，中国先秦史学会济南嬴秦文化研究基地、中国先秦史学会中华远古文明研究基地、泰山学院、济南市嬴秦文化研究院、济南市莱芜区委宣传部、济南市莱芜区文化和旅游局、莱芜区羊里街道办、山东九羊集团、山东普阳集团联合承办，莱商银行、朗进集团、兰陵集团、鲁能泰山酒业、山东万兴食品公司、山东利民保洁公司联合协办，我们的主办单位、承办单位包括协办单位，阵容庞大，上下齐心，为本届学术研讨会圆满成功地举行，提供了组织的保障。

其三，与会代表广泛认同。本届学术研讨会，来自全国著名高等院校、科研院所的专家学者，包括地方嬴秦文化的代表，涉及历史学、考古学、文献学、军事学、旅游学、博物馆学、文化遗产学、城市经济学等诸多学科领域，为本届学术研讨会的圆满成功举行，奠定了学术支撑。

也正因如此，本届学术研讨会有以下三个亮点。

一是文旅融合，主题突出。不言而喻，本届学术研讨会主题即研讨中华嬴秦文化园规划方案，强调文旅融合，从而更好地推动嬴秦文化研究成果产业化，发挥嬴秦文化在新旧动能转换中的作用，将文化优势转化为社会、经济发展新动力，带动地方经济建设和文化事业迈上一个新的台阶。

二是开幕厚重，主题彰显。无须赘言，本届学术研讨会开幕式直奔主题，气势恢宏，高潮迭起。从嘉宾致辞到领导讲话，从专题汇报到项目说明，从揭牌仪式到现场赠书，无不匠心别致，十二项议程倾力打造，拉开学术研讨会的帷幕。

三是论坛纷呈，主题深化。众所周知，本届学术研讨会形式与内容紧扣主题，主题报告与大会发言相结合，学术研究与实地考察相结合，我们不仅分享了专家学者丰硕成果的饕餮盛宴，而且观摩了中华嬴秦文化园绚丽的宏伟蓝图，达到形式与内容的完美结合。

由是，本届学术研讨会给我们带来三大成果，出于大手笔，需要大联合，能作大文章。

所谓“大手笔”。济南市嬴秦文化研究院（原莱芜嬴秦文化研究院）组织策划实施了嬴秦文化研究成果产业化，精心打造建设中华嬴秦文化园，并与山东九羊集团、泰山学院合作编制中华嬴秦文化园规划，现已顺利完成中华嬴秦文化园项目总规。我们的嬴秦文化研究，终于由里而外、由上而下，实现文旅融合。

所谓“大联合”。中国先秦史学会济南嬴秦文化研究基地《关于成立中国先秦史学会嬴秦文化五省交流促进会的建议》，现经中国先秦史学会常务理事会研究，同意依托中国先秦史学会济南嬴秦文化研究基地，成立中国先秦史学会嬴秦文化五省交流促进会，并决定任命中国先秦史学会济南嬴秦文化研究基地主任刘宗元先生为中国先秦史学会嬴秦文化五省交流促进会会长，从而更加充分地发挥山东、河南、山西、陕西、甘肃各省优势，统筹规划，协同创新，联合考古调查，联合学术探讨，联合开发利用，共同推动嬴秦文化研究，以取得更好、更多的学术成果。

所谓“大文章”。以重识嬴秦遗存、重识嬴秦文化、重识嬴秦历史为特征，孙敬明先生的《考古所见莱芜嬴秦早期文明——从嬴城遗址群谈起》，提出嬴城遗址群的概念，探讨早期都、邑、聚关系，以及如何展示中华嬴秦文化园与古代文明区域相契合；邓庆昌先生的《浅谈汶阳遗址在嬴秦文化研究中的地位》，着重探析汶阳遗址的文化内涵和年代问题等，可以作为重识嬴秦遗存的代表；刘宗元先生的《嬴秦文化研究的深化与成果转化》，徐日辉先生的《文旅融合的大手笔：中华嬴秦文化园规划方案解读》，田亚岐先生、刘明科先生的《早期东西文化交流视野下的嬴秦族西迁》，李健民先生的《东夷文化与嬴秦西迁》等，可以作为重识嬴秦文化的代表；孟祥才先生的《嬴秦与战争》，吕文郁先生的《伯夷与伯翳》，王珏先生的《〈史记·秦本纪〉所载秦早期史迹》，柳明瑞先生的《以统一为宗旨——“嬴秦特色”四论之一》，葛志毅先生的《嬴秦兴亡的历史启示》，李学功先生的《从活化文化的场域和视角走近秦的历史与文化》，王学理先生的《革新·创新·强立——秦汉文化史迹的警示》等，可以作为重识嬴秦历史的代表。

各位代表，2011 年，当清华简《系年》刚刚发布的时候，我们恰好举行第一届嬴秦文化学术研讨会；2017 年，当党的十九大胜利召开之时，我们正好举行第二届嬴秦文化研讨会；2019 年，当党的十九届四中全会胜利闭幕之际，我们刚好举行第三届嬴秦文化学术研讨会。前者奠定了嬴秦文化研究的基础；党的十九大提出由“三个自信”到“四个自信”，给我们以信心、给我们以力量；党的十九届四中全会提出由“四个现代化”到“五个现代化”，开启了我们研究的新视野，指明了我们研究的新方向。

各位代表，我们正处在这样一个重要的历史发展时期，正处在百年不遇的大变局，同样我们的嬴秦文化研究，也正处在这样一个重要时刻。我们有理由相信，以本次学术研讨会为契机，进一步推动嬴秦文化研究，为弘扬中华民族优秀传统文化、实现中华民族伟大复兴的中国梦继续做出我们的新贡献。

最后，我们预祝中华嬴秦文化园早日建成，祝福山东济南莱芜区的明天更加美好，我们伟大祖国的明天更加美好！

（作者单位：中国先秦史学会）

在中国·济南第三届嬴秦文化暨中华嬴秦文化园规划研讨会上的致辞

杨　峰

尊敬的宫长为会长，尊敬的各位领导、各位来宾，同志们、朋友们：

大家上午好！

霜叶缤纷，山峦锦绣。初冬时节，我们共聚嬴秦故里，迎来了第三届嬴秦文化暨中华嬴秦文化园规划研讨会。在此，我代表中共济南市委、济南市人民政府，向各位领导、各位专家的到来表示热烈的欢迎，对大家长期以来给予济南的关心和支持，表示衷心的感谢！

济南南倚泰山、北跨黄河，拥有8000多年的泉水史、5000多年的文明史、2600多年的建城史，历史文化悠久，人文底蕴深厚。早在新石器时代就有先民在此繁衍生息，大汶口文化、龙山文化等远古文明在这里孕育，先圣大舜曾耕于历山，战国神医扁鹊、唐朝名相房玄龄、一代名将秦琼、著名词人李清照、爱国诗人辛弃疾、元曲大家张养浩等都曾生活居住于济南，“诗圣”杜甫在这里留下了“海右此亭古，济南名士多”的千古佳句。我们今天所在的莱芜区，历史上恰处齐鲁两国交界地，齐风鲁韵在此融汇，长勺之战、一鼓作气、管鲍分金、齐鲁会盟等历史上的著名典故和重大事件发源与发生于此，从而奠定了莱芜在中国历史长河中的独特地位。

今年年初，济南莱芜进行了区划调整，这是以习近平同志为核心的党中央做出的一项重大决策部署，是山东发展史上具有里程碑意义的一件大事，对于推动济南和莱芜长远可持续发展，增进济南和莱芜人民群众福祉，都具有重大的现实意义和深远的历史意义。当前的济南，正处在加快高质量发展、向“万亿俱乐部”跨越的重要窗口期，国家新旧动能转换先行区、中国自由贸易试验区济南片区、黄河流域生态保护和高质量发展等三大国家战略交会叠加，为济南发展带来了千载难逢的发展机遇和巨大的发展空间。我们始终牢记习近平总书记殷切嘱托，按照山东省委省政府“让济南这个山东经济龙头扬起来”的要求，大力推动新旧动能转换，加快建设“大强美富通”现代化国际大都市，努力争创国家中心城市。今天的济南，正以前所未有的势头，全面赶超、跨越发展、强势崛起。

济南作为历史文化名城，是远古文明富集地、南北文化交会地、齐鲁文化交界地、嬴秦文化发祥地。近年来，在中国先秦史学会的指导和省内外专家学者的大力支持下，我们深入挖掘嬴秦历史文化资源，先后召开了两届全国性研讨会，形成了《嬴秦始源》《嬴秦文化与远古文明》《嬴姓溯源》等一批重要学术成果，莱芜区作为“伯益封地、嬴秦祖里”，其地位在先秦史学界已形成广泛共识。区划调整后，市委市政府对嬴秦文化研究高度重视，省委常委、市委书记王忠林同志对这次研讨会专门做出批示，提出具体要求。今天的研讨会，将围绕嬴秦始源、嬴秦文化与远古文明、东夷文化、嬴秦文化与孙子兵法等主题进行深入交流，就中华嬴秦文化园旅游总体规划的科学性、可行性进行充分探讨。这既是对近年来嬴秦文化最新研究成果的交流、总结和提升，也进一步明确了今后嬴秦文化保护开发的方向和重点，必将对深化嬴秦文化研究、推动优秀传统文化传承弘扬、不断扩大济南文化影响力产生重大而深远的影响。在此，衷心希望与会的专家学者能够一如既往地支持嬴秦文化的研究阐发，讲好嬴秦故事，传承嬴秦精神，推动成果转化；也衷心希望大家对济南发展多提宝贵意见，多献真知灼见，多谋妙计良策，为建设“大强美富通”现代化国际大都市做出更大贡献。

最后，预祝研讨会圆满成功！祝各位嘉宾在济期间生活愉快，平安健康！

谢谢大家！

（作者单位：中共济南市委宣传部）

在中国·济南第三届嬴秦文化暨中华嬴秦文化园规划研讨会上的致辞

秦　蕾

尊敬的各位领导、各位来宾、各位专家、同志们：

今天，我们相聚在大舟山脚下、嬴秦祖里，共话嬴秦文化，共同交流研讨，感受文化魅力，传承文化精神。在此，我谨代表莱芜区委区政府，对本次大会召开表示热烈祝贺！对各位领导、专家的到来表示诚挚的欢迎，对大家长期以来对莱芜工作的关心支持表示衷心的感谢！

莱芜历史悠久，文化灿烂。这里有中国最古老的长城——齐长城和鲁长城，是修建最早、保存最好的原始长城；这里是大汶口文化的发源地，齐风鲁韵在这里交会，孔子观礼、夹谷会盟流传至今；长勺之战留下了一鼓作气的千古佳话；莱芜战役揭开了人民解放军战略反攻的序幕。

其中，我们最引以为荣的——莱芜是嬴秦祖里，秦始皇嬴政的祖先少昊就出生在这里，国家级文物保护单位——嬴城遗址是嬴秦文化的起源地。嬴秦文化作为中华文明探源工程的重大课题，随着嬴秦文化研究成果在学术界影响愈加深入广泛，嬴秦文化探研对增强莱芜历史厚重感、提升影响力和知名度，必将发挥越来越重要的作用。

优秀的传统文化，镌刻着历史烙印，沉淀了文化精髓。面对新时代习近平总书记提出“推动社会主义文化繁荣兴盛”的新要求，面对莱芜转型发展、赶超跨越的新使命，面对人民群众追求美好生活的新期待，进一步全面细致研讨嬴秦文化的价值所在，恰逢其时，意义重大。我们相信，这次会议的成功举办，必将进一步增进社会各界对嬴秦文化的了解，动员更广泛力量挖掘保护好这些宝贵资源，实现历史文化的新传承；必将进一步丰富嬴秦文化内涵，提升莱芜人民文化自信，打造莱芜传统文化的新亮点；必将进一步带动文化产业做大做强，培育跨越发展的新优势，为推动莱芜高质量发展提供强大动力。

昨天的莱芜，因文化而魅力无限；明天的莱芜，亦会因文化而前景无限。嬴秦文化的每一步传承发展，都凝结着上级领导的关心和支持，都凝结着专家学者的无私奉献和指导，都凝结着社会各界的鼎力参与和帮助。我们将认真聆听、积极采纳各位领导和专家提出的宝贵意见建议，以扎实有效的工作，加快推动嬴秦文化品牌和中华嬴秦文化园规划建设，努力将文化优势转化为发展优势，不辜负各位领导、专家的关心厚爱。

最后，预祝中国·济南第三届嬴秦文化暨中华嬴秦文化园规划研讨会圆满成功，祝各位领导、各位来宾身体健康，工作顺利，万事如意！

谢谢大家！

（作者单位：济南市莱芜区人民政府）

在中国·济南第三届嬴秦文化暨中华嬴秦文化园规划研讨会上的致辞

沈长云

各位女士、各位先生，各位领导、各位专家学者：

大家上午好！

值此中国·济南第三届嬴秦文化暨中华嬴秦文化园规划研讨会召开之际，我谨代表中国先秦史学会对这次大会的召开表示热烈的祝贺！向来自全国各地出席这次会议的各位领导、各位专家致以亲切的问候和衷心的感谢！

嬴秦文化是中国传统文化中一支优秀的文化代表，是东夷文化的核心。它的发祥地在以曲阜为中心的山东中部地区，包括济南市莱芜区。这一地区是整个中国传统文化的发祥地，为中国传统文化的发生、发展起到了奠基的作用。

嬴秦文化具有悠久的历史，它最早的祖先少昊氏所在的时代可以追溯到与华夏祖先黄帝同样的年代。其所代表的文化是大汶口文化，而大汶口文化是新石器时代文化的重要代表。这里发现有我国最早的文字资料和复杂的社会组织，已经接近文明的前夜，因而可以说对中国古代文明起到了奠基的作用。

嬴秦族更直接的祖先是皋陶与伯益，他们与尧、舜、禹生活在同一个时代，佐助大禹，对中国第一个早期国家夏朝的建立做出了杰出的贡献。

嬴秦族的后人一部分西迁，经过长途跋涉，最终落脚在甘肃东部天水一带，受周封为秦国。他们在那里繁衍生息，但不忘自己在东方的老家、根脉。后将势力扩展到陕西关中地区乃至整个中国西部，最终实现了中国的统一，建立了中国第一个多民族的专制主义中央集权的大一统国家，为中国的历史发展做出了更加伟大的贡献！

嬴秦文化具有十分丰厚的内涵，值得仔细深入地探究。我们已经围绕嬴秦文化研究召开了两次学术研讨会，这是第三次。还有在北京召开的《嬴秦始源》首发式和纪录片《嬴秦帝国探源》开机仪式，学界影响巨大，社会影响深远。这说明大家关心、关注、认可嬴秦文化，希望我们这次研讨会能围绕大会议题进行更加深入的探讨，取得更加丰硕的成果！

感谢有关单位对这次研讨会的组织付出的辛勤劳动，预祝大会取得圆满成功！

谢谢大家！

（作者单位：河北师范大学）

在中国·济南第三届嬴秦文化暨中华嬴秦文化园规划研讨会上的致辞

张建设

尊敬的各位领导、各位嘉宾、各位朋友，女士们、先生们：

大家好！

我们怀着十分喜悦的心情前来参加并参与主办这次中国·济南第三届嬴秦文化暨中华嬴秦文化园规划研讨会。首先，我代表山东孙子研究会对这次活动的成功举行表示衷心的祝贺！

嬴秦文化是中华民族优秀传统文化的重要组成部分。莱芜作为嬴秦始源之地，文化底蕴深厚，堪称人杰地灵。难能可贵的是，莱芜有刘宗元主任这样一批有识之士，在党委、政府的支持下，在中国先秦史学会的指导下，满腔热情，脚踏实地，勇于担当，坚持不懈，从研究嬴秦祖源起步，再到探讨嬴秦文化与远古文明的关系，又到今天共商嬴秦文化与产业化的路径，二十年初心不变，以强烈的责任感和可贵的奉献精神，投身于嬴秦文化研究，取得了丰硕的成果。不仅在当地生根开花，而且延伸到三秦大地；不仅致力于学术研究，而且带动文化产业；不仅在莱芜市存续期间搞得风生水起，而且在莱芜市划归济南之后，一以贯之，进一步做大做强，使之上升到了济南市历史文化源头之一的重要地位，纳入了济南市文化建设的统一布局。这既反映了济南市党政领导的政治远见，也体现了嬴秦文化研究者的执着精神，对此，我们深表钦佩！

嬴秦文化与孙子兵学文化息息相关、一脉相承。诞生于2500年前春秋时期的《孙子兵法》，是中华民族的文化瑰宝，也是承前启后的历史遗产。明人茅元仪评价说："前孙子者，孙子不遗；后孙子者，不能遗孙子。"以此而论，孙子兵学文化也蕴含着嬴秦先祖的智慧，并影响着嬴秦后世的发展。故研究孙子兵学文化不能离开嬴秦文化，研究嬴秦文化也必然涉及孙子兵学文化，两者相互融通，相得益彰。正因如此，近年来我们山东孙子研究会和中国先秦史学会济南嬴秦文化研究基地、济南市嬴秦文化研究院不断加强交流合作，促进了双向发展。刘宗元主任担任我们研究会的顾问，每次研讨都积极发表真知灼见，多次在研究会介绍研究成果。我们研究会专家委员会主任、山东大学孟祥才先生，这次也来参加会议并作大会发言。他的发言，也充分阐释了嬴秦文化与兵学文化的历史渊源。

传承弘扬优秀传统文化，是实现中华民族伟大复兴的应有之意，也是我们的使命担当，让我们在习近平新时代中国特色社会主义思想指引下，不忘初心，牢记使命，携手共进，砥砺前行，推动中华优秀传统文化创造性转化、创新性发展，促进文化强省建设，为实现中华民族伟大复兴的中国梦做出更大的贡献。

祝大会圆满成功！祝大家万事如意！

谢谢！

（作者单位：山东孙子研究会）

在中国·济南第三届嬴秦文化暨中华嬴秦文化园规划研讨会上的致辞

张少红

尊敬的各位领导、各位专家学者、同志们：

大家上午好！

正当全国深入学习贯彻党的十九届四中全会精神之际，中国先秦史学会、山东社会科学院、山东大学儒学高等研究院、山东孙子研究会与济南市委宣传部、济南市文化和旅游局共同主办的中国·济南第三届嬴秦文化暨中华嬴秦文化国规划研讨会开幕了，我谨代表山东社会科学院对会议的召开表示热烈祝贺！向出席会议的各位领导和专家学者表示热烈欢迎和衷心感谢！

党的十八大以来，习近平总书记充分肯定了中华传统文化的历史地位和价值，明确要求推动中华民族优秀文化的创造性转化、创新性发展，为历史研究工作提供了根本遵循，指明了历史研究的方向。著名历史学家李学勤先生在为《嬴秦文化与远古文明》一书作序时指出："随着中国古代文明研究不断推进，特别是有关嬴秦文化的考古发现与研究，让我们不仅要重新估价中国古代文明，而且要重新认识嬴秦文化，进一步深入发掘嬴秦文化的内涵，探索嬴秦文化的精神价值，这对当代中国和未来中国的发展都将有着重要的学术价值和积极的现实意义。"[①] 济南市嬴秦文化研究起

① 李学勤：《嬴秦文化与远古文明·序》，宋镇豪主编：《嬴秦文化与远古文明》，中国文史出版社2018年版，第2页。

步较早，2011 年召开了首届嬴历史文化学术研讨会，确立了莱芜“嬴秦始源”的历史地位；2017 年山东社会科学院与中国先秦史学会、莱芜市委宣传部共同召开了第二届嬴秦文化与远古文明工作会议，围绕“嬴秦文化与中华远古文明”进行了深入探讨，与会专家学者就山东地区为中华远古文明的重要源头和摇篮、嬴秦为中华远古文明的重要开创者、中华文化大融合的主要推动者、中华古代文明的集大成者达成共识；2018 年又举办了论文集《嬴秦文化与远古文明》首发式。济南市嬴秦文化研究院的同志们二十年如一日，执着追求，勤奋研究，取得了可喜成果，确立了济南市莱芜区为“嬴秦祖里”，以嬴秦文化研究为切入点，推动了山东地区远古文明研究，取得了丰硕成果。在开展嬴秦文化学术研究的同时又谋划研究成果产业化，与九羊集团、泰山学院密切合作编制了《中华嬴秦文化园旅游总体规划》提交本次会议研讨，以使规划更加科学完善，为建设中华嬴秦文化园奠定了基础。他们的工作得到了中国先秦史学会和先秦史学界的认可和好评。在济南莱芜区划调整不到一年时间里，又筹办了第三届嬴秦文化暨中华嬴秦文化园规划研讨会，既深化嬴秦文化学术研究又推动研究成果的转化，变文化优势为经济社会发展优势，实属难能可贵。

山东社会科学院一直高度重视山东东夷文化研究，重视嬴秦文化研究。东夷文化是华夏文明的重要源头，嬴秦是东夷文化的重要开创者，嬴秦文化是东夷文化的重要组成部分和优秀代表。我们已经连续举办了七届东夷文化论坛，有力地推动了山东远古文明研究不断深化。我们将一如既往支持参与嬴秦文化研究，支持嬴秦文化研究成果产业化，助推新旧动能转换。同时也建议山东各有关中华远古文明研究领域的社会组织加强合作，围绕嬴秦文化与东夷文化，嬴秦文化与夏文化、商文化、周文化的关系展开深入探讨，共同推动山东远古文明的研究不断取得新成就，为全省经济社会文化发展，为中华文化的发扬光大做出更大贡献。

最后，衷心感谢为这次会议做出贡献的各位同仁！祝研讨会圆满成功！祝各位领导、专家和同志们身体健康，事业顺利，阖家幸福！

谢谢大家！

（作者单位：山东社会科学院）

在中国·济南第三届嬴秦文化暨中华嬴秦文化园规划研讨会上的致辞

李平生

各位领导、各位嘉宾、各位同仁：

大家好！

非常高兴来到莱芜参加第三届嬴秦文化暨中华嬴秦文化园规划研讨会。作为这次活动主办单位之一的代表，我首先要对各位来自全国各地专家学者的到来，表示衷心的感谢和热烈的欢迎；同时，作为山东大学儒学高等研究院一名成员，我要转达执行院长王学典教授对这次会议召开的祝贺，并借此机会对济南市嬴秦文化研究院所取得的成果表达我个人的崇高敬意！

近二十年来，原莱芜市人大常委会第一副主任刘宗元，带领柳明瑞、刘家文、许庆奎等有识之士，怀着对乡土文化的挚爱和对中华文化的敬意，坚持不懈地开展嬴秦文化研究，以精准的眼光确定了将嬴秦始源作为研究突破口，并与中国社会科学院、中国先秦史学会等单位和团体密切合作，在著名学者李学勤、孟世凯、宋镇豪的指导和参与下，达成了莱芜是“伯益封地，嬴秦祖里”“嬴秦始源”“秦之先土”等多项共识，取得了丰硕成果。

这次研讨会的召开正值全国上下学习贯彻党的十九届四中全会精神的开局之时，也是全国高校作为第二批单位开展“不忘初心，牢记使命”主题教育的关键阶段。这次研讨会聚焦于文化自信，是贯彻落实党的十九大精神、十九届四中全会精神的生动体现，同时也与我们山东大学儒学高等研究院的初心使命同频共振。

山东大学的办学目标之一是致力于打造中华优秀传统文化传承创新最有代表性的大学，儒学高等研究院的发展定位是在中华优秀传统文化“创造性转化，创新性发展”中担当重任，建成世界儒学研究重镇。我们的目标定位与济南市嬴秦文化研究院的探索追求有着关联相同之处。正因为如此，虽然儒学高等研究院未能参与前两届的嬴秦文化研讨会，但是获邀参与主办第三届嬴秦文化暨中华嬴秦文化园规划研讨会，我们仍然感到荣幸，充分认识到参加这次研讨会的学术价值，为此组织了 5 名学者来参加这次学术盛会。

经了解，前面两届研讨会已经打下了很好的基础，相关工作扎实推进。这次召开的是第三届嬴秦文化暨中华嬴秦文化园规划研讨会，其主题围绕着研究深化和成果转化而展开。这个思路引发了我关于进一步升华嬴秦文化研究的思考，初步的想法是“一马当先，两翼齐飞，三足鼎立，四方来朝”。

所谓“一马当先”，就是要在全国打造嬴秦文化研究的高地，成为全国的龙头，推进全国各地嬴秦文化研究攀上新高峰；所谓“两翼齐飞”，就是要在不断深化嬴秦文化学术研究的同时，扎实推进学术成果的产业转化，如这次将要研讨的中华嬴秦文化园规划，实现学术深化与产业转化两轮驱动，齐头并进；所谓“三足鼎立”，就是要实现上述目标，则必须立足于政府主导、学术支撑和社会支持，三者同时发力，协同共进；所谓“四方来朝”，顾名思义，就是要引领全国各地乃至世界各国的学者来积极参与和大力支持，引领嬴秦文化研究走出国门，走向世界，讲好中国故事，传播中国声音。

深化嬴秦文化研究，探讨中华嬴秦文化园规划，是一个综合性的大课题，需要各个方面共同努力。我在这里只是表达个人的意见建议，供大家参考。

最后，预祝第三届嬴秦文化暨中华嬴秦文化园规划研讨会取得圆满成功！谢谢大家！

（作者单位：山东大学儒学高等研究院）

在中国·济南第三届嬴秦文化暨中华嬴秦文化园规划研讨会上的讲话

晋保平

尊敬的杨峰部长、尊敬的刘宗元主任，各位领导、各位专家：

大家上午好！

非常高兴再次来到既古老又年轻的济南市莱芜区参加这次盛会，在这里我对会议召开表示热烈的祝贺！

过去二十年来，以刘宗元主任为首的莱芜嬴秦文化研究团队在中国先秦史学会指导下，在嬴秦文化研究方面取得了巨大成就，在此我表示衷心祝贺，对这个团队表示诚挚敬意。对于嬴秦文化虽然我知之甚少，但我意识到这不单单是一个地域文化，而是涉及了整个中华民族文明史。我非常同意刘宗元主任说的，嬴秦文化研究需要继续深化，更要加快转化。嬴秦文化研究成果没有在著名的高等院校里完成，也没有在著名的国家科研机构里完成，而是在这么一个民间非企业组织里完成，这实在令人感叹！因此，我就想到，如果我们没有莱芜嬴秦文化研究团队二十年来孜孜以求的这种对文化的执着，很难出这样的研究成果。

过去我们在科研机构要做一项研究、写一本书，首先国家得培养一批人，还要注入巨资，还要给予充足的时间。写一本通史要几年、十几年甚至几十年，这是一种文化投入。现在我国在这方面投入确实也不少，但是真正在文化建设与研究方面能够拿出多少使我们充分体现文化自信胆识和成果呢？也不是很多。莱芜嬴秦文化研究团队研究资金主要靠社会捐助和政府有限的支持，却取得了如此丰厚的成果，有两个关键因素。一个是刘宗元主任和以他为首的这个团队，一个是中国先秦史学会会长宫长为和学会旗下的众多专家。一个孜孜以求、矢志不渝，一个鼎力相助、全面指导。两者相辅相成、高度融合，才取得了嬴秦文化研究令人瞩目的成就。

中国社会科学院有113个类似中国先秦史学会这样的学会，可以说占据了中国绝大多数学科领域学科高地。我们感觉这些学会靠政府来运作有一定难度，靠高校和科研机构也有一定难度，恰恰在中国先秦史学会这个平台上我们发现大多数会员是来自不同高校、不同科研院所的专家学者，包括在座的很多专家。应该说他们的学术成就集中体现了当今先秦史研究的最高学术水平，而且他们都集中在中国先秦史学会旗下，所以中国先秦史学会、济南市嬴秦文化研究院在社科研究领域给我们提供了很成熟可行的经验和做法。

这次会议的亮点就是不断深化嬴秦文化研究，同时加快嬴秦文化研究成果转化。刚才泰山学院副院长王雷亭先生对中华嬴秦文化园规划方案作了很好的介绍。我非常同意嬴秦文化研究不断深化、将成果转化的问题，所谓深化这在历史研究方面过去不能算禁区吧，至少在一定程度上是我们历史学研究方面的一个空白。莱芜嬴秦文化研究团队集二十年之功，在这方面做了很多研究，也取得了很多成绩。但是我们很难设想用二十年的时间就能把过去以嬴秦文化为主要内容的一段远古的东西能说得非常清楚，所以需要深化。但是我感觉到研究成果转化也非常重要，由此我就想到2019年1月2日习近平总书记致中国社会科学院中国历史研究院成立的贺信。中国历史研究院是在我们过去若干个历史研究所和历史学会的基础上成立的一个研究院。这个研究院应该说是在中央的精心指导、坚强领导下成立的。总书记贺信非常重要，总结了历史经验，揭示了历史规律，掌握了历史趋势，要求尽快构建中国特色的哲学社会科学的学科体系、学术体系、话语体系，不仅对我们历史学研究，而且对我们中国社会科学院乃至对全国的哲学社会科学领域都具有非常明确的指导意义。

莱芜围绕嬴秦文化研究开了三次全国研讨会，出版了《嬴秦始源》《嬴姓溯源》《嬴秦文化与远古文明》等著作以及《嬴秦文化研究》《嬴秦学刊》等杂志，这些成果我认为在一定程度上已经把我们嬴秦文化这个学科当中的基本要义提炼出来了。我希望在这个基础上继续深化研究，在嬴秦文化的学科体系、学术体系、话语体系这方面做出更大的成绩。中华嬴秦文化园的规划建设是一个亮点，是非常重要的。特别是我们听取了规划设计的简要说明，我非常赞同他们的观点。我认为嬴秦文化园的建设可能是一个长期的事情，但这件事情做好了就有可能成为国家品牌，甚至具有世界影响的一个文化产业。这让我联想到了西安的兵马俑，最初农民挖出来的时候不知道是什么东西，但是他们就从简单的考古学研究开始，逐步成为妇孺皆知、世界影响力巨大的国家品牌。我认为中华嬴秦文化园建设应该有这样的志向，嬴秦文化资源具有厚重的历史文脉，而且园区区位优势明显，指导思想明确，通过各方努力完全有可能打造成为一个具有国家品牌形象、具有世界影响的文化产业。

我考察过很多文化旅游项目，开始风风火火，但是过一段时间以后就难以为继，为什么做不下去了呢？是因为没有“文化”， 没有“文化”就没有灵魂。文化产业如果没有灵魂就不会长久。过去有一个讲法叫“文化搭台、经济唱戏”。我认为在当时条件下可能有一定道理，但是现在来看，文化不仅要搭台，而且要唱戏，要唱主角。所以我希望中华嬴秦文化园要按照规划按部就班、循序渐进地实施下去。嬴秦文化园建设过程中，要在创意、规划、设计、施工以及运营各个环节乃至整个过程中，突出嬴秦文化的元素，用文化的理念去创办企业，用文化的内容和内涵去设计产品，用文化的精神去经营企业，用文化的力量去推动企业发展，这是非常重要的。这个文化园要成为文化型的产业、研究型的产业。

谢谢大家！

（作者单位：中国城市经济学会）

在中国·济南第三届嬴秦文化暨中华嬴秦文化园规划研讨会上的讲话

刘致福

各位领导、各位专家学者、同志们：

大家上午好！

在全国上下深入学习贯彻党的十九届四中全会精神的重要时刻，今天我们齐聚一堂，共同围绕嬴秦文化暨中华嬴秦文化园规划开展研讨，很有价值、很有意义。在此，我代表山东省社科联，向研讨会的召开表示热烈祝贺，对参加今天会议的各位领导和专家表示诚挚欢迎！向长期关心支持山东社科事业发展的各界朋友表示衷心感谢！

文化是一个国家、一个民族的灵魂。2013 年 11 月，习近平总书记在山东考察时指出，中华民族有着源远悠长的传统文化，也一定能创造中华文化新的辉煌，并提出了“四个讲清楚”的重大时代课题。党的十九大报告提出：中国特色社会主义文化，源自中华民族五千多年文明历史所孕育的中华优秀传统文化，熔铸于党领导人民在革命、建设、改革中创造的革命文化和社会主义先进文化，植根于中国特色社会主义伟大实践，强调要坚持为人民服务、为社会主义服务，坚持百花齐放、百家争鸣，坚持创造性转化、创新性发展，不断铸就中华文化新辉煌。党的十九届四中全会通过的《中共中央关于坚持和完善中国特色社会主义制度、推进国家治理体系和治理能力现代化若干重大问题的决定》指出，发展社会主义先进文化、广泛凝聚人民精神力量，是国家治理体系和治理能力现代化的深厚支撑。站在新时代的历史方位，弘扬中华优秀传统文化迎来了前所未有的新机遇，发展社会主义先进文化面临诸多亟待解答的新课题。

嬴秦文化是东夷文化的主要组成部分，为东夷文明的形成和发展做出了突出贡献。山东地区是东夷文明的核心地带，是中华远古文明的重要源头和发祥地。嬴秦一族建立了秦国，统一了中国，为中华文明做出了卓越贡献。研究嬴秦文化不仅对丰富山东历史文化内涵，提升山东历史地位，增进山东人民文化自信有重大意义，对探源中华文明，传承、转化、发展优秀传统文化，增进国人的文化自信也具有重要意义。以刘宗元主任为首的莱芜嬴秦文化研究团队，在中国先秦史学会的鼎力支持、指导下，在一批有责任感、使命感的专家学者的参与支持下，二十年如一日，坚持不懈执着于嬴秦文化的发掘与研究，取得了一批学术成果，其成果值得祝贺，其精神令人敬佩！

这次研讨会既深化了对嬴秦文化内涵与精神的研究，又拓展到了中华嬴秦文化园规划的研究，旨在着力推动优秀传统文化的传承与转化，助力山东经济、社会、文化发展。这是落实习近平总书记“推动中华优秀传统文化创造性转化、创新性发展”指示精神的具体实践，也是社会科学助力推动山东高质量发展的有益探索，值得重视、值得支持。

山东省社会科学界联合会一直高度重视优秀传统文化的发掘整理、研究阐释、宣传普及工作，高度重视联络指导、协调、服务全省社科界各部门、单位各尽所能，发挥作用，推动山东社科事业繁荣发展。特别是近年来，山东社科论坛、齐鲁大讲坛、新时代文明实践社科普及志愿服务，围绕传承弘扬优秀传统文化，推出了一大批优秀成果。在这次研讨会上，有幸结识了中国先秦史学会以及相关学科领域的领导和专家，深切感受到了中国先秦史学会对嬴秦文化乃至山东历史文化研究的重视与支持，也感受到了省内历史文化学界各研究机构及专家学者们协作共进，发掘、繁荣、弘扬中华优秀传统文化的精神和氛围。省社科联将一如既往发挥好联系协调、管理服务职能，团结带领全省广大社科工作者，不断加大优秀传统文化研究力度，凝心聚力、携手共进，为繁荣哲学社会科学、促进经济社会发展，为加快推进新时代现代化强省建设，实现中华民族伟大复兴中国梦做出新的贡献！

预祝研讨会取得圆满成功，祝各位身体健康、工作顺利！

谢谢大家！

（作者单位：山东省社会科学联合会）

在中国·济南第三届嬴秦文化暨中华嬴秦文化园规划研讨会上的发言

王伟力

尊敬的各位领导、各位嘉宾：

大家上午好！

我想先说明一下，本来没有准备发言，但在刘宗元主任盛情嘱托下，我也真心出于对参与嬴秦文化研究诸位专家近二十年来劳动成果的敬仰和尊重，跨界讲几句外行话。我说这话并不是因为客气，因为今天在座的都是这方面的著名专家学者，在嬴秦历史文化研究方面，都是大家、都是老师，所以我不敢对历史妄加评议。那么我就讲讲从我接触嬴秦文化研究以后自己的一点感受。

我是第三次参加嬴秦文化的研讨活动了。第一次是 2017 年 10 月，参加第二届嬴秦文化研讨会，对嬴秦文化的由来、研究挖掘、历史价值、考古论证以及初步形成历史定论，有了一些了解。第二次是 2018 年 12 月，当时济南和莱芜即将合并，我和刘宗元主任、毕玉惠主任等领导同志，就嬴秦文化下一步的研究发展问题，进行了广泛的交流，彼此产生了共鸣，达成了共识，也可以说是想到一块去了，最后还就有些问题的具体细化进行了探讨。2019 年以来，随着济莱区划合并调整，嬴秦文化研究迎来了新的发展机遇。更为可喜的是，他们的想法和对嬴秦文化下一步发展的战略思考，得到山东省委和济南市委主要领导的关心支持，有些已经变成了现实并付诸实施，有些还进入了立法层面，列入济南市下一步发展建设的长远规划。这一次也就是第三次了。11月24日上午，认真听取了诸位专家从不同角度解读的嬴秦文化研究的最新成果，下午又对部分遗址遗迹、考古发现和将要开发建设的嬴秦文化园进行了实地考察参观，这让我对这一文化现象又有了新的认识和感受。

说到嬴秦文化研究，在座的诸位专家从21世纪初开始，苦心研究了近二十年。现在回过头来看看，一方面，硕果累累、成果喜人；另一方面，有的同志也许会回顾近二十年研究的心理历程，心中可能是苦辣酸甜，皆而有之。我想在座的专家学者和有关同志，在这一点上比我要清楚的多。刚才我说了，对历史研究，我不敢妄议。但结合我自己的体会，也说说我的心理历程吧。正像昨天有的同志形象归纳得那样，我对嬴秦文化的认识，也是从被邀参加活动开始，经历了假说疑虑、感知兴趣和感叹敬佩三个阶段。

第一个阶段是“假设疑虑”。严格来说，当我刚听到这个命题的时候，其实结论早已定了。在听了刘宗元主任他们的有关介绍，翻阅了有关资料，查看了近二十年的研究成果和专家结论及部分历史遗迹、文物之后，我对这个命题才从未接触时的心存怀疑，逐渐过渡到了初步了解时的将信将疑，再后来就进入了深入解读、对整个研究过程有完整认知，并对这段历史的挖掘、研究和形成的历史定论深信不疑这样一个过程。我想这个“三段论”，对过去没有接触过这段历史的同志来说，基本上都是差不多的。第二个阶段就是“备感兴趣”了。在这个方面我归纳了“四个感兴趣”：一是对事物的发现、发起感兴趣。很想了解他们作为“第一个吃螃蟹”的人当时的动因和由来。二是对刘宗元主任等三位参与研究的同志以及诸位专家的研究过程和结论感兴趣。特别是他们三位作为非专业的“外行人”，是如何发现这个命题，而且自觉坚持十余年不懈追求的内心动因。三是对他们周围的人群对这个研究课题的反应、态度、评价、参与程度、支持力度以及其他方面的关联感兴趣。四是对研究成果感兴趣，包括历史遗迹、遗址、遗物，有关历史记载之间相互佐证以及研究成果，等等。第三个阶段就是“感叹敬佩”。我想现在只要是稍有考古挖掘经验，或是有这方面历史研究经历的同志都会感到，嬴秦文化的研究成果填补了先秦历史研究发掘的一段空白，是对中华民族的巨大贡献呀！他们让大家感到尊重，或者说他们做出很大贡献的理由，我从一个非专业人士的角度观察，是不是可以归纳为这么几点。

一是他们在不知不觉中发现了一个旷世之谜。这么说绝不是夸大其词，也不是阳奉阴违，这个贡献，对于莱芜来讲，真的是实实在在！对于他们这些非专业人士研究专业问题，而且锲而不舍地坚持十几年，最终拿出可信的成果、得到国家认可，这是何等的难能可贵啊！昨天晋保平秘书长说得好："本来应是国家设立课题，组织专门人员，拿出更多的经费，用几年、十几年甚至几十年完成的一个课题，但他们三个人没用国家一分钱，完全靠着自己的意志、毅力来完成了专业研究机构所要完成的任务，这是何等的责任，何等的胸怀，何等的担当啊！"我敬佩晋保平先生对这个问题的认识，同时感到他说这话不仅仅因为他是我们国家最高社会科学研究单位长期主管科研工作的领导、专家，他有这个权威，而且也有一定分量，但更深层的意义则在于他的这番评价打破了门户之见，表现了一位专业工作者的胸怀和气魄，这是一种科学求实的态度，具有大家的风范，更是一种责任的体现，是一种历史的担当。

二是在突发奇想中开启了一个专门的学科。他们的作为，让以嬴秦始源为切入点的嬴秦文化研究得以全面展开。

三是在力排众议中步入了砥砺前行的历程。砥砺前行绝不同于轻装上阵，而是要不断地战胜困难，不断地战胜自己；不仅要看到困难，更要看到希望；不仅要敢于胜利，而且要善于胜利。

四是在严谨科学的探索中挖到了"宝藏"。这一点他们做到了，而且做得很好，相信以后会做得更好。

五是在合心、合力、合拍的合作中完成了一个可以载入史册的宏伟工程。整个研究历程可以表明，没有他们的发起，此事可能还在喋喋不休的争论中；没有诸位专家、学者、方方面面领导和其他同志的鼎力相助，也不可能走到今天。所以说这个成果不是单一的，它是一个合作的成果，是一个共同努力、携手共进完成任务的一条成功的道路。

六是在一以贯之中赢得了尊重和赞誉。现在的成果和今后的发展以及方方面面的联手，足以说明大家对他们所取得成果的认可和赞同。他们为之艰苦卓绝地奋斗了二十年，这正是我们今天为他们赞叹的理由！这也证明，确立一个理想，需要有预见的思想、崇高的志向、远大的抱负去引领，而实现这个理想，更需要艰苦的努力、艰辛的付出和不懈的追求。在这当中，他们不忘初心，一直努力坚持着自己确立的目标、方向，在一步步前行、一点点积累、一层层提高中，才有了今天的成果丰厚、世人瞩目、高朋满座。他们不仅拿到了进入中国历史文化研究挖掘这座科学殿堂的入场券，而且还有了一席之地。这个举世瞩目的成绩，的确来之不易。

说它们来之不易，绝不是空穴来风，我想，理由大致有三：首先，一般的历史文化研究都是站在前人的肩头上展望、进发，而这些成果则是从地下破土而出，同文物一起起步，直至走到今天；其次，一般的历史文化研究，大多数是从“实”开始，以“实”论“虚实”，而这些成果则是伴着“假说”“虚无”上路，以“虚”论“实”，“无中生有”；再次，一般的历史文化研究是以专业研究团队为依托，以丰厚的研究资源为基础，而他们则是白手起家，基本上都是“门外汉”，充其量是业余爱好者（并没有贬低之意），不是专业团队，缺乏相关资料，更没有物质基础，等等。相关的理由还可以找出很多，但就凭这几条，就足以证明他们的付出比旁人更多，成果的取得更加来之不易。所以在这里我想再次对他们表示深深的敬意！

科学探索是艰苦的，是需要勇气的，也是需要不断地打破框框，有时甚至需要做出牺牲。他们为了兑现二十年前自己对自己的承诺，一直在努力着。二十年的时间，在历史的长河中只是一瞬，但对于一个生命来说，是非常宝贵的。如果用人生百年来比喻，那它占有五分之一；如果人生八十年，那就是四分之一。所以我觉得这种努力，应该为后人留下点儿什么。起码我想给自己的启示至少有四点。

启示一：把一个推断造就成史诗般的历史文化现实，必须始终秉持对未知世界勇于探索的态度。只有始终坚持对历史负责的精神和拥有敢于担当的勇气，才能完成历史赋予的光荣使命。

启示二：把一个推断造就成史诗般的历史文化现实，必须着力遵循科学、严谨、求实、无我的治学品德。只有始终坚持实事求是和敢于否定自己，并不断校正航向，才能在科学探索的道路上正确前行。

启示三：把一个推断造就成史诗般的历史文化现实，必须把事业放到至高无上的位置上。只有把自己的名誉、荣辱、进退、得失甚至生命置之度外，才能创造出比之更加可贵的精神财富和物质财富。

启示四：把一个推断造就成史诗般的历史文化现实，必须不畏艰辛。孜孜以求，锲而不舍，百折不挠。只有在前人所未涉及的领域内扎实、坚韧、执着地追求，才能登上理想的顶峰，取得前人所不及的成果，摘取皇冠上的“夜明珠”！

今天在座的诸位专家学者中，有许多同志亲眼见证了嬴秦文化从“奇异的传说”到“美丽的现实”这样一个过程，都是这一文化的亲历者、参与者、见证者和贡献者。对于这项历史很短却有着强大生命力和深远的发展前景的“世纪文化工程”来讲，要走的路还很长，要做的事还有很多，目前只是开了个头，甚至还不能说已经完成了上篇任务。接下来还有许多未知需要去探索，还有很多“谜”需要去解开。“上篇”的“因”还要转化成“下篇”的“果”。因此，对今后的工作，我也只能从个人的角度，原则性地提出几条建议。对于下一步工作建议，我想用三句话来概括：一是挖掘研究抓深化；二是产研一体抓转化；三是衡量成果看变化。

具体内容以后再专门讨论。

我今天的发言就到这里。刚才我说了，今天的发言是跨界之谈、个人之见，在座的专家教授都是内行、高手，面对大家，我可以说是班门弄斧。所以讲的不当之处请大家谅解，如有错误的地方，请批评指正。

谢谢大家！

（作者单位：山东孙子研究会）

大哉济南，嬴秦始源

——中国·济南第三届嬴秦文化暨中华嬴秦文化园规划研讨会大会感言

孙敬明

尊敬的中国社会科学院原副秘书长兼科研局局长、现中国城市经济学会会长晋保平先生，尊敬的中国先秦史学会会长、中国社会科学院古代史研究所研究员宫长为博士，尊敬的山东孙子研究会会长、原济南军区联勤部政委、少将张建设先生，尊敬的山东大学儒学高等研究院党委书记李平生教授，尊敬的中共济南市委常委、宣传部部长杨峰先生，尊敬的原莱芜市人大常委会第一副主任、中国先秦史学会济南嬴秦文化研究基地主任、中国先秦史学会中华远古文明研究基地主任、刚刚荣任中国先秦史学会嬴秦文化研究基地五省促进会会长刘宗元先生，尊敬的山东省人大教科文卫委员会副主任委员、原莱芜市人大常委会第一副主任毕玉惠先生，尊敬的中共莱芜区委常委、宣传部部长王宁先生，尊敬的山东九羊集团监事会监事长、原董事长许庆奎先生，尊敬的各位领导、各位专家，女士们、先生们：

大家下午好！

值此初冬时节，天地交泰，云播雨降；九羊昭瑞，万千气象。大家怀着对莱芜区域历史文化无限向往和关爱之热忱，特于百忙之中拨冗，舟车鞍马，不辞辛劳，辗转数十百千万里，齐聚在泰山之左，大舟山前，嬴汶河畔，嬴秦名园，共襄中国·济南第三届嬴秦文化暨中华嬴秦文化园规划研讨会之盛举。荷承中国先秦史学会、山东省社会科学院、山东大学儒学高等研究院、山东孙子研究会、中共济南市委宣传部、济南市文化和旅游局、中国先秦史学会济南嬴秦文化研究基地、中国先秦史学会中华远古文明研究基地、泰山学院、济南市嬴秦文化研究院、中共济南市莱芜区委宣传部、济南市莱芜区文化和旅游局、莱芜区羊里街道办、山东九羊集团、山东普阳集团、莱商银行、朗进集团、兰陵集团、鲁能泰山酒业、山东万兴食品公司、山东利民保洁公司等单位鼎力主办、承办与协办此次学术盛会，大家勠力同心，和衷共济，并蒙社会各界之鼎力、新闻媒体，尤其是九羊集团、九羊集团大舟山温泉度假村全体职工付出的艰辛，做出的细致周详的计划安排，大会得以如期、热烈、隆重、圆满地举行。至此大会完成各项议程，达到了预期目的，取得了圆满成功，闭幕在即。荷承中国先秦史学会会长宫长为先生之美意，让我代表与会专家学者谨向大会敬致献词。

在此请允许我谨代表与会的专家学者对本次盛会圆满成功和社会各界的鼎力襄赞、与会专家学者的无私付出等，一并深表祝贺与敬谢之忱！

本人对莱芜素怀向往，三次学术研讨会都能躬逢其盛，聆听教益，受益匪浅而感触良深。本次学术盛会，不仅有学术界、政界的专家领导，还有军界的将领，他们戎马生涯，文韬武略，盛会期间与大家谈笑风生，交流学术，大有儒将之风采。出席这次盛会的不仅有年高德劭、寿届耄耋的老前辈，还有学富五车、著作等身的中青年专家，更有朝气蓬勃、锐意进取的青年才俊。大家济济一堂，其乐融融，把臂恳谈，坐而论道，或冒雨驱车进行参观考察。不但再次领略嬴汶河畔的风光景物与历史胜迹，而且还到九羊集团进行观摩学习。参观后我们不但对古老而悠久的嬴秦历史文化的发展历路有了更新的认识，而且也看到崭新的莱芜区在进行行政区划调整后民众、企业、社会方方面面所呈现出欣欣向荣之景象。

本次学术盛会圆满成功。会议遵照既定的主旨，进行了隆重而热烈的开幕式，和精彩纷呈的大会主题报告，诚可谓高见迭出、宏论纷呈。有幸再次聆听浙江工商大学徐日辉教授，从旅游文化学的角度所做的高屋建瓴、视野开阔的精彩演讲，尤其是他对嬴秦文化园之建设，从文化概念、山川水脉、地理环境、传统堪舆与罗盘水镜等诸多方面进行系统阐发，令人耳目一新、印象至深。山东大学著名历史学家孟祥才老先生，视角独特，首次揭櫫嬴秦文化的军事与战争之元素，《左传》成公十三年载曰："国之大事，在祀与戎。"先生之论，良有由也！据孟公统计，从春秋到战国500多年间，秦国与西戎和东方六国等发生的战争不下120次。记得在2017年10月21日下午，第二届嬴秦文化学术会我们在分组讨论的时候，陕西省著名考古学家王学理先生谈到在春秋295年间发生战争500多次；战国250年间发生战争220多次。春秋之战，已是兵燹连年，生灵涂炭；而战国之战则更是攻城者杀人盈城，掠地者杀人遍野！如此之战，生民何堪？春秋战国500多年间，秦国与其他国家发生战争120多次。如果按七个国家来算，当然还有春秋一段，每一个国家打120次战争的话，总共有战争800多次。由此可见，秦国虽然是军事强雄，但也是“自古知兵非好战”，而是为了天下的统一，以战止战，以战去战。所以说，秦国的战争造就了中华民族的统一，正所谓秦始皇帝“振长策而御宇内”，扫六合而一统天下，功莫大焉。

同时，23日上午的开幕式上，山东大学儒学高等研究院党委书记李平生教授的致辞，发表其对济南嬴秦历史文化定位与升华研究的真知灼见，精练概括为“一马当先，两翼齐飞，三足鼎立，四方来朝”。受此启发，我也是见贤思齐，效仿名家，也来个“一、二、三、四、五”，但是难免邯郸学步、东施效颦！这就是一个命题、两个基地、三次盛会、四部巨著、五行九羊，永宁长生！

一个命题就是探索研究嬴秦文化的起源、发展、西迁、东归，最后为国家统一所做出的伟大历史贡献。以刘宗元主任为首的团队，积二十年之功，孜孜矻矻，心无旁骛，不忘初心，方得始终，终成今日盛概！经徐日辉教授等大家提请，成立五省嬴秦文化研究促进会，甫由中国先秦史学会宣布决定，刘宗元先生荣膺五省嬴秦文化研究促进会之主任。

二是两个基地。先于2011年成立了中国先秦史学会莱芜嬴秦文化研究基地，也就是现在的中国先秦史学会济南嬴秦文化研究基地，后在2017年的嬴秦文化学术研讨会上成立了中国先秦史学会中华远古文明研究基地，这两个基地的成立，说明中国先秦史学会与济南市嬴秦文化研究院通力合作，发挥优势，协调八方而通连全国，共同为嬴秦文化的研究探索做出自己的贡献，终将结出极为丰硕的成果！济南市嬴秦文化研究院在刘宗元先生的带领下，学术研究起步之初，可谓筚路蓝缕；研究经费大部分靠募捐。2011年9月18—19日举行的首届中国·莱芜嬴历史文化学术研讨会期间，全国五百强九羊集团董事长许庆奎先生一次捐助30万元。许庆奎先生奉献桑梓，为嬴秦文化研究所做出的贡献，令人钦佩，非常了不起！

三是三次盛会。首先是刚才说到的2011年首届中国·莱芜嬴历史文化学术研讨会，研讨会召开之前的9月8日，李学勤先生在《光明日报》上发表了《“清华简”关于秦人始源的重大发现》一文，文章说清华简《系年》中有“成王伐商盍（蓋），杀飞（廉），西迁商盍（蓋）之民于邾圉，以御奴之戎，是秦先人”的记载，也就是说，在我们开会十天之前，李学勤先生就向世人宣布了这一重大发现，非常了不起！树起了嬴秦之祖源于东方的大旗！就像刚才山东大学特聘教授、烟台大学原副校长江林昌先生代表大会所宣读的致敬信那样，我们对李学勤先生、孟世凯先生的道德文章、学术贡献素怀仰敬，须臾不忘！时至今日，两位先生已修书于地下，看到嬴秦文化研究取得如此丰厚的成果，二位先生在天有灵，必应为之含笑矣！在首届研讨会上，孟世凯先生题词莱芜为“秦之先土”，宋镇豪先生题词莱芜为“嬴秦始源”。2017年10月21—22日，召开了中国·莱芜第二届嬴秦文化与远古文明工作会议。本届盛会，则是在莱芜并入济南之后，作为省会统辖之区，在这里开会，我们也感到莫大的荣幸。三次盛会，一次比一次有高度，一次比一次有深度，一次比一次有成果。这次出席会议的专家学者及各界代表，据我初步统计有131人，收到的重要学术论文收在大会论文集里有39篇，有数十万字，是非常了不起的成果。

四是四部巨著。首先是柳明瑞先生的《嬴姓溯源》，第二部是《嬴秦始源》，第三部是《嬴秦文化与远古文明》，第四部就是今天我们手上的这部饶有学术分量的沉甸甸的论文集。

五是五行九羊、永宁长生。这次会议还有另一个特点，不但有历史文化与教育界、政界、文旅界、军界的代表，还有医学界的教授，杏林高手、悬壶大德！众家集思广益，驰骋八荒。“再世华佗”不但谈学问、论兵法、研起源、探文明，而且高论五行阴阳、辨证施治、岐黄之术与养生延年之大道，非常不得了！特别是中国医学科学院阜外医院项志敏先生在所做的学术报告中提到传统的颐养康养与秦始皇东巡海上在琅琊台大乐三月而不归，派遣徐市东行海中求长生不老之仙药而祈求长寿万年的美好愿望；同时也谈到老庄之道，正如清代书法家杨沂孙所言：“抱德推恩，含气化物；

长生久视，美意延年。”（山东龙口丁氏故宅楹联）

本次盛会极为圆满。中医讲究阴阳五行、辨证施治，张越先生作大会发言时，讲到齐国稷下先生邹衍将“阴阳五行说与社会朝代的更替相结合”，得到秦始皇的认可。传统古老的中医讲究阴阳是从战国时候开始的，比如扁鹊讲究辨证施治，讲究阴阳脉法。而今以九羊集团为主拟建的中华嬴秦文化园包含康养中心，文化园不仅是文化和旅游的载体，而且也是令人心旷神怡、健康养生、长寿幸福的地方，所以说是“五行九羊”。与我们会场近在咫尺的地方有永宁崮，此处丛荣华滋、灵气所钟，上建有碧霞行宫，宫门匾额与康熙皇帝所题泰山碧霞祠者相同，亦是“坤元叶德”。由此灵妙之地，辟建康养中心，必也是“永宁长生”矣。

敝人学术谫陋，啰啰唆唆说了这么多，亦是自感歉赧！幸未感受到大家的厌烦之意，敝人深感荣幸之至焉！借此机会，祝大家万事胜意，健康平安，同时也祝愿中华嬴秦文化园早日建成，我们齐聚这里研讨学术、文化颐养，优哉游哉，便人人皆成神仙也！

谢谢大家！

（作者单位：潍坊市博物馆）

在中国·济南第三届嬴秦文化暨中华嬴秦文化园规划研讨会上的闭幕词

苏　文

尊敬的各位领导、嘉宾、专家、朋友们：

大家好！微雨九羊新，滋润嬴牟人。举座话秦源，嬴秦抖精神！在这个充满诗意的美好时节，由中国先秦史学会、山东社会科学院、山东大学儒学高等研究院、山东孙子研究会、中共济南市委宣传部、济南市文化和旅游局主办的第三届嬴秦文化暨中华嬴秦文化园规划研讨会经过两天紧张而热烈的研讨交流，即将圆满闭幕。两天里，来自省内外的各位专家学者不顾鞍马劳顿，认真研讨，对嬴秦文化领域和中华嬴秦文化园规划的诸多问题都发表了富有建设性的见解，极具价值。在此，我谨代表主办单位，代表市文化和旅游局向多年来关心、支持、指导我市嬴秦文化研究的中国先秦史学会、山东社会科学院、山东大学儒学高等研究院、山东孙子研究会表示衷心的感谢！向致力于嬴秦文化研究的各位专家学者致以崇高的敬意！

莱芜是秦置嬴县之地、嬴族发祥地。嬴秦文化研究工作自 2000 年启动以来，先后成立了嬴秦文化研究院、中国先秦史学会莱芜嬴秦文化研究基地，出版发行了《嬴秦与莱芜》《嬴姓溯源》《嬴秦始源》《嬴秦文化与远古文明》《嬴秦文化研究》《嬴秦学刊》等一批学术专著和刊物。本次研讨会将学术与规划融为一体，紧扣嬴秦文化主题展开讨论，共收到论文 30 余篇，到会代表 200 余人，参加了会议的相关活动。参会代表涵盖国家层面的学会、研究院，山东、甘肃、河南、四川等省的知名高校与各学术研究机构，具有广泛的代表性。与会嘉宾的论文和发言既有理论和学术研究，也有实践经验分享和对策建议。大家在沟通交流中提出真知灼见，在对话互动中凝聚共识。两天时间的研讨和交流虽然短暂，但通过此次研讨会，进一步深化了嬴秦文化研究成果，广泛论证了中华嬴秦文化园规划，是嬴秦文化研究一个新的里程碑，同时也是研究成果转化和新旧动能转换的一个新起点。这对进一步深化莱芜“嬴秦始源”地位的科学论断，推动嬴秦文化借助中华嬴秦文化园这个大平台不断推进嬴秦文化研究的深化与转化具有重要的意义。

嬴秦文化研究是中国文明史探源的重大课题，中华嬴秦文化园是全市文化产业的一个大项目，此次研讨会取得了丰硕的成果，达到了预期的效果，必将有力地促进嬴秦文化研究的深化与成果转化，必将让更多的人了解嬴秦文化的丰富内涵和学术价值，进而增强文化自信和文化自觉，在嬴秦文化研究的道路上迈出新的步伐，也必将进一步不断推动济南文化旅游事业融合发展、繁荣发展。

同志们！党的十九大和十九届四中全会做出了挖掘、弘扬中华优秀传统文化的重要部署，嬴秦文化是中华优秀传统文化的重要组成部分。弘扬嬴秦文化，有助于传承中华文明、弘扬民族精神，带动地方经济建设和文化事业发展。我们将以这次研讨会的成功举办为新的起点，深入贯彻落实党的十九大和十九届四中全会精神，进一步加强对嬴秦文化研究挖掘和利用，努力实现中华传统文化的创造性转化、创新性发展。我们也真诚企盼中国先秦史学会、中国社会科学院、山东社会科学院等科研、学术机构一如既往地支持嬴秦文化研究工作，支持济南市文化旅游事业发展，更期待各位专家学者为继续深入挖掘嬴秦文化、推动研究成果转化做出努力，让我们共同为打造嬴秦文化品牌、弘扬中华优秀传统文化而不懈努力奋斗！

再次感谢光临研讨会的专家、教授、学者！衷心地祝愿各位领导和专家返程愉快、平安顺利！

谢谢大家！

（作者单位：济南市文化和旅游局）

建设中华嬴秦文化园
打造企业文化新高地

许庆奎

作为九羊集团的创建者，我始终把企业文化作为企业发展的有机组成部分，放在心上抓在手上。这也与我的人生经历有关，我曾经是一名人民教师，1970 年进入乡镇企业工作，始终认真学习马列主义、毛泽东思想、邓小平理论及“三个代表”重要思想和科学发展观，学习贯彻习近平新时代中国特色社会主义思想。努力加强自身修养，坚决贯彻执行党的方针政策，带领公司干部职工艰苦创业，奋力开拓，以“铸百年九羊、创世纪品牌”为目标，以“主业做精、文化做深”为主线，由原来作坊式的工厂发展成为集焦化、冶金、铸锻、压延、建筑安装、物流供应、休闲度假于一体的大型民营企业。目前拥有总资产 178 亿元，职工 8000 余人，下设山东富伦钢铁有限公司、山东九羊实业股份有限公司、济南市九羊福利钢铁有限公司、山东宝鼎煤焦化有限公司等多个全资或控股子公司。

随着企业的发展壮大，我对文化事业的关注始终如一，对文化事业的热爱和支持出自内心、发自肺腑。

一、高度重视企业文化建设

随着企业日益发展壮大，我更加注重企业文化的发展，在企业发展同时，发挥资源优势，努力培育优秀企业文化。在日常工作中，重大局、抓细节，从每块黑板报到公司报刊，从书籍实体到智能化平台，都成为宣传、教育、培养企业文化的土壤，为企业的发展凝心聚力，形成了诚信务实、高效敬业、创新拼搏的企业文化。历经半个世纪，九羊集团位列中国500强企业（第476位），成为《山东省先进钢铁制造产业基地发展规划（2018—2025）》莱—泰内陆精品钢产业基地。

二、建设文化产业园区，提升区域文化发展水平

在发展公司主营业务的同时，集团大力投资文化事业。从2004年开始，选址在山势雄伟、风景秀美的羊里大舟山建设九羊文化产业园。当时大舟山所在的响水河村属于偏僻地带，连路都没有，村民住在低矮破旧的房子里，而随着产业园的建设，现在柏油公路通到了村里，村民都住进了楼房；除了租赁土地的补偿款外，符合条件的劳力安排在九羊集团或文化产业园工作上班，使当地百姓的生活水平有了很大的提高。目前九羊文化产业园已完成投资近6亿元，除完成道路水电气暖等基础设施外，主要建设了大舟山国际温泉度假酒店、专家公寓、九阳宝塔、九阳宫等。九阳宫属于山东省道教协会正式批准的道教文化活动场所，主要向社会弘扬中华孝道文化。

三、积极推动嬴秦文化研究成果转化项目"中华嬴秦文化园"落地大舟山

嬴秦文化研究初期，在得知莱芜羊里竟然是嬴秦文化的源头时，我就非常感兴趣，同时对研究嬴秦文化的刘宗元主任等专家学者非常钦佩。2011年首届中国·莱芜嬴历史文化学术研讨会筹备召开时，集团便慷慨解囊，资助30万元，从此与嬴秦文化结下了不解之缘。中国·莱芜第二届嬴秦文化与远古文明工作会议举行之时，我和集团重要领导全程参加会议，时刻关注会议进程和取得的研究成果。

2017年10月，我邀请刘宗元主任出席九阳宫祈福庙会。仪式结束后，我们两人在九阳宝塔上畅谈文化事业，刘宗元主任将自己对嬴秦文化的研究成果及一些想法娓娓道来，我深受感染，决心为嬴秦文化发展再出把力，为家乡文化事业再做贡献。我们两人不谋而合，起初的想法是在九羊文化产业园内建设嬴秦文化博物馆，但随着对嬴秦文化的探讨不断深入，为做大做强嬴秦文化事业，最后我们两人决定利用九羊文化园打造中华嬴秦文化产业园项目。一旦决定，立即行动。当天，召开集团公司董事会进行研究，并带领董事会成员参观了嬴秦文化研究院和嬴秦文化研究成果展，回来后集团董事会立马拍板决定重点打造中华嬴秦文化园。

为尽快推进项目进程，集团特事特办，委托泰山学院旅游规划中心对中华嬴秦文化产业园项目进行概规和总规的编制工作。在编制过程中，以泰山学院王雷亭院长为首的专家团队、以刘宗元主任为首的嬴秦文化研究团队和以我为首的九羊团队，反复对项目内容进行探讨研究，对 10 平方千米区域考察了一遍又一遍，每次现场考察，我都亲力亲为，爬高山、踏草地，与专家们现场研究讨论，付出了很大心血。通过反复修改论证，中华嬴秦文化园项目概规及总规于 2019 年 7 月编制完成。

2019 年 11 月，中国·济南第三届嬴秦文化暨中华嬴秦文化园规划研讨会在大舟山度假村圆满举行，本次会议我和集团全力支持，鼎力承办。想到持续 20 年的嬴秦文化研究在此结成硕果，研究成果斐然，一举确立了莱芜区为“伯益封地，嬴秦祖里”“嬴秦始源地”的历史地位。表明了以鲁中山区为中心的山东地区是中华远古文明的重要源头和摇篮，就感到无比兴奋和自豪！更感到这来之不易的成果有自己贡献而欣慰。我们身处嬴秦祖里圣地，我们生在这里，长在这里，我们有责任、有义务、有能力、有信心将家乡建设得更好、更强、更美！

我对文化事业的态度是热情而真挚的，对文化事业的投入支持是不遗余力的。我和集团深入学习贯彻党的十九届四中全会精神，积极响应省委省政府加快新旧动能转化的号召。嬴秦文化研究成果与以刘宗元主任为首的济南嬴秦文化研究院持续 20 年的辛苦研究和付出密不可分，那么研究成果的转化——中华嬴秦文化园大型文旅项目的推动建设就是我义不容辞的历史责任，因而对第三届研讨会前期筹备工作、会议进展，对文化园规划、项目落实推进等每个环节皆不辞辛苦、事必躬亲。三天的研讨活动全程参与，每当听到专家学者对项目的建议必会仔细记录、认真听取，会后则马不停歇的与提出意见的学者交流讨论。在综合专家学者们的建议后，形成了中华嬴秦文化产业园发展思路：以大舟山景区为依托，计划投资 111 亿元重点打造以中华嬴秦文化园为中心，融文化旅游、嬴秦历史展示、康养医疗、高端娱乐、嬴秦小镇为一体的大型一流园区。主要建设内容为“四区一中心”，即嬴秦文化体验区、嬴秦养生度假区、宗教文化体验区、矿坑研学体验区和嬴秦综合服务中心。

中华嬴秦文化园要求层次高、规模大、内容丰富，许多领域属于创新，必须精心创作才能实现打造山东文化第三极之目标。嬴秦文化体验区主要建设有中华嬴秦文化景区，即嬴秦广场、三大殿（少昊、伯益、秦始皇）、嬴秦文化系列展示，大型秦始皇塑像、中华嬴秦文化博物院等。围绕嬴秦文化元素的扩展和延伸，还要安排由嬴秦人、嬴秦事演变而来的体验娱乐项目，如时空隧道、渔乐园、狩猎园、射击、特色演艺、嬴秦实景剧场、古嬴城及嬴秦老街（娱乐配套项目，有小吃街、茶艺楼、客栈住宿、旅游购物等），等等。还有温泉颐养苑、高档温泉别墅，整体环境通过借景、造景等手法打造高端的温泉居住环境，构建古风式的温泉养生公寓，形成特色的温泉体验；提供温泉入户，将生态和养生的核心理念贯穿整个设计，集养生、度假、休闲、居住于一体，整体建筑错落有致，互不干扰的一流康养设施。

打造特色嬴秦小镇及高端康养社区，形成具备国际水准、国内一流的面向高端人群的高品质康养社区，提供一流的基础设施、一流的建筑特色、一流的医疗服务、一流的生活服务、一流的生态环境。建设温泉酒店、先秦养生酒庄、嬴氏农耕部落（田园综合体项目）。

宗教文化体验区对现有九阳宫和九阳宝塔进行提升，并建设玻璃栈道。

矿坑研学体验区主要建设国家矿山公园、研学基地、工业旅游（与九羊集团结合，展示钢铁是怎么炼成的）。

嬴秦综合服务中心主要建设游客服务中心、生态停车场、嬴秦文化商业街等。

中华嬴秦文化园项目规划（2020—2035 年）分三期完成，建成后具有很强的经济效益、社会效益、生态效益和文化效益。

2019 年 11 月 30 日，《中华嬴秦文化园旅游总体规划》通过了以陈国忠教授为主任，山东省文化和旅游厅、山东大学、山东师范大学、山东旅游职业学院专家为成员的《中华嬴秦文化园旅游总体规划》评审委员会评审。

总之，我满怀信心，努力将园区建设成为嬴秦文化走向世界的阵地，世界了解嬴秦文化的平台，先秦文化的一个高地，济南新的城市名片、文化品牌，山东文化第三极（儒家文化、泰山文化、嬴秦文化），国家级研学旅游示范基地，5A 级旅游景区。“潮平两岸阔，风正一帆悬”，中华嬴秦文化园是我后半生的期许和目标，前半生我创建了“钢铁九羊”，后半生再为创建“文化九羊”贡献力量！只要我们乘风破浪、奋勇前行，就一定能“直挂云帆济沧海”。

（作者单位：山东九羊集团公司）

放眼"嬴园"

《中华嬴秦文化园旅游总体规划》概述*

王雷亭

前言：规划背景

一、关于嬴秦

“秦”是一个标志，一个分水岭。秦始皇建立了中国历史上第一个统一的多民族中央集权国家。自此，中国以一个统一的政治体姿态屹立于世界的东方。尽管很少有历史人物像秦始皇那样，在其身后备受争议——有人誉之为千古一帝，有人斥之为暴君，但他开创了中国历史的新纪元，所创立的丰功伟业却很少有人能够企及。他为实现国家统一所采取的一系列重要举措，不仅给中国，也给世界留下了难以估量的丰厚遗产。秦统一中国，不仅从疆域上、制度上，更是从文化上、民族心理上铸就了中华文明快速演进的牢固根基。国家统一，包括中国需要统一国家这个观念，都因此而成为中国历史发展的共识与必然。

追根溯源，书写秦的伟大功绩，离不开秦之先人。嬴秦人、嬴秦事、嬴秦地，历经五千年的变迁，被蒙上了许多神秘的面纱。1974 年陕西临潼兵马俑的发现、20 世纪 90 年代甘肃礼县大堡子山秦公大墓惨遭大规模盗掘、2008 年一批战国竹简入藏清华大学及 2011 年《清华简〈系年〉及有关古

* 此规划由国家旅游规划资质单位——泰山学院旅游规划中心编制，2019 年 11 月 30 日通过专家评审。本文在总规文本基础上对主要内容进行了简要说明，限于篇幅，删去了不少内容，故无法照顾到规划体系的完整性。

史问题》的发表、2012 年莱芜羊里镇城子县村嬴城遗址被盗掘……一次次偶然事件，一次次考古发现，关于嬴秦的一切由模糊概略变得日益清晰。

嬴秦人起源于中国东部嬴水流域，即今泰山山脉东麓的莱芜嬴汶河流域。自少昊经伯益，驯鸟兽、制弓矢、育水稻、凿水井、冶铜铁、酿美酒、作音乐、订鸟历、修法度、治洪水……嬴姓族群站上了远古文明的巅峰，可谓“中华远古文明的重要开创者”①。

嬴秦人几次西迁。三监之乱后的一次西迁，被周废姓绝祀。在西垂，背井离乡，在戎与周夹缝中近乎灭顶。但与不计其数的因失姓失族而湮灭于历史史册的宗族部落不同，沦为奴隶的嬴秦部族，在数百年的黑暗中复归嬴姓、重回故里的信念不灭。凭借百折不挠、自强不息的顽强与血性，励精图治，步步为营，变法图强，奋勇崛起，得以复姓得祀，封侯建国。其精神感天动地、昭示后人，也因而成为中华民族精神的重要塑造者。

秦行东征，横扫六合，纵横中华大地，终成统一大业。始皇五次出巡中，三次东巡齐地。封禅泰山，踏足东海，尤以帝王姓氏置“嬴县”，足见其对嬴族源地及姓氏的眷恋、珍爱和认可，也当是与祖里共享一统华夏之荣耀。嬴秦人在西迁发展和东征统一的过程中，携东夷文化及殷商文化基因，“在西戎长期打拼中又吸收了西戎文化，在统一六国的长期拼搏中融合了周文化……正是有了这样一个中华文化的大融合，才有了今天大一统且延续不断昌盛不衰的中华文化。所以嬴秦是中华文化大融合的推动者”②。

始皇一统华夏后，推行郡县制，统一文字，统一货币，统一度量衡，车同轨，道同距，建直道，修灵渠，筑长城，拓疆域，前无古人，后无来者。“秦统一六国后的治国举措，也是总结整合六国先进治国理政经验，建立新的国家政体的过程，也是对几千年特别是商周以来社会文明的继承发展与革新，所以嬴秦是中华古代文明的集大成者。”③

二、关于嬴秦的研究

嬴、秦、嬴秦的记载与研究不绝于史，莱芜大地上有组织的嬴秦文化研究始于 2000 年。与嬴秦人具有坚定不移的品格一样，从初始的“莱芜历

① 宋镇豪主编：《嬴秦文化与远古文明》，中国文史出版社 2018 年版，第 1 页。

② 同上书，第 3 页。

③ 同上书，第 4 页。

史研究组”到后来的“嬴秦文化研究院”，历经十八九年，初心不改，孜孜以求，借鉴古今中外成果，倾心嬴秦文化研究，其研究大体经历了三个阶段。第一阶段：莱芜历史沿革研究阶段。经研究得出莱芜历史在春秋为齐嬴邑、牟国及平州地，秦置嬴县，延续至唐贞观元年（627 年）撤嬴县并入博城（今泰安），唐长安四年（704 年），在嬴县基础上设莱芜县，延续至今。其与汉代设在淄水流域“邑落荒芜”的“莱芜县”无因袭关系，纠正了“荒芜说”之谬。第二阶段：嬴秦祖源研究阶段。经研究确证原莱芜市内嬴汶河流域为嬴族发祥地，是“嬴秦始源”（时任中国先秦史学会会长宋镇豪题词）、“秦之先土”（中国先秦史学会顾问孟世凯先生题词）。第三阶段：嬴秦文化与远古文明研究阶段。经研究确证以鲁中山区为中心的山东地区，是中华远古文明的重要源头和摇篮，在东夷历史文明与中华文明研究中占有重要地位。

三个阶段，周密部署，环环相扣。2001 年，内部刊印了莱芜历史研究组编辑的论文集《嬴秦与莱芜》；2002 年，出版了孟世凯先生作序的柳明瑞专著《嬴姓溯源》；2011 年，与中国先秦史学会联合召开了首届中国·莱芜嬴历史文化学术研讨会，并编辑出版了研讨会论文集《嬴秦始源》；2013 年与中国社会科学院历史研究所、中国先秦史学会、中国社会科学出版社联合举行了由李学勤先生任编委主任、宋镇豪会长任主编的研讨会论文集《嬴秦始源》首发式，与会全国著名先秦史学家、考古学家、古文字学家对嬴秦源于古嬴水流域、源于莱芜的研究成果予以高度评价和充分肯定；2013 年，莱芜嬴城遗址被国务院公布为第七批“全国重点文物保护单位”；2014 年，在人民日报社举行了纪录片《嬴秦帝国探源》开机仪式；2017 年，嬴秦文化研究院与中国先秦史学会、山东社会科学院等单位联合召开了中国·莱芜第二届嬴秦文化与远古文明工作会议，并编辑出版了研讨会论文集《嬴秦文化与远古文明》，嬴秦文化研究院也成为中国先秦史学会中华远古文明研究基地。

三、关于企业的担当

嬴秦文化议题历经波折而始终不弃，终于迎来大的转机，靠的是如嬴秦人般的境界、胸怀、坚韧、执着和担当，这也是未来本区在文化旅游领域后来者居上的关键。其背后一直有九羊集团的支持与担当。

对九羊集团而言，打造本项目是集团产业延伸和企业转型的现实需求，是新旧动能转换的重要抓手。借集团钢铁行业的威名，在钢铁业务之外，打造强力衍生产业，融合发展，形成新动能，成为企业未来转型升级的核心突破，打造中国文化旅游与康养度假新高地，彰显文化软实力，成为企业手中的最大王牌，实现实业与文化的双繁荣，继续成为地方经济社会的最大贡献者，永续企业辉煌。

同时，可以重塑海岱地区及其东夷部落应有的地位。山东远古文明很精彩，有卓越贡献，但研究不够，彰显不足。作为中华文明重要的文化源地，海岱地区及其东夷部落应有的作用、地位、贡献、价值被严重低估。借此规划的实施及持续研究希望助其实至名归。

因此，中华嬴秦文化园规划建设的提出与落实是目前学术研究日益成熟的必然，是济南莱芜高度重视和嬴秦文化研究院近二十年坚持的结果，是九羊集团勇担社会责任的体现，也是实现九羊集团、莱芜区乃至济南市新旧动能转换的需求，是进一步凸显山东省“文化圣地”形象的需要，是国家对传统文化深度挖掘及文旅融合深化旅游产业发展等的现实需要。

四、关于规划的选址

经过十八九年的坚持与努力，嬴秦文化研究院会同海内外学者进行的嬴秦文化研究取得了丰硕成果。为宣传推广研究成果，形象展示嬴秦文化及其对中华文明的巨大贡献，嬴秦文化研究院与九羊集团联手，策划推动中华嬴秦文化园规划建设。由九羊集团出资进行规划建设，选址在泰山山脉东麓华山国家森林公园的大舟山景区前。选址于此是因为九羊集团早年的旅游板块已经在此有所展布，并命名为“大舟山旅游度假区”，温泉度假酒店、保龄球馆、九阳宫、九阳塔等已经建成，只是因为部分土地功能问题，其整体旅游职能尚未实现。利用大舟山旅游度假区规划建设中华嬴秦文化园虽非刻意之选，但仔细审视规划区条件，却发现是天作之合，实属天缘——规划区及其周边与嬴秦文化相关的要素资源非常密集。嬴秦人的母亲河——嬴汶河环抱规划区，规划区内有国家重点文保单位——嬴城遗址，这是嬴秦文化最原始的核心依托要素，是嬴姓起源之地，也是“嬴姓衍生的123个姓氏”（柳明瑞语）的寻根问祖之源；冶铁元素高度集聚，发现春秋、秦汉至唐宋元明时期的采矿、冶炼遗址有34处之多，《汉书·地理志》中就有“嬴有铁官”的记载，“嬴铁”早在汉代就闻名于世，“秦人不仅用铁早而且“铁”字本身就是秦人创造出来的”（祝中熹语）。现在区内的莱钢铁矿遗址、九羊钢铁厂厂区粲然可观，这似乎意味着今天莱芜大地上的钢铁优势与古代冶铁文化的传统不无关系，冶铁工业旅游链条在如此小范围内古今全要素密集展示，此地当属最佳；从华山、嬴水山水相依的康养环境，到嬴秦人驯化鸟兽、培育水稻，尤其是传说中被伯益驯化的莱芜“三黑”——黑猪、黑羊、黑鸡以及莱芜“三辣”——葱、姜、蒜等，更成为当今养生者崇尚的健康美食原料，加之嬴酒、秦畲、温泉、道餐等要素，规划区的康养度假要素十分突出。

不经意的选址竟还透出若干巧合乃至“玄机”：凤鸟为嬴族图腾。2019 年 1 月 3 日中午时分在规划区考察时，偶遇一独立石，遂命名为“天然凤眼石”（或称“凤眼石”），不但石之中央天然形成的图案似凤眼，而且整块独立石也形似凤眼，惟妙惟肖。2019 年 11 月考察现场时，在凤眼石北侧十米左右，有一更大些的独立石，似蓄势待发的鸷鸟。发现嬴秦园内现氏族图腾，一切犹如“天意”；规划区的若干景物及其地名也耐人寻味，西北侧的独立山头建有泰山碧霞元君行宫，山名永宁崮，九羊集团早已建成的两个景点分别名九阳宫、九阳塔，还有大舟山、华山等旧有地名。这一切，在泰山东麓似乎处处彰显九九归一、江山一统之势，与嬴秦文化中的大一统传统、泰山文化中的天下一统别无二致。对本区可以借秦皇统一中国而突出表现的“统一文化”是一个非常恰当的注解，看似随机却又机缘巧合且合国家与民族的现实之需：天佑中华、同舟共济、九九归一、江山永宁、国泰民安！如此吉祥上佳之地，可以更好地展示并光大嬴秦文化。

五、关于规划的过程

中华嬴秦文化园属于我国先秦史乃至整个国家历史的重大命题，各方期望甚高。泰山学院旅游规划中心尽管作为国家旅游规划资质单位，有 30 余年的旅游规划经历，也承担了十余个省市自治区的上百个旅游规划项目，且对嬴秦文化及其相关地域有所了解与研究，有一定的天时、地利、人和优势，但在面对跨度大、难度大、挑战强、定位高的中华嬴秦文化园旅游规划时，仍觉如履薄冰。

为做好该规划，我们联合了北京、济南、泰安等地的历史、地质、地理、考古、文化、经济、建筑设计、景观设计以及策划、营销、演艺、展陈、虚拟仿真等领域专家，认真研读嬴秦文化研究的文献与最新成果，系统考察梳理羊里镇及其周边的自然与人文资源，用无人机进行了测绘并制作了中华嬴秦园虚拟现实全景，以便于随时审读规划地。2018 年暑期期间规划组还承担了国家文化与旅游部的两项旅游规划精准扶贫项目，援助了甘肃临夏回族自治州和甘南藏族自治州，为其制定了旅游总体规划。之所以选择甘肃，就因为那里是当年秦人所在的西垂地区；与此同时，规划组还赴甘肃陇南礼县大堡子山以及天水甘谷大象山、朱圉山、麦积山区的放马滩等地考察，亲身融入并感受秦人在西垂的生存环境。在规划过程中，还组织对应考察了横店影视城、禹王陵、河姆渡遗址、雍州古镇、兵马俑、琅琊台、成山头、春秋淹城、上海迪斯尼、灵山梵宫、尼山圣境及泰山岱庙等景区，并结合国内外典型案例深入探讨虚拟仿真等现代技术手段的实际应用。

2018 年 8 月中旬，泰山学院旅游规划中心中标“九羊旅游综合体暨中华嬴秦文化园全案策划及概念性规划”后，根据合同要求，数易图稿，于 2019 年春节前如期完成规划。2019 年 4 月开始制定《中华嬴秦文化园旅游总体规划》，2019 年 7 月规划初稿完成，通过会议征询了济南市文化和旅游局以及莱芜区、羊里街道、嬴秦文化研究院、九羊集团等各方意见，本稿充分吸收了各方意见建议，并在部分功能、布局和建筑样式等方面又做了调整。

一年多的规划工作，非常感佩莱芜大地上所散发出的锲而不舍的韧劲与舍我其谁的干劲。对课题组而言，嬴秦文化的魅力已经让我们切身感受着、感动着，这是对规划研究的最好启发与鞭策；这期间也有幸见证了济南、莱芜的区划调整，规划地由莱芜市变为济南市，选址未动，但规划的平台更高了，用武之地更大了，压力自然也加大了。希望本规划能立地生根，助力九羊集团腾飞，助力省市文旅大发展，在泰山东麓见证国家统一、文明、富强并为之做出应有的贡献。

第一节 规划总论

一、规划范围

本项目规划范围：项目地位于山东省济南市莱芜区羊里街道址坊水库周边区域，背靠泰山山脉的华山国家森林公园，规划红线面积约9平方千米，规划范围将综合考虑辐射大舟山、羊里街道、九羊钢铁厂区、城子县村嬴城遗址等周边区域。

二、规划期限

本规划期限为2020—2035年，共16年，分三个阶段。

近期（2020—2025年）：旅游区初具规模，以嬴秦文化体验区、宗教文化体验区和嬴秦综合服务中心为建设重点；

中期（2026—2030年）：旅游区形成旅游高地，以嬴秦文化体验区、嬴秦养生度假区和矿坑研学体验区旅游项目为重点；

远期（2031—2035年）：提升效益及提高收益，以嬴秦小镇项目为重点。

三、规划目的

通过科学合理的开发，打造嬴秦文化旅游区、国家级青少年研学基地、国家5A级景区，构建以嬴秦文化为特色的综合型旅游目的地，增强文化自信，形成济南未来顶级的城市名片、文化品牌、休闲客厅；作为济南发展的新动能，成为新旧动能转换的重大示范性工程、绿色发展典范；打造“山东文化旅游第三极”、济南文旅的新坐标，促进莱芜区经济社会发展。

同时，实现区域联合与协作，谋取更大格局与发展。一是通过嬴秦要素实现中华大地相关旅游区乃至韩日等国旅游地的协作与联动。秦代，徐市东渡的传说遍及韩日。徐氏出自东夷少昊族，与秦、赵等同为嬴姓，这为韩日寻根和强化联动无疑提供了坚实基础。二是融入山水圣人旅游区，形成泰山、泉城+嬴水、孔子+嬴秦的“新山水圣人旅游区”，通过联合发展，进一步彰显“文化圣地”“文化源地”形象。三是融入济南泰安大泰山山水文化旅游区，以“千古一帝”串联起远古文明、万泉归流和泰山封禅三大主题，形成始皇祖里、天下泉城和中华泰山交相辉映的大泰山文旅新格局。

四、指导思想

围绕“中华嬴秦文化圣地”这一中心，发挥观光休闲、寻根问祖、康养度假、研学旅行、产业旅游等综合功能。着眼长远发展需求，打造中华嬴秦文化品牌高地，使之成为全国的远古文化热点，山东境内比肩泰山、曲阜的第三大文化高地，恢复东夷部落的历史记忆，激活上古时期海岱地区人类发展史，展示华夏一统的文化魅力与历史规律，形成核心竞争力，实现社会效益、经济效益和生态效益的整体统一和协调发展。

第二节　旅游资源评价

一、旅游资源定性评价

（一）场地围合感良好，具备良好的山水林田湖大生态系统

项目地背依泰山山脉东麓的华山国家森林公园。华山作为靠山，前有嬴汶河，构成华嬴之地，前有照后有靠，场地相对封闭，围合感良好，可以减少后期运营难度。周边山峦叠嶂，反复掩映，华山、项目地、嬴城遗址构成了“山—园—城”的大尺度空间关系。

华山、大舟山、址坊水库、栗子林、松树林，以及乡野田园汇集分布，构成了山水林田湖大生态景观系统，为项目发展尤其是康养度假等项目建设提供了良好的生态背景条件。

（二）丰富的存量资产，改造提升空间大

九阳宫、九阳塔、黑虎泉、温泉酒店、水上游乐园、专家楼、老宾馆、娱乐中心、职工宿舍区、矿坑遗迹、温泉泡池、（原）九羊文化产业园，可立足丰富的存量资产资源，激活利用好存量资产，提升项目地的整体价值。其中九羊集团的钢铁厂区改造升级后，可以打造成钢铁研学旅游基地，实现新旧动能转化，激活莱芜冶铁文明史。

（三）矿坑遗址较多，旅游开发价值较大

温石埠铁矿坑和九羊集团采石场开发价值较大。温石埠铁矿坑，有宋代铁矿开采遗址，也有现代铁矿遗址。其中现代铁矿遗址令人称奇的独特火山口形状，足球场大小体量，20 多米深的坑内壁陡林密，30 余米深常年不干涸的水体因富含钙镁离子而呈美丽的浅蓝颜色。远离村庄，环境幽静，小环境独特，是小水鸭等水禽的乐园。同时，适合修建矿山公园或玻璃栈

道等惊险刺激游乐项目，或羁留式热气球空中观览项目，乃至小型飞行观览项目。

九羊集团采石场，现已禁采并回填处理。虽然景观破坏严重，但沉积岩层理裸露明显、中酸性岩浆以岩床产状出现非常醒目，矿坑周边要进行加固处理，是开展地理研学和地质科普的理想场所。

（四）地方特色旅游产品丰富，旅游吸引力较强

地方特产有莱芜三辣一麻、口镇香肠、莱芜老干烘茶、莱芜锡雕等。莱芜生姜以块大皮薄、丝少肉细、色泽光亮、辣味芳香而出名，被国家列为名贵产品和中国蔬菜优良品种；莱芜白皮蒜质细瓣大、极耐贮藏；莱芜鸡腿葱辛辣味浓、质地鲜嫩，是烹调菜肴的上等佐料。莱芜香肠是口镇盛产的传统地方特产，味道香醇，深受消费者青睐。莱芜锡雕历史悠久，源远流长，是山东省级非物质文化遗产，极具艺术观赏和收藏价值。还可听到有名的特色地方戏莱芜梆子，体验农家乐，学说莱芜话，等等。

二、文化价值解读

（一）嬴秦文化核心价值

嬴秦是东夷文化的集大成者，也是国家制度的缔造者，大一统政治模式的开创者和中国传统文化合流归一的推动者。因此嬴秦文化可以归结为中华民族精神的来源之一，中国国民性格形成的来源之一，中国姓氏文化和祭祖文化最终形成的来源之一。嬴秦精神也由此可以归纳为“天行健，君子当自强不息”，这也是秦人追梦九百年的内在动力。

1. 嬴秦文化是奠定中华一统的文化原点

先秦为中国古文明起源与形成的时代，是中华民族共同体奠定的时代。从远古原始先民的生息繁衍，到出现氏族、部落、宗族国家，再到逐步兼并融合为一个统一的国家，在政治、经济、文化、思想等方面都经历了剧烈变化过程。在这一历史过程中，秦起到了决定性的作用。秦人起源于我国东部，且确定了秦来源于嬴，嬴是秦文明之源，因此，嬴秦文化奠定中华一统的文化原点。

秦最大的贡献在于中华大一统。千古一帝秦始皇开创了历史新局面，主要贡献在于中央集权制度等方面的创新，为后代所沿用，延续了几千年，从而奠定了中国作为东方大国的坚实基础，体现大一统的最原点。

2. 融合基础上改革创新，是实现中华民族伟大复兴民族梦想的精神源泉嬴秦人在改革创新基础上，融合吸收其他文明，不断融合创新，形成具有开创意义的创新制度，成为实现中华民族伟大复兴民族梦想的精神源泉。

中华嬴秦文化园是一个实现中华民族伟大复兴梦的重要文化载体，承载了中华民族崛起、民族梦想的重要精神源泉。

3. 提供不同于西方世界的东方社会治理制度典范的原点

中央集权制度下的大一统、天下大同，体现了东方社会治理制度的智慧。它不同于西方的治理制度结构，为人类和平发展提供了可借鉴和参考的中国方案。

（二）嬴秦精神内涵

嬴秦人从东到西、又从西到东展示出的嬴秦精神归纳总结如下：

（1）志存高远，砥砺前行，变革创新；

（2）自强不息，历经磨难，百折不挠，坚韧勇毅，开拓创新；

（3）崇法尚武、锐意进取，变法图强、励精图治，纵横捭阖、铁血称霸，志在统一、革故鼎新；

（4）四海归一，崇文尚武，包容开放。

以上概括起来就是：志存高远、自强不息，百折不挠、坚韧勇毅，革故鼎新、变法图强，纵横捭阖、志在统一。

（三）嬴秦文化发展脉络的梳理归纳

通过对嬴秦文化的著名人物、重要事件与事迹等进行分析，归纳出嬴文化形成（孕育：文明曙光）、嬴文化发展为秦文化（崛起：奋斗足迹）、秦文化统一华夏（辉煌：中华一统）、始皇东巡（回归：传承融合）四大篇章的发展脉络（见表 1）。

表 1 中华嬴秦文化园嬴秦文化发展脉络及文化价值解读

	发展脉络	著名人物	重要事件 / 事迹	文化价值解读
孕育：文明曙光	嬴文化形成过程	少昊（嬴姓始祖）、伯益（嬴氏始祖）	洪荒年代，洪荒历险；伯益织网打鱼、狩猎，发明独木舟和弹弓，创造井，被称为“井神”；东夷人发明弓箭；伯益修建了坚固的防守城隘——“营子”，建设城墙；东夷人擅长驯鸟兽、辅佐大禹治水	改革创新；孕育中华远古文明的摇篮，奠定中华一统的文化原点

续表

	发展脉络	著名人物	重要事件 / 事迹	文化价值解读
崛起：奋斗足迹	嬴文化发展为秦文化过程	中潏、蜚廉父子（嬴秦衰败）、非子（始有土，成附庸）、秦仲（被赐大夫）、秦襄公（护送周平王，封诸侯国，始有国）	中潏戎边，嬴秦衰败，非子邑秦，秦仲始大，襄公封侯，激战西戎	融合创新：坚韧不拔、逆境拼搏、自强不息、勤劳智慧
辉煌：中华一统	秦文化统一华夏过程	秦穆公（称霸西戎）、秦孝公（商鞅变法）、昭王、嬴政	穆公称霸；商鞅变法；惠文称王；昭王称霸；始皇登基，秦统一中国（内史腾攻韩、王翦攻赵、王贲攻魏、王翦攻楚、王翦攻燕、王贲攻齐），车同轨、书同文、度同制、行同伦、治同法，修长城、修驰道、修灵渠、修都江堰	励精图治、改革创新，开拓创新，中华民族的天下一统、天下大同，增强民族认同感、自豪感和凝聚力
回归：传承融合	秦始皇东巡重要历程	秦始皇	秦置嬴县，泰山封禅，设置嬴县	东西部文化交流融合，形成了灿烂多彩的齐鲁文化、莱芜民俗文化，传承不息

三、价值目标定位

中华嬴秦文化园成为中华一统的文化原点，文化价值可与泰山、曲阜三孔比肩，形成山东文化第三极（见表 2）。

表 2 中华嬴秦文化园价值目标定位

<table>
<tr><th>价值解析</th><th>价值认知</th></tr>
<tr><td rowspan="4">核心价值</td><td>嬴秦文化奠定中华一统、天下大同的文化原点，文化禀赋具有唯一性、垄断性和不可复制性。
起源嬴水，建立嬴城，以少昊为代表的东夷文明是当时社会的最高文明，嬴姓始祖少昊和嬴氏始祖伯益治国理政的方法措施，以及众多的发明创造奠定了东夷文明的基础。随着东夷人迁徙，东夷文明给中原华夏文明以积极主动的影响，进而与其他文明融合形成了中华文明。西迁，建立秦，统一全国，秦皇嬴政统一中国和秦制的建立，对中国社会历史的发展起到了巨大的推动作用。
嬴城遗址是目前全国唯一的一处嬴秦资源遗址，涵盖了从远古太昊时期，一直到尧舜禹，再到秦汉这一漫长的历史发展过程，具有唯一性、垄断性和不可复制性。</td></tr>
<tr><td>嬴文化为东夷文明的代表，与其他文明融合成中华文明。
嬴秦文化是中华远古文明的摇篮，中华民族重要发源地，嬴秦文化是东夷文明的一个最先进组成部分，而在一定的历史阶段，嬴文化则是东夷文明的代表。东夷文明与中原黄河流域的华夏文明、南方长江流域的三苗文明、西部的西戎文化以及六国优秀文化，相互积极影响，吸取精华，融合发展形成了伟大的中华文明。</td></tr>
<tr><td>解读大一统基因密码，发掘民族复兴精神源泉。
解码东夷部落，解读华夏文明的融合发展，破译中华历史悬案；勾起猎奇心，满足好奇心，安抚责任心；一代人要构筑文化高地的责任意识，不忘初心——中华民族的天下一统、天下大同。</td></tr>
<tr><td>嬴秦文化的精髓和内涵。
融合创新、坚韧不拔，逆境拼搏、自强不息，勤劳智慧、励精图治，传承不息。嬴秦思想是中华民族价值观的重要渊薮，能够唤起增强民族自尊心、民族认同感、民族自豪感、民族凝聚力。</td></tr>
</table>

续表

价值解析	价值认知
重要价值	嬴秦文化激活莱芜、山东以至国家记忆，建设嬴秦文化旅游主体功能区，形成新旧动能转换、绿色发展、融合发展、乡村振兴、优质旅游发展的典范。 嬴秦、秦族、秦文化的发展史也成为海内外众多学者研究的热点问题。其影响力卓著，尤其是又反映了上古社会历史的曲折变迁，更有考古价值、历史价值、文化价值、社会价值、旅游价值，是研学游的天然高地。

第三节　思路与定位

一、发展思路

九羊旅游综合体是在全域旅游和研学旅游发展趋势下，以良好的山水林田湖环境为依托，以嬴秦文化资源为核心，以文化和旅游为引擎，以产业为支撑，以新型城镇为配套的文化与旅游为导向的区域综合开发项目。最终在文化旅游、工业旅游、农业旅游、特色小镇、田园综合体、矿山公园、地质公园、国家考古公园等方面集群化综合发展，形成旅游文化产业融合发展示范区。在规划与未来经营运作中实现：（1）建筑为型，文化为魂，体验为核；（2）打造成为嬴秦文化、先秦文化、中华文化的高地；（3）打造五大平台——嬴秦文化展示平台、传承平台、交流平台、创新平台、体验平台，实现民族自信、文化自信，从而成为实现中国梦的重要载体。

（一）形成九羊旅游综合体

由宗教、嬴城、养生、矿坑和农业等板块构建的中华嬴秦文化园，加之外围的温石埠铁矿、九羊钢厂、羊里古镇、嬴城遗址等资源点，一起构成了九羊旅游综合体的旅游资源分布格局。

未来一期将宗教、矿坑、嬴秦、养生、农业等包装成为核心项目；二期，与钢厂和古嬴城遗址，共同捆绑；远期联动羊里古镇和温石埠铁矿，差异化联动发展，联合申报国家5A级旅游景区，通过将5A级旅游景区作为龙头和核心来整合莱芜区的旅游资源，形成中心开花、四周联动、极核引爆、涟漪推进的莱芜区全域旅游发展格局，带动区域经济发展，实现产业转型升级。

在开发路径上，将实现提升观光、增加游乐、配套度假、产业复合。第一步，提升观光，打造项目的核心景观。第二步，增加游乐，增加项目的参与性、互动性和体验性。第三步，配套度假，配套产业公寓，平衡前期投资，实现企业利润。第四步，复合业态，泛旅游产业聚集，实现消费聚集。

（二）打造产业聚集融合发展区

打造国家级文化产业示范区，文化旅游产业融合发展试验区，泛旅游产业和泛文化产业聚集区，集旅游产业、工业产业、农业产业、养生康养、会议会展、服务产业于等于一体，打造产业聚集融合发展区。

（三）建设旅游和产业引导的新型城镇

对羊里街道进行外立面仿古处理，通过九羊旅游综合体和中华嬴秦文化园的旅游发展带动羊里街道的发展，把羊里街道打造成为文化和旅游引导的新型城镇化区域——羊里古镇，形成大区域内的餐饮、住宿、商业等综合服务配套。羊里古镇首先进行外立面仿古处理，形成古色古香的氛围和意境；其次，打造羊里商品一条街、农家乐餐饮一条街和民宿一条街，最终带动羊里古镇村民致富。

二、发展定位

（一）主体名称

主体名称：华夏嬴城。

嬴秦文化是东夷文化的代表，东夷文化是融合形成中华文化的重要组成部分，因此，嬴秦文化是中华文化的代表和重要组成部分。

华夏嬴城是中华嬴秦园的主体，是表征和预示中国一统的重要载体。

备选名称：中华嬴秦源。

“源”寓意源头，唯有源头活水、唯有源远流长，才能显示出文化的巨大生命力和成长性，才能显示出莱芜区作为嬴秦文化源地的厚重，才能让华夏子孙有追根溯源的动力与行动。

（二）总体定位

总体定位：文旅融合国家级文化传承创新示范性旅游目的地。

以嬴秦始源为依托，通过旅游化利用，以主题式体验休闲为突破手段，以嬴秦文化游憩体验为特色，打造旅游区独特的核心吸引力，构建集嬴秦文化展览展示、研学科普教育、宗教文化体验、矿坑游憩体验等功能于一体的文旅融合国家级文化传承创新示范性旅游目的地。

（三）形象定位

形象定位一：秦皇祖里，莱芜嬴城。

形象定位二：华夏一统最原点·山东文化第三极。

起源嬴水，建立嬴城。嬴姓始祖少昊和嬴氏始祖伯益治国理政的方法措施，以及众多的发明创造奠定了东夷文明的基础，发展成为东夷。以少昊为代表的东夷文明是当时社会的最高文明，随着东夷人的迁徙，东夷文明给中原华夏文明以积极主动的影响，进而与其他文明融合形成了中华文明。西迁，建立秦，统一全国，秦皇嬴政统一中国和秦制的建立，中华民族的天下一统、天下大同，对中国社会历史的发展起到了巨大的推动作用。

不忘初心，砥砺前行。以莱芜解读齐鲁，解码东夷部落，解读华夏文明的融合发展，破译中华历史悬案，构筑文化高地，勾起猎奇心，满足好奇心，安抚责任心。

备选形象定位：

秦皇始源（或秦皇祖源、始皇祖里、始皇祖地），莱芜嬴城。

嬴秦祖源（或嬴秦祖里），莱芜嬴城。

中华嬴秦源，莱芜大舟山（注：寓意合舟共济，华夏大同。整个区域亦可用“中华嬴秦源”定名——山东莱芜·中华嬴秦源，指向性、包容性强，简洁明快，朗朗上口，突出中华文脉绵延不断、代代相承。便于源流探求与传播）。

山东莱芜（济南）·中华嬴秦源。

漫步嬴秦文化长廊，开启智慧文明之旅（注：为研学专项旅游用，依此可以形成若干专项形象）。

（四）功能定位

核心功能：文化体验、研学教育、养生度假。

重点功能：观光休闲、商务会议、宗教文化体验、矿山体验、莱芜记忆。

（五）目标定位

中华嬴秦文化园要成为“三个一”：嬴秦文化走向世界的一面旗帜，世界了解嬴秦文化的一个平台，中国先秦文化的一个高地。同时，在地域治理体系中，成为济南未来顶级的城市名片、文化品牌、休闲客厅、旅游核心与龙头，成为山东文化第三极，成为国家5A级旅游区、国家级研学示范基地。

（六）市场定位

项目地以本地休闲市场为突破，由内而外打开市场，精准定位，分期推进。

近期以莱芜区、莱钢区、济南、泰安、淄博、临沂，以及济宁的城市人群为主体，重点关注文化体验客群、家庭休闲养生度假客群、研学教育客群市场。

中期以山东半岛、长三角、珠三角和京津唐地区客群为主，重点关注文化体验客群、家庭休闲养生度假客群。

远期以全国其他地区及国外专项客群、华侨客群为主，重点关注文化体验客群、科普体验客群。

第四节　旅游布局规划

一、九羊旅游综合体空间发展结构

着手于9平方千米的中华嬴秦文化园，着眼于羊里街道、九羊钢铁、城子县遗址等周边区域，从全域旅游的角度，对周边区域及早进行规划干预和环境控制，为本区旅游大发展奠定基础。

（一）一大核心：中华嬴秦文化园

中华嬴秦文化园以中华嬴城景区（中华嬴秦文化博物院）、嬴秦文化主题公园等为核心，以温泉度假酒店、先秦养生酒庄、嬴秦小镇、农耕部落、九阳宫和九阳塔为辅助，是由文化体验、养生度假、宗教文化体验和农业研学教育等功能组成的区域。

（二）两大重点

（1）工业研学旅游版块。以“钢铁是怎样炼成的”为主题，打造工业研学区域，同时彰显社会责任，宣传企业文化，优化企业形象，树立关照社会的口碑。

（2）国家大遗址公园版块。以城子县村区域的全国重点文化保护单位嬴城遗址为依托，将范围扩大到附近的嬴汶河道，未来建设嬴秦遗址博物馆与国家遗址考古公园。

（三）两大支撑

（1）羊里古镇。对羊里街道进行外立面仿古处理，打造羊里商品一条街、农家乐餐饮一条街和民宿一条街，形成综合服务支撑区域。

（2）温石埠铁矿遗址。依托温石埠铁矿遗址，针对青少年客群，打造温石铁矿研学基地。未来和矿坑区域进行捆绑，联合申报铁矿遗址公园。

由此形成以中华嬴秦文化园为核心，九羊钢厂工业研学旅游与嬴城遗址国家大遗址公园为重点，羊里古镇与温石埠铁矿遗址为支撑的九羊旅游综合体空间发展结构。最终形成众星拱月、相辅相成、核心驱动、重点带动、支撑随动的局面。

二、九羊旅游综合体项目体系

九羊旅游综合体将形成以中华嬴秦文化园为核心组团，九羊钢厂工业研学旅游与嬴城遗址国家大遗址公园为重点组团，羊里古镇与温石埠铁矿遗址为支撑组团的层次结构体系。

中华嬴秦文化园组团主要由嬴秦文化体验区、嬴秦养生度假区、宗教文化体验区、矿坑研学体验区，以及嬴秦综合服务中心组成。九羊钢厂工业研学旅游组团由科普文化教育区、历史纪念区、九羊钢铁博物馆，以及文娱活动区组成。嬴城遗址国家大遗址公园组团由嬴城遗址与国家考古遗址公园组成。羊里古镇组团由羊里仿古商街、羊里餐饮街和羊里民宿街组成。温石埠铁矿遗址组团由温石铁矿研学基地与温石铁矿遗址公园组成。

三、中华嬴秦文化园功能分区

四区一中心：嬴秦文化体验区、嬴秦养生度假区、宗教文化体验区、矿坑研学体验区、嬴秦综合服务中心。

四、中华嬴秦文化园项目体系

由核心板块、重点板块、支撑板块，以及配套板块一起构成中华嬴秦文化园的层次结构。作为核心板块的嬴秦文化体验区由中华嬴城景区（中华嬴秦文化博物院）、嬴秦文化主题公园、温泉颐养苑（温泉公寓）和嬴秦老街（综合服务配套）构成。作为重点板块的嬴秦养生度假区由温泉酒店、先秦养生酒庄、嬴氏农耕部落、嬴秦小镇和栗园康静里构成。支撑板块的宗教文化体验区由九阳宫提升、九阳塔提升和 3D 玻璃栈道构成，矿坑研学体验区由九羊矿山公园、地质研学基地、拓展运动基地和凤鸟图腾栈道构

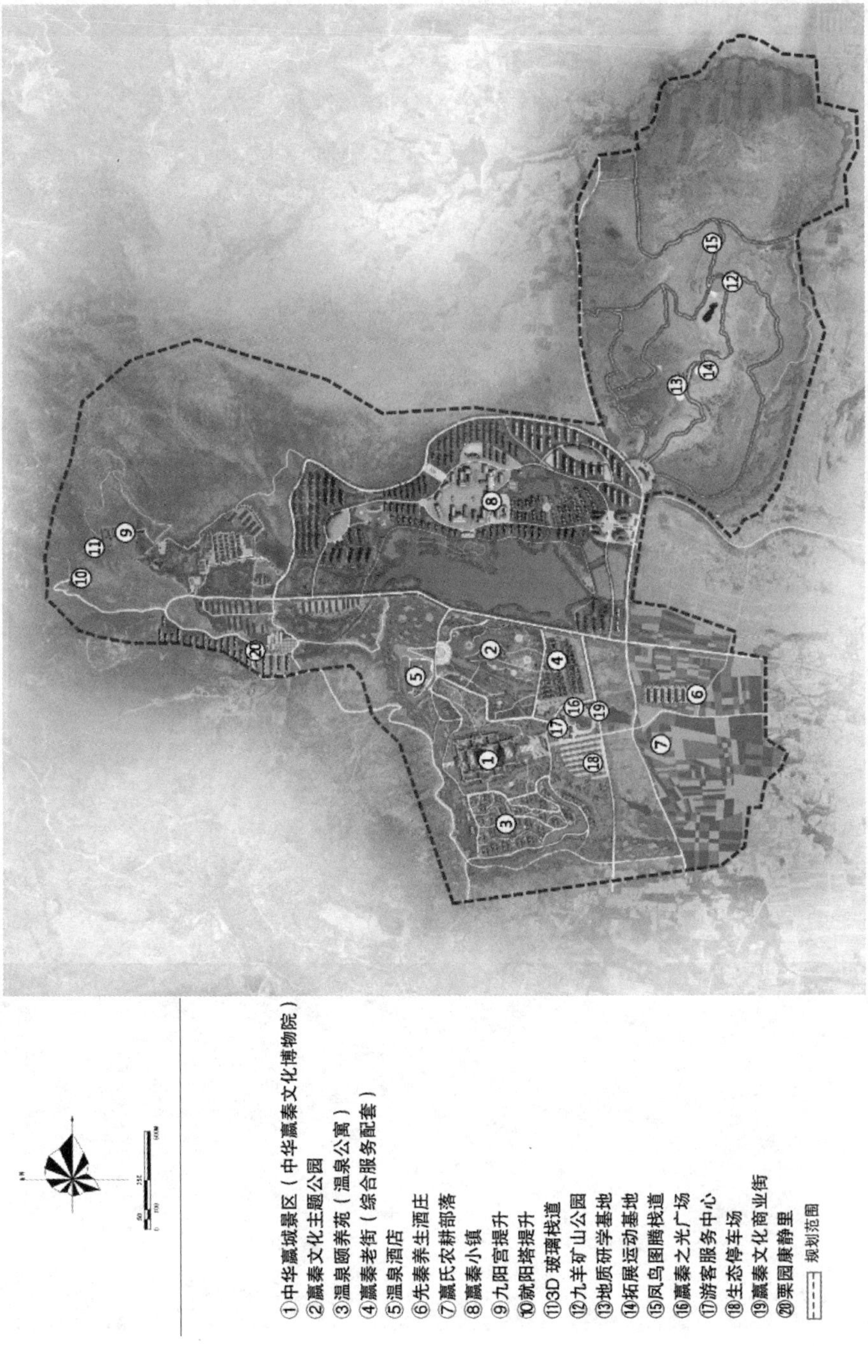

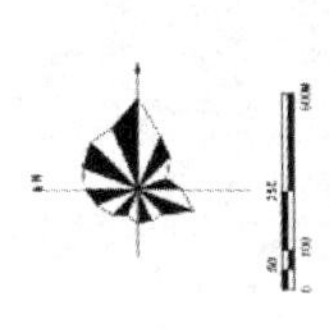

①中华嬴城景区（中华嬴秦文化博物院）
②嬴秦文化主题公园
③温泉颐养苑（温泉公寓）
④嬴秦老街（综合服务配套）
⑤温泉酒店
⑥先秦养生酒庄
⑦嬴氏农耕部落
⑧嬴秦小镇
⑨九阳宫提升
⑩就阳塔提升
⑪3D 玻璃栈道
⑫九羊矿山公园
⑬地质研学基地
⑭拓展运动基地
⑮凤鸟图腾栈道
⑯嬴秦之光广场
⑰游客服务中心
⑱生态停车场
⑲嬴秦文化商业街
⑳栗园康静里
规划范围

图 1　中华嬴秦文化园总平面规划图

成。作为配套服务板块的嬴秦综合服务中心由嬴秦之光广场、游客服务中心、生态停车场和嬴秦文化商业街构成。

五、中华嬴秦文化园项目分布

根据中华嬴秦文化园项目地的资源分布、地形地势、交通状况，并结合市场需求、周边产品竞合状况，进行项目空间落位，形成项目布点图；通过对项目空间尺度的精确规划落位，最终形成项目总平面图（见图1）。

第五节　分区项目规划

一、嬴秦文化体验区（华夏嬴城）

（一）规划位置

原九羊文化产业园区域（见图2）。

（二）规划思路

1. 立足小嬴城，演绎大嬴秦

嬴城遗址作为“文化原点”所蕴含的嬴秦历史文化是其他旅游区无法复制的，也是中华嬴秦文化园构建自身核心竞争力和旅游吸引力的根本。

图2　嬴秦文化体验区（华夏嬴城）鸟瞰图

因此，其旅游区开发建设应当立足赢城遗址，挖掘遗址所蕴含的赢秦文化，打造赢城不能局限在赢城本身的文化，要以表现赢秦时代文化为重心，通过旅游开发，打造展示中国赢秦文化的旅游聚集区。

2. 中华赢城景区（中华赢秦文化博物院）、赢秦文化主题公园、赢秦老街，功能互补，差异化发展

华夏赢城由中华赢城景区（中华赢秦文化博物院）、赢秦文化主题公园、温泉颐养苑（温泉公寓）、赢秦老街构成，其中中华赢城景区（中华赢秦文化博物院）和赢秦文化主题公园为核心，赢秦老街为综合配套。中华赢城景区（中华赢秦文化博物院）以静态的文化体验为主，突出神圣性，震撼性和文化性。赢秦文化主题公园以动态的参与性、互动性的文化游乐体验为主，赢秦老街作为配套，提供餐饮、住宿、工坊体验、购物等综合配套，板块之间相互依存、联动发展。

3. 赢秦文化对中华赢城景区（中华赢秦文化博物院）和赢秦文化主题公园进行主题化包装和文化串联，构建核心吸引力

以赢秦文化的产生、发展，统一华夏的过程为主线，对中华赢城景区（中华赢秦文化博物院）和赢秦文化主题公园进行主题化包装和文化串联，构建核心吸引力。 在赢秦文化主题公园内设置集教育娱乐化、娱乐教育化和体育娱乐化于一体的项目，增加游乐性、参与性的游乐产品。

4. 中轴线游览结构开启赢秦文化体验之旅

以赢文化为原点，发展成秦文化，秦国大一统，始皇东巡为主要故事脉络，演绎赢秦文化孕育、崛起、辉煌、回归的四大篇章，打造两条文化体验轴线，一条为文化观光体验轴线，一条为游乐体验轴线。通过文化包装和创意，完善旅游功能配套，延伸文化旅游产品。

围绕华夏赢城中轴线游览结构进行项目设置，形成主题化、故事化、情节化、体验化的赢秦文化表现形式，以参与、互动、娱乐、体验的手法，开启赢秦文化体验之旅。

5. 建筑为型，环境营造，烘托时代氛围

在园区建设上，建议一步一景，注重园区绿化——“树成林”，使园区有层次感和神秘感（游客参观会怀着探究赢秦始祖的心理），打造森林里的赢秦源。公路沿线加强绿化，通过绿植自然分割中华赢秦文化园与宿

舍等存量建筑。环境及建筑设计可根据不同时代，还原当时的建筑风格和社会环境，让游客置身其中，如同身临其境。

址坊水库西岸 82.2 万平方米的原九羊文化产业园区域作为主要的旅游项目开发区。

嬴秦文化体验区打造旅游项目构建核心吸引力来吸引游客，主要有华夏嬴秦景区、嬴秦文化主题公园、嬴秦老街、温泉颐养苑（温泉公寓）四部分构成（见表 3）。

表 3 嬴秦文化体验区板块构成、位置、内容与功能

	位置	内容	功能
中华嬴城景区（中华嬴秦文化博物院）	西魏庄村到天成凤眼石的原九羊文化产业园中轴线	少昊、伯益、始皇大殿等构成的静态文化观光体验轴线	构建核心吸引力
嬴秦文化主题公园	原九羊文化产业园东部的北部	嬴秦文化包装的具有参与性、互动性、体验性项目，构成的文化主题公园	构建核心吸引力
温泉颐养苑（温泉公寓）	原九羊文化产业园西部区域	高端温泉养生度假	高端温泉养生度假配套、平衡投资的温泉养生公寓
嬴秦老街（综合服务配套）	原九羊文化产业园东部的南部区域	餐饮街、住宿街、购物街、工艺作坊街等	对游客的餐饮、住宿、购物进行综合服务配套

（三）项目构成

中华嬴城景区（中华嬴秦文化博物院）、嬴秦文化主题公园、温泉颐养苑（温泉公寓）、嬴秦老街（综合服务配套）（见表 4）

表 4 嬴秦文化体验区项目体系构建

分区	项目
中华嬴城景区（中华嬴秦文化博物院）	（1）嬴秦大门、（2）嬴秦大道、（3）图腾柱、（4）嬴城城墙、（5）少昊殿、（6）远古地理博物馆、（7）远古文明博物馆、（8）伯益殿、（9）东夷文化长廊、（10）嬴秦崛起馆、（11）西迁园、（12）千古一帝、（13）秦塑中华园、（14）锦绣江山、（15）始皇大殿、（16）大秦帝国馆、（17）寻根问祖园、（18）秦汉市井园等
嬴秦文化主题公园	（1）嬴水部落：时空隧道、祭祀广场、渔乐园、狩猎园、网园、舟园、国际射击运动基地、比武校场、作坊体验园、部落野趣园、伯益之手 （2）风云乐园：洪荒历险、洪荒探秘、治水游园、驯鸟兽园、西迁之路、西迁历险、秦人水寨、激战西戎、渭河水战、激流勇进、势不可挡、始皇点将台、战国风云、战国七雄山、群雄争霸、铁血统一、嬴秦影视拍摄基地、歌舞升平嬴乐园 （3）嬴秦剧场

续表

分区	项目
温泉颐养苑（温泉公寓）	平衡投资的高端温泉养生度假公寓
嬴秦老街（综合服务配套）	（1）滨水小吃街（2）鲁中文化购物街（3）风情民宿住宿街（4）民间工艺作坊街（5）曲艺茶楼 （6）莱芜记忆馆（7）嬴秦书院（8）嬴公馆

1. 中华嬴城景区（中华嬴秦文化博物院）（见图3）

功能定位：主要进行静态的嬴秦文化科普展示，体验嬴秦文化为主，景区整体突出神圣性、震撼性和文化性。

建筑风格定位：以秦汉建筑风格为基调，风格突出庄严、雄伟、肃穆。

目标客群：全客群，尤其对文化喜好的中青老年客群。

布局原则：通过嬴秦大道形成中轴线，主要建筑和节点沿中轴线分布。

图3 中华嬴城景区鸟瞰图

思路：永宁崮（西侧独立山包，上有泰山奶奶庙）、锅山（更名为“嬴山”）作为华夏嬴城的靠山。其后是天成凤眼（凤鸟）。凤眼后为宋镇豪会长写的秦字。天成凤眼是未来宣传营销的一大亮点！大舟院佛教、九阳宫塔道教、嬴秦文化，三种文化相互补充，融合发展。

以嬴秦文化的产生、发展和统一华夏这条脉络为内在依据，通过文化体验节点在中轴线上表现出来。从洪荒、东夷部落、少昊、伯益、西迁、西垂大夫、辉煌，这种循序渐进的崛起主线进行包装和串联。

主题篇章：孕育文明曙光篇章、追寻崛起足迹篇章、再现辉煌一统主题篇章。

项目构成：孕育文明曙光篇章（嬴秦大门、嬴秦大道、图腾柱、嬴城城墙、少昊殿、伯益殿、东夷文化长廊、远古地理博物馆、远古文明博物馆)，追寻崛起足迹篇章（嬴秦崛起馆、西迁园），再现辉煌一统篇章（千古一帝、锦绣江山、秦塑中华园、大秦帝国馆、始皇大殿、秦汉市井园、寻根问祖园）。以下两个篇章构成中央文化主轴线。

（1）嬴秦大门

大门是一个景区的标志性建筑景观，其对景区的形象展示和识别具有重要意义。以嬴秦精髓为文化脉络，打造一个既具有庄严感又具有较强视觉冲击力的文化景观大门，形成景区的第一印象展示，集中展现“嬴秦祖源”。建筑材料运用木材、毛石等本土建筑素材，体现嬴秦时期建筑特色的同时不乏现代感。

（2）嬴秦大道

游客进入景区的主通道。为了唤起游人来到嬴秦祖源的心理气氛需要，必须首先以庄严宏大的气氛为主，同时渲染出嬴秦庄严肃穆，坚忍沉毅的精神追求，形成一种强烈的仪式感，使游客形成对嬴秦的敬慕感。

（3）图腾柱

文化缘起：根据传说，最早知名的嬴姓之族首领为少昊，成年后“登帝位在鲁北，后徙曲阜”，建立了所谓“少昊之国”。少昊之国以鸟为图腾，其文化正是盛行一时的大汶口文化。24 种以鸟命氏名官的东夷鸟族散居在汶泗流域，而东夷族也习惯将其先出生神话为玄鸟降瑞，最著名的例子当属“秦之先”女脩。

规划思路：规划大型嬴秦图腾雕塑，少昊、伯益族的鸟图腾柱十二对。图腾为凤凰造型，即凤鸟。24 个腾图，代表 24 个部落、24 个职位。寓意先进社会管理方式。也可选鸷鸟，寓意少昊；也可选玄鸟，寓意伯益。

（4）嬴城城墙

文化缘起：嬴姓部族诞生于今莱芜的嬴水流域，在炎黄时代开始发展壮大，其首领少昊迁都于今曲阜，到尧舜时期，也就是龙山文化末期，嬴姓部族首领大费，也就是伯益，因辅佐大禹治水和助舜调顺鸟兽有功，被封于故土，赐姓嬴氏。伯益在嬴水之滨，即今莱芜城子县村建立都邑，开创嬴秦历史。据传说，伯益当年修建了坚固的防守城隘——“营子”，建设城墙等就是为了防止贼人偷窃“仓上”的粮食，这就是城墙的起源。

规划思路：用石头围合建设嬴城城墙，设置夜晚虚拟与现实结合的战争类型演艺。

（5）少昊殿

文化缘起：少昊，三皇五帝之一。少昊是远古时代华夏部落联盟首领，同时也是早期东夷族的首领，他被后人尊为五帝之一，也是华夏共祖之一。据记载其部族以玄鸟为图腾，娶妻凤鸿氏之后改以凤凰为图腾。在他的部落里诞生了原始的凤文化，成为中华民族的图腾之一。

规划思路：修建少昊殿作为游客瞻仰的场所。少昊殿突出神圣性、震撼性和文化性。

（6）远古地理博物馆

文化缘起：嬴秦顾名思义来源于嬴姓之族，而嬴姓的获得则是因为居住在嬴水流域。嬴水又称嬴汶，为汶河上游三大支流之一，发源于章丘的池凉泉，中途流经今莱芜城子县村，从西杨庄入泰安境，全长 86 千米。

规划思路：虚拟现实（VR）和增强现实（AR）展示莱芜及鲁中山区、山东地区地理、地形、山川河流以及自然气候植被、动物等自然概貌。

其中鲁中山区重点是展示泰山、蒙山、鲁山、沂山、峄山地貌，大汶河、弥河、淄河、沂河、沭河、蒙河、祊河、泗水等河流。

莱芜区、沂源县、蒙阴县主要为华山、原山、马鞍山、莲花山和嬴汶河、牟汶河、大汶河、蒙阴汶河、沂河、柴汶河等。

展示乡土生物标本化石，包括植物蜡叶（水浸）标本展室，现场标本制作体验室，动植物化石展室（三叶虫、鱼类、叠层石等），以及商品流通部等。

（7）远古文明博物馆

文化缘起：嬴秦文化是东夷文明在新石器时代晚期综合发展的结果，也是中华远古文明的重要组成部分，其诞生在包括莱芜在内的山东地区不是偶然现象。1921 年，历史学家傅斯年先生写下《夷夏东西说》，指出中华早期文明由东部的东夷文明和中原华夏文明共同育成。以泰山地区为中心的东夷文明，先后经历了后李文化 — 北辛文化 — 大汶口文化 — 龙山文化 — 岳石文化，其后演化出嬴秦文化和齐鲁文化，影响中国历史长达 6000 多年。

规划思路：虚拟现实（VR）和增强现实（AR）展示鲁山山麓及鲁中山区一带沂源猿人生活状况，3 万年前新泰乌珠台智人生活状况，以及该区域古人类生活状况。

展示沂源猿人遗址，新泰乌珠台智人文化遗址，临淄后李文化遗址，滕州北辛文化遗址，泰安大汶口文化遗址，章丘龙山文化遗址，莱芜嬴城遗址，莱芜汶阳遗址，以及莱芜张里街文化遗址等。

（8）伯益殿

文化缘起：大费是后来被司马迁所认可的嬴秦始祖，而大费之后的历史也更为真实和清晰。大费是女脩之子大业同少典之女女华所生，是嬴姓后裔在虞舜和夏禹时代的又一位知名人物。大费出生于费地，而早年活动于穷桑，即“泗水之阳，山南水北”，这里也是少昊和黄帝的统治区域。大费一生辅佐舜、禹两位帝王，因丰功伟绩被赐姓为“嬴”，号“伯益”，受封于嬴姓的祖居地。他在今莱芜城子县修筑嬴邑之城，成为嬴姓部落的首领，确立了自身嬴姓的正统地位。

伯益作为秦始皇始祖，是舜禹时期的杰出政治家和实干家。他一生佐舜、禹两君建立了丰功伟绩：他发明了挖井技术，解决了饮水与灌溉问题；他提倡种植水稻，驯服鸟兽，利用山川，辨别草木，标志着社会由狩猎经济向农业经济发展。

规划思路：修建伯益大殿，供奉嬴氏始祖伯益，作为游客瞻仰的场所。伯益殿突出神圣性、震撼性和文化性。

（9）东夷文化长廊

文化缘起：泰沂山区是古人类的发祥地，此地的早期人类可能与北京人有渊源，经过后李文化、北辛文化、大汶口文化、龙山文化等时期发展为东夷部落联盟，并形成了先进的东夷文化。东夷文化向西部扩展，发展成为更为先进的秦文化。东部发展成为齐鲁文化，形成了儒家文化和道家、墨家、法家、兵家等文化分支。最后，秦文化与诸文化融合统一了华夏。

规划思路：通过石头壁画或石刻图案，勾画出东夷文化 — 嬴文化 — 秦文化 — 华夏帝国的发展脉络。东夷文化长廊展示重要的东夷历史人物，比如伯益等。

（10）嬴秦崛起馆

文化缘起：秦庄公即位后在周宣王的支持下，大破西戎，收复犬丘之地。于是被册封在今甘肃天水、西和一带，东界陇山；号称“西垂大夫”。公元前770年，秦襄公又护送周平王迁都洛阳，被赐予岐山以西的大片土地，封为诸侯之国。其后数百年，秦国以关中为根据地，励精图治，不断东进，最终统一了六国，建立了大秦王朝。

规划思路：打造现代化的数字博物馆，虚拟现实（VR）和增强现实（AR）生动展现嬴秦崛起历史、文化、故事、精神价值、文化价值，打造极具知识性、科普性和体验性的博物馆，利用现代科技和展览展示技术手段，声光电、互动体验的手法向游览者展示立国历程。同时增设玉石展览、名人字画展览。

（11）西迁园

文化缘起：周初被遣散西部。商末周初中潏的儿子蜚廉、孙子恶来助纣为虐。武王伐纣时恶来守商都，兵败后被杀。蜚廉返秦组织反周活动，周公东征时被追杀。周公平叛后将夷人遣散，一部分迁至今陕西关中地区，一部分迁至今甘肃朱圄山一带。大骆、非子部西迁。蜚廉及恶来死后，蜚廉次子季胜投降周，留在晋南赵城。恶来后人被废嬴姓，沦为奴隶，避居赵地。恶来后裔大骆被周再次强迫西迁至西犬丘，今甘肃礼县一带。

规划思路：以清华简造型作为景观，展示嬴人西迁的艰难历程，以及嬴秦文化发展曲折过程。再现西迁途中过高山、涉激流、斗猛兽、避凶险等场景，烘托氛围，增强感染力，以展现嬴姓秦人西迁的艰难和自强不息的精神。

（12）千古一帝

文化缘起：嬴政灭六国完成统一大业，并创立的中央集权和郡县制，车同轨、书同文、度同制、行同伦、治同法。

规划思路：建成集 “千古一帝”塑像、动感喷泉、叠水瀑布于一体，生动再现秦始皇千古一帝丰功伟绩的壮景。通过运用现代高科技手段，结合声、光、电等高科技技术，通过合理的设计使喷泉随着旋律的起伏喷出不同样式的水型，同时各级水台之间营造叠水景观，为游客呈现一场震撼人心的视听盛宴。

（13）秦塑中华园

文化缘起：嬴秦祖先自远古时期就为中华远古文明做出了重大贡献，成为中华远古文明的重要开创者，其后裔西迁后不屈不挠，励精图治，建立了我国历史上第一个封建集权制国家。

规划思路：秦塑中华园，通过景观雕塑群形式展示秦统一六国的历史进程、秦始皇封禅泰山与东巡的历史事件。

统一中国雕塑群。以“统一华夏，势如破竹”为主题，通过秦国军队势如破竹大型雕塑，在七国地图造型中进行统一历程的景观展现：秦王运筹帷幄、内史腾攻韩、王翦攻赵、王贲攻魏、王翦攻楚、王翦攻燕、王贲攻齐。

始皇东巡雕塑群。泰山封禅是古代统治者举行的一种祭祀天地的礼仪。公元前 219 年，秦始皇率领文武大臣及儒生博士 70 人，到泰山举行封禅大典。以此历史事件，通过景观雕塑再现登封台上始皇对天独语的泰山封禅事件。

秦始皇五次出巡，三次到山东。东巡途中，分别在山东的泰山、峄山、琅琊山、芝罘山、成山头和浙江省的会稽山、河北省秦皇岛的碣石山留下了七块刻石。为自己、为秦朝树碑立传、歌功颂德，东巡过程中始皇不忘祖里，特别在嬴水之畔设置嬴县。依此始皇东巡历史事件，通过景观雕塑再现当时始皇东巡的历史盛况。

锦绣江山。以山水画轴为设计理念，以山水为基础元素，以山水画轴的表现形式凝练中华大美山川，展现中华锦绣江山，同时也表现意气风发的秦始皇指点江山的豪迈壮举。

（14）始皇大殿

文化缘起：秦皇嬴政是中国历史上著名的政治家、战略家、改革家，作为中国历史上第一个大一统王朝——秦王朝的开国皇帝，对中国和世界历史产生深远影响，把中国推向大一统时代，奠定中国两千余年政治制度基本格局，被明代思想家李贽誉为“千古一帝”。

规划思路：修建始皇大殿，供奉千古一帝秦始皇，作为游客瞻仰的场所，大殿突出神圣性、震撼性和文化性。

（15）大秦帝国馆

文化缘起：秦国重大图强变法事件，如商鞅变法、秦穆公争霸、惠文称王、昭王称霸、始皇登基等。

规划思路：以公元前770年秦襄公立国至嬴政灭六国完成统一大业的历史事迹为依托规划大秦帝国馆，包括事件、战争、名将、名人、兵器、秦制等。该馆展示以文字、图片、蜡像、雕塑、影音讲解、数字博物馆，以及虚拟现实（VR）和增强现实（AR）等形式进行展示。同时可专设嬴秦著名兵器销售点。

（16）寻根问祖园

文化缘起：汉文化伟大而辉煌。伟大，是因为汉文化和我们的国家、民族直至个人密切相连，汉文化也是华夏文化、中华文化；辉煌，是因为汉文化在中华5000年文明史中发挥了承前启后的关键作用，这就是汉承秦制。

秦统一六国，建立了我国第一个中央集权的封建帝国，统一文字、统度量衡，实现了书同文、车同轨，推行郡县制延续至今。

嬴姓为中国上古八大姓之一，在祭祖堂设立嬴姓始祖像，包括上古传说中的少昊、皋陶和伯益等，同时以壁画的形式表现反映早期农耕和畜牧文化的神话传说，以《尚书·禹贡》为蓝本描绘九州风物，特别标出齐、兖和青三州交界地带的莱芜，预示这里将会繁衍出一支将来席卷天下、包举宇内、囊括四海、并吞八荒的嬴秦之族。现今嬴姓分布于江苏、山东、云南等省，总数过万人，这些嬴姓后裔是来此祭祖和观光的潜在客流。

嬴姓后来又分支出十四氏，渐渐成为中国传统姓氏，主要包括廉、徐、江、秦、赵、黄、梁、马、葛、谷、缪、钟、费、瞿等姓氏（见图4），其中有些姓氏人口在国内人口中占有较大比重。海外嬴姓及其次生姓氏的后裔也非常多，他们追根溯源以往多根据家谱地望记载。

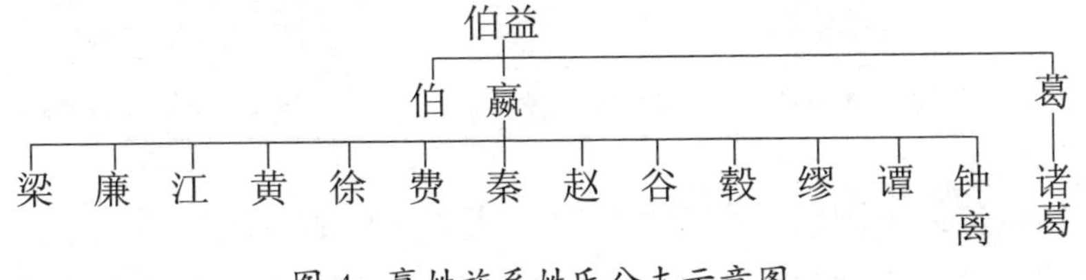

图4　嬴姓族系姓氏分支示意图

规划思路：充分利用嬴秦文化的源流和祖根概念，将其作为中华民族认祖归宗的文化资源，营造祭祀、寻根和祈福文化。规划寻根问祖园，寻根问祖，姓氏延伸，侧重于嬴祖供奉和衍生姓寻根拜祖功能。

祭拜堂。嬴姓及衍生姓氏后人寻根拜祖，选择主要和代表性人物塑像，以方便国内外宗亲前来缅怀和祭拜，从而将祭祖文化与旅游深度融合。

姓氏园。嬴姓衍生姓氏碑或图腾。一姓一图腾，园内植柿子树，寓意氏氏如意、世世如意。

2. 嬴秦文化主题公园

理念：建筑为形，活动为体，文化为魂。

以秦汉建筑风格为本底，规划从嬴秦起源到一统天下时期政治、军事、文化等元素取材，演绎嬴秦文化孕育、崛起、辉煌、回归四大主题。通过文化包装和创意，以主题化、故事化、情节化、体验化的嬴秦文化表现形式，设置嬴秦文化意境下的互动演艺性和体验游乐式项目（见表 5），以参与、互动、娱乐、体验的手法，融入嬴秦文化特色的现代游乐设施，开启嬴秦文化体验之旅，使历史在这个嬴秦梦幻主题公园里不仅看得见，还能让游客亲身体验。游客在尽情游玩过程中，既能享受到游乐项目带来的欢乐和刺激，更能品味出嬴秦历史文化浓郁厚重的韵味。

表 5　嬴秦文化主题公园互动演艺与体验游乐项目

	“嬴氏部落”主题演艺、嬴秦史诗大型演出	角色扮演
高跷、莱芜梆子、木偶戏、花鼓锣子	篝火晚会、长勺鼓乐、祈天鼓舞、“教坊乐舞”	悬空桥梁、网道、步道、秋千、飞狐滑索、CS 野战体验
古代幻术	钻木取火、密境寻宝等	漂流体验
布袋木偶	叉鱼、木棒打鱼、撒网捕鱼、徒手摸鱼、古弩射鱼	密室逃脱
驯鸟驯兽表演赛	投射场、实弹靶场、激光飞碟	石器、骨器、陶器、冶炼、纺织、造车、乐器、礼器工坊体验
虚拟现实狩猎	参与制作体验和乘舟体验	大型马术表演
体验织网	弓箭、弹弓、弩等比武	古代军事器械攻城表演
祭祀表演	制作陶器、玉器、烧制砖土、建造房屋	水战、火战和陆战表演

目标定位：中国第一个全方位展示嬴秦文化的主题公园。

功能定位：主要进行动态的嬴秦文化互动演艺和体验游乐，景区整体突出欢乐和快乐基调。

目标客群：家庭客群和中青年客群为主，其他客群为补充。

规划思路：将主题公园打造成为核心引爆点，通过故事线进行包装串联形成多个核心项目，将嬴秦文化与游乐功能结合，通过增加项目的互动性、参与性和体验性，形成多样化的游乐项目和游乐活动聚集区，游客参与互动，延长停留时间，改变莱芜区目前的游览结构，带动相关的餐饮、住宿、购物等消费。

参考目前国内历史文化类主题公园中最具代表性、发展最强势的“杭州宋城”模式，宋城模式为“主题公园＋旅游文化演艺”。嬴秦文化主题公园依托全国重点文物保护单位嬴城遗址，在宋城模式基础上进行融合创新，形成融“遗址观光＋主题游乐＋活动演艺＋旅游文化演艺”于一体的嬴秦文化主题乐园。

项目构成：嬴水部落、风云乐园、嬴秦剧场，是为孕育文明曙光篇章。

（1）嬴水部落

文化缘起：筑城自守的嬴城暗含中华民族自守非攻、含蓄内敛、和而不同、天下大同的东方哲学价值观。与西方哲学价值观有着本质不同。

嬴人发源于嬴水，然后一路西迁发展为秦人，再现辉煌。在这一过程中，融合中原文化、西戎文化，形成开拓进取、努力拼搏的嬴秦精神、中华文化，代表了东方价值观、世界观、人生观，在这里可以见证东方文明精神和哲学价值之源。

目标：再现嬴祖时期的生活和生产场景，完全的穿越，做一日真正的原始人，感受远古文明。

主题特色：创新游乐互动与原始生活体验的半开放式主题公园。

功能：远古景观游览、东夷文明参与体验、影视拍摄。

建筑风格定位：以茅草屋为主，风格为原始的远古风格。

发展思路：针对区域市场需求，参考嬴城遗址布局的基础上，利用干插石新建远古时代嬴城原始聚落结构，同时植入体验功能，形成狩猎园、渔乐园、网园、舟园和部落野趣园等。游客按照体验园的设置体验感受原始人的生活状态。

项目构成：时空隧道、祭祀广场、渔乐园、狩猎园、网园、舟园、国际射击运动基地、比武校场、作坊体验园、部落野趣园、伯益之手等。

• 时空隧道

在通往嬴水部落区域，策划利用全息投影等高科技技术，打造一个时光隧道，游客乘坐一条模拟的“时空之船”（初步策划为轨道式交通工具），沿着历史长河前行，便能回到数千年前的史前社会。通过声光电等逼真的模拟效果，令人身临其境。

• 祭祀广场

文化缘起：嬴的原始部落有自然崇拜和信奉灵魂转世的做法，如祭祀太阳、玄鸟图腾和独特的葬姿葬式等。嬴人东首葬不同于秦人的西首葬式，特别是口含小球和拔除侧门齿的风俗，反映了对吞食鸟卵的族源说和灵魂由口中升天传说的信仰。在原始氏族部落中，祭祀文化是非常重要的方面。而祭祀内容往往与生产文化有关，先民常用盛大而神圣的仪式向上天祈求来年丰收。

规划思路：建设祭祀广场，风格古朴而庄严。祭祀广场既有游客集散的功能，也是影视拍摄、大型表演和活动的举办场所。可根据祭祀文化打造大型实景演艺，成为重要收益点。

• 网园

文化缘起：伯益结网捕鱼，解决部族食物匮乏难题的故事。

规划思路：规划网园，游客可体验织网的过程，又可体验先民结网捕鱼。

• 舟园

文化缘起：伯益发明了独木舟的历史典故。

规划思路：规划舟园，游客可观赏独木舟和木筏制作过程，又可参与制作体验和乘舟体验。

• 狩猎园

利用虚拟现实技术打造狩猎园，利用电脑模拟的虚拟世界，使游客从视觉、听觉、触觉等感官层面，体验远古先民狩猎的场景，让游客如同身历其境一般。

• 作坊体验园

文化缘起：太昊伏羲发祥于蒙山，少昊诞生嬴水之滨。少昊统一山东地区各部落成为东夷部落首领，开创以东夷文化为代表的中华远古文明。

规划思路：有穿着原始人类服装的工作人员在作坊体验园，主要以部落制陶为缘起，面向家庭游客。游客可了解学习古人如何制作陶器、烧制砖土、钻木取火、打磨玉器、建造房屋等，从中了解到先民的智慧，个人劳动成果（陶器、小木件）可以带走留念。

·部落野营园

洞穴、帐篷、干栏，多样原始住宿，满足游客的好奇心。

规划思路：分别打造洞穴、帐篷、半地穴式房屋等多种风格的原始住宿群落，让游客可以任意选择居住。主题住宿区实行封闭式管理，对游客的安全进一步提供保障。

（2）风云乐园

以嬴文化为原点，发展成秦文化，秦国大一统为故事脉络，将嬴秦文化主题孕育（文明曙光）、崛起（奋斗足迹）、辉煌（中华一统）通过文化包装和创意，通过各种游乐体验设施与嬴秦文化相结合，将嬴秦故事演化成经典的游乐场景，形成主题化、故事化、情节化和体验化的嬴秦文化表现形式，让古老的嬴秦文化和现代的游乐设施在此得到了完美而有机的融合（见表6），游客在尽情游玩过程中，既能享受到游乐项目带来的欢乐和刺激，更能品味出嬴秦历史文化浓郁厚重的韵味。

表6　风云乐园文化包装与游乐项目演绎

	文化包装	项目演绎
孕育：文明曙光	洪荒历险	嬴秦典故包装关卡的惊险刺激漂流
	洪荒探秘	以嬴秦文化设置关卡，开发密室逃脱
	治水游园	伯益辅佐大禹治水典故包装的文化主题水上游乐园
	驯鸟兽园	东夷人擅长驯鸟兽，举办驯鸟驯兽表演赛和大马戏
崛起：奋斗足迹	西迁之路	采用地面立体街画的手法，将体现嬴秦西迁的典故绘于地面，给游客以极大的文化视觉冲击
	西迁历险	翻滚设备感受西迁途中过高山、涉激流、斗猛兽等凶险历程
	秦人水寨	夏日玩水最清凉的戏水胜地
	激战西戎	以秦人和西戎交锋为题材的大型马术表演，再现与游牧民族西戎的宏大战争场面
	渭河水战	山东首家环绕式真人水战项目，游客们可与“敌方”船只展开水战，畅享冰爽夏日
	激流勇进	夏季的玻璃滑道、水中冲浪
	势不可挡	夏季空中玻璃滑道漂流，体验高空向下的势不可挡

续表

	文化包装	项目演绎
辉煌：中华一统	始皇点将台	可升至60米高空同时实现自转和公转的空中观览飞行岛
	战国风云	云梯、攻城车、抛石机、战车等古代军事器械攻城表演
	战国七雄山	山东首个超惊悚历史类3D鬼屋——战国七雄山再现了战国七雄逐鹿争雄的酷烈场景
	群雄争霸	设置水战、火战、陆战三种典型的战斗方法来表现群雄争霸的激烈斗争场景
	铁血统一	大型动感室内仿真乘骑项目，集动感运动车、多屏4D电影于一体，使游客身临其境般地感受古代秦统一六国的战场厮杀
	嬴秦影视拍摄基地	结合战国时期的长城及城堡，形成有震撼力的城堡——战国石头城，同时拍影视，打造影视拍摄基地
	歌舞升平嬴乐园	针对儿童及家庭游市场，主要为中小型器械游乐，打造独特新颖的梦幻嬴乐园

（3）嬴秦剧场（嬴秦史诗大型演出）

文化缘起：《史记·秦本纪》中记载，为表彰大费伯益的功绩，帝舜“赐尔皂游”，意思是赐给伯益皂色旌旗，并沿街游行以示赞颂。因为表彰而游无疑会引起众人瞻观，一方面扩大宣传之功，二来可以形成群众聚会、游艺等活动，众人乐乐，其乐融融。

规划思路：参考宋城景区，引进“千古情”等大型演出投资商驻入，做出品牌，再现历史、宣传中华嬴秦源。规划一个大型的演艺剧场，剧场不受天气原因影响，加强舞美设计（突出神秘感）、多做效果、增加特技演出，演出过程中可突出观众的体验性、互动性和参与性。作为表演嬴秦文化歌舞剧的场所，成为主题公园旅游的一个核心产品。策划创作题为《四海归一》的大型实景演艺，以描述嬴秦的发展历程。实景演艺《四海归一》意为四海归夷，可设计分为六幕：

第一幕：凤鸟嬴水谷。再现嬴秦祖先东夷部落的原始文明，讴歌伯益的十大功绩。

第二幕：悲壮戎边行。戎边军民浩浩荡荡，拖儿带女艰难凄凉。讴歌嬴姓秦人卫国征程的悲壮浩气。

第三幕：卧薪尝胆志。从蜚廉到非子，逆境求存，险境求生，奋斗求强。讴歌嬴姓秦人卧薪尝胆精神。

第四幕：西部响惊雷。有土、有国、渐进强大；经济、军事、构筑强国。讴歌秦人的复兴梦、大国梦、强国梦。

第五幕：嬴秦耀中华。军事统一中华，秦制重塑中华，文化照耀中华。讴歌始皇帝的历史功绩。

第六幕：寻根封禅泰山。秦王嬴政统一全国后，制定山岳祭祀制度，并亲自来到泰山举行有史以来首次封禅大典。

最后，嬴城现盛景。展现从嬴县到莱芜，历史脚步的缩影。讴歌嬴秦文化的历史作用。

3. 温泉颐养苑

文化缘起：从嬴秦人的身心发展考虑，良好的水土环境也成为他们强健身体、愉悦心情，焕发出乐观向上精神面貌的物质基础。在这样的环境中生活的嬴秦人无疑是快乐、健康甚至是长寿的。

规划思路：整体环境通过借景、造景等手法打造一个极高端的温泉居住环境，构建古风的温泉酒店和温泉养生公寓，做温泉古汤，形成特色的温泉体验；提供温泉入户，将生态和养生理念贯穿整个设计，集合养生、度假、休闲、居住四位一体，整体建筑错落有致，互不干扰（见图5）。

图5　温泉颐养苑

户户养生温泉入户，独一无二的SPA汤池，庭院温泉、露台温泉，随心而享。

4. 嬴秦老街

规划思路：以回归东方祖里的传承融合为主题打造综合服务配套——嬴秦老街，通过滨水小吃街、鲁中特产购物街、曲艺品茶楼、风情住宿街、民间工艺作坊街等，主要为中华嬴城景区（中华嬴秦文化博物院）和嬴秦文化主题公园提供综合服务配套，承载商业服务、旅游餐饮、民间工艺坊、客栈住宿、茶楼休闲、旅游购物等功能，此外，规划嬴秦书院和莱芜记忆馆，烘托回归东方祖里传承融合的主题篇章。交通工具方面采用电动装置的秦代车马。

用嬴秦书院等承载打造国家级研学旅游示范基地的重要载体，针对高端精英人群打造嬴秦思想及国学培训班，继续强化嬴秦文化研究，构建嬴学、嬴秦学学术研究高地和研究基地。

二、嬴秦养生度假区

（一）规划思路

利用背依华山森林公园、大舟山的自然生态优势，突出温泉养生康养要素功能，植入康体养生产品，配套温泉水游乐园，打造冬季雪花温泉，构筑特色吸引力，提升温泉酒店的综合服务功能。未来可对温泉酒店外立面进行石质改造，形成古朴风格，与整体原始祖源文化风格一致。同时配套先秦养生酒庄和嬴秦小镇养老社区，平衡投融资。

利用场地的基本农田，以亲子体验活动为特色，规划嬴氏农耕部落，承载农耕文明研学、农事体验、果木采摘、农艺博览、田园游乐等，通过莱芜三辣种植、黑猪育种等，建设嬴氏农庄，搞新型农业、有机农业，农业研学，传承农耕文明，形成农耕文明体验高地和农业研学高地。

打造嬴秦小镇。由院士牵头引进康复康养医院和治疗心脑血管的阜外医院，配套直升机坪，为老年人在此养老度假提供配套。

（二）项目构成

温泉酒店、先秦养生酒庄、嬴氏农耕部落、嬴秦小镇、栗园康静里。

1. 温泉酒店

目标：温泉康养度假标杆。

规划思路：提供室外温泉泡浴、室内温泉水疗、康体养生、水游乐、休闲运动等服务。

冬季打造雪花温泉，体验雪中泡温泉的唯美体验。

在会议酒店基础上进行功能提升，增加休闲度假功能。

2. 栗园康静里

（1）位置

包括栗子园区域、度假村内娱乐中心、度假村宾馆、单身公寓等区域。

（2）规划思路

未来中华嬴秦文化园将产生较多的休闲养生度假客群，现有的接待设施不足以满足需求，因此需要增加接待住宿设施，来承载住宿功能，留住游客，扩大消费。

栗子园区域规划思路：增加增量居住社区配套，配套居住社区分别以国画中的“四君子”梅、兰、竹、菊为主题形成菊林醉苑、竹林雅苑、梅林香苑、兰花清苑，寓意吉祥，标榜清高品德的产业配套社区。

3. 先秦养生酒庄

文化缘起：到西周时期，嬴秦族人延续了祖先尚酒之风，在询簋、师酉簋等铭文中都有“秦夷”和“秦酓”字样，秦酓就是秦地之酒。周公平定三监之乱后曾从秦地带回，在镐京祖庙献俘后饮用。因此，秦酒具备国酒档次。

目标：嬴秦养生酒制造基地，特色生态养生酒庄。

口号：嬴湖老窖，壮我军威。

规划思路：根据土壤的地势和瘠薄程度选种酿酒所需的谷物及中草药，充分利用土地打造地方特色养生酒，建议九羊注册“秦饮”商标，包括“嬴秦”酒、白酒、红酒、啤酒共同注册。其中小麦、小米、大枣、姜为原料酿制的金小麦啤酒，具有健脾开胃补气的保健功效，可以带动当地鲜姜产业的深加工，具有良好的科技示范作用。同时养生酒和嬴秦文化、九阳宫道教文化相结合，建设具有旅游、观光、餐饮、品酒等体验功能的特色生态保健酒庄，这样既可解决目前所遇到的政策问题，且市场前景广阔，亦能与休闲度假、养老养生产业相结合。

4. 嬴氏农耕部落

规划主题：构建农耕文化高地、农业研学基地。

规划思路：打造四季花海景观片区，成为田园综合体。以农业旅游为基础，以亲子体验活动为特色，以伯益对农耕文明做出的重要贡献为题材，追溯农耕文化起源，打造井园、民间记忆体验园、生态动物养殖园、石磨博览园、农耕文明体验园、荷园。通过规划瓜果采摘、田园童话、创意田园等，游客来到这里，满足其农耕体验、农艺博览、田园游乐、休闲娱乐需求。通过莱芜三辣种植、黑猪育种等，建设嬴氏农庄，搞新型农业、有机农业，农业研学，传承农耕文明，形成农耕文明体验。

5. 嬴秦小镇

山东省是全国唯一的医养结合示范省，在全国率先摸索出各具特色的医养结合服务模式。例如以青岛市、济宁曲阜市为代表的“居家医养、医护巡诊”模式；以青岛西海岸新区、烟台福山区为代表的“社区医养、智慧服务”模式；以淄博博山区、日照五莲县为代表的“机构医养，两院一体”模式；以省立三院为代表的“综合医养、多层联动”模式。

图 6　嬴秦小镇总平面图

项目地打造具备国际水准，国内一流的面向高端人群的高品质康养社区嬴秦小镇，成为高端康养社区。这里提供一流的基础设施，一流的建筑特色，一流的医疗服务，一流的生活服务，一流的生态环境。

由院士牵头引进康复康养医院和治疗心脑血管的阜外医院，同时配套直升机坪，为老年人在此养老度假提供配套。以嬴秦养生文化为依托，以品质公寓为基础，与优良健康管家服务有机结合，以养老医疗配套为核心吸引物，配套老年公寓，完善护理、医疗、康复、健康管理、文体活动、餐饮等服务，为老年人打造便利生活社区。从空间上，与九阳塔、九阳宫相呼应，又紧邻历史佛教名刹大舟院，佛道相济，传统养生与现代医学相融，形成独具特色和吸引力的区域综合性颐养目的地（见图 6、图 7）。

图 7 嬴秦小镇鸟瞰图

三、宗教文化体验区

规划位置：九阳宫和九阳塔区域。

规划目标：宗教文化体验圣地。

规划思路：对九阳宫与九阳塔进行提升，精品化、极致化打造。九阳宫正本清源，引进高僧大德，同时建立道学院，培养道教人才；九阳宫的孝道文化、道教文化与嬴秦文化相互补充，融合发展，体现文化的多元性和包容性；通过玻璃栈道连接九阳宫和九阳塔，优化游客游览线路；打造民间九阳宫重阳节祈福庙会，构建集吃、喝、玩、乐、祈福为一体的观光购物庙会。

项目构成：九阳宫提升、九阳塔提升、3D 玻璃栈道。

四、矿坑研学体验区

体验区位于黑虎泉村南，原为九羊集团南山采石场，现已禁采并回填处理。虽然景观被破坏严重，但沉积岩层裸露明显、中酸性岩浆以岩床产状出现非常醒目，矿坑周边要进行加固处理，是开展地理研学和地质科普的理想场所。周边环境有待提升，先期须进行绿化美化处理。

1. 九羊矿山公园

以矿山奇境、矿世之缘为主题，定位为科普教育基地、科研教学基地、文化展示基地、游憩体验基地、环保示范基地。结合综合现状矿坑存量资源，以娱乐教育化、教育娱乐化为理念盘活矿坑存量资源，打造具有示范效应的九羊矿山公园，未来与温石埠铁矿遗址联合申报国家矿山公园。

根据现场条件，通过梳理现场地形和水文，在恢复水文生态加固山坡基础上，在已经被破坏的自然碎片基础上形成丰富的体验场所，全景平台、天空走廊、矿坑营地，阡陌花涧、博物馆、矿坑花园、儿童乐园、矿野拾趣乐园，以及服务配套的翡翠湖水下餐厅、茶室等。

矿野拾趣乐园：将攀爬、滑梯、秋千滑索、蹦床等活动设施组合在一起，形成矿坑特色的游憩场所。

将九羊矿区公园开发建设的着眼点放在弘扬矿冶文化，再现矿冶文明，展示人文特色，提升矿山品位。以生态恢复景观设计为手段通过各种生态恢复设计手法，恢复矿山公园的生态环境，再现怡人的自然生态景观，创造良好游览环境。

2. 地质研学基地

随着教育部等 11 部门联合发布关于推进中小学生研学旅行的意见，国家不断释放政策红利，研学教育旅游成为热点，因此开发兼具安全性、教育性和趣味性的多元研学旅行产品。 面向中小学校和青少年团体，以体验式地质科普课堂，举办地质科普夏令营，将项目地打造成为研究地球历史、了解地球动力学过程的特殊窗口。

3. 拓展运动基地

利用矿坑地形地貌，开发户外攀岩、空中断桥等户外拓展运动项目。

4. 凤鸟图腾栈道

文化缘起：少昊被后人尊为五帝之一，也是华夏共祖之一，在神话中被尊为西方上帝。据记载其部族以玄鸟（燕子）为图腾，娶妻凤鸿氏之后改以凤凰为图腾。他的部落里诞生了原始的凤文化，成为中华民族的图腾之一。

规划思路：引入“凤鸟图腾”概念打造栈道，将观景平台打造凤凰状，栈道悬于岩壁之上，让游客全方位欣赏美景。

五、嬴秦综合服务中心

（一）项目位置

原九羊文化产业园南部区域。

（二）规划思路

打造嬴秦综合服务中心，承担游客咨询、交通集散、投诉管理等综合服务功能。完善导引系统，包括交通引牌、重要节点解说牌、LED 宣传展示屏等，进行统一风格设计，构建完善的旅游解说导引体系。

（三）项目构成

嬴秦之光广场、 游客服务中心、 生态停车场、嬴秦文化商业街。

第六　项目开发分期

综合考虑中华嬴秦文化园开发建设成本及运营周期，项目核心吸引力的塑造，市场知名度及形象宣传力的打造，同时根据地块面积、功能分区等因素，规划建议本旅游区分三期开发（见表 7）。

一、一期开发（2020—2025 年）：聚人气

以旅游为突破，打造嬴秦文化核心区，突出特色，吸引眼球，聚集人气，塑造品牌形象，引爆市场需求。

充分对接市场需求，重点突出以嬴秦文化创新体验的中华嬴城景区（中华嬴秦文化博物院）和嬴秦文化主题公园为引爆点来支撑中华嬴秦文化园的打造，引爆市场需求。完善公共服务配套，打造生态停车场、游客服务中心、嬴秦之光广场等，同时提升温泉酒店，配套温泉养生公寓和部分养老养生公寓。

二、二期开发（2026—2030 年）：铸品牌

完善嬴秦老街休闲、养生养老等功能配套，配套康体养生度假设施。形成旅游高地。打造 5A 级景区、国家级产业创新示范区、形成区域内的核心品牌。

在一期成功开发的基础上，继续开发嬴秦小镇、先秦养生酒庄、嬴氏农耕部落，提升九阳宫和九阳塔等旅游项目，创新资源利用方式打造拓展运动基地、地质研学基地。从而提升中华嬴秦文化园的综合价值，提高综合消费，同时配套康养公寓，平衡投融资。

表 7　中华嬴秦文化园旅游项目开发分期

<table>
<tr><th></th><th>开发板块</th><th>开发产品</th></tr>
<tr><td rowspan="4">一期开
（2020—2025）</td><td>嬴秦文化体验区</td><td>中华嬴城景区（中华嬴秦文化博物院）、嬴秦文化主题公园、温泉颐养苑、嬴秦老街</td></tr>
<tr><td>嬴秦综合服务中心</td><td>嬴秦之光广场、 游客服务中心、 生态停车场</td></tr>
<tr><td>嬴秦养生度假区</td><td>温泉酒店、嬴秦小镇、栗园康静里</td></tr>
<tr><td>宗教文化体验区</td><td>九阳宫提升、九阳塔提升</td></tr>
<tr><td rowspan="4">二期开发
（2026—2030）</td><td>嬴秦文化体验区</td><td>中华嬴城景区（中华嬴秦文化博物院）、嬴秦文化主题公园、温泉颐养苑</td></tr>
<tr><td>嬴秦养生度假区</td><td>先秦养生酒庄、嬴氏农耕部落、嬴秦小镇、栗园康静里</td></tr>
<tr><td>宗教文化体验区</td><td>九阳宫提升、九阳塔提升、玻璃栈道</td></tr>
<tr><td>矿坑研学体验区</td><td>拓展运动基地、地质研学基地</td></tr>
<tr><td rowspan="2">三期开发
（2031—2035）</td><td>嬴秦养生度假区</td><td>嬴秦小镇、栗园康静里、嬴氏农耕部落</td></tr>
<tr><td>矿坑研学体验区</td><td>国家矿山公园、凤鸟图腾栈道</td></tr>
</table>

三、三期开发（2031—2035 年 ）：大格局

强化嬴秦旅游特质，提高综合消费。与嬴城大遗址公园、九羊工业旅游示范点、羊里古镇、温石埠铁矿遗址等联动发展，整合雪野湖等构建莱芜区旅游发展大格局，带动全域旅游发展。

在二期成功开发的基础上，继续建设嬴秦小镇项目，以及九羊国家矿

山公园，从而提升综合价值，提高综合消费，形成全域旅游的核心龙头项目，重构全域旅游新格局。

（作者单位：泰山学院）

文旅融合的大手笔：中华嬴秦文化园规划方案解读

徐日辉

济南市莱芜区中华嬴秦文化园规划方案（以下简称“规划方案”）已经出台，作为2019—2033年的总体规划，是莱芜发展旅游经济和文旅产业具有前瞻性的大手笔，值得祝贺。由于本人拿到的是规划方案简本，因此以下表述，如有不妥之处，敬请批评指正。

一、以文促旅，以旅彰文是中华嬴秦文化园规划方案的一大亮点

中华嬴秦文化园规划方案的核心是打造嬴秦文化，通过嬴秦文化的延伸和发散构建莱芜文旅融合的新品牌，提升莱芜文旅产业，丰富莱芜美好生活，助力莱芜社会发展。完全符合文化和旅游部下发的《文化和旅游规划管理办法》中提出的“突出功能、找准目标、远近结合、务实管用、可操作、可检查、易评估”的要求，可以说思路清晰、观点超前、务实可行、亮点多多，可圈可点。

中华嬴秦文化园规划方案期限为2019—2033年，规划范围9平方千米。共分七大部分：中华嬴秦文化园规划范围，中华嬴秦文化园规划期限，中华嬴秦文化园资源本底分析，嬴秦文化发展脉络梳理及文化价值解读，中华嬴秦文化园价值目标定位，中华嬴秦文化园发展定位，中华嬴秦文化园

规划方案。在上述七项当中，第一项主要由甲方负责，故不在讨论的范围之内。

按照总规的一般要求，规划应该具有客源市场分析、确定的主题形象、划定的用地范围及空间布局的基本要求，对客源市场的需求总量、地域结构、消费结构等进行全面分析与预测，进行现状调查和分析，对旅游资源进行科学评价，确定的性质和主题形象，确定规划的功能分区和土地利用，提出规划期内的旅游容量，安排基础设施建设内容，提出开发措施等。规划方案不但符合要求，而且在突出功能、目标定位、远近结合、接地气、务实管用等多方面有所创新，尤其在文化展现方面最为突出。

改革开放40多年来，中国旅游已经走过了传统的吃住行游购娱阶段，进入以文化为消费内容的理性阶段，对于空间布局与文化展陈，特别是深层次的感悟，提出了新的更高的要求。因此，文化和旅游部提出的文旅融合是今后发展旅游的总目标，前提是真正做大做强全域旅游。

规划方案正是从全域旅游的角度出发，以嬴秦文化为抓手，合理布局，分步实施。目前从莱芜全域旅游的角度出发，我认为更多的注意力应该放在嬴秦文化的开发和品牌建设上，因为嬴秦文化无论是内涵还是外延，都有着相当大的开拓空间和提升空间，确实要为莱芜嬴秦文旅产业的发展发声。

全域旅游不仅是眼下的热词，而且已经上升为国家战略。全域旅游是指将一定区域作为完整旅游目的地，以旅游业为优势产业，进行统一规划布局、公共服务优化、综合统筹管理、整体营销推广。全域旅游建设能够促进旅游业从单一景点景区建设管理向综合目的地服务转变，从门票经济向产业经济转变，从粗放低效方式向精细高效方式转变，从封闭的旅游自循环向开放的“旅游+”转变，从企业单打独享向社会共建共享转变，从围墙内民团式治安管理向全面依法治理转变，从部门行为向党政统筹推进转变，努力实现旅游业现代化、集约化、品质化、国际化，最大限度地满足大众旅游时代人民群众消费需求的发展新模式。将旅游产业全面融入国家战略体系，走向国民经济建设的前沿，成为国民经济战略性支柱产业。

在我国经济社会快速深入发展的背景下，无论是旅游消费的规模还是旅游消费的质量，无论是旅游消费的理念还是旅游消费的形式，无论是旅游消费的广度还是旅游消费的深度，都发生了迅速而巨大的变化。为了满足消费需求变化，适应经济社会发展趋势，全域旅游应时而生，以一种更深内涵、更高质量、更远目标的模式来统领未来旅游业的发展。

目前，我国已经进入大众旅游时代，自助旅游、自驾旅游逐渐取代团队旅游成为主要的旅游组织形式，这是需求力量进一步释放的表现。随着经济富裕、闲暇宽松、技术发达、市场完善、主体觉醒，我国旅游需求力量更强大、形态更分散、类型更多样、质量更高端、变化更迅速，这就需要有新的旅游发展理念和模式。如此看来，全域旅游是对旅游本质内涵的自然回归，是对旅游要素的完整呈现，是对旅游产业链条的贯通整合，是对旅游需求的有效满足。

对照规划方案，莱芜全域旅游应达到四项基本标准：

（1）旅游对当地经济和就业的综合贡献达到一定水平。

（2）建立旅游综合管理和执法体系。

（3）厕所革命及其他公共服务建设成效明显。

（4）建成旅游数据中心。

落实规划方案是一把手工程，从全域旅游发展规划出发，以“多规合一”的方式，形成“一本规划，一张蓝图”，通过规划协调好部门利益（包括美丽乡村建设、厕所革命等），落实好责任关系，才有利于全域旅游工作推进，有利于各个部门、不同产业之间凝聚精神，统一步调。

全域旅游是“文旅产业”的大融合，是文化引领旅游的实践，是民族自信心的具体表现，更是政府主管部门在新环境下旅游经济发展的新起点。[①]

二、全域旅游将莱芜打造成中国最佳旅游目的地

考古发现表明，山东地区从距今8000年前的后李文化开始到北辛文化、大汶口文化、龙山文化，其序列是完整的。研究还证明，山东地区在距今6000年前后就已经进入了父系氏族社会[②]，其中代表人物之一正是嬴秦文化的始创者少皞。

莱芜是嬴秦文化的发祥地，同时也是嬴秦文化的始出地，历史悠久，

① 参见徐日辉：《全域旅游与南京浦口区项羽文化的创新提质》，《渭南师范学院学报》2019年第1期。

② 参见安作璋主编：《山东通史》，山东人民出版社1993年版，第22页。

文化绵长，至今尚有位于莱芜区羊里街道城子县村的嬴城遗址，以及与之相关的嬴汶河等文化遗迹。嬴秦文化在中国文化的历史长河中，具有十分重要的显著地位。规划方案正是从文化自信的高度促进莱芜未来的文旅产业发展和旅游经济的提升。

规划方案符合莱芜区旅游发展改革创新、转型提质的时代要求，离不开文化振兴，尤其要凸显城市文化的品牌。

莱芜作为嬴秦的发祥地，从行政区划讲，现在是济南市的一个区、一个高速扩张的城市。从文旅产业的角度出发，区域同样需要品牌建设。

城市是体现人类文明生活的主体形式和人类自身价值观最高水平的区域，一个国家或地区的经济中心，文化的集中地和发源地，享有其他地区享受不到的诸多资源。

世界上所有的城市都不是孤立存在的，一定与社会经济的发展和人类文明程度及需求相关联，从某种意义上讲，城市是文化的产品。作为我提出的观点，对于我们今天所探讨的《规划方案》而言，这是一个绕不过去的话题。

城市是文化的记忆，事实上我们从城市文化中感受到的不仅是文化本身，还应该包括背后的文化故事。其实，当我们抛开专业知识的时候，对大多数人尤其是旅游者而言，历史也是故事，并且是充满传奇的故事，包括嬴秦与嬴秦文化。

考量一座城市的标准说到底还是文化的延伸，城市的终极发展在于文化。文化与经济、文化与城市的发展是“同频共振”的。因此，能够提升莱芜城市文化品牌的，应该是嬴秦文化。

莱芜历史悠久文化绵长，自然禀赋相当优秀，问题是如何获得应有的经济效益，则需要做大量的工作。这同样是全域旅游改革创新、转型、提质发展的必然要求。

从经济运行考察，2017 年地区生产总值为 896.02 亿元，比上年增长 8.19%；全年共接待国内外游客 1133 万人次，同比增长 9.3%；实现旅游社会总收入 68.3 亿元，同比增长 13.9%。2018 年地区生产总值为 1005.65 亿元，比去年增长 7.2%。总体分析，莱芜区的旅游经济发展平稳，并且呈现出上升的趋势，可见全域旅游在莱芜的实施，成果还是相当明显的，但还是有提升空间。

因此，我认为：在当前社会经济发展的新模式下，大数据物联网作为旅游经济发展的新思路必须接受，否则将落后于时代。需要指出，这不是简单的“互联网+”，而是利用所采集的数据，从单一的景点到全区的旅游布局，进行科学的分析，为科学决策提供支撑。现在的问题是规划方案自己“爬虫”究竟爬出了多少具体有用的数据，是否经过了大数据的技术处理，值得思考。

伴随着互联网的高速发展和全方位的开发应用，旅游形式已经在不自觉的活动过程中发生了重大变化，更多的游客认识和体验到旅游资源的价值在于要给游客带来更多的情感体验和情感满足。所以，一切以游客感受为中心的社会、历史、文化资源，都是符合旅游发展趋势，能给游客带来收获感、满足感和愉悦感的资源，全域旅游、智慧旅游自然成为主角。

三、以打造5A级景区为目标，实施规划方案

规划方案讲的很多，规划的很仔细，应该点赞。不过，我认为既然是高标准高质量的规划，是否提前布局，从打造5A级景区入手，分期分批实施。第一阶段，也就是2019—2023年，在建设嬴秦文化主题园区、嬴秦文化体验区和综合服务中心的同时，以5A为目标，以4A为基础，达到5A所规定项目内容的标准。

事实上，旅游规划最关键的正是前三年，应该是强制性的，也可以延续到五年。

莱芜文化旅游资源和自然旅游资源的禀赋都很优秀，莱芜本身所具有的优质禀赋无可非议。尤其是以嬴秦文化为代表的历史文化价值的赋值堪称国内的佼佼者。

目前，莱芜拥有A级景区20个，其中4A级旅游景区3个，3A级旅游景区13个， 2A级旅游景区4个，但是仍然缺少5A级景区。因此，利用打造中华嬴秦文化园的契机创5A，是当前和今后一段时间内工作的重点。因为5A不仅是级别问题，更是莱芜旅游景区景点水平的体现。

2018年3月国家文化和旅游部成立之后提出十六字方针——“宜融

则融，能融尽融，以文促旅，以旅彰文”，关键是“以文促旅，以旅彰文”。文旅一家、一个目标，资源共享、互通有无，优势互补、分工合作。核心就在于以文化为抓手，推动资源共享，发挥优势互补，达到协同并进。因为旅游是人文交流的高速公路和立交桥，是美丽生活的构成之一。事实上，“文旅融合”的核心是：提升文化在旅游当中的地位，增强市场上的核心竞争力，提高全民族的文化自信心。

规划方案就是要游客在旅游的过程中既关心文化遗产包括非物质文化遗产的历史价值、文化价值和人文情怀，同时感受现代文明生活，以及散发的环境品质和人间烟火。

文旅融合就是要用文化提升旅游品位，要以优秀人文资源为主干，把历史文化与现代文明融入旅游经济发展，精心打造更多体现文化内涵、人文精神的特色旅游精品。

作为莱芜旅游发展的落地措施，规划方案首先要选择基础好、效益好的景区景点，创建文旅融合的试验区，总结经验，然后争创5A级景区。

四、创建5A级景区的文化节点

创建5A级景区涉及提升城市品牌形象，是发展地区旅游经济的重要构成。从浙江省创5A级景区的经验看，一般是由市委市政府、区委区政府主要领导挂帅，成立专门的工作班子，赋予相应的权力，各职能部门分工协作，特事特办。尽管如此，仍然有不少问题相当棘手。当前创5A级景区不是简单的修修补补，而是要动大手术，甚至是重新来过，因为5A级景区的评分标准有了新的变化，其中文化的比重大大加强。

旧的评分标准共分为八个大项，各大项分值为：（1）旅游交通140分，（2）游览210分，（3）旅游安全80分，（4）卫生140分，（5）邮电服务30分，（6）旅游购物50分，（7）综合管理195分，（8）资源和环境的保护155分，共计1000分。

新的评分标准虽然总分1000分没有变，但是各大项分值变化比较大。其中：（1）旅游交通110分，（2）游览服务320分，（3）综合服务80分，（4）特色文化70分，（5）信息化70分，（6）旅游安全100分，（7）旅游管理 140 分，（8）资源和环境保护 110 分。

新旧评分标准的对比，突出了时代特征、经济水平、科学技术与社会服务等。

第一，旅游交通由原来的 140 分降低为 110 分，下降的幅度为 21.4%。这标志着中国交通事业经近几年的大发展，已经超出以往的估计，特别航空业的发展，高速铁路的大面积开通，高速公路支线的完善，让旅游交通不再是可进入性的老大难，因此旅游交通的比重在创 5A 级景区中的评分逐步下降。

第二，游览服务由过去的 210 分上升为 320 分，上升的幅度为 52.3%。这说明我国的旅游业由过去的资源型向服务型转变，而且是大趋势。今天的旅游不再是简单的吃、住、行、游、购、娱，而是重在体验，尤其是文化的体验，是 4.0 的体验，因此旅游服务至关重要。

第三，邮电服务改为信息化，并由 30 分提升为 70 分。这说明高速发展的信息技术已经深入每个人的生活。智慧旅游正在兴起，成为新一轮景区改造的重头戏。

第四，新的 5A 级景区评分标准，增加了特色文化 70 分。作为创 5A 级景区评分内容，第一次将文化而且是特色文化纳入景区建设，而且分值与信息化一样。也就是说，今后创建 5A 级景区一定要具备特色文化这一项，成为文化旅游的一个硬性指标。

将特色文化提出来专门列为一大项进行评分，正是国家积极推进文化旅游的举措。文化是旅游的核心和灵魂，尤其是传统文化，没有文化的旅游只能是一具美丽的空壳。[①] 在旅游活动当中，什么是文化，包括传统文化，有着多种说法。个人认为，文化是对前人遗留下来的物质与精神产品的认识、理解与创新。

文化是历史的延续，贯穿古今；旅游是空间的展示，无处不在。而“旅游文化，作为一种表现形式（或文化种类），既是人类活动的表现，也是人文化的结果；作为存在方式，旅游文化通过旅游主体、旅游客体和旅游个体的相互作用，不仅反映了人类旅游实践的结果，还包括创造成果的活

① 参见徐日辉：《中国旅游文化》，黑龙江人民出版社 2010 年版，第 7 页。

动本身”[①]。文化作为莱芜文旅产业的重要资源，其创新提质同样是开拓旅游文化的创造和优化旅游布局的过程。

文旅融合的最高境界是：美化生活是硬核，是目标；市场消费是基础，是检验。规划方案既是文化引领旅游的实践，也是政府主管部门在新环境下继续开拓发展旅游经济的新起点，更是提升中华民族文化自信的战略实践。在十九大“新时代、新使命、新思想、新征程”四新和十八届五中全会“创新、协调、绿色、开放、共享”五大发展理念的指引下，充分发挥资源优势，提质嬴秦文化景点，加强文旅融合，实现5A级景区的突破。笔者相信在莱芜区委区政府的坚强领导下，在文旅部门的指导下，在全区人民的支持下，通过实施规划方案，一定能够将莱芜建设成为5A级大景区，成为山东省文化旅游的一个制高点。

（作者单位：浙江工商大学人文与传播学院）

① 徐日辉：《中国旅游文化》，中国教育文化出版社2006年版，第6页。

文化也是生产力

—— 提升“文化生产力”在新时期社会发展中的地位和作用

唐文芳　李传营

我们更多的时候认为，科技是第一生产力。但是，在新形势下的今天，我们认为：从一定意义上讲，文化与科技的作用是相同的，也就是说文化也是生产力。我们说科技是生产力，科技对产业的发展有巨大的推动作用，同样，文化成为一种生产力也能够推动各个产业的发展。如同科技生产力的释放绝不局限于科技领域，文化生产力的释放也应该与各个产业的发展相结合。

莱芜嬴秦文化研究成果转化的事实，有力地证明了这一点。目前，占地 9 平方千米、预计投资 100 亿元，莱芜历史上最大的文化建设项目——中华嬴秦文化园落户九羊集团，现在已完成总体设计规划，即将面向海内外有志之士投资招商。中华嬴秦文化园的建设，再次证明文化将变为巨大的生产力，助力莱芜乃至济南市社会、经济的发展。这也是“文化生产力”正成为发展动力的实际体现，更是“文创产业化、产业文创化”和新旧动能转换的具体体现。

莱芜历史悠久，系东夷族、东夷文化的发祥地之一。据记载，莱芜在春秋时期为齐嬴邑及牟国。秦置嬴县，至唐贞观元年（627 年）已延续 800 多年。唐长安四年（704 年）于嬴县故址置莱芜县至今。

我们是从 2000 年开始研究嬴秦文化的。研究得知，三皇五帝中五帝之一的少昊即为嬴姓，其裔孙伯益也以嬴为氏，二者均因居于今莱芜境内嬴汶河之滨而得姓氏。而后逐渐壮大，兴旺繁衍于汶泗流域，也就是史书上记载的奄国，即后来历史上称为莱芜至曲阜一带的“商奄”之地。古代以嬴为姓的方国、古国有50多个，由嬴姓分衍出来的体现民族血脉的中华民族姓氏中约有120多个。

再以后，嬴人逐渐由东而西多次迁徙。其中，最重要的一次迁徙是在周朝初年，周武王封三个兄弟负责监管殷纣王之子武庚。但是，周武王两年后去世，其子周成王又年幼，武庚趁机叛乱，三监大力支持。这就是历史上的“三监之乱”。周公奉成王之命，平息了武庚和三监之乱。纣王的一个遗臣，也就是嬴秦的先人飞廉参与了叛乱。叛乱失败后，他逃亡商奄，也就是今天的莱芜、泰山、曲阜一带，后来被东征的成王部队所杀。为防止商奄之民再叛乱，就将其民，特别是精英阶层强行迁往今甘肃省天水的朱圉山地区，成为秦之先人。自此，嬴人开始了在西部与戎族既对抗又融合的艰苦岁月。这次迁徙在清华简《系年》中有明确的记载。这部分西迁的嬴姓商奄之民与西戎部族争斗、拼搏，终于立足于西垂。因保西垂有功，周王封为附庸。后来，周平王东迁遇阻，此时实力大增的嬴秦人也就是秦襄公力排众议，保平王东迁洛阳有功，封地秦国。秦由此立国，后经孝公变法，励精图治，秦国强大，嬴政终于统一六国，完成了华夏统一大业，成就了灿烂辉煌的中华文化。

莱芜产生了嬴，嬴产生了秦人，秦人建立了秦国，秦国统一了中国，汉承秦制，形成了汉文化。所以，嬴秦文化也是中华远古文明的重要源头，对中华远古文明发展有重大贡献。嬴秦文化研究成果无疑极大地丰富了莱芜乃至山东的历史文化底蕴，是山东文化建设的一件大事；嬴秦文化不但填充、丰富了东夷文化和山东传统文化，而且进一步提升了山东历史文化的地位和影响，也为文化强省建设提供了雄厚的文化资源和坚定的文化自信。因此，济南市委书记王忠林在济南市第十七届人民代表大会上，将大汶口文化、龙山文化、嬴秦文化列为济南市“三大文化”。

当今社会，文化在经济社会发展中的地位和作用越来越突出，文化深深地熔铸于社会生产力之中，影响着社会发展的方方面面，成为经济社会发展的强劲助推器，一种新的经济形态——文化经济由此应运而生。文化经济为何能够如此势头强劲？究其原因，就是文化影响力及文化生产力释放出了前所未有的发展活力。换言之，越来越被认可和重视的文化推动力及其衍生而来的文化生产力成了文化经济的强大支撑。从党的十七大提出推动“文化大发展大繁荣”到党的十八大明确“建设文化强国”，再到党的十九大强调要“坚定文化自信”，文化在国民经济与社会发展中的重要性日益提升。从“四位一体”到“五位一体”的总体布局更新，“文化建设是灵魂”已然成为社会主义事业总体布局的重要组成部分。

党的十九大报告指出：“文化是一个国家、一个民族的灵魂。文化兴国运兴，文化强民族强。没有高度的文化自信，没有文化繁荣兴盛，就没有中华民族伟大复兴。”[①]由此可以看出，当今，在习近平新时代中国特色社会主义思想的指导下，“文化生产力”的概念更加深入和强化，对文化强国的认知和认同也日益成为中华民族的共识。

那么，如何释放文化生产力的最大能量，尽快实现“新旧动能装换”？

一是树立新时代文化发展观，强化全民文化生产力意识。物质生产力、文化生产力，都是生产力的重要组成部分。在重视物质生产力发展的同时，必须高度重视文化生产力的发展，把工作重心真正转移到科教兴国、文化立国、文化强国的轨道上来。应该认识到，实现人的全面发展，充分激活人的发展潜能与创造精神，是文化生产力发展的应有之义。解放和发展文化生产力，体现了科学发展观关于实现全面协调可持续发展的基本要求。在推动文化生产、文化消费、文化贸易和文化服务大规模发展的同时，要自觉地在经济活动和物质产品中注入文化内涵，从而形成文化生产力。使经济发展不仅实现量的持续扩张，而且实现具有文化内涵的、质的飞跃和效益提升，从而进入人性化、效益高、消耗低、污染少的可持续发展的良性轨道。

二是提升文化生产力在新时期社会发展中的重要性。随着我国文化软实力和竞争力的加强，中华文化在世界上的话语权和影响力也不断提升。从在庆祝中国共产党成立95周年大会的讲话中习近平总书记把文化自信与道路自信、理论自信和制度自信并提开始，文化自信之于国家发展，其重要性及作用不言而喻。现在，随着文化“走出去”的步伐逐步加快，文化

① 习近平：《决胜全面建成小康社会　夺取新时代中国特色社会主义伟大胜利——在中国共产党第十九次全国代表大会上的报告》，人民出版社在2017年版，第40—41页。

自信得到进一步彰显，中华文化的世界话语权与影响力也快速提升。（1）提升文化生产力，是实现中华民族伟大复兴的现实要求。实现中华民族的伟大复兴，就要深刻理解深埋于中华民族最深层、最根本的文化基因，让五千年厚重的文化底蕴，内化于民族力量，外化于生产力发展。（2）提升文化生产力，是新时代建设中国特色社会主义文化强国的题中之义。以马克思主义为指导，是社会主义文化先进性的根本所在。习近平新时代中国特色社会主义思想是马克思主义中国化的最新成果。党的十八大以来，作为更基本、更深沉、更持久的力量，文化自信在社会发展中的地位不言而喻。特别是党的十九大报告，提出了新时代文化建设的基本方略。概括来说：就是明确了文化建设在中国特色社会主义建设总体布局中的定位，提出了新时代文化建设的目标，指出了新时代文化建设的着力点，提出了新时代文化建设的基本要求。这些都是新时期提升文化生产力的重要保证，也是新时代建设中国特色社会主义文化强国的题中要义。（3）提升文化生产力，是解决新时代中国社会主要矛盾的内在基础。新时代，人民对丰富精神文化生活的期待与日俱增。只有坚定文化自信，进一步解放和发展文化生产力，推进文化领域供给侧结构性改革，才能更好满足人民日益增长的精神文化需求，切实保障人民基本文化权益。

三是发挥文化生产力在实现文化强国中的作用。如何快速有效地解放和发展文化生产力，推动文化经济的全面发展，关乎经济社会能否实现可持续发展，关乎能否在国际竞争中、地区间竞争中立于不败之地，是当前发展国家经济实力、实现文化强国的重要课题。（1）发展文化生产力是实现文化强国的基础。解放和发展文化生产力，可以提升国民整体生产力水平，从而在更广泛的范围生产更多的财富。因此，积极发展文化事业、全面提升文化生产力就显得至关重要。第一，坚持政府主导的原则，不断提高公共文化财政投入水平。确保实现文化财政投入与财政经常性收入增幅的同步增长，为文化事业的发展奠定坚实的经济基础，促进文化生产力水平的提升。第二，坚持城乡文化一体化发展，努力统筹城乡、区域文化协调并进，缩小城乡文化发展差距，让文化生产力均衡发展。第三，鼓励文化工作者积极投身创作创造，以生动的笔触，唱响主旋律，讴歌新时代，创作生产思想性、艺术性、观赏性相统一，以及人民喜闻乐见的优秀文艺作品，促进文化生产力的发展。（2）发展文化生产力，是实现文化强国的载体。第一，中华优秀传统文化是社会主义核心价值观的源头。只有不断挖掘中华优秀传统文化，才能让社会主义核心价值观更加深入人心。第二，践行社会主义核心价值观，必须弘扬中华优秀传统文化。这就需要社会高度重视传统文化的挖掘工作，以传统文化促进社会主义核心价值观的践行，为建设文化强国提供强大支撑。文化产业能够充分挖掘传统文化和当代文化的经济潜能，是发展文化生产力的重要载体，可以解放和发展文化生产力。大力发展文化产业，具体来讲要做到：其一加强文化发展规律研究。文化产业的发展既要遵循一般经济规律，同时还要受到文化发展规律的制约。这就要求我们要加强研究，努力掌握文化的生产、交换、分配和消费各领域的规律，从而提高文化资源配置效率，提高文化产业的发展水平和质量。其二优化资源配置，做强大型文化产业和企业。充分发挥政府推动和市场导向两方面的作用，调动各类社会资源，形成发展合力。以资产为纽带，进行文化生产要素和品牌的重组，优化结构，建立产品和服务的优势，做强做大一批有品牌、有影响、有质量的大型文化产业企业。其三鼓励多渠道资金投入，充分利用民间资本，以投资、入股、合作的形式，大力发展和创办各种经济形式的文化产业。其四大力开拓国内外文化市场，加强文化资源的挖掘开发和利用，开发和生产适销对路的文化产品。（3）发展文化生产力，是实现文化强国的必由之路。国强民富的根本支撑点在于生产力的提高，由于文化具有强辐射性、高渗透性等特征，这决定了文化生产力能够与科技、产业和市场紧密结合，能够推动各行各业的发展并提高它们的价值，促使其他产业实现跨越式发展。

知识经济时代，由于信息、智力、知识在经济结构中的地位逐渐重要，各种文化要素正在不断扩张，强力渗透到经济之中，并参与经济循环。若要真正促进文化大发展、大繁荣，就必须将文化渗透到各行各业中去，并将文化作为一种生产力来发挥其带动产业发展的巨大作用。

实际上，科学技术是求真，而文化艺术的核心是求善和求美。在产业发展中，只有科技和文化完美结合才能创造出适合人民大众的产品。这种产品与市场紧密结合才能做大、做强产业，并促进文化、科技、经济的共同繁荣和发展，最终实现文化强国。

文化是“润物细无声”的无形力量。我们有理由相信，随着嬴秦文化的不断深入研究、探索，特别是研究成果的转化——中华嬴秦文化园的建设，它必将成为莱芜亮丽的名片，这朵文化之花，在莱芜、济南乃至山东必将结出累累经济硕果！

（作者单位：济南市嬴秦文化研究院、济南日报社）

点燃文化自信的火种

王　宁

文化自信是一个国家、一个民族发展中更基本、更深沉、更持久的力量，而对于一方水土以及这方水土养育的人民来说，道理同样如此。长久以来，受嘉靖《莱芜县志》影响，“荒芜说”一度成为莱芜地名由来的主流论调，使人们很自然地将莱芜的历史与荒芜、荒凉等词挂钩，仿佛这里从来都是一片没有文化根基的荒蛮之地。这样的文化标签对于一个城市的经济社会发展和对外形象展示是极为不利的，更严重挫伤了莱芜人民的乡土情怀和文化自信。

时间的车轮滚滚向前，事实证明文化的力量不容小觑。莱芜人民在漫长岁月中积累的厚重文化底蕴和坚韧不移的品格特质终于在21世纪闪现出耀眼光芒。进入2000年，以刘宗元、毕玉惠、柳明瑞、刘家文为代表的一大批莱芜本土文化工作者，历经二十载，初心不改，孜孜以求，借鉴古今中外成果，致力于将地方“嬴文化”的研究与先秦史学界“秦文化”研究融为一体，艰难走过“莱芜历史沿革研究”“嬴秦祖源研究”“嬴秦文化与远古文明研究”三个阶段，一举奠定了莱芜“秦之先土”“嬴秦始源”“伯益封地、秦皇祖里”的文化地位。嬴秦文化如一颗璀璨的明珠，拭去覆盖千年的黄土，重新在世人面前焕发夺目光彩。

从最初的“莱芜历史研究组”更名为“嬴秦文化研究院”到十年磨一剑推动三届嬴秦文化研讨会顺利举办，从《嬴秦与莱芜》《嬴姓溯源》《嬴秦始源》《嬴秦文化与远古文明》论文集相继出版到纪录片《嬴秦帝国探源》试镜开拍，从嬴城遗址被国务院公布为第七批全国重点文物保护单位到《中华嬴秦文化园旅游总体规划》付梓成书，嬴秦文化研究走过的每一步都扎实有力，嬴秦文化与莱芜的关系越理越顺，嬴秦文化的内涵与外延越来越清晰。

简要概括来说，嬴秦文化是自大汶口文化、山东龙山文化以来，由生活在泰山周边、汶泗流域的东夷人所创造，然后随着嬴人向西方迁徙，开始不断接触、融合商周文化、戎狄文化，最终到达甘肃天水地区，经过频繁的战争洗礼、艰苦的生活磨砺，形成的一种自强不息、再生能力极强的跨区域文化。嬴秦文化以嬴姓族人为主，历经曲折，独树一帜，从一族文化发展为一国文化，最后随着秦的扩张发展为全国一统的帝国文化。嬴秦文化的发展史就是中国早期文化形成和发展、乃至壮大的真实写照，蕴育着传统文化中坚韧勇毅、变法图强、百折不挠的民族精神。

除文化价值以外，嬴秦文化的核心实体——嬴城遗址所拥有的历史价值、科学价值、社会价值，在山东地区乃至全国范围都占有非常突出的位置。嬴城遗址所在区域，从史前聚落演变为嬴国、嬴邑、嬴县，直至宋代以后成为普通村落，对于研究中国早期文明历史、聚落演变史、城邑发展史和山东地方不同历史时期的生产生活方式、社会风尚具有重要价值。嬴城遗址较好地保留了当时的夯筑技术、手工业技术和冶炼工艺，其建造技术也反映了汉代北方城邑的整体规划、建筑布局和设计的整体水准。嬴城遗址所在村落城子县被列入山东省首批“乡村记忆工程”名录，对于大力弘扬传统文化、增强居民的家乡认同感和自豪感具有重要意义。

长期以来，我们对嬴秦文化的发掘、保护、传承、推广都是“两条腿走路”。一方面，对其历史地位的合理合法性进行充分论证。在这方面的努力大家有目共睹，大量文物的出土、三届研讨会次第召开、众多重量级史学研究专家著书立说，都为“嬴秦文化根在莱芜”提供了有力论证。另一方面，中央和省市区各级不断加强嬴城遗址保护利用，在文物调查、考古勘探、保护规划编制、文化展示等方面做了大量工作。在完成省级重点文物保护单位、全国重点文物保护单位申报的同时，还先后公布了 6 处市区级文物保护单位。争取专项资金 400 多万元，实施嬴城遗址安防工程。委托山东省文物考古研究所对嬴城遗址进行大规模勘探，编制了考古勘探报告。实施乡村记忆展示工程，争取省级专项资金 110 余万元，对 8 处不可移动文物、9 处传统民居、5 处传统门楼进行了修缮维护。

虽然已经做了大量工作，但对于嬴秦文化研究来说，才刚刚是万里长征走了第一步，可谓任重而道远。接下来，必须进一步加大力度，强化措施，在加快推进嬴秦文化保护利用取得实质性进展上下功夫，把中华嬴秦文化园建好、用好，把嬴秦文化的火种保护好、传播好。

首先，要精准定位，抓住文化传承的本质要求。城市精神是一座城市的灵魂，是展示城市文化、体现城市文明的重要标尺，也是对外宣传推介、吸引投资兴业的鲜明标识。进入新时代，莱芜区经济社会发展迎来了新机遇和新挑战。特别是自 2018 年区划调整以来，莱芜区紧跟省会发展步伐，全面等高对接，莱芜人民以坚韧不拔的毅力和敢打能拼的闯劲，趟出了一条新时代跨越发展的坦途。在区委区政府的坚强领导下，相继打赢了新冠肺炎疫情防控、重工绿色智造产业城项目攻坚、雪野风景名胜区专项整治三大攻坚战，经济社会各项工作呈风清气正、向上向好的发展态势。可以说，莱芜大地上所散发的锲而不舍的韧劲与舍我其谁的勇气是与嬴秦文化的精神内核一脉相承的。必须突出嬴秦文化园的文化功能，将新时代莱芜精神与其有机结合，打造形成莱芜和济南未来顶级的城市名片、文化品牌。要围绕“中华嬴秦文化圣地”这一中心，发挥观光休闲、寻根问祖、康养度假、研学旅行等综合功能，打造中华嬴秦文化品牌高地，使其成为全国的远古文化热点，山东境内比肩泰山、曲阜的第三大文化高地，以及山东文化旅游第三极、济南文旅的新坐标，实现社会、经济、生态整体协调发展。

其次，要点面结合，实现龙头项目的引领带动。中华嬴秦文化园既不是一个单纯的旅游项目，也不是一个单纯的文化项目，更不是一个产业开发和地产开发项目，而是在全域旅游和研学旅游发展趋势下，以良好的山水林田湖环境为依托，以嬴秦文化资源为核心，以文化和旅游为引擎，以产业为支撑，以新型城镇为配套的文化与旅游为导向的区域综合开发项目。对于这样一个总投资额超百亿的龙头项目来说，仅仅实现其自身建设发展是不够的，还必须以点带面，发挥龙头的引领带动作用。莱芜文化旅游资源丰富，除嬴秦文化以外，还拥有特色鲜明的齐鲁文化、革命文化、冶铁文化、小三线文化，等等，这些资源禀赋都大有文章可做，必须将其与嬴秦文化这棵大树紧密排布，实现区域内文旅融合的全面开花。嬴秦文化具有唯一性、垄断性和不可复制性，在巩固好济莱本土及周边基础市场的前提下，也要以大概念、大题材撬动大市场，在更大格局中谋求拓展。着眼省内，要积极融入目前的“一山一水一圣人”文旅格局，形成“泰山、泉城+嬴水、孔子+嬴秦”的“新山水圣人旅游区”；放眼省外，要通过盘活嬴秦要素实现与中华大地相关旅游区（如陕西秦始皇兵马俑）乃至韩日（如徐市东渡韩日寻根）等国旅游地的协作联动，真正让嬴秦文化动起来、活起来。

同时，要全力保障，为项目高质量打造和顺利推进保驾护航。当前，中华嬴秦文化园的建设面临众多机遇。从产业结构来看，后工业时代已经到来，第三产业增加值占GDP比重已经达到53.9%，未来服务业将成为主导产业。从利好政策来看，国家层面，新旧动能转换、供给侧结构性改革、乡村振兴、山水林田湖生命共同体建设如火如荼。省级层面，山东省被批复为国家旅游示范省创建省份，是全国7个创建省份之一，省政府大力发展“旅游+”“+旅游”全域旅游模式。市区层面，济莱合并将为莱芜带来巨大的人流市场，客源市场广阔；市政府出台“支持在新旧动能转换中做大做强文化产业的若干政策”，对支持文化企业做大做强、支持重大产业项目和载体建设运营、激发文化旅游消费潜力等8个板块给予政策支持。另外，为支持莱芜区全面融入省会发展总体格局，打造省会高质量发展新增长极，济南市制定了推动文化旅游产业升级的专门政策。必须不失时机地抓住有利机遇，在认真执行争取上级有利政策的同时，研究制定本区域个性化文化产业发展方案，做好政策、资金、人才等各方面保障。必须“全民总动员”，在运营模式上，采取“政府+区域运营商+次级开发商+农民”的开发模式，走“政府引导、企业主体、农民参与”的科学发展道路。特别是要请回研究者，不让研究者缺位，不搞文化和建设“两张皮”。要通过设置论坛、讲堂、空中课堂、研学导师等方式，让嬴秦文化研究的成果主导文化旅游项目建设，形成开放式研学平台，进一步吸引壮大研究队伍，扩大文化影响力。

嬴秦文化作为中华文明的重要组成部分，投入多少研究精力也不为过，项目建设标准设置得多高也不为过，给予服务保障多充分也不为过。筚路蓝缕、以启山林，经过数十年如一日坚持不懈地挖掘、解读、论证，嬴秦文化的轮廓框架已经初见端倪，相信只要我辈共同为这座宏伟大厦添砖加瓦，文化自信的火种定能呈燎原之势。

（作者单位：中共济南市莱芜区委宣传部）

让嬴秦文化成为羊里的靓丽名片

胥会先

羊里因羊祜故里而得名，历史悠久，底蕴深厚，特别是自2000年以来，在刘宗元、柳明瑞、刘家文等专家志士的不断探索求证下，嬴秦文化不仅为学界认可、为群众接受，而且成为羊里街道又一张熠熠生辉的名片，其所蕴含的“励精图治，自强不息，崇文尚武，改革创新”的嬴秦精神，更将为加快羊里实现高质量发展注入强大精神动力。

一、探索嬴秦：群贤毕至，初心如磐

羊里街道自古以来便与嬴秦文化有着千丝万缕的联系，在羊里街道城子县村北有大汶口文化至汉代的古嬴城遗址，出土有不同时期的青铜器、陶器、玉器、石器、骨角器等，是全国重点文物保护单位，龙山文化晚期为嬴秦始祖伯益的封地，春秋时为嬴邑，孔子曾在此讲“礼”，秦时设嬴县。现在遗址中还可以看到城墙、冶铸遗址、各时期墓葬、军营、粮仓等遗存。这里虽遗迹众多、民间传说广为流传，但一直没有被系统地探索和研究，长期以来，对于嬴秦祖籍地的界定，也是众说纷纭，莫衷一是。直到“二刘一柳”（刘宗元、刘家文、柳明瑞）这一“铁三角”聚首，才真正开始了对嬴秦文化的研究和求证。从“官方起步，突遭变故”到“民办为主，继续求索”，再到“官民合办，收获成果”，最后到“立足嬴秦，放眼东夷”，历经 20 年的漫长探索，实现了从“嬴文化”到“嬴秦文化”的转变，力证了嬴秦起源于东方，起源于山东，起源于济南莱芜，再具体点说起源于羊里街道，解决了长期以来困扰史学界的嬴秦祖源问题，提升了羊里的知名度，增强了莱芜乃至济南的历史文化底蕴。这些收获的取得，离不开市、区党委、政府的高度重视、大力支持，离不开各地专家学者的不畏艰难、潜心研究。作为羊里街道负责人，为沉睡于当地的嬴秦文化得以重焕光彩感到自豪和骄傲，更为来自上级政府和各方学者的努力充满感谢、感激和敬意。

二、认识嬴秦：以史为鉴，方向坚定

以史为鉴，可以知兴替。嬴秦文化从远古走来，历经四千多年，时时都闪耀着灿烂的历史华章。大禹时代柏翳辅佐大禹治水和助舜调顺驯鸟兽有功，被封于嬴滨，赐姓嬴氏，自此嬴姓部族励精图治，雄踞东夷。三监之乱后被迫西迁陇右，从零开始振兴大业。从秦庄公收复犬丘之地，到秦襄公分封诸侯之国，再到秦国最终统一六国，建立大秦王朝，在这段跨越东西、传承千年的历史中，历经磨难的嬴秦人在自强不息、百折不挠的精神鼓舞下，虚怀若谷，学习和吸收外来文化的精髓，以革故鼎新、励精图治的姿态变法图强、不断进取，缔造了震古烁今的嬴秦精神。在研究嬴秦文化的过程中，有关专家根据嬴秦起源于东、兴于西、鼎盛于秦王朝的历史起源和文化足迹，提炼出的“励精图治、自强不息、崇文尚武、改革创新”的嬴秦精神，内涵丰富，影响深远，对我们今天坚定道路自信、制度自信、理论自信、文化自信具有巨大的启示作用和借鉴意义。正如柳明瑞先生所说：“嬴秦人的创业精神、创新精神、牺牲精神是我们今天需要继承的优良传统，嬴秦人对所走道路、所选制度的坚守，正是我们今天需要常照的一面镜子，嬴秦人追求国家统一、维护国家统一、抵御外族入侵、捍卫领土主权所作出的开创性贡献，也值得我们钦佩。”这些精神历经时间的检验而愈发珍贵，对增强民族凝聚力、提高民族自豪感具有非常重要的作用。

三、激活嬴秦：传承精神，凝聚力量

习近平总书记提到：“一个国家、一个民族的强盛，总是以文化兴盛为支撑的，中华民族伟大复兴需要以中华文化发展繁荣为条件。”随着莱芜羊里作为“伯益封地、秦皇祖源地”的地位得到认可，嬴秦文化必将成为推动经济社会发展的宝贵财富和特殊资源。作为嬴秦文化的发源地，我们责无旁贷地要做好保护、传承和宣传工作，以崭新的时代精神对嬴秦精神的积极因素加以发掘、改造、丰富和发展，让嬴秦文化融入经济社会发展的宏伟画卷，让嬴秦精神成为鼓舞、激励当代人拼搏奋斗的动力源泉。一是加强嬴秦文化宣传。目前，为继承和弘扬嬴秦文化，羊里街道投资200余万元集中打造了嬴秦文化馆，面积500余平方米，对嬴秦文化的发展演进进行全面的梳理和呈现，免费对群众开放。同时，积极与学校、企业、机关单位等开展牵手活动，取得了良好的社会反响，让嬴秦文化被更多人所了解、认知和熟悉。二是加快嬴秦文化创新转化。嬴秦文化不仅具有丰富的历史、人文价值，而且具有巨大的文旅开发价值。因此，做好嬴秦文化的保护、研究和传承具有重大意义。目前，正规划打造中华嬴秦文化产业园，以嬴秦文化的物化展示、精神传承、参与体验为重点，辅以体现文化、医养结合的康养度假、休闲娱乐、配套服务等设施，构建集多种功能于一体的文化旅游综合体，具有良好的经济效益、社会效益、生态效益和文化效益，现在项目立项已完成，各项工作正积极推进。三是让嬴秦文化成为推动羊里发展的新“引擎”。近年来，羊里街道以钢铁产业为龙头，一、二、三产业融合发展，不断培植发展新动能。特别是以九羊集团为龙头的钢铁产业，不断加快转型升级步伐，拉长产业链条，产品优势、市场优势、竞争优势已初步形成。目前，已具备500万吨钢的生产能力，企业职工1万人，年产值近400亿元，带动上下游相关企业100多家。嬴秦文化的挖掘和研究，将为羊里发展注入新的动力，特别是中华嬴秦文化产业园建成后，将成为羊里街道乃至全区发展的重要经济增长点。中华嬴秦文化产业园预计总投资110亿元，将改变羊里多年来吃“钢铁饭”的经济结构性问题，实现“钢铁饭”和“文化饭”并驾齐驱的双擎驱动，构建羊里高质量发展新格局。

（作者单位：中共济南市莱芜区羊里街道党工委）

研究论文

嬴秦文化研究的深化与成果转化

——兼做研讨会筹备报告

刘宗元

中国·济南第三届嬴秦文化暨中华嬴秦文化园规划研讨会是围绕一个内容展开了两个课题，一个内容即嬴秦文化，两个课题即嬴秦文化的研究与嬴秦文化研究成果的转化，二者互为因果。一方面，研究是“因”，转化是“果”；另一方面，转化之后的“果”又成为更高层次研究之“因”。二十年嬴秦文化研究之“果”就是今天转化为中华嬴秦文化园之“因”，中华嬴秦文化园建成既是嬴秦文化研究之“果”，又是嬴秦文化研究提升到更高水平之“因”。

首先需要向大家说明的是，在中华嬴秦文化园规划编制过程中发生了一件历史性大事，那就是济南市、莱芜市区划调整。2019 年 1 月，国务院批准济南市、莱芜市合并，撤销地级莱芜市，并入济南市，原莱芜市莱城区更名为济南市莱芜区，原莱芜市钢城区更名为济南市钢城区，原莱芜高新区更名为济南市莱芜高新区。与此相适应，莱芜嬴秦文化研究院更名为济南市嬴秦文化研究院，中国先秦史学会莱芜嬴秦文化研究基地更名为中国先秦史学会济南嬴秦文化研究基地。济南、莱芜合并是济南建设国家级中心城市的需要，也为嬴秦文化研究带来新的机遇，搭建了更高平台，为嬴秦文化研究成果产业化带来新的契机。嬴秦文化也已成为济南市重要历史文化资源。

为使区划调整后嬴秦文化研究与济南顺利衔接，推动济莱文化融合，在 2019 年 2 月举行的济南市第十七届人民代表大会上，我们 10 名人大代表就济南、莱芜合并后嬴秦文化研究和研究成果产业化提出了建议案，市人大常委会高度重视，并及时安排有关部门研究反馈意见，意见指出："嬴秦文化是中华传统文化的重要组成部分，研究嬴秦文化既是中华文明的探源工程，也是山东历史的探源工程，对丰富山东历史文化内涵，提升山东文化影响力，增强山东人文化自信力，加快推动新旧动能转换，促进山东经济社会和谐发展，具有十分重要的历史意义和现实意义。"要"将嬴秦文化产业园作为文旅济南的重要区域，康养济南的重要载体，全域济南的重要支撑"，"将中华嬴秦文化园文化产业项目纳入文化产业重点项目库加强管理与扶持"。[①] 山东省委常委、市委书记王忠林高度重视嬴秦文化研究，明确指出嬴秦文化与大汶口文化、龙山文化同为济南市三大历史文化。济南市文化和旅游局、民政局及时批准完成了莱芜嬴秦文化研究院的更名注册。

今天来自全国各地的专家学者共聚济南市莱芜区，就嬴秦文化暨中华嬴秦文化园规划展开深入研讨，在此我代表济南嬴秦文化研究院全体同仁表示诚挚欢迎和衷心感谢！下面我就济南嬴秦文化研究及中华嬴秦文化园策划筹备做简要汇报，不当之处请予指正。

一、关于嬴秦文化研究的成果转化

济南市嬴秦文化研究起步于 2000 年 10 月，大体经历了三个阶段。

第一阶段：主要是从理清莱芜历史沿革入手探讨嬴秦祖源，纠正了莱芜历史"荒芜说"之误，确立了莱芜为"嬴秦始源"的历史地位。

2001 年 3 月编辑了论文集《嬴秦与莱芜》。2001 年 11 月，时任中国先秦史学会常务副会长兼秘书长孟世凯先生到莱芜考察，肯定了我们的研究课题、研究方向以及初步成果。2003 年 1 月，出版了孟世凯先生作序的柳明瑞专著《嬴姓溯源》。2010 年 6 月，成立了莱芜嬴文化研究院和山东嬴牟历史文化研究中心，宫长为副会长莅临指导。

① 济南市文旅局对济南市第十七届人大第一次会议第 20190296 号代表建议的答复。

2011年9月，与中国先秦史学会联合召开了首届中国·莱芜嬴历史文化学术研讨会，与会专家、学者齐聚莱芜，经过研讨就莱芜为“嬴秦始源地”达成共识。会议前夕史学泰斗李学勤先生在清华园家中接受采访，介绍了清华简《系年》记载秦人祖先源自山东商奄之民的重大历史发现，充分肯定了我们的研究方向和研究成果，并题词“热烈祝贺首届中国（莱芜）嬴历史文化学术研讨会圆满成功”。全国政协委员、中国社会科学院学部委员、中国先秦史学会会长宋镇豪为莱芜题词“嬴秦始源”，孟世凯先生为莱芜题词“秦之先土”。

2013年7月，在中国社会科学院举办了李学勤先生担任编委主任并作序、宋镇豪会长任主编的首届研讨会论文集《嬴秦始源》首发式。李学勤先生、中国社会科学院副秘书长兼科技局局长晋保平出席并讲话。李学勤指出，这本书对“嬴秦文化起源的探讨应该是一个重大的事情”。

2014年12月，在人民日报社举行纪录片《嬴秦帝国探源》开机仪式，李学勤先生、宋镇豪会长、宫长为常务副会长出席并讲话。

第二阶段：研讨嬴秦文化与远古文明，重点是探讨山东在中华远古文明中的地位。

2017年10月，中国·莱芜第二届嬴秦文化与远古文明工作会议召开，李学勤先生发来贺信。与会专家、学者经过研讨，就以鲁中山区为中心的山东地区为中华远古文明重要源头和摇篮，嬴秦是中华远古文明的重要开创者、中华文化大融合的主要推动者、中华古代文明的集大成者达成共识。

2018年10月，举办了李学勤先生继续担任编委主任并作序、宋镇豪会长任主编的第二届研讨会论文集——《嬴秦文化与远古文明》首发式。

同时，研究院编印的《嬴秦文化研究》、原莱芜广播电视台编印的《嬴秦学刊》两种杂志受到学界好评。

2015年，莱芜嬴秦文化研究院荣获“全国先进社科组织”称号。与莱芜嬴秦文化研究密切相关的嬴城遗址、汶阳遗址分别于2013年和2019年被国务院公布为全国重点文物保护单位。

第三阶段：推动嬴秦文化研究成果产业化，提出建设中华嬴秦文化园目标。

实际上这项工作起步较早，第一次研讨会之后我们就提出了这一设想。

2015 年 6 月，与泰山策划研究院合作编制了中华嬴秦文化园概念性规划并向社会推介。2017 年第二届研讨会期间，莱芜嬴秦文化研究院与山东九羊集团董事长许庆奎商定，由九羊集团为主推动中华嬴秦文化园项目。山东九羊集团是一家列入全国民企 500 强的大型钢铁企业，特别是该企业已经有一个条件良好的文化园区为基础。中华嬴秦文化园规划选址环境优越，交通方便，北依国家森林公园华山林场，西邻香山旅游景区，东距雪野湖旅游景区 5 公里且有旅游路相连，南距嬴城遗址 4 公里、距莱芜城区 20 公里，西北距济南城区 50 公里，西南距泰安城区 30 公里，东北距淄博城区 15 公里。交通方面：东距京沪高速 4 公里，距滨莱高速 8 公里，距在建的济莱临高铁 10 公里，南距莱泰高速 15 公里。东有国道、省道若干条，四通八达，十分方便。周边旅游市场庞大，符合建设中华嬴秦文化园条件。

许庆奎先生年逾七十，壮心不已，钟爱文化事业，前半生打造了“钢铁九羊”，后半生打造“文化九羊”。董事会认真研究做出决议，推动中华嬴秦文化园建设并与济南市嬴秦文化研究院、泰山学院合作高标准编制了《中华嬴秦文化园旅游总体规划》。泰山学院旅游规划中心具有国家级旅游规划资质，对嬴秦文化研究成果及情况比较了解，其团队能很好地理解规划的创意和要求。泰山学院党委书记范真对规划编制高度重视，决定由副校长王雷亭教授带队主持规划编制。王雷亭教授文史、地理、旅游专业基础扎实，多年来承担了省内外多项大型文化旅游规划项目，经验丰富，对先秦文化有深厚功底，对嬴秦文化研究成果理解深透，知识面宽，是规划编制的优秀带头人。在泰山学院、嬴秦文化研究院以及国土、发改委、文化等部门和莱芜区、九羊集团、羊里街道党委政府的共同参与努力下，历时一年多顺利完成了《中华嬴秦文化园旅游总体规划》。也就是今天提交给各位领导和专家的规划文本。该规划立意高，旨在打造山东文化第三极——嬴秦文化，内容涵盖嬴秦文化系列展示、嬴秦文化研究平台、嬴秦文化博物馆、嬴姓及衍生姓氏寻根问祖地、高水平医疗康养社区、嬴秦文化小镇及大型娱乐设施等，能很好体现市委市政府对该区域文旅、康养功能的定位，建成后必能成为济南市乃至全省全国的重要历史文化研究基地、文化旅游亮点、现代康养中心、新旧动能转换的推动力，变文化优势为经济优势、社会发展优势的典型。鉴于规划项目规模大、要求高、专业性强，经慎重考虑，决定召开这次会议，请各位历史学家、考古学家、古文字学家、军事学家、旅游规划学家、医疗康养学家等各方面专家和领导对规划的科学性、学术性、可行性进行研讨，提出建议，使规划更加科学完善。同时请各位专家、学者就嬴秦文化、远古文明、嬴秦始源、东夷文化等课题进一步深入研讨。

山东省委副书记杨东奇早在济南莱芜区划调整期间就关心嬴秦文化研究，对这次研讨会十分重视，多次了解情况并称赞“活动很好，祝圆满成功”。省委常委、济南市委书记王忠林亲自批准召开这次研讨会。省文化和旅游厅厅长王磊早在担任莱芜市长时就重视嬴秦文化研究并给予支持，今天山东省文化和旅游厅又在济南市嬴秦文化研究院成立山东省嬴秦文化研究转化发展基地并揭牌。市委常委、宣传部部长杨峰担任会议筹备工作领导，区委书记朱云生负责莱芜区工作的落实。

这是一次进一步深化嬴秦文化和山东地区远古文明研究的会议，是一次以嬴秦文化研究成果转化、发展繁荣文化旅游事业助推新旧动能转换的会议，也是一次济南莱芜区划调整后促进济莱文化深度融合的会议。

这次研讨会由中国先秦史学会、山东社会科学院、山东大学儒学高等研究院、山东孙子研究会、济南市委宣传部、济南市文化和旅游局主办，济南市莱芜区委、莱芜区人民政府、泰山学院、中国先秦史学会济南嬴秦文化研究基地、中国先秦史学会中华文明研究基地、济南市嬴秦文化研究院、山东九羊集团、山东普阳集团、羊里街道承办。由此可见社会各界对这次研讨会之重视。

本次研讨会将学术与规划融为一体，将研究与发展紧密结合，紧扣嬴秦文化主题展开研讨也是一次创新，既深化了学术研究，又推动了成果转化助推新旧动能转换，更使未来嬴秦文化借助中华嬴秦文化园这个更高更大平台深化研究和发展，必将结出更为灿烂的硕果。

二、关于嬴秦文化研究的继续深化

李学勤先生在中国·莱芜第二届嬴秦文化与远古文明工作会议论文集——《嬴秦文化与远古文明》序言中指出：“嬴秦起源于东方，已经得到清华简的有力印证。那么，嬴秦文化与周文化的关系，与商文化的关系，与东夷文化的关系，也就是与中华远古文明的关系，可以说是摆在我们面前亟待解决的重要学术课题。”[①]李学勤先生高屋建瓴提出希望和寄托，这就是我们当前和今后继续深化嬴秦文化研究的方向和任务。

嬴秦文化是一篇大文章，嬴秦文化研究是一项大工程，中华嬴秦文化园是一个大项目。嬴秦文化研究确立了济南市莱芜区“嬴秦始源地”的历史地位，嬴秦文化与远古文明研究刚刚起步且任重道远，中华嬴秦文化园建设已经有了一个好规划，实现愿景尚需时日。继续深化嬴秦文化研究与推动研究成果转化的任务主要是以下四项。

（一）深化嬴秦文化与远古文明研究

山东地区是中华远古文明的重要源头和摇篮，已被史学界广泛认可。山东地区远古文明最早追溯到距今 40 万—30 万年的沂源猿人，再后来则是距今 5 万—3 万年的沂源千人洞智人、新泰乌珠台智人。沂源猿人、千人洞智人、乌珠台智人是山东人乃至黄河中下游居民的远祖，也是嬴秦人的远祖。有学者认为嬴秦人是由河北燕人迁徙而来，其根据是嬴人、燕人都以燕子为图腾。这看来是不正确的。河北燕人的远祖应是北京猿人，而嬴秦远祖则是沂源猿人、千人洞智人和新泰乌珠台智人。夏商时期在山东地区遍布诸多嬴姓古国，有的至今仍有遗存，如莒、郯、徐、费、奄、薄姑等。山东远古文明遗存链条完整，从临淄后李文化、滕州北辛文化、泰安大汶口文化、章丘龙山文化、平度岳石文化，到莱芜嬴秦文化，一脉相承。最近国务院公布了第八批全国重点文物保护单位，济南市莱芜区汶阳遗址名列其中。汶阳遗址是大汶口、龙山文化又一典型代表，经钻探考证确认是城址无疑。嬴秦先祖少昊生活年代大约是公元前 2422—前 2322 年，先祖伯益是公元前 1600 年前后，这个时期属大汶口文化中晚期至龙山文化晚期。从距今约 4441 年的嬴秦先祖少昊到距今约 4119 年的先祖伯益约 322 年，少昊至夏启立国约 351 年（夏，前 2070—前 1600），也就是说这个 300 多年是少昊、伯益活动的主要时期，需加以考证研究。少昊因传承太昊德行故称“少昊”，与太昊既是传承关系也有祖源关系。太昊发

① 李学勤：《嬴秦文化与远古文明・序》，宋镇豪主编：《嬴秦文化与远古文明》，中国文史出版社 2018 年版，第 2 页。

源于山东蒙山一带，是东方远古文明的重要开创者。接下来就是夏、商、周，嬴秦在夏受压不显，在商是核心骨干故彰显，与周先对立后辅周，终代周，统一六国。嬴秦与商、周都有着重要关系。嬴秦与商应是共祖，因为嬴秦先祖是女脩吞吃玄鸟卵而生的大业，是嬴先祖；而商先祖是简狄吞吃玄鸟卵生下的契，是商先祖。《史记》对嬴、商先祖降生故事所载如出一辙。嬴人因参与三监之乱被迁徙至甘肃朱圉山，既与西戎展开生与死的生存之争，又与西戎不断融合，到非子养马封附庸辅周，至襄公拥护平王东迁有功封诸侯立国，奠定了以后争霸统一的基础。嬴秦与远古文明的关系、与东夷文化的关系是我们长期研究的重要任务。

（二）推进中华嬴秦文化园规划立项落地实施

继续与九羊集团、泰山学院合作，与济南市、莱芜区密切配合，扎实推进中华嬴秦文化园规划立项落地实施。重点是做好土地、环评等前期工作，根据总规做好详规，做到高水平设计，高质量施工。研讨会后根据专家所提建议修改完善规划并上报立项，纳入市重点项目库，进而争取纳入省和国家重点项目。同时，组建投资公司面向国内外招商落实资金，按总体规划设计，分期施工建设，早日开园见效。

（三）东西合作，形成合力

嬴秦源于东方源于山东，开创了东方文明。西迁过程中融合了中原文化，在西部又融合了西戎文化，统一六国过程中吸收了六国的优秀文化，推动了中华文化的大融合，这是李学勤先生的重要观点。因此，嬴秦文化研究开展东西部合作势在必行。早在 2011 年首届中国·莱芜嬴历史文化学术研讨会闭幕后，孟世凯先生就提出嬴秦文化研究应联合西部一起办，争取下次研讨会在陕西或甘肃开的建议，遗憾的是老先生会后不久就驾鹤西去了，成为永久的遗憾！

2019 年 8 月，我们组团专程到甘肃考察学习秦文化，先后参观了甘肃省博物馆、甘肃秦文化博物馆、天水市博物馆，考察了甘谷县、礼县的秦文化，秦安县的伏羲文化、大地湾遗址博物馆等，受益匪浅。通过考察学习我们深深感到，甘肃的嬴秦文化历史遗址众多，文物丰厚，著名的如礼县的大堡子山秦公大墓遗址及博物馆，甘谷县毛家坪早期秦人的大型墓葬区。通过参观学习可以看到，嬴秦由东而西和在西部生活创业发展的历史轨迹。公元前1041年三监之乱后，成王西迁商奄之民即嬴人于甘肃朱圉山。自此，嬴人走上了在西部的漫长奋斗图强之路，在危机四伏的恶劣环境中硬是站住了脚跟，生存了下来。公元前905年迎来第一次机遇。周孝王起用养马有功的嬴族后裔非子封其为附庸，治都秦邑（今甘肃天水清水县东北），使复嬴氏祀，号曰“秦嬴”。公元前844年秦公伯之子秦仲为大夫，公元前822年秦仲在征伐西戎战争中阵亡，失犬丘。公元前821年，秦庄公大败西戎，夺回犬丘，被周宣王封为西垂大夫，赐以原大骆族所居犬丘地，现礼县一带。公元前770年又迎来一次历史性机遇。周平王东迁遇阻，秦襄公坚定拥护并率军保护平王东迁有功，被封为诸侯，秦始建国，又被赐以岐山以西之地。公元前688年，秦武王伐冀戎、邽戎，灭冀戎、邽戎后在冀地、邽地设冀县、邽县，也就是现在的甘谷县、清水县一带，是为华夏最早置县之地。到秦穆公时，秦又灭掉戎族建立的十二个小国，势力范围扩大，南至秦岭、北至铜川、东至渭南、西至陇西，成为颇具实力的诸侯国。公元前356年秦孝公任用商鞅变法，废井田、重农桑、奖军功、统一度量衡、推广建立县制等一系列举措，使秦国国力大增，壮大了以后统一的实力。嬴秦在西部的历史可以说是一部嬴人自强不息、奋斗创业的苦难辉煌史。

嬴秦先人自少昊到伯益到中潏到飞廉，在山东地区是开创东夷文化的重要力量，先祖少昊诞生于莱芜嬴水之滨。嬴秦文化研究与甘肃、陕西等地加强合作，沟通交流，资源共享，互鉴有无，对嬴秦文化研究和成果转化将是有力的推动。甘肃省博物馆研究员、甘肃省秦文化研究会会长祝中熹先生早就建议东西联合，这次在甘肃省博物馆向我们讲解有关秦文化的历史文物，再次建议山东和甘肃应合作研究嬴秦文化。在和天水、礼县、甘谷县等地研究人员交流时，他们也都表达了这方面的意向。建议中国先秦史学会牵头协调建立山东、甘肃、陕西三省联合研究嬴秦文化机制，以开创嬴秦文化研究与开发新局面。

甘肃的远古文明发掘、保护与研究同样有着骄人的成就，特别是对大地湾遗址和伏羲文化的发掘、保护、利用。大地湾遗址位于甘肃省秦安县东北45公里处的五营乡邵店村，总面积275万平方米，是一处距今4800—6000年的史前遗址，是黄河中上游最早、延续时间最长的旧石器时期文化和新石器时期文化遗址。在时间上与山东沂源千人洞智人遗址、新泰乌珠台智人遗址相近。大地湾文化特色鲜明，内涵丰富，既是中国率先使用彩陶的史前文化，又是西北地区最早产生的农业文化，为重建中国史前史提供了宝贵证据。尤其是六个“中国最早”令人感叹，即中国最早的北方旱作农业标本、中国最早的彩陶、中国最早的文字雏形、中国最早的宫殿式遗址、中国最早的混凝土地面、中国最早的绘画。该博物馆建得颇具特色。天水市的伏羲庙已成为国家公祭伏羲之地，秦安县的伏羲故里，伏羲创八卦的卦台山遗址都保护完好。当地群众介绍起来绘声绘色，充满对伏羲的敬仰和自豪。这里已成为研究伏羲文化、发展旅游产业的著名品牌。发祥于山东蒙山地区的太昊与伏羲是同时期部落联盟领袖，一个在东，一个在西，都是中华远古文明的重要开创者。通过这次考察，深感伏羲、太昊是两人而非一人，是后人将二者合而为一了。可见在远古文明方面东西部同样有广阔的合作空间。

（四）拓展嬴秦文化研究领域

嬴秦文化涵盖甚广，我们已经将嬴秦军事文化、嬴秦农牧文化、嬴秦法家文化、嬴秦养生文化、孟姜女文化、长城文化等列入研究范畴。现在已经起步的有莱芜区茶业口镇上王庄孟姜女文化，已开馆展出。结合中华嬴秦文化园建设，依托山东孙子研究会把嬴秦文化与孙子兵学研究作为重点提上日程，这次会议是重要的开端。在中华嬴秦文化园展示内容中军事文化是十分重要的组成部分。《孙子兵法》在成书过程中必然吸收包括嬴秦在内的各国军事战争实践和经验。《孙子兵法》问世后，秦国是实践运用孙子兵学最好的国家，先后出了王翦、白起、蒙恬、王贲、李信、司马错、甘茂、蒙骜等著名将领，嬴秦征服六国统一天下是军事与文化融合的结合。山东孙子研究会是国内外知名的、以孙子兵学为主要内容的研究机构，高水平研究人才会集，军事研究方面的专家更胜一筹，指导研究成果转化经验丰富，已经成功指导策划了广饶中国孙子文化园建设和惠民孙子文化的系列活动。对嬴秦文化研究一直高度重视和支持参与，是中华嬴秦文化园军事内容策划指导的坚强后盾。农牧文化是嬴秦文化的又一特色，代表人物首推善调养鸟兽的伯益，发明打井，号称“井圣”；养马是嬴族人的祖传优势，非子养马为嬴秦崛起创造了历史性机遇。莱芜现在的部分特色农业就与嬴秦先祖驯养动物的基因有关，如莱芜黑猪就与大汶口遗址出土猪头骨是传承关系。嬴秦法家文化是秦治国理政的重要制度，代表人物当属商鞅、李斯。嬴秦长城文化更是强秦的标志，且衍生了孟姜女哭长城等诸多民间故事。以上这些均为当前和今后研究的重点，也是中华嬴秦文化园的重要内容。

这次研讨会是济南嬴秦文化研究的里程碑，也是新起点。当前以中国先秦史学会为代表、地方积极参与的先秦史研究大格局已经形成。特别是改革开放以来，历经几十年的辛勤耕耘，在考古学、古文字学、历史学的发掘、整理、研究、论证诸方面都取得开创性的成就。先秦史领域的研究机构遍布全国，研究成果相继涌现，部分已转化为经济、社会发展的强大动力，在精准扶贫中也发挥了无可替代的重要作用。这一切得益于中国先秦史学会卓有成效的工作，以李学勤先生、孟世凯先生为代表的专家学者功不可没！展望未来，在中国先秦史学会的指导下，在全国专家学者和社会各界支持下，在济南市委、市政府的坚强领导下，我们将一如既往，发扬团结协作、勇于奉献、开拓实干的优良传统，不断开创嬴秦文化研究新局面，为把济南建设为国家中心城市做出应有贡献！

（作者单位：中国先秦史学会济南嬴秦文化研究基地）

关于中华嬴秦文化园规划方案的初步意见

曹定云

山东省济南市莱芜区是嬴秦文化的发源地，也是嬴秦文化早期的活动中心。这里不仅有悠久的民间传说，有古老的文献记载，而且有古嬴城遗址和考古材料佐证。嬴秦文化是优秀中华文化的重要组成部分，在五千年的中华文明史中，占有十分重要的地位。弘扬中华文化，对莱芜地区而言，就是要发掘、研究并宣传好嬴秦文化，让嬴秦文化中自强不息的价值观在新时代放射出新的光彩，为实现中国梦做出新贡献。

为了开发莱芜这一宝贵历史文化遗产，在2000—2017年多次召开学术会议，听取全国各地专家、学者的意见，本地的学者也进行了艰苦的探索，先后出版了一些重要著作，如专著《嬴姓溯源》，论文集《嬴秦始源》《嬴秦文化与远古文明》等，初步摸清了嬴秦文化的内涵和它的历史价值。考古学家、古文字学家与历史学家一起，考察了古文化遗址，对嬴秦文化予以高度赞扬和充分肯定。2014年，在人民日报社还举办了《嬴秦帝国探源》开机仪式，为宣扬嬴秦文化做出了重大贡献。莱芜嬴城遗址也被国务院公布为全国重点文物保护单位。19年来，莱芜地区的党政领导和当地专家学者，为了保护这一历史文化遗产，策划推动并起草了中华嬴秦文化园规划方案（以下简称“规划方案”），这是一件非常有益之举：它不但保留了这里的文物古迹，而且为宣传和弘扬“嬴秦文化”做出了重大贡献！

规划方案在总体设计方面是可以的，其布局也大致合理。但在某些具体问题上，尤其是在文字的解说上，仍存在一些不妥之处，今略述如下。

关于嬴秦文化在中华文明中的历史地位。我们承认嬴秦文化在中华文明发展史上占有重要的地位，但文字述说中，似乎“拔得太高”，如文中“远古文明的开创者”“中华文化大融合的主要推动者”“集大成者”，等等。作者宣扬本地文化的心情可以理解，但站在全国与整个历史的高度上看，似乎“拔”得“太高”，还是恰如其分合适。例如，莱芜区为“中华远古文明的摇篮和重要源头”，宜改为“重要源头之一”。再如，规划方案云：“嬴秦始源，华夏嬴城，读懂中国从这里开始。”这种提法欠妥。“中国”一词，早有出土文物佐证，是在晋南与豫西，与嬴秦无关。又如，“以少昊为代表的东夷文明是当时社会的最高文明”也欠妥。平心而论，东夷文明相当发达，但并非最高者，应将“最”字去掉。如此等等，不一而足。

关于嬴秦文化与东夷文化的关系。嬴秦始祖并不出自东夷，而是出自黄帝部落，这在《史记·秦本纪》中有明确记载：“秦之先，帝颛顼之苗裔孙曰女脩。女脩织，玄鸟陨卵，女脩吞之，生大业。大业娶少典之女，曰女华。女华生大费，与禹平水土。”伯益“佐舜调驯鸟兽，鸟兽多驯服，舜赐姓嬴氏”。[①] 颛顼毫无疑问是“黄帝后裔”，伯益自然也是黄帝部落的后人。由于伯益这一支氏族协助大禹治水到了东夷地区，做出了重要贡献，当时部落联盟首领舜为了奖励伯益，赐予伯益这一支族人“嬴氏”。这在当时是最高的奖赏与荣耀。不仅如此，还封伯益为东夷部落的首领，统领整个东夷部落。这就是嬴秦之来由。这个嬴是氏而非姓，同东夷部落少昊之后的嬴姓有根本的区别。如今，不少文章都将秦嬴（氏）与东夷嬴姓混淆，是一种误解。规划方案无疑也是受到了这种思想的影响。例如，“由嬴河嬴地产生的嬴族，是……一统六国的秦始皇秦人祖先”，此话不妥。秦始皇祖先是伯益，在伯益受封此地之前，这里就有嬴姓之人居住。伯益是嬴秦的祖先，但不是嬴姓人的祖先。嬴姓是少昊后裔，比伯益早得多。规划方案中的多处地方，出现“嬴姓始祖伯益”的说法，也都应当一一改正过来。

再如，规划方案云：“嬴秦文化……起源嬴水、建立嬴城，发展成为

① 参见（汉）司马迁：《史记》，上海书店出版社 1992 年版，第 102 页。

东夷。”此话又明显欠妥。东夷在先，嬴秦在后。在嬴秦出现之前，东夷早就存在。“嬴秦是在东夷的基础上发展起来的”，嬴秦是东夷的一部分，这才是正确的结论。

要分清“国”与“族”的界限。远古时代，“万国林立”。到商周时代，虽然少了许多，但数目仍相当可观。山东地区的莱、芜原本是两个古国，即莱国与芜国，住居在这里的人称莱族与芜族。“国”与“族”确实有非常密切的联系，但在行文中，要分清具体情况，区分“国”与“族”，选合适者用之。如规划方案中，“莱芜名称的来由，就与莱、芜二族有关。《水经注》载：‘齐灵公灭莱，莱民播流此谷，邑落荒芜，故曰莱芜’”，此处用“国”最合适，因为根据上下文，“齐灵公灭莱”灭的是莱国，而非莱族。莱国虽灭，莱族仍存，才有“莱民流播此谷”；若齐灵公灭的是莱族，那就无人“流播此谷”。所以，规划方案最好改为“莱芜名称的来由，就与莱、芜二国有关”，将“族”改为“国”。这样，就能与下文顺利衔接了。

以上是笔者的一些个人看法，提出来仅供参考。下面谈一点建议。

《周公东征鼎》（又称《塱方鼎》，见《殷周金文集成》2739）铭文中提到过“秦饮”，那是古代“秦地”一种名酒，周公东征之后，将这种酒带回宗周，祭祀先祖，并分享给属下的文臣武将，足见“秦饮”名不虚传。如今正规划筹建中华嬴秦文化园，可否将“秦饮”纳入其中？如能实现，那将是最好不过的了。

（作者单位：中国社会科学院考古研究所）

嬴秦文化的发源地何在*

刘宗元

作为中国历史上第一个大一统封建帝国，秦朝结束了自春秋战国以来诸侯分裂割据的局面，对中国历史产生了深远影响。取得如此成就，不仅有“千古一帝”秦始皇嬴政的功绩，更与秦之先人——嬴人有着千丝万缕的关系。嬴秦文化是一种怎样的存在？其发源地何在？

嬴秦人起源于中国东部嬴水流域，即今泰山山脉东麓的莱芜嬴汶河流域。也就是说嬴姓后裔秦始皇的老家是山东莱芜，即现在的济南市莱芜区羊里街道办事处城子县村的嬴城遗址，这里号称“嬴秦始源”① “秦之先土”② “秦族老家”③。

莱芜在春秋时期为嬴邑、牟国、平州地，秦置嬴县，延续至唐贞观元年（627年），长达800多年。莱芜有以嬴为名的地理遗存——嬴汶河，是嬴秦远祖少昊降生地；有以嬴为标志的历史遗存——嬴城遗址，是嬴秦先祖伯益首封地，该遗址出土文物涵盖了北辛文化、大汶口文化及龙山文化，2013年被国务院公布为全国重点文物保护单位；秦统一后在莱芜置“嬴县”，秦始皇用他的姓命名一个县必有特殊含义。以上三点均具有全国唯一性，说明莱芜与嬴秦祖源密不可分，这是嬴秦文化研究的重要基础。

20世纪80年代以来，西部（主要是陕西、甘肃）先秦墓葬特别是甘

* 本文原载于《半月谈·文化大观》2020年第2期，收入本书时对个别文字做了调整

① 著名历史学家、中国社会科学院研究员、中国社会科学院学部委员宋镇豪为莱芜题词。

② 已故著名甲骨文、先秦史学家，中国社会科学院研究员孟世凯为莱芜题词。

③ 著名先秦史、周秦史专家，宝鸡文理学院教授彭曦为莱芜题词。

肃礼县大堡子山秦公大墓出土文物及墓葬礼制、图腾（鸟）等证明，秦祖不是源于西部，而是源于东方，源于东夷文化，也就是源于山东，这就以出土文物界定了嬴秦祖源的范围是山东地区。为什么山东地区能孕育嬴秦文化呢？因为以泰山、蒙山、鲁山、沂山、峄山为中心的山东地区远古时代气候温润，植被茂密，动物繁多，山洞遍布，高度适中（平均海拔200—400米），嬴汶河、大汶河、沂河、沭河、弥河、淄河、泗水等河流皆发源于此，可谓“百流出其中，千峦环其外”，是古人类孕育繁衍生息的天然摇篮。在30万—40万年前，这里就诞生了山东乃至黄河中下游人类的远祖沂源猿人（沂源猿人头盖骨化石发现于莱芜以东40公里的沂源鲁山东麓）；2万—5万年前的乌珠台智人化石发现于莱芜以南35公里的新泰市刘杜镇；距今8500—7500年的后李文化遗址发现于莱芜东北100公里的临淄区；距今7500—6500年左右的北辛文化遗址发现于莱芜西南约100公里的滕州；距今6500—4500年的大汶口文化遗址发现于莱芜西南60公里的泰安大汶口；距今4500—4000年的龙山文化遗址发现于莱芜以北60公里的章丘区；距今4000—3600年的岳石文化遗址，在莱芜境内发现四处，为鲁中地区仅见。且莱芜位于大汶河上游，属于北辛文化的张里街遗址（省级重点文物保护单位），属于大汶口文化、龙山文化的嬴城遗址、汶阳遗址（二者均为全国重点文物保护单位）以及鲁中地区仅见的张里街、见马、大石家、乔店等地的岳石文化遗址等，诸多史前遗址遍布莱芜，形成了一个史前遗址群。以上遗址呈现了山东地区完整的远古文明进化发展链。故山东地区是中华远古文明的重要源头和摇篮，为东夷文化、嬴秦文化的孕育、发展创造了必要条件。

夏商时期山东大地上方国遍布，其中嬴姓古国就有奄国、嬴国、郯国、费国、莒国、薄姑国、徐国（苏北）、菟裘国等。嬴姓远祖少昊降生于嬴水（嬴汶河）之滨，成为东夷部落首领，是东夷文化、嬴文化的重要开创者。嬴姓先祖伯益辅助大禹治水有功，舜帝赐嬴姓为嬴人首领，掌管山林鸟兽，培育水稻，发明凿井术，后世称其为“井圣”。大禹晚年安排伯益接班，但由于种种原因，大禹的儿子启接班建立夏朝。嬴族在夏地位并不显赫。商灭夏，嬴人是其骨干，商朝嬴人显赫，受重用，嬴人后裔中潏“在西戎，保西垂”（《史记·秦本纪》），也是最早到西部的嬴人。

周灭商后，以飞廉为首的嬴人紧随商后裔武庚参与了三监之乱。李学勤先生主持解读的《清华大学藏战国竹简》第二部《系年》记载：为平定三监之乱，周成王在周公辅佐下，率师伐商邑杀武庚，飞廉东逃商奄，成王伐商奄杀飞廉，西迁商奄之民于朱圉，是秦先人。这里的飞廉是嬴人先祖，被杀后葬于时为海隅的现山东省广饶县稻庄镇（清康熙《广饶县志》载，此处有飞廉冢），西迁的商奄之民也就是嬴人即秦的祖先。清华简年代是公元前350年左右，因此这是目前关于嬴秦祖源最权威的史书记载，也是嬴秦发源于东夷地区莱芜一带的铁证。2011年李学勤先生接受我们采访时指出：商奄就是现在曲阜、泰山包括莱芜一带，这一带有嬴遗存的只有莱芜，在商代奄国是势力非常强大的嬴姓国。

嬴人西迁后，生存环境异常险峻，与西戎各部展开生死存亡的斗争，终于艰难立足。至周孝王时迎来转机，周孝王喜欢养马，启用擅长养马的嬴人后裔非子养马，非子养马有功，被封“附庸”。以此为立业根基，嬴人继续在西部打拼，嬴人首领相继被提升为“大夫”“西垂大夫”“公”，直到公元前770年，秦襄公率军护送周平王东迁洛邑有功，被封诸侯，秦始立国。立国后，秦国又经560年的变法图强，艰苦卓绝奋斗，终于在公元前221年由秦王嬴政完成了统一大业，建立了大一统的中央集权封建帝国。

嬴秦开创了东夷文化，西迁过程中融合了中原文化，西迁后融合了西戎文化，在统一过程中又吸收了周文化和各国先进文化。统一后，秦推行郡县制，统一文字，统一度量衡，统一货币，实现了“书同文、车同轨、量同衡、行同伦”，为中华大一统奠定了科学而坚实的基础。在济南市嬴秦文化研究院主办的第二届嬴秦文化与远古文明全国研讨会上，与会专家就嬴秦是中华远古文明的重要开创者，是中华文化大融合的主要推动者，是中华古代文明成果的集大成者达成共识。著名先秦史学家彭曦先生为莱芜题词“秦族老家”并题跋曰：“考古资料和文献充分确证，对中华民族做出最重大贡献的秦人秦族老家是山东的莱芜。”

山东不仅有灿烂辉煌的齐鲁文化，更有光耀史册、历史更为久远、推动中华文明快步向前的东夷文化、嬴秦文化，因此研究嬴秦文化也是对齐鲁文化的上溯和寻根。嬴秦人的“崇法尚武、革新图强，拼搏进取、志在统一”精神，成为中华民族的宝贵财富。

嬴秦与战争

孟祥才

一

嬴秦是一个古老的部族，它起源于中国的东方，即今山东省济南市莱芜区。作为东夷人少昊一族的后裔，历经五帝和夏商周三代特别是春秋战国约三千年的历史，在迁徙和战争的艰难险巇中发展壮大，最后成为第一次从真正意义上统一中国的族群，从而在中国上古历史上谱写了最辉煌的篇章。根据传说和一些考古资料推断，五帝时代嬴秦参加了这一时期频繁发生的部落之间的战争，追随尧、舜、禹三大族群，在中国由野蛮进入文明时代的争战和制度建设中做出了巨大贡献。所以，大禹在临终前将君位禅让给了嬴族的重要首领伯益。不过，由于此时历史已经发展到一个新的临界点——在战争中逐渐攫取巨额财富和巨大权力的权势集团对财富和权力继续占有和传承的欲望，使他们敢于亵渎“禅让”的传统制度和观念，伯益的帝位很快被禹的儿子启用强力夺取，致使嬴族在整个夏朝基本上被边缘化，他们显然是在与夏朝当权者的一场或数场战斗中成为失败者而不得不退出中原竞技的大舞台，辗转迁徙至夏朝疆域的边缘地区或蛰伏于某些疆域内衔恨疗伤和蓄力待时。

据《史记·秦本纪》记载，夏朝时期嬴族分为两支——大廉和费氏，“子孙或在中国，或在夷狄”。到费氏的玄孙费昌之时，正赶上夏、商易代之际，于是“去夏归商，为汤御，以败桀于鸣条”，参加了商汤伐夏桀的世纪之战，既报了祖先受辱之仇，也因功在商朝站稳了脚跟，“自太戊以下，中衍之后，遂世有功，以佐殷国，故嬴姓多显，遂为诸侯”。可见在整个商朝时期，嬴族基本上是跟随商朝的军事力量从事对周边方国的征战，因而成为诸侯，处偏僻之地，可能享有一个并不太大的封国。到费昌的玄孙中潏之时，嬴氏已经在西戎立国。他的儿子和孙子恶来，都是商纣王的忠贞臣子。恶来死于周武王的伐纣之役，显然是为纣王殉难的。由于此时的嬴族作为周人的对立面出现，在周朝初年他们显然是受压抑的族群。但蜚廉的另一儿子季胜及其子孟增则投靠了周室，孟增还得到了周成王的重用。孟增的重孙造父得到周缪王的信任，为之养马并调教出世称“八骏”的一批名马。他随周缪王西巡狩的时候，正碰上徐偃王作乱于东方，他驾车“长驱归周，一日千里以救难”。因平息徐偃王之乱有功，造父被封于赵城（今山西霍县与洪洞之间）。他就是战国时期赵国王族的先祖。恶来的后代数传至非子，居于犬丘（今陕西西安西部），以善畜牧业特别是精于养马闻名遐迩，得到周孝王的特别赏识，为之养马于汧渭（今陕西陇县一带），“马大蕃息”。周孝王于是封非子于秦（今甘肃张家川回族自治县），“使复续嬴氏祀，号曰秦嬴”，由此开启了秦嬴也就是嬴秦的新的历史篇章。

以上这段两千年左右的历史，从尧舜至西周，似可命名为嬴秦前史。这一时期，起源于东方的嬴族，辗转西进，参与了五帝和夏商西周君位与朝代更替的历史进程，一方面发挥其善于畜牧的特长，为中原王朝的君主服务；另一方面参与各种征战，持续不断地强化本族的军事能力，为后来参与日益激烈的战争准备了条件。而此后的嬴秦历史，更与战争结下了不解之缘，战争一直伴随着它的兴衰荣辱，演出了一幕又一幕或威武雄奇或悲壮苍凉的活剧。

二

非子即秦嬴传至第四代的秦仲，正赶上周厉王无道。一边是某些坐大的东方诸侯不服王命，一边是势力膨胀的西戎进逼镐京。号称“中兴”的周宣王任命秦仲为大夫，全力对付西戎。西戎其实是散居于甘陇地区的部族联合体，因居于中原王朝西部，古统名西戎。秦仲率嬴族与当地部族融合而成的秦人同西戎巧妙地周旋，艰苦征战达 20 年之久，最后死于同西戎人的激战中。周宣王召秦仲长子庄公昆弟五人，拨精兵 7000 人让他们统帅，继续征伐西戎并取得决定性胜利。宣王为奖励庄公的战功，将犬丘也交由他管辖，并封其为西垂大夫。这样，嬴秦的辖区在名义上就从甘陇直达镐京之西，整个渭水流域几乎都成为其合法的领地。至此，秦人初步在关中打开了局面。然而，西戎在关中和周边地区仍然有着强大的力量，在位44年的庄公几乎日日处于与戎人的搏战中。他死后，太子襄公继之，继续与戎人对战，其兄世父甚至在一次战斗中被俘。襄公七年（前771年），周朝因立嗣问题内部起纷争。最后终于引来犬戎攻破镐京的惊天之变，周幽王被杀骊山脚下，西周宣告灭亡。在这场事变中，秦襄公在诸侯拒绝出兵相救的情况下，奋全力救援，使周平王得保安全，并在襄公率兵护送下东迁雒邑（今河南洛阳）。襄公在关键时刻的忠贞之举显然大大感动了平王，平王于是“封襄公为诸侯，赐之岐以西之地”，并授予其征伐戎人即获有其地的全权。由此，秦人开始立国，“与诸侯通使聘享之礼”，取得了与其他诸侯国同等的地位。

襄公立十二年，在伐戎至岐的时候死去。他的儿子文公继位，陆续进行多项制度改革和法制建设。十六年，他举兵伐戎，取得胜利，戎人自岐西退，原地的周人自愿归附，这无疑壮大了嬴秦的力量。文公在位五十年，他死后，其孙子宁公继位。宁公二年（前714年），伐荡社，与戎人亳王战，取其地。宁公立十二年去世。权臣三父等先立其孙出子为君，六年后又杀死出子，立宁公长子武公。武公元年（前697年），伐彭戏氏。十年，伐邽、冀戎，在那里设县进行管理。十一年，灭小虢。武公在位二十年死去，德公立。他在位三十年死，其子宣公继位。此前，秦人主要与戎人在关陇地区为争夺地盘和人口而战。经过170年左右在关中地区的争战和发展，宣公感到有了与东方诸侯争战的资本，第四年即与强大的晋国战于河阳（今河南孟县西），其触角开始伸向中原腹地。宣公立十二年去世，其弟成公立。他在位仅四年而逝，其弟缪公即穆公立。元年（前659年）伐茅津（今河南三门峡），灭掉这个戎人建立的小国。五年，智得虞国的百里奚这个得力的辅佐。当年秋天，缪公伐晋，战于河曲（今山西风陵渡）。十五年，再与晋军战于韩地（今陕西韩城），俘晋惠公夷吾，得晋国所献的河西地，由此秦人的势力推进至黄河一线。二十年，灭掉梁（今陕西韩城）、芮（今陕西荔南）。二十四年，助晋国公子重耳取得君位，他就是春秋五霸之一的晋文公。三十年，助晋文公进攻郑国。此期秦晋王室不断联姻，所谓“秦晋之好”达到顶点。三十二年，晋文公重耳去世，第二年，缪公发兵远袭郑国，中途灭掉滑国，但在殽被晋军伏击，损失惨重。这是秦人东向争霸遭受的一次重大的挫折。三十四年，秦兵伐晋，战于彭衙，再次受挫。三十六年，再一次发兵伐晋，夺取王官及鄗，算是报了殽之战的兵败之仇。三十七年，“秦用由馀谋伐戎王，益国十二，开地千里，遂霸西戎”。缪公在位时期是秦国发展的重要时期之一，对东方强国晋的战争，尤其是对戎人的战争都取得重大胜利，这使他也成为春秋五霸之一，中原诸侯国刮目相看。缪公在位三十九年卒。其太子康公继位。元年（前620年），秦兵与晋国战于令狐（今山西临猗西南），受挫。二年，再伐晋，取武城（今陕西华县东）。四年，再伐晋，取少梁（今陕西韩城）。六年，再伐晋，“取羁马，战于河曲，大败晋军”。康公在位十二年。他死后，其子共公继位，五年而逝，其子桓公继位。桓公在位二十七年，与晋国数次激战，互有胜负。其子景公继位，十五年，败晋军于栎。其后数与晋军战，败多胜少。景公立四十年去世，其子哀公立。由于此后晋国内部矛盾严重，无暇外顾，秦晋间没有发生大的冲突。三十一年（前506年），秦军应楚国申包胥之哭求出兵伐吴，大败吴军。哀公立三十六年去世，其孙惠公立。十年而逝，其子悼公继位。十四年而逝，其子厉公继位。十六年（前462年），伐大荔，取其王城。三十三年，伐义渠，俘虏其王。三十四年，厉公去世，其子躁公继位。十三年（前430年），与义渠战于渭南。十四年，躁公去世，其弟怀公继立。四年后，他在权臣威逼下自杀。其孙灵公继位，十三年后去世。其后历经简公十六年，传至惠公。惠公十三年（前387年），伐蜀，取南郑（今陕西汉中）。惠公在这一年死去，其子出子仅立二年即被权臣谋杀，灵公之子献公得以继立。因为秦国这一时期“数易君，君臣乖乱”，晋国乘机夺取了秦国的河西之地。献公是一位有为之君。继位之后，加速了东向争霸的步伐。二十一年，与晋军战于石门（今山西运城南），斩首六万，取得大胜。二十三年，与魏军战于少梁（今陕西韩城），俘虏其统帅公孙痤。献公在位二十四年后去世，他的儿子孝公继位。由于献公之前的共、桓、景、哀、夷、惠、悼、厉、躁、怀、灵、简、惠、出等十多位国君在250年间基本处于局促不前的局面，秦国长时间失去了缪公时代的进取势头，连已经夺取的河西之地也被晋人重新夺回。所以，孝公上台时看到的是令他痛心疾首的局面：东方六国戮力进取，而“秦僻在雍州，不与中国诸侯之会盟，夷翟遇之”[①]。他决心改变这样的态势，“于是布惠，振孤寡，招战士，明功赏”[②]，并出兵东围陕城，西斩戎之獂王。孝公的行动让东方六国知道，在他们的视野之外还有一个力图振作的西方之雄。孝公招揽天下人才的政策首先引来了卫鞅，他在孝公的支持下于秦国推行了战国七雄中最彻底的变法，大力推行奖励耕战的政策，使秦国的军事力量在很短时间内超越发展，后来居上，迅速走在了六国的前头。依靠变法释放出来的巨大力量，秦国首先向魏国开战。八年（前354年），与之战于元里取胜。十年，围攻安邑（今山西夏县北），逼使其降秦。秦国蒸蒸日上的气势再次使东方六国震怖，“十九年，天子致伯。二十年，诸侯毕贺”。二十二年，卫鞅率军击魏，俘虏公子卬。二十四年，与魏国战于岸门，俘虏魏将错。这一年，孝公寿终正寝。尽管卫鞅被秦国保守派反噬，唆使新登基的惠文君将其处以车裂的酷刑，但“商鞅虽死，秦法未败”，秦国上升的势头依然强劲有力。惠文君上台伊始，不少诸侯国来朝，周天子致贺。三年后，惠文君自戴王冠，堂而皇之地称王。惠文王时期，秦国加快了东向进军的步伐。七年，攻魏，虏其将龙且，斩首八万。八年，魏国献出河西地。九年，渡河，攻取汾阴、皮氏（今山西河津南北），进而逼降焦。十年，魏献上郡15县，黄河以西全归秦国所有。十一年，又将魏焦、曲沃（今河南三门峡西）收入囊中，同时逼使义渠称臣。十三年，张仪取陕（今河南三门峡）。十四年，更为惠文王元年。七年（前331年），韩、赵、魏、燕、齐五国合纵攻秦，双方战于修鱼（今河南原阳），秦军大胜：虏韩将军申差，败赵公子渴、韩太子奂，斩首8.2万余人。九年，遣将司马错伐蜀，将这个雄踞天府之地的古国变成附庸，从而为秦国取得了财富丰厚的后方战略基地。接着，伐赵，夺取中都、西阳（今山西平遥一带）。十年，攻韩伐赵，又西向夺取义渠25城。十一年，败韩军于岸门，斩首万人。十二年，攻赵，虏其将庄。十三年，击楚军于丹阳（今河南内乡西），虏其将屈匄，斩首八万，又攻取汉中，置汉中郡。十四年，伐楚，

① （汉）司马迁：《史记·秦本纪》，中华书局1959年版，第202页。

② 同上。

取召陵。这一年，惠文王去世，其子武王继位。由于秦国的连横之策奏效，韩、魏、齐、楚、赵皆表示宾从。武王元年（前310年），伐义渠、丹、犁。三年，他对丞相甘茂道出宏图："寡人欲容车通三川，窥周室，死不恨矣。"秋天，伐韩国宜阳（今河南宜阳西），第二年攻克该城，斩首六万；同年，武王死于与孟说举鼎的比赛中，其弟昭襄王继位。昭襄王四年（前303年），取魏国蒲阪（今山西永济西），在黄河以东建立前进基地。六年，讨平蜀地叛乱，巩固了这个后方基地。同年伐楚，斩首二万。七年，攻克新城（今河南密县东）。八年，伐楚，取新市（今湖北安陆西）。九年，攻楚，取八城，杀其将景快。十一年，齐、韩、魏、赵、宋、中山五国联军攻秦，至盐氏（今山西运城）而止。十三年，向受伐韩，取武始。白起攻新城。十四年，白起攻韩、魏于伊阙（今河南洛阳南），斩首24万，克五城，虏公孙喜。十五年，白起攻魏，取垣（今山西垣曲南）；攻楚，取宛（今河南南阳）。十六年，司马错攻魏，取轵（今河南济源南）和邓（今河南孟县西）。十八年，司马错攻取垣、河雍。二十一年，司马错攻魏河内，魏献安邑（今山西夏县西）。二十二年，蒙武伐齐。二十四年，伐魏取安城（今河南原阳西）。二十五年，取赵国两城。二十七年，白起攻赵，取光狼城；司马错伐楚，取黔中（今湖南贵州交界处）。二十八年，白起攻楚，取焉、邓。第二年再攻楚，取郢（今湖北沙市），设南郡。三十年，伐楚，取巫郡（今湖北巫山周围），连长江南北设黔中郡。三十一年，白起伐魏，取两城。三十二年，再伐魏，攻至魏都大梁（今河南开封），斩首四万，魏献三县请和。三十三年，攻魏，取魏卷、蔡阳、长社，斩首15万，魏献南阳（今河南襄城周围）求和。三十六年，伐齐，取刚、寿两城。四十一年，攻魏，取邢丘（今河南温县东）、怀（今河南武涉西）。四十三年，白起攻韩，取九城，斩首五万。四十四年，再攻韩，取其南阳郡。四十五年，伐韩，取十城。四十七年，白起伐赵，取长平（今山西高平），坑杀赵降卒40万，取得了战国时期规模最大的一次战役的胜利。四十八年，伐赵，取皮牢，定太原、上党。五十年，取韩国郑（今河南新郑）；攻晋军，斩首6000人，赶至河中淹死二万；攻取赵宁与新中，更名安阳（今属河南）。五十一年，伐韩，攻取阳城（今河北高阳西）、负黍，斩首四万；攻赵，取20城，俘虏九万。五十二年，灭西周君。五十三年，伐魏，取吴城（今山西平陆北）。五十六年，武王去世，子孝文王继位，旋即病逝，其子庄襄王继位。元年（前249年），灭东周君，延续800多年的周王室最后灭亡。蒙恬伐韩，取成皋（今河南荥阳西）、巩（今河南巩县西），置三川郡。二年，蒙骜攻赵，定太原郡。三年，蒙骜攻取魏高阳（今河北高阳东）、汲；又攻赵榆次（今属山西）、新城（今山西朔县南）、狼孟（今山西阳曲），取37城。王龁攻上党，初置太原郡。这一年，魏国信陵君率五国兵攻秦，是为合纵之策的最后一次展示。秦御之于黄河以东，五国联军很快瓦解。这一年，庄襄王去世，其子嬴政继位。

三

嬴政登上王位的时候，秦国统一六国的形势已经十分明朗。他继位之后，很快诛除嫪毐和吕不韦两个权势集团，将国家权力全部集中到自己手上，全盘筹划统一六国的宏图远略。他继续推行奖励耕战的既定国策，以强大的军力强化对东方六国的威慑，同时采纳李斯和尉缭关于收买离间六国将相君臣的建议，有条不紊地谋划和进行灭亡六国的战争。他首先进攻韩国，十七年（前330年），派内史腾指挥秦军攻克韩国最后一个都城郑（今河南新郑），俘虏韩王安，在韩国故地置颍川郡。接着兵分两路进攻赵国，一路由王翦统上地兵越太原郡攻克井陉，一路由杨端和统河内兵从西南方向进攻赵国首都邯郸。由于赵王中了秦国的反间计，解除了李牧和司马尚两位名将的指挥权，赵军疏于抵抗，十九年（前228年），邯郸被攻克。王翦灭赵后，转兵进攻燕国。尽管这一年，燕太子丹指使荆轲演出了金殿刺秦王的一幕“壮士一去不复还”的极其慷慨悲壮之剧，但这只能加速燕国灭亡的步伐。二十年（前227年），王翦指挥的秦军在易水之西大败燕军，第二年，攻克燕都蓟城（今北京市），燕国宣告灭亡。二十二年（前225年），王贲率秦军伐魏，迅速包围魏都大梁（今河南开封）。他围而不击，引水灌城，三月后城坏，秦军破城，魏王假出降。二十二年，李信和蒙恬指挥的20万秦军伐楚一度受挫。秦王起用老将王翦统兵60万继续攻楚。二十四年（前223年），楚王负刍被俘，楚国灭亡。二十六年（前221年），平定燕国的王贲、李信回军南下，与屯兵历下的秦军合力猛攻齐军，很快进至齐都临淄城下。由于齐国内部投降派占据优势，齐军不战而降，齐王建做了秦军的俘虏。这标志着秦国统一六国的战争胜利完成。中国自春秋以来五个半世纪的分裂局面终于在秦军东向进军的凯歌声中落幕。十年之中，秦军对六国的军事行动直如秋风扫落叶、热汤沃雪，势不可当，从一个胜利导向一个胜利。秦国通过战争崛起和取得最后统一中国的成功，展示了战争作为推动历史前进螺旋桨的神奇威力。

嬴秦是在残酷的战争中发展壮大的。春秋以前它进行过多少次战争，已经难以统计。从春秋起始，至公元前 221 年灭掉齐国止，整整五个半世纪，它几乎是在连续不断的战争中度过的。这是因为，辗转西迁的嬴族人在西戎之地立国时并不是一个人数众多的集团，而其周围的戎人却是一个强大的族群。他们不仅人数众多，而且在陇西至洛邑的黄河中上游地区建立了数以十计的方国。戎人勇猛骠悍，顽强善战。嬴秦与之杂居，犬牙交错，立足已经不易，拓展更加困难。为了生存和发展，嬴秦只能在战而胜之的前提下不断与之融合，使之变成为己所用的力量。为了制伏戎人，必须战争和怀柔两手并用且以战争为主。所以嬴秦在春秋时期的发展，主要就是依靠与戎人的战争。春秋战国之交，嬴秦的领袖将目光转向东方的时候，面对的是个个顾盼自雄的六国，而他们最熟悉最看重的交流话语不是经济文化的和平融汇，而是残酷厮杀的血肉纷飞的战争。由于嬴秦所处的环境独特，它所经历的战争次数之多和规模之大超过东方六国中任何一个。粗略统计，春秋战国时期，嬴秦与戎人和东方六国间进行的战争不下 120 次。由于它与戎人融合而吸收了后者的野性因子，更由于它笃信“刻薄寡恩”的法家学说，因而它对战败者就显得特别残酷无情，杀戮之多也超过东方六国中的任何一国。粗略统计，春秋战国时期，它杀掉的敌军人数超过 140 万。长平一战即坑杀赵国降卒 40 万，这是何等令人惊悸和震颤！

嬴秦之所以在五个半世纪中由西方一隅的被人看不起的小诸侯国逐渐发展成后来统一中国的最强大的政治军事集团，最根本的原因是它的领袖集团始终顺应历史潮流改革，特别是商鞅主持的变法，加速促进了秦国封建化的步伐，生产力获得空前的解放，经济获得长足发展，从而积累起支撑战争的巨量财富；在变法同时，也建立起高效的政治体制，使经济和军事的潜能得到最大限度的释放。其次嬴秦胸怀天下、不拘一格地吸引招揽人才的政策，使六国的不少治国理政和统兵御敌的政治军事精英会集到秦国的王廷；最后，秦国君王与将帅上下同心、优势互补，共同谋划制定正确的战略战术，从而使统一六国的宏图在实践中变成现实。

四

嬴秦完成统一六国，实现了中国历史上第一次真正的大一统；嬴秦创设的制度，深刻影响了中国此后两千多年历史的发展。这是嬴秦为中国社会的发展和进步做出的最伟大的彪炳千秋的贡献。秦朝的统一，对中国历史不啻是一次壮丽的日出。然而，这次日出时间太短暂了，15 年之后的公元前 206 年，即秦始皇死后第三年，这个空前的王朝就迎来了自己的落日。从秦始皇登基到秦朝灭亡，整整 40 年。这是嬴秦从豪气冲天到日薄西山的 40 年，是从巨大成功到彻底灭亡的 40 年。真是“其兴也勃焉，其亡也忽焉”。表面上看，其兴亡都与战争紧密相连：统一全国是因为战争的胜利，导致灭亡是因为战争的失败。但制约战争成功和失败的却不是战争本身，而是政治。秦朝统一六国战争之所以取得成功，是因为这战争尽管残酷血腥，但顺应的是中国走向统一的历史潮流。全国百姓付出的巨大牺牲，推动了历史车轮的前进。秦朝建立 15 年后即走向灭亡，表面上看起来无比强大的秦军之所以被看起来弱小的起义军打败，原因是秦朝建立后的政治——主要体现在政策上——出了大问题：秦朝统一全国，标志着战争年代转向和平时期，执政理念相应也应该由争取战争胜利转向和平时期的经济文化建设，特别应该给遭受长期战争苦难的百姓创造休养生息、发展生产、改善生活的条件和机制。可是，以秦始皇为首的嬴秦统治集团却没有认识到这个时代转机，仍然变本加厉地推行“以法为教”“以吏为师”的治国理念，焚书坑儒，钳制舆论；愈加迷信“武力万能论”，认定无论什么社会政治问题都能用战争手段去解决。秦朝建立后，非但没有给百姓以休养生息的机会，反而继续施行战争时期的政策，使用民力巨大而急促：北伐匈奴，南平百越，修长城，戍五岭，修筑骊山陵墓，让全国半数以上有劳动能力的百姓长年奔波于兵役劳役中。这就使百姓的付出超过了他们能够承担的极限，面对死亡的威胁，他们只能铤而走险，以生命作为代价进行抗争。于是，起义的烽火在关东遍地燃起。此时，秦始皇刚刚死去，历史虽然给了以胡亥、李斯、赵高为首的统治集团一个转变政策的契机，但他们仍然没有走出秦始皇时期的思维定式，认定战争能够解决民众的造反问题。岂不知，此时秦朝政治的指向已经违背历史潮流和百姓意愿，昔日征服六国所向披靡的“虎狼之师”再也发挥不出当年的战斗力，很快在起义军的重击之下败下阵来，土崩瓦解，非死即降。嬴秦统治集团最后只能眼睁睁地看着祖宗创建的基业化为灰烬。

（作者单位：山东大学文史哲研究院）

秦民族起源与西迁再认识

江林昌

学术界关于秦族、秦文化的讨论，已经持续了很长时间，相关的成果很多。概括起来看，20世纪上半叶，讨论的主要依据是传世文献，据此而有秦人“东来说”与“西来说”两种不同意见。“东来说”以卫聚贤、黄文弼为代表，“西来说”以王国维、蒙文通为代表。① 20世纪下半叶及之后，随着现代考古学的发展，学者们利用新出土资料，进一步与传世文献互证，使相关研究取得了新进展。大家比较一致的看法是：秦人起源于东方，迁徙于西方，发展壮大于由西而东的过程中。在这一基础上，我们可以进一步就一些具体问题做出分析：

（1）秦民族起源的时间与地望。

（2）秦民族西迁的次第、次数及其时间、地点。

（3）秦民族起源西迁过程中所交往的部族及文化。

（4）秦文化的形成及其内涵特色。

（5）秦文化在其统一全国过程中的贡献与不足。

（6）秦文化在中华文明史上的地位及其影响。

在以上六个问题中，前三个是讨论的基础，后三个是讨论的目的。由于时间与篇幅所限，本文先讨论前三个问题，后三个问题容另文再议。

① 参见卫聚贤：《中国民族的来源》，《古史研究》第3集，商务印书馆1935年版；黄文弼：《秦为东方民族考》，《史学杂志》1936年创刊号；王国维：《秦都邑考》，《王国维遗书》第2册，上海书店出版社2011年版；蒙文通：《秦为戎族考》，蒙文通：《周秦少数民族研究》，巴蜀书社2019年版。

一、秦族起源的时间与地望

秦起源于海岱地区，属于东夷部族集团的一个支族。这有多方面的资料依据。

首先，秦族与东夷先祖少昊氏有关。《说文》云："嬴，帝少昊氏之姓也。"说明嬴秦是少昊族的支系。《史记·封禅书》云："秦襄公既侯，居西垂，自以为主少昊之神。"[①]说明秦人以少昊为最早祖先。

其次，秦族与东夷先祖颛顼有关。《史记·秦本纪》载："秦之先，帝颛顼之苗裔孙，曰女脩。"[②]颛顼本是东夷少昊族的分支。《山海经·大荒东经》载："东海之外大壑，少昊之国。少昊孺帝颛顼于此。"[③]《秦本纪》还说，女脩的子孙大费"佐驯鸟兽""舜赐姓嬴氏"[④]。原来，秦之始姓嬴是由舜所赐，可见其与舜的关系最直接。

笔者曾就五帝时代的有名部族首长的"帝号"作过综合分析，将其区分为四期三区[⑤]，其中少昊属于东夷区的第一期，颛顼属于东夷区的第二期。既然嬴秦为少昊、颛顼的支族，则其起源至少也在五帝时代的第二期，属于中华各部族中起源较早的部族。

再就具体地望来看。嬴在今济南市莱芜区境内。《春秋》桓公三年载："春正月，公会齐侯于嬴。"[⑥]《左传》襄公十一年载："公会吴兵伐齐。五月，克博。壬申，至于嬴。"[⑦]杨伯峻注："嬴故城在今山东莱芜县西北。据《一统志》，俗名城子县。"[⑧]《汉书·地理志》谓："泰山郡有嬴县。"[⑨]嬴县或称嬴城、嬴邑，在齐鲁交界处的今济南市莱芜区境内。嬴因嬴汶水而得名。郑樵《通志·六书略》载："嬴，秦姓也，以其所居，故为嬴水之嬴。"[⑩]《山东通志》卷九《泰安府·莱芜县》载："嬴城在县西北四十里，

① （汉）司马迁：《史记·秦本纪》，岳麓书社2004年版，第338页。
② 同上书，第89页。
③ 袁珂：《山海经校译》，上海古籍出版社1985年版，第245页。
④ （汉）司马迁：《史记·秦本纪》，第89页。
⑤ 江林昌：《五帝时代与中华文明起源》，《济南大学学报》（社会科学版）2020年第4期。
⑥ （清）阮元校刻：《十三经注疏·春秋左传正义》，中华书局1980年版，第1716页。
⑦ 同上书，第2165页。
⑧ 杨伯峻编著：《春秋左传注》，中华书局1981年版，第2165页
⑨ （汉）班固：《汉书·地理志》，中华书局1962年版，第1582页。
⑩ （宋）郑樵：《通志二十略·六书》，中华书局1995年版，第328页。

即嬴邑。汉置县，属泰山郡。《水经》：‘汶水出莱芜县原山西南，过嬴县南是也。’”[①]

考古工作者已在今济南市莱芜区西北向的羊里街道城子县村发现了嬴城遗址。遗址的年代自大汶口文化时期一直延续至汉代。在嬴城遗址旁，正有嬴汶河流过。郑樵《通志·氏族略》谓嬴秦“以所居于嬴，故因生以姓”[②]。总之，大费之嬴姓，因其居于嬴汶河而得名。传世文献与考古发掘，均已得到直接证明。

嬴秦族在莱芜嬴水一带被赐姓后，又生发出许多分支。《史记·秦本纪》载：“太史公曰：秦之先为嬴姓，其后分封，以国为氏，有徐氏、郯氏、莒氏、终黎氏、运奄氏、菟裘氏、将梁氏、黄氏、江氏、脩鱼氏、白冥氏、蜚廉氏、秦氏。”[③]这些分支大都分布在海岱地区及周邻，如莒氏在莒县，郯氏在郯城，运奄氏在曲阜，徐氏在徐州（后迁到苏北泗洪县），江氏在泰安（后迁到河南息县），终黎（钟离）氏在枣庄（后迁到安徽凤阳），黄氏在淄博（后迁到胶东黄县），等等。可见，嬴秦族从五帝时代起源、商周以后分封，一直到春秋战国时代，其大部支系一直在海岱地区生息发展，东方是秦人的原始故里。

二、秦族西迁的次第、次数及时间、地点

嬴秦族在海岱地区起源之后，除上述一些分支留在故地之外，还有一些分支在不同的时间段里不断往西迁移，在不同的地点与不同的部族发生关系。这期间的状况极其复杂，有些可以考察，有些已无从考证。而且，即使有考察线索的部分，也因考察角度不同而众说纷纭。现据笔者的理解，按其在不同时代、不同地点与不同部族的关系为线索，做出如下新观察。

1. 在夏代，嬴秦族已有一些支族到了中原，留在故地的一些支族也与中原华夏族关系密切。

《秦本纪》载：“大费生子二人：一曰大廉，实鸟俗氏；二曰若木，

① （清）永瑢、纪昀等编纂：《文渊阁四库全书》第539册，上海古籍出版社2003年版，第397页。
② （宋）郑樵：《通志二十略·氏族》，第105页。
③ （汉）司马迁：《史记·秦本纪》，第119页。

实费氏。其玄孙曰费昌，子孙或在中国，或在夷狄。”[①]大费生活在虞舜、夏禹之时，则其子孙自然已在夏代了。而其活动范围，一部分到了“中国”，即中原。中原是夏部族的活动区域。这说明在夏代，嬴秦族中已有一部分先人西迁到黄河中游的中原大地了。

《秦本纪》所说的“或在夷狄”之“夷狄”，是指仍留在海岱东夷集团中的嬴秦人，而不是商周时期迁到西部的西夷狄。《后汉书·东夷列传》载：“《王制》云：‘东方曰夷’……夷有九种，曰畎夷、于夷、方夷、黄夷、白夷、赤夷、玄夷、风夷、阳夷。”[②]这里的“黄”“白”“赤”“玄”以颜色区别不同的“夷”，与前文引《秦本纪》太史公曰秦在商周以后的封国有“黄氏”“白冥氏”同。而“风夷”“阳夷”之“风”“阳”，当与凤鸟崇拜、阳鸟崇拜有关系。至于“畎夷”，应该与东夷民族擅长狩猎活动有关。“畎夷”即《秦本纪》说大费之孙“或在中国，或在夷狄”之“夷狄”。“夷狄”之倒即“狄夷”，与“畎夷”同义。“狄”与“畎”均从“犬”，而“田”即“畋”，指狩猎。“东夷”的“夷”从大从弓，为大人身背弓箭形象，表明的正是东夷部族集团擅长狩猎的特性。嬴秦族起源于泰山地区的莱芜境内。在远古时代，那是林木茂密、野兽出没的区域。所以东夷部族除了与太阳崇拜有关之外，还崇拜弓箭。嬴秦人之在东夷，因其居于嬴汶河而称“嬴秦”，因其擅长狩猎，而称“畎夷”“夷狄”。

整个夏代，一部分嬴秦人来到中原，一部分嬴秦人留在东夷，被称为“畎夷”“夷狄”。这些“畎夷”“夷狄”与夏人或亲或叛。《后汉书·西羌传》载：

> 昔夏后氏太康失国，四夷背叛。及后相即位，乃征畎夷。七年，然后来宾。[③]

古本《竹书纪年》载：

> 后泄二十一年，命畎夷、白夷、赤夷、玄夷、风夷、阳夷。[④]

夏代，夏部族已成为黄河流域部族联盟集团的共主。东夷各族只不过

① （汉）司马迁：《史记·秦本纪》，第89页。

② （南朝·宋）范晔等：《后汉书·东夷列传》，中华书局1965年版，第2087页。

③ 同上书，第2872页。

④ （晋）皇甫谧等撰，陆吉等点校：《帝王世纪·世本·逸周书·古本竹书纪年》，齐鲁书社2010年版，第4页。

是夏部族共主旗帜下的参盟部族而已。因此，其中的嬴秦人，或来到“中国（原）”，或留在东夷称“畎夷”“夷狄”。而在夏族联盟共主面前，虽然有时可以“背之”，但总体上只能是处于“来宾”的地位。

2. 商代，嬴秦支族或在晋南汾水流域，或在陕西泾渭流域。

据相关资料可知，到了商代，嬴秦人的子孙中有一支来到了山西汾水流域，另一支来到了陕西泾渭流域。

先看山西的一支。《秦本纪》说，大费的子孙中，“费昌当夏桀之时，去夏归商，为汤御，以败于鸣条”[①]。鸣条在晋南汾水下游的运城市境内。说明有一支嬴秦人来到了山西汾水流域。在汾水流域的嬴秦人，在整个商代发展得很好。《秦本纪》称费昌的后人“曰孟戏、中衍，鸟身人言。帝太戊闻而卜之使御，吉，遂致使御而妻之。自太戊以下，中衍之后，遂世有功，以佐殷国，故嬴姓多显，遂为诸侯”[②]。

到了商代末年，孟戏、中衍的后人有蜚廉、恶来，“父子俱以材力事殷纣。周武王之伐纣，并杀恶来。是时蜚廉为纣石北方，还，无所报……死，遂葬于霍太山”[③]。霍太山在今汾水中游的霍州市与洪洞县之间。《水经注·汾水》载：“汾水又南，与彘水合。水出东北太岳山。《禹贡》所谓岳阳也，即霍太山矣。上有蜚廉墓。”[④]

再看陕西泾渭流域的一支嬴秦先人。古本《竹书纪年》曰：“桀三年，畎夷入于岐以叛。”[⑤]《后汉书·西羌传》曰：“后桀之乱，畎夷入居邠岐之间。”[⑥]前文指出，夏代，“畎夷”仍留在东部海岱地区，但由于在夏太康时闹背叛，结果夏后相即位后“征畎夷”。大概还是这样的原因，这支称为“畎夷”的嬴秦人，终于在夏代末年来到了陕西泾渭流域。“岐”即岐山县，在渭水中游宝鸡南至扶风县之间；而“邠”即“豳”，在今泾水上游的彬县与长武县境内，正在岐山的北面。

3. 周代，嬴秦族中有一些继续留在山西，进而发展为赵文化；而陕西与甘肃境内则有四支秦人，最后成为统一全国的秦人祖先。

---

① （汉）司马迁：《史记·秦本纪》，第89页。

② 同上。

③ 同上。

④ （北魏）郦道元著，陈桥驿校证：《水经注校证》卷六《汾水》，中华书局2007年版，第161页。

⑤ 方诗铭、王修龄：《古本竹书纪年辑证》，上海古籍出版社2005年版，第222页。

⑥ （南朝·宋）范晔等：《后汉书·东夷列传》，第2870页。

先看居山西的嬴秦人。到了周代，山西的一支秦人祖先蜚廉死而“葬于霍太山”。但蜚廉留下了儿子季胜，季胜生孟增。孟增深得周成王的信任。《秦本纪》说：“孟增幸于周成王。”[①]孟增生衡父，衡父生造父。造父当周穆王时，因其善驾而著名。《秦本纪》载：

造父以善御幸于周缪王……西巡狩，乐而忘归。徐偃王作乱，造父为缪王御，长驱归周，一日千里以救乱。缪王以赵城封造父，造父族由此为赵氏。[②]

赵城在晋南，《集解》引徐广曰：“赵城在河东永安县。”《正义》引《括地志》曰：“赵城，今晋南赵城县是，本彘县地，后改曰永安，即造父之邑也。”[③]永安即今汾水中游霍州市西边的汾西县，赵氏就是后来赵国的先祖。

蜚廉除了儿子季胜一支即孟增—衡父—造父之外，还有恶来一支，即女防—旁皋—太几—大骆。大骆又生了两个儿子——非子与成，并分属二系。其中非子一系到了陕西渭水地区发展，成一系则到了甘肃天水地区发展。

非子一系居陕西“汧渭”流域，《秦本纪》载：

非子居犬丘，好马及畜，善养息之。犬丘人言之周孝王。孝王召使主马于汧渭之间，马大蕃息。孝王欲以为大骆嫡嗣。[④]

历史上的犬丘有四个，分别是东方宋国犬丘（今山东曹县）、卫国犬丘（今河南永城）、陕西扶风境内的犬丘以及甘肃天水境内的西犬丘。非子所居的是陕西扶风境内的犬丘，在扶风县至咸阳之间，古代称槐里。《汉书·地理志》载：“右扶风槐里县，周名犬丘，懿王都之。秦更名废丘，高祖三年更名槐里也。”[⑤]非子在这个东犬丘为周孝王养马，得到了孝王的常识重用。因此，非子又沿渭水西向发展，到了宝鸡市境内的“汧渭之间”。这是个水草丰茂的好地方，“马大蕃息”。周孝王为了表彰他，“欲以为大骆嫡嗣”。

前文指出，夏末商初，已有一支嬴秦先人“畎夷”到了陕西泾渭流域，

---

① （汉）司马迁：《史记·秦本纪》，第89页。
② 同上。
③ 同上书，第177页。
④ 同上书，第90页。
⑤（汉）班固：《汉书·地理志上》，第1546页。

即“畎夷入居邠（豳）岐之间”。现在又有非子一支嬴秦人来到“汧渭之间”。泾渭偏北面，汧渭偏南面，而都在陕西西部。这样，到了西周，陕西境内就已有两支嬴秦先人。

成系一支居甘肃天水。

大骆除了儿子非子居东犬丘之外，还有一个与申侯之女生的儿子叫成。申侯女是甘肃西垂郦山氏的后代，属于西部戎狄少数民族。《秦本纪》谓：

> 申侯之女为大骆妻，生子成为适。申侯乃言孝王曰：“……今我复与大骆妻，生适子成。申骆重婚，西戎皆服，所以为王。王其图之。”于是孝王……邑之秦，使复续嬴氏祀，号曰秦嬴。亦不废申侯之女子为骆适者，以和西戎。①

这里“邑之秦”中的秦，历史上叫秦亭、秦邑、秦谷，在甘肃天水境内。《史记集解》引徐广曰：“今天水陇西县秦亭也。”《正义》引《括地志》曰：“秦州清水县本名秦，嬴姓邑。十三州志之秦亭、秦谷，是也。……故天子邑之秦。”②今清水县在天水境东。《秦本纪》说：“亦不废申侯之女子为骆嫡者，以和西戎。”③意思是说周孝王同时承认大骆的儿子非子与成都为嫡传，并分别给予采邑，让非子继续在陕西“汧渭之间”养马，让成在甘肃天水秦邑一带“以和西戎”。这是第三支在陕甘地区的秦先人。

“商奄之民”迁居甘肃朱圉。

周代，西迁的嬴秦先人除上述三支外，还有一支在周初周公东征时被西迁到甘肃天水流域。由于其事不见于《秦本纪》《赵世家》等文献，所以在以前不为世人所知。2011 年清华简《系年》公布后，真相才大白于世：

> 飞廉东逃于商盍（蓋）氏。成王伐商盍（蓋），杀飞（廉），西迁商盍（蓋）之民于邾圉，以御奴之戎，是秦先人。④

可以与清华简互证的，还有如下一些资料。《孟子·滕文公下》载：

> 周公相武王，诛纣。伐奄，三年讨其君，驱飞廉于海隅而戮之。灭国者五十。⑤

① （汉）司马迁：《史记·秦本纪》，第 90 页。
② 同上书，第 178 页。
③ 同上书，第 89 页。
④ 李学勤主编：《清华大学藏战国竹简（贰）》，中西书局 2011 年版，第 141 页。
⑤ （汉）赵岐注，（宋）孙奭疏：《十三经注疏·孟子注疏》，北京大学出版社 1999 年版，第 177 页。

《逸周书·作雒解》载：

周公立，相天子，三叔（管叔、蔡叔、霍叔）及殷、东、徐、奄及熊盈（嬴）以叛。三年……征殷，殷大震溃。……凡所征熊盈（嬴）族十有七国，俘维九邑。[①]

马王堆汉墓帛书《战国纵横家书》载：

楚将不出沮漳，秦将不出商奄。[②]

这里有几件事要讨论。其一，关于飞廉的死。《秦本纪》只说周武王伐商纣时杀了恶来，而恶来的父亲“蜚廉为纣石北方，还，无所报”，后来“死，遂葬于霍太山”。至于怎么死的，没有交代。现据清华简《系年》可知，蜚廉从北方回来之后，看到其儿子恶来为武王所杀，就往东逃到了嬴秦人的老家商奄氏，直到周成王伐商奄的时候才被杀。这就为《秦本纪》所说的“死”做了具体交代。

其二，“西迁商奄之民”的组成族员。商奄之民原是嬴秦人在海岱地区起源后仍留在东夷故地的一支，即《秦本纪》太史公所说被分封的“运奄氏”，具体地望在今山东曲阜。这是大家所共知的。后来周武王伐纣时“飞廉氏东逃于商奄氏”，肯定是带着其部族成员的。因此，商奄之民的成员中除了原有的运奄氏一支外，又增加了飞廉氏一支。“成王伐商奄，杀飞廉”之后，西迁的商奄之民，就包含了这两支嬴秦人。以前我们只知道运奄氏一支，而飞廉氏一支是因清华简《系年》的公布才知道的。

其三，西迁之地邾圉的具体地点。《尚书·禹贡》载：“黑水、西河惟雍州。弱水既西，泾属渭汭……西倾，朱圉。”[③]《汉书·地理志》天水郡：“朱圄山在（冀）县南，梧中聚。”[④]王先谦《补注》引《清一统志》谓：“在伏羌县南。”而伏羌县即今甘肃天水境内的甘谷县。前述大骆儿子成所封秦亭、秦谷所在的清水县正在甘谷县东边，两者相距不远。

在甘谷县和清水县的南向，还有天水附近的礼县和西和县。西和县即西犬丘之所在。《秦本纪》载，周宣王时，封秦庄公于“大骆地，犬丘并有之，

① 黄怀信、张懋镕、田旭东：《逸周书汇校集注》，上海古籍出版社2007年版，第514—517页。

② 马王堆汉墓帛书整理小组：《战国纵横家书》，文物出版社1976年版，第17页。

③ 顾颉刚、刘起釪：《尚书校释译文论》第2册，中华书局2005年版，第737页。

④ 李学勤：《清华简关于秦人始源的重大发现》，《光明日报》2011年9月18日。

为西垂大夫”[①]。大骆地即大骆儿子成所封的秦亭、秦谷，在清水县。而这个犬丘是相对于“扶风槐里”的东犬丘而言的西犬丘。《史记正义》引《水经注》曰:“秦庄公伐西戎，破之，周宣王与大骆、犬丘之地，为西垂大夫。”[②]《括地志》言犬丘在“汉陇西西县是也”，西县，即今西和县。至于礼县，则为周幽王、周平王时的秦襄公、秦文公及太子静公的活动中心与所葬之地。《秦本纪》载，“（周）平王封（秦）襄公为诸侯，赐之岐以西之地”，“襄公于是……祠上帝西畤”，“秦文公元年，居西垂宫”，“秦文公卒，葬西山”。[③]2004年以来考古工作者发掘的礼县大堡子山、西山和山坪三座城址的相关大墓及青铜器铭文，已证明了这一事实，此不赘述。

三、简短结论与启示

现可将以上所论做大致概括。

1. 在五帝时代第二期颛顼时期开始，秦人已在海岱地区的东夷部族中生发起源，至虞舜时在今济南市莱芜区嬴汶河流域被赐姓为嬴。

2. 夏商周三代，嬴秦人中有许多分支一直留在海岱故地及周邻，商周以后被分封为许多小诸侯国。

3. 夏代，有一部分嬴秦人在中原活动，到了夏代末年，有费昌一族到了山西南部运城，有“畎夷”族到了陕西岐山与豳地。

4. 商代，有大廉后人孟戏、中衍及其后自商王大戊以下，“遂世有功，以佐殷国”，其地亦当在晋南汾水流域。

5. 周代，西迁的嬴秦人中蜚廉、恶来一支的后人季胜、孟增、造父继续在山西汾水流域发展，至周穆王时被封在汾水中游的赵城，成为赵国的先人。

6. 周代，大骆儿子非子一系在陕西扶风东犬丘至宝鸡“汧渭之会”一带发展，深得周孝王信任。这非子一系加上夏末商初西迁至岐、豳之地的“畎夷”一系，便有两支嬴秦后人在陕西了。

7. 周代西迁到甘肃天水流域的秦人，情况很复杂。（1）最先迁到天

① （汉）司马迁：《史记·秦本纪》，第89页。
② 王国维：《水经注校》卷二十一，上海人民出版社1984年版，第642页。
③ （汉）司马迁：《史记·秦本纪》，第92页。

水甘谷“朱圄”的是周成王时的“商奄之民”；（2）稍后迁到天水清水县秦亭的是周孝王时的大骆儿子成；（3）最后迁到陇南西和县“西犬丘”的是周宣王时的秦庄公昆弟五人。（4）西周末年，秦襄公、秦文公及公子静仍然“居西垂宫”。

在梳理以上关于秦族起源西迁过程的基础上，我们可以对秦文化特色的形成找到了深层次的原因。先从时间跨度看，嬴秦族从五帝时代的第二期颛顼时期（约公元前 2800 年），到秦始皇统一全国（前 221 年），总共将近有 2500 多年。在这么长的时间跨度里，嬴秦人不仅与东夷各族密切交往，吸收其优质文化，而且在西迁的过程中与夏族、商族、周族、西北戎狄少数民族等进行广泛的深入交流；从活动地点看，嬴秦人的发展从海岱地区开始，向西先到中原，再到晋南晋中，再到陕北，然后又沿泾水、渭水从咸阳往西而到扶风、岐山、宝鸡，再沿渭水而西上到了甘肃东部天水地区的清水、西和、甘谷、礼县等地。这些不同地点的风土人情、不同部族的文化习俗都对秦民族的成长产生了深远的影响。

秦族之所以能够从一个小小部族，在屡遭生死存亡的困境中顽强奋发，并在春秋战国时期由西部的一个蕞尔小邦向东推进，逐鹿中原，在与诸侯强雄的争斗洪流中，最终一统全国，绝不是偶然的。这其中的许多问题都值得好好总结。

（作者单位：山东大学历史文化学院）

从活态文化的场域和视角走近秦的历史与文化

李学功

感谢济南市嬴秦文化研究院，感谢他们的卓识，以一种新旧动能转换、文旅融合的全新文创形式，高起点规划建设中华嬴秦文化园，为嬴秦文化的研究、展示，提供了一种通过历史文化基因的发掘，催动文化与经济同频共振、产业经济与产业文化协同创新发展的新鲜范式，值得期待。

由嬴秦文化园的创意，本文试图换一种思考方式，从活态文化的场域和视角重新审视秦的历史与文化。

近代著名学者夏曾佑在其著《中国古代史》中提出三句话，提到三个人，讲到三件事："中国之教，得孔子而后立；中国之政，得秦皇而后行；中国之境，得汉武而后定。三者皆所以中国为中国也。"[①] 夏先生举言孔子、秦始皇、汉武帝之人与事，皆堪谓中国历史之坐标。

从今天的视角来看，可以说秦的出现无疑深刻影响了中国乃至世界历史的进程，其中最大的影响莫过于周制到秦制的制度之变。

一、"我是谁？"：秦人从哪里来

秦人之源，是中华文明探源的重大课题，在史学界原有"秦出东夷"和"秦为西戎"两种学术观点。20 世纪 30 年代，钱穆在《国史大纲》中

① 夏曾佑：《中国古代史》，东方出版社 2012 年版，第 225 页。

提出“两元说”：秦人源自东方，兴起、壮大于西方。南开大学王玉哲教授曾提出“嬴秦始源东方”的四个文献证据：

（1）秦人卵生的神话传说，属于东方诸多古老氏族的鸟图腾崇拜范畴。

（2）秦祖少皞为东方部落神，少皞墟在今山东泰安、曲阜一带。

（3）秦为嬴姓，嬴姓部族大都分布在东方。

（4）秦远祖伯益，虞夏之际的封地在山东。

王玉哲教授勾画了秦人西迁的路线，认为秦本东方夷族，兴于虞夏之际，商人灭夏，秦人开始迁徙，从山东先迁到山西，后迁到陕西，再迁到陇右。

西迁路线图出来了，疑问也由之产生：秦人为什么西迁？秦人西迁的真相到底是什么？

或许正应了中国那句：“病树前头万木春。”王国维先生亦曾说有新材料之发现，必会催生新学问。进入 21 世纪以来，上博简、清华简的发现无疑是激荡学术研究出现突破性进展的一股重要新风。2008 年 7 月入藏清华的战国竹简——《系年》（暂题）共有 138 支简，分 23 章，其中就意外发现了嬴秦的早期历史记录，回答了嬴人何以西迁的问题。

让我们再回到文献，回到《史记·秦本纪》。史言武王伐纣，纣王身边有两个著名人物：飞（一作“蜚”）廉、恶来。二人是父子关系（飞廉的儿子是恶来），《史记》说“恶来有力，蜚廉善走，父子俱以材力事殷纣”，即臭名昭彰的助纣为虐式人物。那么这两个人与本文所论的话题有何关联呢？答案是：关联在在，而且是关系颇深！因为这二人就是嬴氏，是嬴姓始祖。如所周知，飞廉、恶来父子二人助纣为虐，史有明文，但二人给秦人带来怎样的命运变化，则文献阙如。清华简带给人们的惊喜，即在清华简《系年》第三章，具体回答了这方面的疑问。简文叙述了武王死后三监之乱，成王伐商以平叛：

> 飞廉东逃于商盍（葢）氏。成王伐商盍（葢），杀飞（廉），西迁商盍（葢）之民于邾圉，以御奴之戎，是秦先人。①

寻检《史记·秦本纪》，和清华简《系年》所记不同，《史记》认为：“武王之伐纣，并杀恶来。是时，蜚廉为纣石（使）北方……死，遂葬于霍太山。”②

---

① 李学勤主编：《清华大学藏战国竹简（贰）》，中西书局 2011 年版，第 141 页。

② （汉）司马迁：《史记·秦本纪》，中华书局 1959 年版，第 174—175 页。

检校《孟子·滕文公下》，文谓："周公相武王，伐纣。伐奄，三年讨其君，驱飞廉于海隅而戮之，灭国者五十，驱虎豹犀象而远之，天下大悦。"[①]复核上述相关之记载，不难发现，《孟子》之说与清华简《系年》相同，均谓飞廉身死东方。需要指出的是，清华简《系年》之重要性乃在于简文以"西迁"二字一解秦人起源地之谜。

由清华简《系年》可知，商亡后，飞廉由商都东奔，最后逃到商奄。三监之乱时，奄国等东方方国反周，飞廉或在其中起到了促发作用。三监之乱失败以后，分封周公长子伯禽至奄国旧地，建立鲁国，统治"商奄之民"。据《尚书序》，奄君之迁往蒲姑，可能是周室采取监控措施将其予以收押。在清华简《系年》发现以前，似无人知悉"商奄之民"被迫西迁之史事，而这些"商奄之民"无疑正是秦之先民。

二、"一日千里"：秦人之交通

秦文化素重实用之学，故秦始皇焚书，医书、农书、数术之学等著述不在禁毁之列。从梳理掌握的文献史料看，秦始皇焚书并未完全做到整齐划一，令行禁止，焚书政策在民间的推进应不那么面面俱到，史籍文献所载项梁、项羽叔侄起兵故事，以及韩信、张良之故事，都足证一点，即民间兵书疏于查禁。

从秦史看，秦人长期过着游农生活，与此相关联，史籍所载秦先祖事迹多与交通迁徙活动有关。《史记》记载："费昌当夏桀之时，去夏归商，为汤御"，"蜚廉善走"。造父更是秦人历史上以"善御"而闻名的人物。《史记·秦本纪》有谓："造父以善御幸于周缪王，得骥、温骊、骅駵、騄耳之驷，西巡狩，乐而忘归。徐偃王作乱，造父为缪王御，长驱归周，一日千里以救乱。"[②]即是说秦人先祖造父为周穆王西游驾车远行，驾车水平开创了"一日千里"的骄人成绩。从此，"一日千里"作为中国交通史上的一段传奇载入成语。

颇有意味的是，秦人立国即结缘于一次重要的交通活动，《史记·秦

① （汉）赵岐注，（宋）孙奭疏：《孟子注疏》，（清）阮元校刻：《十三经注疏》，中华书局1980年版，第2714页。

② （汉）司马迁：《史记·秦本纪》，第175页。

本纪》记载：秦襄公“七年春，周幽王用褒姒废太子，立褒姒子为适，数欺诸侯，诸侯叛之。西戎犬戎与申侯伐周，杀幽王郦山下。而秦襄公将兵救周，战甚力，有功。周避犬戎难，东徙雒邑，襄公以兵送周平王。平王封襄公为诸侯，赐之岐以西之地”[①]。陕西省宝鸡市博物馆所藏国宝级文物——秦公镈，就记载了秦襄公因护送周平王东迁有功而受封赏国的史事。

宝鸡市博物馆馆藏文物中尚有不少车马器具，翻检文献，如《诗·秦风》中多见体现秦人“有车马之好”的诗句。所谓“有车邻邻，有马白颠”，“驷驖孔阜，六辔在手”，“游于北园，四马既闲”，“四牡孔阜，六辔在手，骐駵是中，騧骊是骖”等，都表现了秦人对车马出行的偏好。《华阳国志·蜀志》记蜀地风习，论及“工商致结驷连骑”，“归女有百两之从车”的车骑风习，即认为“原其由来，染秦化故也”。过去，谈到独轮车，人们多认为始于西汉。秦始皇陵兵马俑坑 2 号坑发掘所见车辙，说明至迟在秦时独轮车可能已经出现在人们的生产和生活，以及军队的后勤支持中。

翻检史料，《史记·秦本纪》记载，春秋时期在黄河上出现了由秦修建的第一座常设的浮桥，或可谓历史上的黄河第一桥（按，秦昭襄王五十年［前257年］“初作河桥”）。凡此，提示我们应当重新认识秦与秦的文化。

三、“强弓劲弩”：秦军之利器

马克思十分重视通过军史验证其关于生产力和生产关系之间联系的理论原则。他指出，“一般说来，军队在经济的发展中起着重要的作用”，“大规模运用机器也是在军队里首先开始的”，“部门内部的分工也是在军队里，首先实行的”。他还认为，军队的历史对全部历史有非常明显的概括意义。[②]

战国以来，因战争形势的推促，兵器制作技术实现了历史性的跨越，其中秦人贡献尤为突出。秦始皇陵兵马俑坑多出土有弩机，弩机作为用于陵墓防盗的自动触发的武器，是意义重大的发明。发掘者和研究者指出，弩是储蓄弹力、伺机发矢的远射程复合武器，其实物在秦始皇陵兵马

---

① （汉）司马迁：《史记·秦本纪》，第179页。

② 参见《马克思恩格斯全集》第29卷，人民出版社1972年版，第183页。

俑坑1号坑出土158件。我们知道，弩机正是战国时期秦国为大规模军事征战制造和使用的。据推算，这种强弓劲弩的张力达到738斤，射程总在831.6米以上。当然，这样的数据是否可靠还可以讨论，但秦弩有较强的攻击力量和较远的射程，应当是没有疑问的。

翻检《战国策》之《赵策一・赵收天下且以伐齐》，其中记载苏秦为齐上书说赵王时提到“秦以三军强弩坐羊唐之上”，秦人制作的强弩已作为基本装备武装全军。秦军在战场上，其排兵布阵往往是“强弩在前，铦戈在后”，使用强弩的士兵成为秦军野战主攻部队。

阅读资料注意到，宝鸡市博物馆所藏秦兵器中并有连弩。据文献记载，秦始皇本人就有亲自使用这种连弩射海中“巨鱼”的经历。《史记・秦始皇本纪》记载：秦始皇“还过吴，从江乘渡。并海上，北至琅邪。方士徐市等入海求神药，数岁不得，费多，恐谴，乃诈曰：‘蓬莱药可得，然常为大鲛鱼所苦，故不得至，愿请善射与俱，见则以连弩射之。’始皇梦与海神战，如人状。问占梦，博士曰：‘水神不可见，以大鱼蛟龙为候。今上祷祠备谨，而有此恶神，当除去，而善神可致。’乃令入海者赍捕巨鱼具，而自以连弩候大鱼出射之。自琅邪北至荣成山，弗见。至之罘，见巨鱼，射杀一鱼”[①]。此亦可见，秦人在战争“利器”方面的优势，无疑是秦实现天下一统不可或缺的技术条件。

四、余论

关于秦，由于它在历史上只存在了短短的15年，便像“纸炮一样，轰然而灭”（翦伯赞语），也由于它所开创的制度——秦制，影响中国“垂二千年而弗改”[②]，“百代都行秦政法”[③]，还由于秦始皇的浩浩功业，如一系列统一举措——书同文、车同轨、统一度量衡，最关键的举措是统一文字，建立皇帝制度，势力扩展海江，展现早期的海权意识，设置南海郡，等等，以及与焚坑事件、思想钳制带来的千古功罪之争，于是各种评价纷至沓来，“千古一帝”（李贽语）、“暴君”甚或更有极端的说法，不

① （汉）司马迁：《史记・秦始皇本纪》，第263页。
② （清）王夫之：《读通鉴论》卷一，中华书局2004年版，第1页。
③ 中共中央文献研究室编：《建国以来毛泽东文稿》第13册，中央文献出版社1998年版，第361页。

一而足。笔者的认识是：应当正确认识其英雄的一面，清醒认识其暴君的另一面。

由此，对秦的思想文化，人们的认识也在不断深化和调整。关于思想，有学者认为秦王朝是一个没有理论的时代（邵勤语）；有的认为秦的统一和败亡凸显了秦统一的偶然性；有的认为秦的统一和败亡说明法家学说的两面性，从而为汉王朝的理论调整提供文本和教训（汉由黄老而独尊儒术，其实是儒表法里）。

关于文化，近年来有学者从秦人的实用性（按，前文已从器物活态的层面作以论介）、开放性（如秦用客卿治国，甚至重用来自敌国的有才有识之士，表现出开放的胸怀。人们常常说到的商鞅、范雎、张仪、李斯、尉缭等名臣均来自他国而在秦得到重用，秦提供了使上述人才实现理想、施展才智的平台。此外，吕不韦则堪称中国历史上以个人财富影响政治进程的第一人。唐人李商隐有诗“嬴氏并六合，所来因不韦”肯定吕不韦的贡献）、创新性（“便国不法古”）、进取性（战国时，秦有“虎狼之国”之称，而春秋时这一名号是戴在晋国头上的，战国则落在了秦的头上，说明由于遭受三家分晋之重创，晋国连带失去了进取的机缘）等方面予以新的论说。

作为中国大一统文化的开创者，秦的历史与文化会是一个常说常新、再论再识的永恒话题，只要大一统的中国文化还承载并激荡于我们的心中和现实场域，它就永远会如“幽灵”（借用马克思语）一般，在中国的思想世界和大地星空飘荡。那么，关于秦朝、秦始皇的这些事儿或那些事儿，就不会退场，不会消歇……

（作者单位：湖州师范学院）

早期东西文化交流视野下的嬴秦族西迁

田亚岐　刘明科

嬴秦族的西迁开启了中国历史上意义深远的早期东西文化交流，同时也促进了华夏民族的融合。但对嬴秦族的西迁问题自 20 世纪 30—40 年代以来，一直聚讼不休，其实质是秦人的族源到底是来自东方还是西方。经过对近半个世纪以来各家研究观点的梳理，并且结合已有的考古发现，我们对秦人是从东方迁徙到西方的观点笃信不疑，并且认为正是由于秦人的西迁，才促进了东西文化的广泛交流和民族大融合，锤炼了秦人坚强不屈的意志，改变了秦人的政治命运，成就了秦人的霸主地位，为秦人统一六国奠定了基础。

一、秦人西迁的历史争论

嬴秦人是上古时代居住在海岱文化圈及周边地区的氏族部落，他们的发祥地就在今山东泰山附近的莱芜。对嬴秦族的迁徙问题，自 20 世纪 30—40 年代以来，就有截然相反的两种意见。问题的争论是从《史记·秦本纪》中“中潏在西戎，保西垂……”这句话开始的。一种意见认为秦人的祖先是东夷族，后逐渐迁徙到了西方的戎狄之间，也就是所谓的“东来说”；另一种意见认为秦人是西戎的一支，后来逐步向东发展的，也就是所谓的“西来说”。由于当时资料特别是考古资料的缺乏，很难做出明确的判断。不过，迄今为止，东来说已为学术界主流观点。

提出西来说的代表是蒙文通先生。他的主要依据是《秦本纪》中“昔我先郦山之女为戎胥轩妻，生中潏，以亲故归周，保西垂”以及张寿王言“郦山女子亦为天子”，认为申侯之先中潏之母郦山之女为戎，并进一步推断秦与郦山皆为犬戎。[①]王国维先生提出：“秦之先祖，起于夷狄。”[②]翦伯赞先生认为秦族是从“羌族中分化出来”的。这些虽未明确提出西来说，但内容直接指向嬴秦族是羌戎族的一支，秦人起于西方。

提出东来说的代表是卫聚贤和黄文弼等先生。卫先生在《中国民族的来源》一文中提出，以郯、谷、黄、梁、葛、徐、江、奄等嬴姓之国原蔓延于山东、江苏及河南、湖北，而秦亦嬴姓，故谓秦民族发源于山东，后至山西、陕西、甘肃，然后再向东发展。又云，《春秋》鲁有秦地，及《楚辞·九歌》有“东皇太一”。前者名同于秦，后者与李斯所云“秦皇最贵”之相合，亦为东来之证。[③]

上述两种认识都是依据古文献论及的。近四十年来，随着考古资料的不断发现和秦文化研究的逐步深入，许多学者又从考古学、历史地理学及秦人与殷、周的关系等各个角度，对这个问题提出了更加具体的看法和理由。

如林剑鸣先生从图腾崇拜、经济生产的共同性和考古资料说明秦人与殷人同源，秦人最早起源于东方的氏族部落，指出《秦本纪》中申侯说的那段历史是不可信的，蒙文通先生据此推论秦人祖先系戎族是不能成立的[④]，否定了蒙文通先生秦族西来说的观点。何汉文先生从史学角度认为，嬴秦人是上古时代住在齐鲁淮海一带的氏族部落，他们的发祥地是在今山东泰山附近的莱芜一带。夏、商时期，由嬴秦人这个血统分衍出来的氏族部落，不但分布在山东境内，而且南至苏北、皖北、豫东乃至鄂东一带，西至河北、山西、陕西一带，都有他们的子孙分布。到商末周初，当纣辛为周人所杀、殷商王朝崩溃的时候，嬴姓各部落国家，对周人进行过剧烈的反抗，这个反抗运动是以古老而强大的奄国为首，和熊、盈、徐、萧、郯、淮夷等国结成联盟，经过三年的激烈斗争，反抗最终失败，被周人武力强迫迁徙到洛阳至西安一带。[⑤]刘宝才先生亦认为司马迁记述的秦人先祖世家

---

① 参见蒙文通：《秦之社会》，《史学季刊》第1卷第1期，1940年；《秦为戎族考》，《禹贡》第6卷第7期，1936年；《周秦少数民族研究》，1958年。

② 王国维：《观堂集林·秦都邑考》卷第十二，中华书局1959年版，第269页。

③ 卫聚贤：《中国民族的来源》，《古史研究》第三集，商务印书馆1937年版；黄文弼：《秦为东方民族考》，《史学杂志》1929年创刊号。

④ 林剑鸣：《秦史稿》，上海人民出版社1981年版，第30—31页。

⑤ 参见何汉文：《嬴秦人起源于东方和西迁情况初探》，《求索》1981年第4期。

中没有戎胥轩这个人物，也没有说中潏父亲是谁（不过他肯定中潏是中衍玄孙），如此看来，他的父亲就不可能是戎族，从而提出西来说依据不坚实。[①]段连勤先生认为秦的祖先起源于东方，是夏商之际西迁关中的东夷族的一支。[②]韩伟先生依据考古学文化，从秦墓制及宫室制度与殷商相似的特点，认为秦人起自东方。[③]祝中熹先生经过对秦人图腾与大堡子山考古资料的研究，认为秦早期文化具有中原文化母体的基因，与周文化有较大的趋同性和可融性，秦人之非西北戎狄已基本可以认定。[④]

田亚岐和王炜林在《早期秦文化“源于东而兴于西”的考古学观察》一文中认为，“东来说与西来说表面似乎是对立的两个观点，但实际上存在着互补的另一面。东来说强调秦之源头东来的同时，并不否认早期秦文化在西部形成和发展的事实；而西来说也无法回避秦人西迁的文献记述和考古发现中一些外来因素的存在”[⑤]。

另外，在西迁次数上虽有不同认识，但嬴秦族的始发都在今山东泰山附近莱芜一带的观点却是共同的。尚志儒先生认为西迁发生过三次。[⑥]郭向东先生在尚志儒先生三次的基础上又增加了一次，即周穆王晚期的一次迁徙。[⑦]田静、史党社先生殆认为中潏归周后秦人才到了西方，对于其他论断以及秦人分好几次到了西方是持否定态度的，并认为秦族或嬴秦族的问题研究中，有混淆秦族的界限，提出秦族分几次到了西方的概念是不可取的。[⑧]何清谷先生认为，应该把秦族的渊源与秦文化的渊源区分开来，这是两个有区别又有联系的概念。[⑨]

我们认为，秦人西迁是一个漫长的过程，最早始于夏末商初商夷联军对夏的反抗战争，一部分嬴秦人占领了夏的核心地区山西的汾河流域，一部分继续西进关中。这与《竹书纪年》“帝桀三年，畎夷入于岐以叛”和《后

① 参见刘宝才：《关于女修吞玄鸟卵生大业的讨论》，《秦文化论丛》第二辑，西北大学出版社1993年版，第4—5页。

② 参见段连勤：《关于夷族的西迁和秦嬴的起源地、族属问题》，《秦文化论丛》第一辑，西北大学出版社1993年版，第159页。

③ 参见韩伟：《关于秦人族属及文化渊源管见》，《文物》1986年第4期。

④ 参见祝中熹：《地域名“秦”说略》，《秦文化论丛》第七辑，西北大学出版社1999年版，第139页。

⑤ 田亚岐、王炜林：《早期秦文化“源于东而兴于西”的考古学观察》，《新果集——庆祝林沄先生七十华诞论文集》，科学出版社2009年版，第30页。

⑥ 参见尚志儒：《早期嬴秦西迁史迹的考察》，《中国史研究》1990年第1期。

⑦ 参见郭向东：《嬴秦西迁问题新探》，《秦文化论丛》第三辑，西北大学出版社1994年版，第344页。

⑧ 参见史党社：《秦人早期历史的相关问题》，《秦文化论丛》第六辑，西北大学出版社1998年版，第89页。

⑨ 参见何清谷：《嬴秦族西迁考》，《考古与文物》1991年第5期。

汉书·西羌传》“后桀之乱，畎夷入居邠岐之间”的记载相符。这应当是秦人最早的西迁。到了周初，管叔、蔡叔对周公辅助成王当国不满，便联合纣王儿子武庚及东方诸侯叛乱反周，是为著名的三监之乱。由于仍居住在东方原地的秦人参与了这次反周活动，因此在周公东征平叛中，这些反周的秦人受到了沉重打击。周公东征获胜后，“成周既成，迁殷顽民”，这些秦人被迫西迁到了陇山以西的西汉水地区为周人戍边。1928 年出土于宝鸡戴家湾的周公东征方鼎有铭文 35 字，就记述了周公东征讨伐东土东夷、丰白、薄古、咸等四国的情况。[①]薄古，一作薄姑、蒲姑，在山东博兴县东北，本殷商诸侯。周公东伐淮夷，遂践奄，迁其君于薄姑。《左传·昭公九年》曰：詹桓伯曰，蒲姑商奄，吾东土也。《汉书·地理志》曰：殷末有蒲姑氏，为诸侯，至周成王时蒲姑氏与四国共作乱，成王灭之。《左传》曰：及武王克商，蒲姑、商奄，吾东土也。《周书·蔡仲之命》曰：成王既践奄，将迁其君于蒲姑，周公告召公，作《将蒲姑》。前几年发现的清华简《系年》中也叙述了周初周公辅佐成王平叛三监之乱的事件。李学勤先生研究清华简时指出，这是秦人来自东方的重要发现。奄相当于周朝的鲁国，同奄一起反周的蒲姑相当于周朝的齐国。“商奄之民”正是秦的先人，由于这些奄国等嬴姓东方国族的反周叛乱，被周人强迫西迁。《系年》还对秦人西迁的具体地点做了记载，明确指出周成王把商奄之民西迁到邾圉这个地点。邾圉就是《尚书·禹贡》中雍州的朱圉，就是今甘肃甘谷县西南的朱圉山。[②]近半个多世纪的考古发现也表明，甘谷和礼县一带就是嬴秦早期的生活区域。显然，西周初年的许多事件都涉及这次迁徙之嬴秦，因此这是嬴秦人最为主要的一次西迁。这支西迁的秦人在那里生活居住了近三百年，到秦襄公时受封立国，开始东扩，发展强大，直到统一六国，建立了中国历史上第一个强大的帝国。

二、原居地名随嬴秦西迁的意义

古代先民有一种习惯，地名随部族迁徙而迁移。这就是说，一个部族

① 参见刘明科：《宝鸡考古撷萃》，三秦出版社 2006 年版，第 44 页。

② 参见李学勤：《清华简关于秦人始源的重要发现》，《光明日报》2011 年 9 月 8 日。

迁徙到另一个地方，喜欢以原地之名称命名新居之地。嬴秦由东方迁居西方时，也遵循了这一习惯。嬴秦属于东夷族畎夷部族的一支，其西迁之地出现的地名“畎丘”，正是畎夷由东方移至西方遗留的足迹。这些畎丘地名所包含的文化信息，既是嬴秦人西迁的证据，也是探讨嬴秦族西迁时间的证据。

“畎”与“犬”通，如畎夷在《史记·齐世家》中又作“犬夷”。“畎”字还有狩猎和战阵的意思。《字汇补》说畎是西方地名。《史记·匈奴传》就有周西伯昌伐畎夷氏之记载。在探讨畎丘这个地名时，不难发现，早在春秋时期，东方的宋国有犬丘邑，其地在今河南与安徽搭界的永城；卫国亦有犬丘，在今河南与山东交界的曹县。我们更为关注的是，在西周和春秋时，西方的陕西关中西部也有犬丘，甘肃西南的西汉水亦有犬丘，史称西犬丘。显然，陕西和甘肃的这些犬丘地名就是嬴秦一支的畎夷部族由东方山东西迁时迁移去的地名。还有山东天台山、甘肃天台山和陕西天台山附近多与秦早期文化遗址相近，大概也与秦人西迁史迹有关。[①]

那么，陕西的犬丘和甘肃的犬丘是什么关系？它们与嬴秦迁徙是什么关系？这些一直是秦早期文化研究中的一个热门话题。

甘肃礼县的西犬丘：《史记·秦本纪》云：“大骆地犬丘”，“非子居犬丘，好马及畜，善养息之。犬丘人言之周孝王，孝王召使主马于汧、渭之间，马大蕃息”。[②]大骆地犬丘和非子居犬丘都是秦史上不寻常的事件。据史料记载，这里记载的犬丘地处甘肃陇南西汉水地区的西县，“西”地相当古老，在五帝时代就有“西”地，战国时秦设西县，所以史料中言称西犬丘，这个“西”与关中槐里之犬丘不存在方位上的互比。“西垂”之西也是如此，不是指西方，而是因“西”地而冠名。

东西犬丘之说是王国维第一次明确提出来的，并将西犬丘定在汉陇西郡之西县，即今甘肃天水之西南。这个观点得到了学术界广泛认同。最早的《括地志》说西犬丘在今天水西南 90 里处，《读史方舆纪要》《甘肃省通志》说在天水西南 120 里处，《秦州志》说在秦州西南 100 里处。近

---

① 据《山海经》记载，山东日照天台山，是远古时期东夷人祭拜灵兽的地方。甘肃礼县红河谷的天台山与宝鸡的天台山附近都有重要的秦早期文化遗存，天台山名可能是随秦人西迁而来的。

② （汉）司马迁：《史记·秦本纪》，中华书局 1959 年版，第 177 页。

年来，不少历史和考古学者如张天恩、王学理、赵丛苍、徐卫民、梁云、康世荣、祝中熹、徐日辉等都曾对此进行过实地考察，提出过一些具体意见。但迄今的研究表明，这些考察包括史料记载与近年来的考古发现不大相符。

自2004年以来，由甘肃省考古研究所与北京大学等五家组成的秦文化联合考古队，对上述记载所涉及的天水西南西汉水流域进行了全面的考古调查和勘探，但在红河谷流域，除在六八图、费庄发现一批战国时期的秦国墓葬外，再未发现战国以前的文化遗存，包括墓葬和城址，这就排除了上述关于西犬丘在天水西南红河谷（杨廉川）的记载以及各家之推测观点。根据迄今掌握的调查结果，西犬丘城址当在礼县县城西边的西山，包括刘家沟北的鸾亭山墓地以及隔西汉水相望的石沟坪遗址范围内[①]，因为在这里发现了西周时期的城址和非常典型的秦人中型墓葬。这座城址面积较小，东西残长600—1000米，南北宽100—180米，面积只有8.7万平方米，毁坏于西周晚期。因为有关西山发掘资料尚没有全部发表，有无西周中期以前的遗存还没有最后的结论。但从礼县博物馆收藏的青铜父辛鼎形制、纹饰和铭文看，当为西山遗址早年所出，鼎铭为亚字框内“亚子人（保）父辛，虎”，当是商代晚期器物。因此，不排除西山有更早遗存之可能。虽然城址面积较小，筑城的最早时限还不很清楚，但迄今这是西汉水上游地区唯一的一座能与犬丘联系的西周城址，除此之外还未在西地发现有比这处遗址更早的遗存。

陕西关中的犬丘（即传统的槐里之犬丘）。《汉书·地理志》说：“懿王徙于犬丘。”“周曰犬丘，懿王都之。秦更名废丘。”[②]问题是懿王都城的犬丘何在？《史记集解》和《正义》引《括地志》都记在今陕西省咸阳市兴平市槐里，那里有犬丘遗址，有学者据此认为封于秦非子父亲大骆牧马的犬丘在咸阳兴平市。其实，从《世本》记载看，这个犬丘是西周晚期出现的，是周都，与非子无关。马非百先生早就指出：“此（槐里）乃周地之犬丘，非秦大骆、非子所居之犬丘也。”林剑鸣先生也说，“古代人没有把犬丘地位弄清楚”，“都认为犬丘即汉代槐里”（今陕西兴平东南），

① 张天恩：《礼县西山遗址的再认识——纪念早期秦文化考古十五周年》，2019年10月甘肃秦文化研究会第四次学术会论文集（待出版）。

② （汉）班固：《汉书·地理志》，中华书局1962年版，第1546页。

“以后的著作都沿袭了这个错误说法”。“犬丘本有东犬丘、西犬丘两地，东犬丘即槐里，非子所居乃西犬丘”，他强调说，槐里是秦始皇时的废丘，“二者不可混为一谈。非子所居乃犬丘，而非后来的废丘”。[①]徐卫民先生也指出，“槐里犬丘与‘西’毫无牵连，决非又名西垂的那个秦人祖地犬丘”[②]。

当然，这个犬丘虽是周都，但出现在西周中晚期，可能与周秦与戎人之间存在某些关系。如徐中舒先生认为秦人住过槐里（犬丘）。[③]高亨先生认为秦庄公居之犬丘是槐里。[④]史党社先生认为，中潏归周前是居于槐里犬丘的，因为此地在商的西部边疆，故又称“西犬丘”，归周后才西迁至今甘肃天水。[⑤]但这里有个问题，这处犬丘是周懿王都之，如中潏归周前居住此处显然在时间上有问题。

2019年西安上林苑十号遗址（东马坊）的考古发现，基本可以确认懿王都城的犬丘不在兴平槐里，而在今西安西咸新区沣西新城的东马坊遗址上（即西安市长安区高桥街道的东马坊村，在秦皇大道附近），这个遗址出土的陶罐上发现“灋丘公”三个字。根据传统文字学研究，“灋”和“废”字通用，“灋丘”即“废丘”，也就是后来“三秦”之一雍王章邯的都城“废丘”。[⑥]这处犬丘存在的时间比西犬丘要晚。

三、秦人西迁的考古学观察

嬴秦人的西迁是一个漫长的过程，这个过程从夏末商初夏王朝对东夷连年用兵，导致商人与东夷的联军抗夏，东夷族由东向西渡过黄河进入黄河中游地区[⑦]开始，到西周初，由于仍居住在山东的秦人参与了管叔与蔡叔联合纣王儿子及东方诸侯的反周活动，周公东征平叛获胜，“成周既成，迁殷顽民”，这些秦人被迫向西迁徙到陇山以西为周人戍边。嬴秦人的西迁全过程，成了中国历史上东西文化交流互鉴和民族大融合的壮丽诗篇！

① 参见林剑鸣：《秦史稿》，上海人民出版社1981年版，第33—34页。

② 徐卫民：《秦都城研究》，陕西人民教育出版社2000年版，第37页。

③ 同上书，第51页。

④ 同上。

⑤ 参见史党社：《秦人早期历史的相关问题》，《秦文化论丛》第六辑，第83页。

⑥ 参见刘瑞：《2018年度上林苑十号遗址（东马坊）的考古发掘》，https://www.sohu.com/a/287514338_199807。

⑦ 参见段连勤：《关于夷族的西迁和嬴秦的起源地、族属问题》，《秦文化论丛》第一辑，第159—164页。

寻找嬴秦西迁的历史遗存，向来被秦考古工作者所关注。从商周考古的总体面貌上看。如在关中和陇山以西周、秦墓葬考古中发现的腰坑殉狗现象，就是山东一带商文化区东夷部族的瘞葬习俗。这个现象往往成了辨别墓葬文化属性的一个重要标志。曲阜鲁国故城遗址发现的西周 13 座墓，其中有腰坑殉狗的 6 座。这些墓葬被发掘者厘定为殷遗民墓。[①] 其实这就是东夷部族的习俗，随着嬴秦族西迁传播到西部关中一带。“畎”字不光与“犬丘”地名有关，还带有田猎、车阵的意思。因此，秦文化的许多原始因素都与“犬”相关。

关于嬴秦西迁的早期考古学文化的探讨确实比较困难，这主要是指墓葬考古的发现以及对秦考古学文化特征的认定。客观上，秦的考古学文化是 20 世纪 70 年代才从商周考古与秦汉考古中单独分出来的。很长一段时间，学界有人认为秦人没有自己的文化，在商使用的是商文化，在周使用的是周文化，也就是所谓的“拿来主义”。[②] 所以要从商周文化中分出秦文化的考古学特征是相当困难的。最先把考古学与嬴秦西迁进行联系的是刘军社先生，他在先周文化研究中认为，夏末商初，商夷联军伴随着灭夏的战争进入关中，关中西部以七星河流域为中心的壹家堡文化，上限大约在二里岗文化上层（即商代早期），当是商文化势力向西推进的结果，并认为这一支文化与嬴秦人西迁有关，当是早期秦文化的一支在考古学中的反映。由此推理，认为秦人先祖中潏不是为商王朝保西垂，而是为周人保西垂。[③]这些观点在嬴秦西迁的研究中具有独创意义。

20 世纪 80 年代，北京大学考古学系和甘肃省文物工作队在甘肃东部甘谷县的毛家坪发现了西周时期的文化遗址，年代可以早到西周早期甚至更早。共发掘秦文化墓葬 31 座，居住基址 200 平方米。墓葬中有 12 座属西周时期，器物的基本组合是鬲、盆、豆、罐，器形与同时期的西周同类器几乎没有区别。墓圹均挖成长方形竖穴土坑，采取屈肢葬式，大多数蜷屈特甚，这种考古学文化的内涵与同地发掘的另外 19 座春秋战国时期的秦墓具有明显的继承关系，而且与陕西关中地区发掘的同类墓葬也完全相同。

---

① 参见印群：《论曲阜鲁国故城遗址西周时期殷遗民墓的腰坑殉狗》，《东方考古》第 12 集，科学出版社 2015 年版，第 41—45 页。

② 参见黄留珠：《秦文化概说》，《秦文化论丛》第一辑，第 71 页。

③ 参见刘军社：《壹家堡类型文化与早期秦文化》，《秦文化论丛》第三辑，第 495 页。

这种现象说明秦文化的这一显著特点，至少在西周时期已经形成。

毛家坪西周时期的秦文化年代的上限可至西周早期，因此，至少在这一时期嬴秦族已经活动于甘肃东部地区。据主持发掘的赵化成先生说：“西周时期秦人的基本生活用品已经周式化，那末，由原来的文化转变为现在这种情况必须有一个过程，这个过程的开始自然至迟在商代晚期就应当发生了。”[①] 嬴秦基本生活用品周式化过程的开始，或可早到商代中期。这应当是嬴秦族西迁后西周阶段秦文化考古的划时代发现。

春秋以后各阶段，嬴秦族西迁来的秦文化考古发现就更为丰富了。如礼县自20世纪末陆续发现的秦公大墓等文化遗存，表明自西周以来陇山以西的西汉水流域就是西迁秦人的居住中心。这个区域又是西戎的主要活动区域。从西周开始，秦人与西戎的争斗与融合成了这段历史和秦文化考古的主要背景。因此，在这个区域的秦考古中，经常会碰到秦人葬俗与戎人葬俗交叉出现的情况，并且成了秦墓葬考古的一大特征。随着秦文化考古资料的逐步丰富和研究的逐步深入，迄今的考古发现表明，秦考古学文化特征主要是在秦人到达陇东地区和关中西部这个特殊的环境之后形成的。[②]

通过对这些考古信息的梳理，可以看出西迁的秦人在同戎人的不断斗争中得到了发展和锤炼，积累了经验，也铸造了秦人发奋图强、英勇斗争的坚强意志和不屈不挠的精神。[③] 特别是秦墓葬考古，如墓葬的形制、葬具和葬式，以及随葬器物的习俗上，无不反映了秦人东来说与西来说的争议与讨论。墓葬东西向的布局，与周人、戎人的葬俗明显不同，标志着秦人是从东方来，向西方去的。屈肢葬文化习俗伴随着秦墓葬考古的始终，直至秦统一后才消失，这种葬式到底是秦人固有葬式还是西戎部族影响之结果？至今难以定论。春秋以前秦人采用的是与周人一样的竖穴土圹墓形制，战国以后洞室墓与戎特征明显的戎式鬲同时出现的现象等，成了研究东西文化交流互鉴、华夏各民族相互融合的直接资料。

总之，秦人西迁后所处环境的特殊性，决定了秦考古学文化的多元性和复杂性。夏商之际的早期秦考古学文化仍需积极探索；西周以后，

① 赵化成：《寻找秦文化渊源的新线索》，《文博》1987年第1期。

② 参见田亚岐、王炜林：《早期秦文化“源于东而兴于西”的考古学观察》，《新果集——庆祝林沄先生七十华诞论文集》，第30页。

③ 参见田亚岐：《秦国早期的逐渐强盛和对戎狄的战争》，《秦文论丛》第三辑，第336页。

秦考古学文化特征已逐步清晰，但序列的建立、资料的积累和研究仍任重而道远。

四、结语

嬴秦族的迁徙问题实质是秦人的族源问题，也就是史学界与考古学界长期争论的秦人到底是从西方来的还是从东方来的。早期的争论主要是从古文献开始的。近半个世纪以来考古资料的逐渐增多，深化了这些问题的讨论，多数学者对秦人东来说的观点笃信不疑。

秦人西迁是一个漫长的过程，最早始于夏末商初商夷联军伴随着灭夏的战争，一部分嬴秦人占领了夏的核心地区山西的汾河流域，一部分继续西进关中。到了周初，管叔与蔡叔对周公辅助成王当国不满，便联合纣王儿子及东方诸侯叛乱反周，居留在东方的秦人祖先嬴姓氏族也参加了叛乱，包括嬴姓的徐国和奄国。这些反周的秦人受到了周公东征的沉重打击。周公东征获胜后，这些秦人被迫向西迁到了陇山以西的西汉水地区为周人戍边。这支西迁的秦人在那里生活居住了近三百年，到秦襄公时受封立国，开始东扩，发展强大，直到统一六国，建立中国历史上第一个强大的帝国。

随嬴秦西迁的一些地名是嬴秦西迁的见证，这些地名诸如犬丘和西犬丘，包含丰富的嬴秦西迁的文化内涵，既是秦人居住地的见证，也是秦人迁徙时间变化的见证。西犬丘因“西”地而得名，迄今的考古资料基本可以确定其位置就在甘肃礼县西山，这座城址毁于西周晚期，与戎人灭大骆有关；下限不排除建于西周早期的可能。传统资料中的兴平槐里犬丘是周懿王之都，与秦包括中潏和非子无关，但不排除受秦文化影响之间接关系。迄今的考古发现表明这处犬丘古址不在兴平槐里，而在今西咸新区沣西新城的东马坊。

嬴秦西迁的考古学研究表明，关中七星河流域的壹家堡文化与嬴秦西迁有关，与夏末商初商夷联军伴随着灭夏的战争西进的历史相符。这以后的甘肃毛家坪遗址和墓葬、礼县大堡子周边的考古发现以及战国以后大量的秦文化考古资料，见证了嬴秦西迁后与当地戎族和西周文化相互吸收融合的历史。

嬴秦西迁开启了中国历史上最壮观的东夷与华夏两大民族大融合的进程，促进了华夏大地各民族的同化和文化交流。秦人西迁到陇山以西的西汉水地区后的数百年间与戎人杂居，在地理环境恶劣、政治地位低下的情况下，以务实包容的姿态处理与诸戎的关系，既有争斗，又有怀柔，最终达到了嬴秦族与西戎各族的民族大融合。同时，在同戎人的不断斗争中得到了发展和锤炼，积累了经验，也铸造了秦人发奋图强、英勇斗争的坚强意志和不屈不挠的精神，为秦人受封立国、继续东扩、统一六国奠定了基础。大一统的中国，就是在东夷和华夏两大民族经过数千百年来不断融合的基础上发展壮大的。

把嬴秦族西迁的历史纳入古丝绸之路中进行规划，在早期东西文化交流的视野下进行研究，充分利用现代化的传播手段，进一步提升秦文化在东西文明互鉴中的地位，扩大嬴秦文化在改革开放中的影响，是历史与考古学界义不容辞的责任和义务。

（作者单位：陕西省考古研究院、陕西省宝鸡市博物馆）

嬴秦畤祭的先秦吉礼与东方源流考论 *

独小川

畤祭在秦国史上是由嬴秦先公、先王组织的独有的祭祀白帝、青帝、黄帝和炎帝的诸侯国家祀典，创始于前770年秦襄公开国之际。在西垂（西犬丘，今甘肃礼县）①，秦襄公"初立西畤，祠白帝"②，礼祀嬴秦族的远祖"上帝"少昊。

目前，学术界关于嬴秦西垂畤祭以及秦国、秦朝、西汉在关中所祀诸畤的研究成果较多，学者们也多有创见。但就畤祭的源流问题，早期秦史、

---

* 本文选自笔者《嬴秦西垂畤祭及其东西文化源流考论》，因篇幅所限，只能择其部分以飨读者。

① 西垂在今甘肃礼县，文献依据主要是《史记正义》引《括地志》注《史记·秦本纪》之秦庄公为"西垂大夫"："秦州上邽县西南九十里，汉陇西西县是也。"其注"文公居西垂宫"亦同。又见《史记正义》注《史记·封禅书》之"秦襄公居西垂"；《史记集解》注《封禅书》之"秦献公作畦畤栎阳而祀白帝"；《史记索隐》注《封禅书》之"西亦有数十祠"。又《读史方舆纪要》《甘肃通志》《直隶秦州新志》《天水县志》皆载汉西县在秦州（今天水县）西南一百二十里。马非百《秦集史》、刘琳《华阳国志校注》亦持此说。1919年前后，今礼县东北部的红河镇一带出土了著名的秦公簋，王国维《观堂集林·秦公敦跋》云："器云：'卤元器，一斗七升八。奉簋。'盖云：'卤，一斗七升太半升。'盖卤者汉陇西县名。即《史记·秦本纪》之西垂及西犬丘。"王文所识卤，实为西。其文末注曰："汉西县故址在今秦州东南百廿里"。其东南为西南之误。汉陇西西县、唐秦州上邽县西南九十里及清代以来秦州西南一百二十里的地方，正当今礼县东北境。民国三十六年（1947年）朱绣梓撰《重修西和县志》认为秦西垂（西犬丘）和汉西县均在民国西和县境（其时今礼县盐官属西和县管辖，西和县北境与礼县东北部相交壤）。20世纪80年代，主要有段连勤、徐日辉、康世荣等先生撰文考证秦西垂（西犬丘）在天水西南和礼县东北境；20世纪90年代初，甘肃省文物考古研究所在礼县大堡子山抢救发掘了春秋初年的两座秦公大墓，把秦西垂的中心地域锁定在了礼县东北部的西汉水上游。其后吕自俭、李学勤、祝中熹、雍际春诸位先生都对秦西垂地望在今礼县东北部做了进一步的考证。诸多主要研究成果及考古发现汇编于《秦西垂文化论集》（文物出版社2005年版）、《秦西垂陵区》（文物出版社2005年版）、《西汉水上游考古调查报告》（文物出版社2008年版）等考古报告以及研究文章。兹不赘列。

② （汉）司马迁撰，（南朝·宋）裴骃集解，（唐）司马贞索隐，（唐）张守节正义：《史记》卷一四《十二诸侯年表》，中华书局1959年版，第532页。其事又载于：《史记》卷五《秦本纪》，第179页；《史记》卷二八《封禅书》，第1358页；（汉）班固撰，（唐）颜师古注：《汉书》卷二五《郊祀志上》，中华书局1960年版，第1194页。

秦国史和秦汉史研究中多为附带论及，专题系统性的研讨较为薄弱。本文在立足学界现有研究的基础上，试对嬴秦西垂畤祭及其在东西方的源流做一些探讨，并祈各位方家指教。

一、畤祭与先秦吉礼

（一）先秦天神、地祇（社神）、人鬼（祖先）祭祀述要

对天、地、人鬼的尊崇和信仰几乎是人类共有的古老文化现象。先秦时代，历史发展至商周时期，商周农业部族及其国家政权已形成系统的天、地、祖先、山川、日月星辰等诸多神灵祭祀的传统和成熟的体系。商代的殷墟和甲骨卜辞，对商人的祭祀有大量的记录和系统的呈现。周代的“三礼”，特别是《周礼》《礼记》以及《左传》《国语》中都记载有大量西周和春秋列国有关祭祀的丰富内容。商周考古和金文中祭祀神祇的历史现象和文书记录亦有不少。兹不赘举。

理论上系统论述天地祖先及诸神祭祀的文献最主要者有《周礼》。《周礼·春官·大宗伯》曰：“大宗伯之职，掌建邦之天神、人鬼、地示之礼……以禋祀祀昊天上帝；以实柴祀日、月、星辰；以槱燎祀司中、司命、风师、雨师，以血祭祭社稷、五祀、五岳，以貍沈祭山林川泽；以副辜祭四方、百物。以肆献祼享先王，以馈食享先王，以祠春享先王，以禴夏享先王，以尝秋享先王，以烝冬享先王。”[①]

这一囊括天神、地祇、人鬼祭祀的礼仪秩序，旨在祈求吉祥，故被奉为“五礼之首”的“吉礼”。关于这三类祭礼，历代注解甚多，《中国古代礼仪文明》一书中则是一种比较通俗而系统的解读，可资参考。[②]

祭祀天地之礼被尊为“大祀”。《周礼·春官·肆师》曰：“立大祀用玉帛牲牷；立次祀，用牲币；立小祀，用牲。”郑注引郑司农曰：“大祀，天、地；次祀，日、月、星辰；小祀，司命以下。玄谓大祀又有宗庙，次祀又有社稷、五祀、五岳，小祀又有司中、风师、山川、百物。”[③]可见

① 《周礼·春官》，（清）阮元校刻：《十三经注疏》（上），中华书局2003年版，第757—758页。
② 参见彭林：《中国古代礼仪文明》，中华书局2014年版，第24—28页。
③ 《周礼·春官》，（清）阮元校刻：《十三经注疏》（上），第768页。

经学理论中对祭祀天地看得至为高贵。祭祀天地是天子独有的特权。《礼记·王制》云："天子祭天地，诸侯祭社稷，大夫祭五祀。"[①]

《礼记·郊特牲》对周代祭天神的郊祭（包括"以祖配天"）和祭地示（祇的古字）的社祭以及祖先祭祀的目的、时间、过程、牺牲和器具等都有明确的记载。兹不赘引。其共同宗旨为："大报天而主日也。……郊所以明天道也。……万物本乎天，人本乎祖，此所以配上帝也。郊之祭也，大报本反始也"，"社祭土而主阴气也。……所以神地道也。地载万物，天垂象。取财于地，取法于天，是以尊天而亲地也。故教民美报焉"。[②]所以"三礼"及其他古籍中多见"郊社"联称，如《中庸》云："郊社之礼，所以事上帝也。"《礼记·礼运》云："故礼行于郊而百神受职焉，礼行于社而百货可极焉，礼行于祖庙而孝慈服焉，礼行于五祀而正法则焉。故自郊社、祖庙、山川、五祀，义之修而礼之藏也。"[③]通过祭祀天地祖先及诸神而礼治天下，便是古人奉行"吉礼"的终极目的。

又《礼记·祭统》曰："外祭则郊社是也；内祭则大尝、禘是也。"所谓"外祭"就是郊祀天地、日月、四方五帝、山川诸神；内祭大抵主要是祭祖先和社稷，祖先的祭处在宗庙。《礼记·祭法》记载祭祖先又有"禘、郊、宗、祖"之别。

"三礼"一般被认为是代表周人理想化的治国典籍。其在商周时代的实际具体施行情况当然还不能得到充分全面的认识。而周人郊祀"以祖配天"已为人们普遍公认。传世文献和金文中确有丰富多元的例证。[④]

这里还涉及所谓"南郊祭"和"北郊祭"的问题。西汉成帝时匡衡等人奏议"祭天于南郊"，"瘗地于北郊"。《汉书·郊祀志》确载其事，且又记道："议郎翟方进等五十人以为《礼记》曰'燔柴于太坛，祭天也；瘗薶于大折，祭地也。'兆天于南郊，所以定天位也。祭地于大折，在北郊，就阴位也。"此处的北郊之说显然不是《礼记》原文。学者们研究认为，包括郑玄、贾公彦、孔颖达等汉唐经学家在内，他们在《周礼》《礼记》《诗

① （清）朱彬撰，饶钦农点校：《礼记训纂》（上），中华书局1996年版，第185页。

② 参见（汉）郑玄注，（唐）孔颖达疏：《礼记正义》，上海古籍出版社2011年版，第1054页。

③ （汉）郑玄注，（唐）孔颖达疏：《礼记正义》，第1629页。

④ 参见杨天宇：《周人祭天以祖配天考》，《史学月刊》2005年第5期；陈赟：《"以祖配天"与郑玄禘论的机理》，《学术月刊》2016年第6期。

经》《尚书》注疏中认为的先秦时代北郊祭地之说是不可信的。[①]

综上，我国先秦时期古人祭祀天神、地祇和人鬼（祖先）的礼仪是很完备的。至于对天地的祭祀，“古代天地既非分祭，亦非合祀，古代南郊祭上天，地祭处于从祀地位，不存在北郊祀地”[②]。而且，“从考古发现的祭祀遗迹看，红山文化的东山嘴祭祀遗址、莎木佳、黑麻板祭祀遗址，河南杞县鹿台岗龙山文化的Ⅰ号和Ⅱ号祭坛等，都呈现出天地合祭的特征。由于这些祭祀遗迹大多数没有发现相应的都城或居住遗址，因此无法把它们同南北郊祭祀联系起来。在目前的先秦都城考古中，南北郊分祀天地的材料，也还没有被明确地识别出来”[③]。

（二）畤的初义在祭地祇及嬴秦畤祭为天神、地祇、祖先合祀略说

读《史记》《汉书》及其他关于秦国和秦朝的史料，会发现嬴秦族对于地祇、社神的祭祀相较疏少。史有确载者见于《史记·十二诸侯年表》谓：秦德公二年“初作伏，祠社”。《史记·秦始皇本纪》《史记·封禅书》《汉书·郊祀志》载有秦始皇封禅泰山时的禅梁父和礼祠八主（八神）中的地主。秦始皇、秦二世时期有“（社）〔杜〕、亳有三社主”及“雍菅庙亦有杜主”等。《史记·高祖本纪》载：汉二年二月，“令除秦社稷，更立汉社稷”。相较于两周时代的列国，秦国自己信奉地祇抑或土神及社并对其予以隆重祭祀的文献记载相对不多，考古发现也很有限。这就不得不让人疑问：秦国难道不祭祀地祇诸神吗？不祭是不可想象的。嬴秦后来祭祀地祇或许正是通过祭“帝”（天神）的畤来“合祭”之，主祭对象是少昊白帝与青帝、炎帝、黄帝，地祇处于从祀地位。事实上，最早的畤祭是祭地而不是祭天。

关于畤的形制，文献中有明确描述的见于秦始皇封禅泰山后礼祠齐地八神中的天主时的记载。《史记·秦始皇本纪》载：“二十八年（前219年）……乃遂上泰山，立石，封，祠祀。……禅梁父（今山东新泰市天宝镇后寺村映佛山）。……于是乃并勃海以东，过黄、腄，穷成山，登之罘，立石颂秦德焉而去。”[④]《史记·封禅书》对秦始皇封泰山、禅梁父

① 参见魏建震：《先秦社祀研究》，人民出版社2008年版，第157—160页。

② 同上书，第160页注。

③ 同上书，第160页。

④ （汉）司马迁：《史记·秦始皇本纪》，第214页。

山的封禅过程、礼仪和封藏等事较《秦始皇本纪》中记载稍确切，其未录刻石文辞而详载始皇东游之事：

于是始皇遂东游海上，行礼祠名山大川及八神，求仙人羡门之属。八神将自古而有之，或曰太公以来作之。齐所以为齐，以天齐也。其祀绝莫知其时。八神：一曰天主，祠天齐。天齐渊水，居临菑南郊山下者。二曰地主，祠泰山梁父。盖天好阴，祠之必于高山之下，小山之上，命曰‘畤’；地贵阳，祭之必于泽中圜丘云。三曰兵主，祠蚩尤。蚩尤在东平陆监乡，齐之西境也。四曰阴主，祠三山。五曰阳主，祠之罘。六曰月主，祠之莱山。皆在齐北，并勃海。七曰日主，祠成山。成山斗入海，最居齐东北隅，以迎日出云。八曰四时主，祠琅琊。琅琊在齐东方，盖岁之所始。皆各用一牢具祠，而巫祝所损益，珪币杂异焉。[①]

天主祠在临淄（今山东淄博临淄北）南郊天齐渊，地主祠在梁父（今山东新泰西），兵主祠在东平陆（今山东汶上西北）监乡，阴主祠在曲成（今山东莱州东北）三山（即参山，今山东莱州北汕岛），阳主祠在腄（今山东烟台）之罘山（今山东烟台北芝罘岛上），月主祠在黄县（今山东龙口东）莱山（今山东龙口东南），日主祠在不夜（今山东荣成北）成山（即盛山，今山东荣成成山头），四时主祠在琅琊（今山东胶南西南琅琊台）。[②]

对八主（神）及八主（神）祠的研究，现有成果较多。大多数学者认为其与东夷殷商和齐地先民的宗教有密切联系。其最后形成一个完整的祭祀体系则与战国齐国的阴阳五行学说关系甚大。[③]以下主要说说八主中与畤有关的天主、地主，并对其始源变迁略做推测。

《史记集解》注“畤”引徐广曰：“一云‘之下（上）畤命曰畤’。”[④]又《史记索隐》曰：“此之‘一云’，与《汉书·郊祀志》文同也。”[⑤]《汉

① （汉）司马迁：《史记·封禅书》，第1368页。

② 参见李零：《秦汉祠畤通考》，《周行天下——从孔子到秦皇汉武》，生活·读书·新知三联书店2016年版，第161—173页。

③ 参见卢汉：《汉晋文化地理》，陕西人民教育出版社1991年版，生活·读书·新知第150页；郑文杰：《图腾、八祠、封禅——齐地的原始宗教学说》，《文史知识》1983年第3期；毕晓乐：《齐文化与阴阳五行思想的起源》，《东岳论丛》2005年第3期；王宵云：《论齐八神祠中的阴阳五行思想》，《陕西广播电视大学学报》2008年第4期。

④ （汉）司马迁：《史记·封禅书》，第1367—1368页。

⑤ 同上书，第1368页。

书·郊祀志》于这一段记载几乎尽录《史记·封禅书》原文。而于记地主的文字中，诚如前二书所言，其文有云："盖天好阴，祠之必于高山之下畤，命曰'畤'。"颜师古注曰："名其祭处曰畤也。"①

《史记索隐》注《秦本纪》之畤曰："畤，止也，言神灵之所依止也。亦音市，谓为坛以祭天也。"②

《说文解字》曰："畤：天地五帝所基止祭地也。从田。寺声。"段玉裁注曰："谓祭天地五帝者，立基址于此而祭之之地也。畤不见于经。秦人因周制兆五帝于四郊，依附为之。垗字音謌。遂制畤字耳。"③

围绕这些字书训诂及经学阐释，当代学者对畤提出了一些新的看法。如徐中舒先生认为："秦国诸畤，出于当地传说，其初均为民间祠祀，所祭之庙为杂合体，其与五行配合乃后来之事。畤为峙立之意，民间所祭杂神，可能在田中立石以祭，属原始拜物教。"④汪受宽先生通过《说文解字》及段注对田字的解释、对寺的注解以及金文中寺字的构形分析，进一步指出《诗·大雅·瞻卬》中"时维妇寺"之寺即"侍"之义，故"畤从田从寺，意为侍田，即人手足并用于田地之谓。而以畤为祭祀，当是农民祈求农业丰收的活动。由于原始农业对自然条件依赖极大，主宰风雨雷电的是天—上帝。所以早期的畤应为农民祈祷上天佑护的祭典"⑤。从宗教起源的历史演进规律而言，这些看法都是有道理的。

其实，如果从"畤"字的构造上再仔细分析，对"畤"的原始意义的理解则会得到一些新的认识。以汉字六书而论，"畤"字为形声字。"田"为形旁，"寺"为声旁。《说文》释田："象形。口十。千百之制也。"段注"千百之制"："此说象形之恉。谓口与十合之。所以象阡陌之一纵一横也。各本作阡陌。……百夫之涂谓之为百。千夫之道谓之为千。言千百以包径畛路也。……故十与口皆象其纵横也。阡陌则俗字也。"⑥阡陌正见田之纵横广大。又《说文》解"寺"云："凡寸之属皆从寸。寺，廷

① （汉）班固：《汉书·郊祀志》，中华书局1960年版，第1202、1203页。
② （汉）司马迁：《史记·秦本纪》，第179页。
③ （汉）许慎撰，（清）段玉裁注：《说文解字注》，上海古籍出版社1981年版，第697页。
④ 转引自缪文远：《七国考订补》下册，上海古籍出版社1987年版，第535—536页。
⑤ 参见汪受宽：《畤祭原始说》，《兰州大学学报》（社会科学版）2002年第5期。
⑥ （汉）许慎撰，（清）段玉裁注：《说文解字注》，第169页。

也。”段注谓：“廷，朝中也。《汉书》注曰：凡府庭所在皆谓之寺。《释名》：寺，嗣也，治事者相嗣续于其内。《广韵》：寺者，司也，官之所止有九寺。按经典假寺为侍。诗（经）《瞻印》（毛）传曰：寺，近也。《周礼》注曰：寺之言侍也。凡礼、诗、左传言寺人皆同。若汉西域白马驼经来，初止于鸿胪寺，遂取寺名。初置白马寺，此名之不正者也。”[①] 段注于“寺”的诠解可谓详备。如果通观其释“寺”为嗣、为司、为侍三说，“寺”的本义必是很受尊崇的物或事。从“寺”字的构造上分析，其上部为“土”，下部为“寸”，寸即手，像手奉土之形，故“寺”的最初之意为祭祀。

所以，笔者认为“畤”的本义是人侍立于田亩之中祭祀土神。最原始的“侍田”祭祀即最古老的“畤祭”，当为祭祀土神、祭祀地主，亦即祭祀地示（祇）或祭祀社神。畤是祭祀土神之地，后来才发展为祭祀天神。嬴秦族则把畤祭发展为天地合祀，西畤又开创了融天神、地祇、祖先祭祀于一体的诸侯国家祀典。或许建畤者并没有想到恰恰是通过这种对畤祭对象的整合，嬴秦族自觉或不自觉地恢复了畤祭原本祭祀地祇的传统，并以畤祭上帝的方式自然地提升了祭祀地祇的地位。这是因为一个最基本的常识：无论对任何神灵的祭祀，都要立足于方域的土地之上。空中楼阁式的不接地气的任何祭祀根本是不存在的。《说文》与《史记索隐》以合祀天、地、五帝之处所解释“畤”，此义相较晚起，其为汉代以后人们对于畤祭的普遍认识，甚明。

魏建震先生通过对商代甲骨卜辞和《诗经》及其他周代文献的研究，对商周时期地祇与天神上帝及祖先神祭祀的关系提出了颇有见地的推论：

> ……人们对社神的祭祀，其最终目的是为了通过社神将人们祭祀的目的上达于帝。社神与上帝的这种关系与上帝与祖先神的关系基本一致。
>
> ……社作为一个固定的宗教场所，其所祭祀的神灵在社形成之初当然是社神，由于社神与上帝之间存在着上下尊卑关系，社也因此而常常成为人们与上帝沟通的场所。
>
> ……新石器时代许多祭坛体现出的天地合祀特征，反映了这一时期祭土的社祀与天地祭祀的密切关系。这种关系同时也成为后世人们

① （汉）许慎撰，（清）段玉裁注：《说文解字注》，第161页。

在社中与天地之神进行沟通交流的依据。

……先秦时期的社与天神存在着密切关系，人们通过对社的祭祀，以祈影响天帝的意志，达到人们的某种愿望。因社神与天神上帝之间存在着上下高低之别，社之祭所常常被人们用做向上天表达意愿之处，夏商、商周之间的朝代更替，都是通过在社中的祭祀来完成天命转换的。

……社崇拜与祖先崇拜，有着不同的来源。在中国古代的祭祀谱系中，二者基本上是完全独立的。二者在后代的流变，也各不相同。社流变为国家祭祀的社稷和民间祭祀的土地庙，祖先祭祀则通过宗法制度与社会政权紧密结合起来，成为国家维系社会正常运行的重要思想工具。

……尽管社与祖起源、流变均不相同，但在中国古代整个祭祀谱系中，二者却有着密切关系。这种关系主要表现为三个方面，一是二者存在着对称关系，二是二者存在共祭关系，三是社的官方祭祀形态与稷结合为社稷，与祖庙一起成为中国古代国家的象征；其民间祭祀形态则与祖先祭祀直接结合，成为民间地方保护神。

……先秦社祀属于自然神祭祀系统，祖先祭祀属于人鬼祭祀系统，由于二者的宗教职能有着诸多相似之处，社会功能又有着许多重合的地方，它们在先秦时期整个祭谱中关系非常密切。天神在先秦社会生活中具有的只有象征意义，它象征着至高无上的权威，在世俗生活中它显得遥不可及，社祀与祖先祭祀在先秦社会生活中发挥的作用是非常具体而实在的，它们将平庸的社会生活神秘化，将世俗的政治生活神圣化，先秦时期的政治史、社会生活史，因为有社祭祀与祖先祭祀而变得绚丽多彩。[①]

诚如魏建震先生所论，笔者亦认为我国先民最早对于土地（地祇、社神）以及祖先的崇拜和祭祀，相较于对天神的崇拜和祭祀而言是具体且更有现实感的。原始初民对于土地和祖先的礼祀，或许要早于对天神的祭祀。

“畤”的原始义如前文所推断，先秦时代，华夏各部族特别是东夷部

① 魏建震：《先秦社祀研究》，第176—188页。

族早期的畤祭，也许先是对土地神的祭祀，后来上升为对天、地甚至包括对祖先诸神的合祀，其所祭之地一开始就叫“畤”，而且这个祭地祇的最原始的畤地就是秦始皇所礼祠地主的泰山梁父。再发展到后来，对天、地分祀，或许由于天主的地位一直跃升，高于地主和祖先，反倒把祠天主的地方开始叫“畤”，把最早建置立畤原本祭祀地祇（社）之地称为“地主”。《封禅书》所谓天主（天神）因为喜好阴，“祠之必于高山之下，小山之上，命曰‘畤’”；地祇因为喜好阳，“祭之必于泽中圜丘”。[①]这种说法很明显是一种非常成熟的阴阳理论的解析和诠释。

关于齐鲁故地天主、地主及其他“六主”，张华松先生认为：“其渊源或可以上溯至史前，但作为一完整有序的谱系，其出现却只能是太公以后的事。太公所建齐国，计田齐在内，存在近八个世纪之久，而八主谱系又究竟形成于哪个时代呢？窃以为当界定在战国中晚期。”其理由有两点：一是至战国中晚期阴阳五行学说“数的序列”的世界观影响八主谱系的形成。二是“从祠址分布地域看……八主谱系乃齐人以齐都临淄为中心整合齐地神祇而成，各神祇在谱系中所处的次序位置，主要取决于该神祠址纳入齐国版图时间的先后。……太公初建国，都营丘，疆土仅‘方百里’，那时，八主中为齐人所祠者恐怕只有居于临淄城南的天主。迨桓公始霸诸侯前后，齐向西南扩张，地主所在的梁父，兵主所在的东平始有可能归属齐国”。[②]

这些认识依据《史记》《管子》《礼记》《孟子》《吕氏春秋》等文献，又结合八主祠地理位置的相关记载和考古发现而得出，自然是比较可信的。

据《史记·齐太公世家》载：“武王已平商而王天下，封师尚父于齐营丘（今临淄）。”[③]又《史记·货殖列传》载：“太公望封于营丘，地泻卤，人民寡。”[④]《孟子·告子》则曰：“周公封于鲁，为方百里也；太公之封于齐也，亦为方百里也。”[⑤]西周初年，齐、鲁封国的疆域都不是很大。但是《史记·齐太公世家》载周成王初年，东方管蔡作乱、淮夷叛周的时候，

---

① 参见（汉）司马迁：《史记·封禅书》，第1367页。

② 参见张华松：《八主析论》，《管子学刊》1995年第2期。

③ （汉）司马迁：《史记·齐太公世家》，第1323页。

④ （汉）司马迁：《史记·货殖列传》，第3255页。

⑤ 杨伯峻编著：《春秋左传注》，中华书局1981年版，第290页。

王室“乃召使康公命太公曰：‘东至海，西至河，南至穆陵（在今山东临朐沂山南），北至无棣（在今河北南皮、盐山及山东庆云一带），五侯九伯，实得征之。’齐国由此得征伐，为大国。都营丘”[①]。对于齐国有权专于征伐的范围和权力，在齐桓公伐楚之役中，管仲有过郑重的强调，见于《左传·僖公四年》。周王室允许齐国征伐的地域也许并非齐国实际控制的疆域。《国语·齐语》《管子·小匡》中所记齐桓公时代齐国的疆域南界，一曰“南至于陶阴（泰沂山脉以北）”，一曰“南至于岱阴（泰山之北）”。

泰山是齐、鲁两国的界山，大而言之，齐在山北，鲁在山南。泰山和梁父在西周及至春秋末年属鲁是史有确载的。《诗经·鲁颂·閟宫》颂扬鲁僖公时兴复祖业，恢复疆土，建立新庙，其中有言：“泰山岩岩，鲁邦所詹。奄有龟蒙，遂荒大东。”龟山在今新泰市西南。蒙山又称“东山”，在今蒙阴县南。可见当时泰山、梁父皆在鲁国的封域。《孟子·尽心上》记孟子之言：“孔子登东山而小鲁，登泰山而小天下。”又《论语·八佾》记述鲁哀公时期的权臣大夫季孙氏“旅祭于泰山”。据说孔子登梁父还作了《邱陵歌》，故梁父所祭的地主祠在西周及春秋属于鲁国无疑。

齐国不能到鲁国的梁父去祭祀地神（畤），因为《左传·哀公六年》曰：“三代命祀，祭不越望。”诸侯只能祭祀其各自封地之内的名山大川。泰山是鲁国的“望山”。但太公建齐国以为齐国是“当天下之中”（“齐”即脐，天齐即天脐），他在国都临淄天齐渊建畤，设立天主祠祀天神，则完全符合《周礼·春官·保章氏》所言“所封封域，皆有分星”之说。故而天齐渊的畤完全可能是仿照鲁国梁父所在的最早的畤而建立的。梁父的畤是以祭地祇为主，临淄的畤是以祭天神为主。从此，在泰山的东北和西南，齐、鲁两国分祀天主、地主。齐桓公称霸后欲封禅泰山，被管仲劝止，封禅不能实现，但还可以举行其他的告祷天地的活动。因此，作为霸主的齐桓公有可能抬升对天主祠乃至地主祠的祭祀。

至战国时代，齐国又是阴阳五行学说的乐土。齐地形成系统祭祀八神的祀神体系，蕴含着原始朴素的阴阳对立统一观念和五行观念。[②]天主、地

① （汉）司马迁：《史记·齐太公世家》，第1480—1481页。

② 参见毕晓乐：《齐文化与阴阳五行思想的起源》，《东岳论丛》2002年第3期；王宵云：《论齐八神祠中的阴阳五行思想》，《陕西广播电视大学学报》2008年第4期。

主、兵主、阴主、阳主、月主、日主、四时主并立，天神最尊，祭天神及其祭处还有一个很古老的名称——畤，天主位列八主之首，当然就是顺理成章又极其自然的事情。

现在大家普遍认为嬴秦族的先世就是五帝三代以来以泰山及嬴汶水为中心活动区域的东夷部族中重要的族系（后文将进一步申说）。嬴秦族最早在东方时对东夷故地最初的畤祭情形必定是十分熟知的。最早的畤地或在泰山梁父。西周初年，齐太公于临淄天齐渊建立了专用于礼祀天主的畤，鲁国梁父的畤则逐渐成为礼祀地主的专祠。嬴秦的先世后来西迁至关中、陇右，最终在陇右的西垂建国，创立西畤，秦国后来又在关陇地区继立了其他五畤。据《史记·封禅书》，传说关中雍地早在黄帝时代已有武畤和好畤，嬴秦开国之际在创建西畤的过程中，对关中雍地旧畤的历史和现实情况想必也是十分重视的，他们对于周人郊祀中的天、地、祖先的配享与合祀更不会置若罔闻。因此，立足陇右的嬴秦族，在东西方文化交融的背景下，以东夷旧族原有的畤祭为基础，融合了西周的吉礼，开创了独特的秦国畤祭。结合目前西垂西畤、畦畤的研究与考古，依据文献所见嬴秦族似乎较少祭祀地祇、社神的现象，可以初步推测，嬴秦西垂畤祭中的西畤和畦畤礼祀白帝，是天神、远祖和地祇合祀，主祀的是少昊白帝，地祇处于从祀地位。秦雍四畤的祭祀则是除鄜畤主祀白帝外，密畤、吴阳上畤、吴阳下畤分别主祀青帝、炎帝、黄帝，各畤所在的地祇从祀。

二、畤祭的东方源流

（一）畤祭源自嬴秦远祖在梁父祭地主考略

秦的先世远祖嬴姓部族之源可溯自东夷少昊、颛顼。东夷故地的范围和族源，大体上完全可与《尚书·禹贡》所谓“冀州”“济河惟兖州”“海岱惟青州”“海岱及淮惟徐州”“淮海惟扬州”，其间有“岛（鸟）夷”“嵎夷”“莱夷”“阳鸟”等文献所记地域及古族做宏观对应。《后汉书·东夷传》载有东方的畎夷、于夷、方夷、黄夷、白夷、赤夷、玄夷、风夷、阳夷等“九夷”。《竹书纪年》亦有同说。少昊、颛顼之族是崇拜太阳和鸟的部族，最初出于阳夷无疑。其在历史上一直具有发达的天文历象传统，这在古籍中有大量的记录。故秦的先世东夷嬴姓部族既然是一个具有悠久历史和深厚宗教祭祀文化的古族，那么嬴秦族在西方建国雄起之后，自然地继承着祖先时代的宗教文化传统，并依靠不断壮大的政治力量将其发扬光大。这大抵即为秦国畤祭的根源。

嬴姓族群的活动中心不出今山东省中南部泰山周边“汶、淄、沂、泗”诸水的范围，特别是泰山周边、汶水两岸闪耀无限历史光芒的大汶口文化、山东龙山文化，其族属无疑皆为东夷。少昊是东方世界的五帝之一，《史记》诸书明言其为嬴秦的远祖。《尸子》曰：“少昊金天氏，邑于穷桑。日五色，互照穷桑。”穷桑的中心在今曲阜一带，所谓“少昊之虚”，曲阜又为奄都，一度也是嬴姓的祖庭。《路史》引《古史考》曰：“穷桑氏，嬴姓。”《说文》曰：“嬴，少昊氏之姓。”《通志·氏族略》曰：“居于嬴滨者赐以嬴……故曰因生以赐姓。”《史记·秦本纪》载：帝舜赐秦先世柏翳姓嬴氏。柏翳原本居于嬴地，或者是一个原因。嬴滨嬴地的范围当在今大汶河上游济南市莱芜区境内的嬴汶河流域，这已为学术界多年的研究和考古调查所证明。特别是近年来在济南市嬴秦文化研究院的推动下，使莱芜为“伯益初始封地，嬴秦第一祖里”[①]的初步论断得到史学界的广泛认可。这不仅有《左传》《水经注·汶水》《通志·氏族略》《路史·国名纪》中的文献依据，更有丰富的遗迹和实物遗存互为辅证。

《史记·封禅书》载：秦始皇“东游海上，行礼祠名山大川及八神，求仙人羡门之属”。始皇于秦统一之后的前220—前210年五次巡狩天下，其中三次东巡，巡的是齐地。这里正是其嬴姓先祖的故土。再加上齐鲁方术之士的影响，封禅之外，始皇在今山东半岛的巡行便又增加了一项更为全面丰富的礼祀山川及天地、蚩尤、阴阳、日月、四时等八神的重大宗教祭祀活动。后来汉武帝亦踵其事。

畤的源头在东方，目前最明确可察的是畤与嬴族故地、秦朝东境济北郡泰山周边原齐国旧地八主祠（八神将）中的天主和地主有关。《史记·封禅书》言：“八神将自古而有之，或曰太公以来作之。齐所以为齐国，以天齐也。其祀绝莫知起时。”关于八神中的天主和地主，其又言：“一曰

① 相关文章载于宋镇豪主编：《嬴秦始源》，中国社会科学出版社2013年版；宋镇豪主编：《嬴秦文化与远古文明》，中国文史出版社2018年版。

天主，祠天齐。天齐渊水，居临菑南郊山下者。二曰地主，祠泰山梁父。盖天好阴，祠之必于高山之下，小山之上，命曰‘畤’；地贵阳，祭之必于泽中圜丘云。”[①]

本文上节已述及，先秦时代泰山周围东夷故地各部族最早的畤最初可能是祭祀地主（地祇），其祭祀的地方叫作“畤”。而且最早祭祀地祇的畤就设立在泰山下的梁父山，后来发展为以畤合祭天、地和祖先。周初齐太公建立齐国之时，自以为齐国居天下之中，故在齐都临淄天齐渊仿梁父的“地主”设立了“天主”，并把畤的名字也带了去。从此，齐鲁两国分祀天主和地主。鲁国梁父的畤则变为专门祭祀地祇的地主祠，于是后世形成的齐地八主（八神将）祠中的天主祠和地主祠从此开始分置。或者由于天神崇拜高于地祇崇拜，梁父作为东方最早的畤的名字逐渐被淡化和被后世遗忘。西周以后，一提起东方之畤，人们首先想到的是齐都临淄天齐渊的天主。

《水经注》卷二六《淄水》对天齐渊及天主祠有详载：“淄水自山东北流，径牛山西，又东径临淄县故城南，东得天齐水口，水出南郊山下，谓之天齐渊。五泉并出，南北三百步，广十步，山即牛山也。左思《齐都赋》曰牛岭镇其南者也。水在齐八祠中，齐之为名，起于此矣。《地理风俗记》：齐所以为齐者，即天齐渊名也。”[②]天主祠位于临淄城南郊牛山下的天齐渊水中，甚为明确。

张华松先生对天主和地主的缘起与嬗变的过程做过比较系统的综述和考论：

> （一）天主。司马迁说，“齐所以为齐者，以天齐也”，又说“天主祠天齐”。因而欲明天主的缘起，需知“天齐”一词的本义。按“齐”，上古通“脐”，又可引申为中心、中央。《尔雅·释言》：“齐，中也。”如是，“天齐”实指天之腹脐，天之中心。而天的腹脐或中心又寓指什么呢？近年韩玉德先生根据美洲阿斯特克太阳石历的托纳蒂乌太阳神称“天脐”，我国公元前七、八世纪的铜鼓中心的太阳光体也称“天脐”，证实齐人的“天齐”原本就是太阳神。（详见韩玉德《齐国为

① （汉）司马迁：《史记·封禅书》，第1367页。

② （北魏）郦道元撰，陈桥驿点校：《水经注》，上海古籍出版社1990年版，第515页。

太阳之国说》，《管子学刊》1992年第2期）

明了“天主”与“天齐”同义，而齐又因“天齐”以得名，故可以断言齐人的“天齐（即天主）”崇拜当始于齐建国之前。据研究，今临淄一带至迟殷商时期就有一个北齐国（王献唐《山东古国考》第164页；郭沫若《卜辞通纂》第463页），它可能是由辗转迁来的炎帝族苗裔逄伯陵氏建立的。炎帝族各部概以太阳为崇拜物，所以齐地便有祭祀太阳神—天齐（即天主）的风俗，并由此而有“齐”的国号。太公建国，因他亦是炎帝之后，所以除袭用旧有的“齐”的国号外，也祀“天齐（天主）”，且主祠之址因选定在临淄城南牛山脚下的“五泉并出，有异于常”的深渊，故这深渊遂以“天齐”命名之。

（二）地主。《说文》：“社，地主也。”《风俗通》：“社者，土地之神也。”是地主缘起于社，而社的出现，《白虎通》云：“人非土不立，土地广溥，不可遍敬也，故封土立社，示有土也。”封土为社是谓土社，此乃社之原生形态，为东夷虞舜部族所创。《管子·轻重戊》：“有虞氏之王，封土为社。”《淮南子·齐俗训》：“有虞氏之祀，其社用土。”居于泰山之南的梁父土社正是虞舜部族众多土社中的一处。

梁父地近大汶口，这里很早就产生了发达的原始农业文化，故而梁父社的历史必定相当悠久。春秋中期以前，梁父地属鲁国，中期以后属齐。进入战国，楚人北犯，齐人为了其在岱南地区的领土主权，遂抬高梁父社的地位，由国家主持其祀典。如此梁父社就专称“地主”了。①

这些认识都很有说服力。特别是对齐、天齐与天主关系的考索颇有见地。地主缘起于土社的判定也是很正确的。对于“泰山之南的梁父土社正是虞舜部族众多土社中的一处”，笔者以为还有必要再略作引申。

秦的先世嬴姓族是古代东夷中一个崇奉太阳和鸟的重要的古老部族。始祖出于少昊、颛顼。文献记载，虞舜时代，其部族首领柏翳（伯益）因为帝舜主畜，调驯鸟兽，鸟兽多驯服而被赐姓嬴氏，居于嬴地。泰山东麓

① 张华松：《八主析论》，《管子学刊》1995年第2期。

嬴汶河流域是他们早期活动的主要区域。至于文献记载与考古研究等认为伯益为费侯而居于其国费地（在今山东费县），则可以视为伯益自嬴地迁徙而出居费地，即《今本竹书纪年》所谓“（帝启）二年，费侯伯益出就国”。嬴汶河的西南为徂徕山，地近泰山之南的梁父。嬴姓部族在东夷中地位甚高，且具有丰富的天文历象知识、悠久的农业和牧业文明的传统，受帝舜封赐后，他们或许很早就形成祭祀地祇的礼俗，或者是效法虞舜部族“封土为社”，祭祀其“封域”内的地祇，立社祀地都是很自然的事情。祝中熹先生认为，在陇右西垂建国的嬴秦“源起于属海岱文化圈的东夷集团”，“嬴秦的远祖当为阳鸟部族西迁的一支，很有可能就是尧舜时代肩负部落联盟中心交付的测日、祭日使命，而定居于陇南‘西’地的和仲一族的后裔”，他们的远祖即少昊颛顼为首领的阳鸟图腾部族，代表了海岱地区史前文化的最高水平，很早就创兴起以泰山为象征的东方天神崇拜传统。[①]舜禅位于禹后，有虞氏部族渐衰，嬴姓部族继续在梁父“封土为社”祭祀地祇，并命其为畤，进而通过祠社之畤合祀天神与地祇乃至祖先的可能性是很大的。

《尚书·甘誓》中早有“用命赏于祖，弗用命戮于社”的话。可见社地的神圣。《史记·三代世表》引《诗经·商颂》以赞美商人的祖先契因为贤能而被帝尧立为司徒并“姓之曰子氏”：“殷社茫茫，天命玄鸟，降而生商。”又，《史记·殷本纪》《史记·封禅书》《书序·尚书》《汉书·郊祀志》及注中俱记载商汤灭夏后“欲迁（废）夏社，不可，作夏社”的事。社为天命所寄之地甚明。及至周武王灭商，在商社三拜稽首，革掉殷（纣）的天命，继续奉祀商族的“昊天上帝”，以为护佑周人的“天皇大帝”时说：“膺更大命，革殷受天明命。”《史记·周本纪》和《逸周书·克殷解》中均有生动的记述。足见社祀与天命及其世俗的朝代兴替和天子的政权交接密切相关。三代尚且如此，则五帝虞舜之世可想而知。《左传·僖公十年》所谓“神不歆非类，民不祀非族”大概主要适用奉祀祖先的原则，于原始的社祀和祭天神则不然。

① 参见祝中熹：《嬴秦畤祭的东方文化渊源》，《秦史求知录》上册，上海古籍出版社2012年版，第323、336、337页。

梁父山为今新泰市天宝镇境内的映佛山[①]，而且旧方志中有“秦既作畤，汉亦起宫”之语。梁父山处于泰山东南，在徂徕山之东、柴汶河之北。这就与《史记》记载天齐渊天主祠在“高山之下，小山之上”立畤的说法完全吻合。这足以说明东夷嬴姓族最早礼祠地主于泰山周边的梁父山，其正是最初的畤地。从嬴秦建国后所立六畤皆天地合祀的情形分析，秦的先世嬴姓族在虞舜乃至夏商时期在东夷的梁父山所奉祀的最早的畤也可能是天地合祀的。

北齐国和太公齐国以及他们祭祀太阳神——天齐（天主）的风俗和太公建天主祠（即齐人心目中的畤）于天齐渊都是颇为可信的。齐太公在临淄立天主建畤的周初，嬴姓族的主体已然西迁至今礼县一带的西垂之地。《史记·秦本纪》记载，商末时嬴姓的秦人祖先中潏早已“在西戎，保西垂”。周初是商周易代后周朝巩固其政权的关键时期，秦的祖先蜚廉东逃商奄，组织商遗民以及亲商的东夷部族对新建的周政权负隅顽抗，周公东征，平定其叛乱，“西迁商奄之民于朱圉（今甘肃甘谷县之朱圉山一带）”，以“御奴虘之戎，是秦之先”。[②]在东方，梁父山的地主，亦即秦先世嬴姓部族最早的畤也可能因为这件大事，从此渐次式微废祀。齐桓公称霸后，以齐国专有征伐之权，有可能抬升梁父地主的地位，而以其为独祀泰山的地主。

商末和周初西迁的嬴姓秦人祖先把畤祭天地合祀的礼俗带到了西垂，这便是秦襄公“初立西畤”在宗族文化传衍体系上的渊源，秦襄公的“作西畤”，主要是祠祀西方的天神上帝白帝，亦即嬴秦的远祖少昊金天氏，以地祇从祀。畤祭天神、祖先、地祇合祀，神权、族权、王权、政权四位一体。这完全是一种适应秦诸侯国初建时政治形势的高明的礼教文化变通和政治宗教的创造。

天主、地主祭祀再次出现热潮，则一直要等到嬴姓秦国在西方立国500多年时，其最高统治者秦王政在建立秦朝后以始皇帝的名义对东夷祖

---

① 参见周郢：《山左河山笺底辨——评〈续山东考古录〉及其校注本》，《山东图书馆学刊》2012年第5期。

② 参见李学勤：《清华简关于秦人始源的重大发现》，《光明日报》2011年9月8日。

地神祇的礼敬，即封禅泰山和礼祠八主。

（二）从秦始皇和汉武帝的封禅泰山与礼祠八主（天主、地主）看畤祭在东方的变迁

秦始皇统一全国后东巡齐地，他对齐鲁故地神祇的祭祀主要通过两件大事：一是封禅泰山，二是礼祠八主。封禅是封天禅地，礼祠八主首在祭祀天主和地主。对东方天地的崇祀历史悠久，是原始部落时代及国家出现以来五帝三代时帝王祭祀中最高的礼仪。秦始皇自以为是承受三皇五帝统绪的“皇帝”而得意，他当然要告示天下，改制易代以应天命，树立威权尤为首要。而统一神祇和政、笼络人心则是最迫切和现实的需要。巡视告祷东方嬴姓祖先发祥之地更在情理之中。秦始皇东巡封禅、祠八神，深层次的心理动机可能正在于此，因为以泰山为中心的东方区域于五帝三代时期在政治和文化上非常重要而神圣。傅斯年先生曾发表过很精辟的论断，他说：

> 太昊都陈，炎帝自陈徙曲阜（《周本纪·正义》引《帝王世纪》）。曲阜一带，即空桑之地。穷桑有穷，皆空桑一名之异称。所谓空桑者，在远古是一个极重要的地方。少昊氏的大本营在这里，后羿立国在这里，周公东征时的对象奄国在这里，这些事都明白指示空桑是个政治中心。五祀之三，勾芒、蓐收、玄冥，起于此地（《左传》昭公二十九年及他书），后羿立国在此地。此地土著之伊尹，用其文化所赋之智谋，以事汤，遂灭夏。此地土著之孔子凭借时势，遂成儒宗。这些事都明白指示空桑是个文化中心。古代东方宗教中心之太山、有虞氏及商人所居之商丘，及商人之宗邑蒙亳，皆在空桑外环。这样看，空桑显然是东平原区之第一重心，政治的及文化的。①

秦国在西垂畤祭的远祖少昊是西方的上帝或郑玄注《礼记》所说的“感生帝”，其实质也不妨理解为西方的“天主”，即西方的天神。西垂畤祭是天神、地祇和祖先合祀。少昊既是嬴秦的祖先，又是西方的白帝和天帝（天神）。其与商、周的天子所尊奉的天（帝、上帝）相比，当然只是地域性的地方神，是部族和方国的保护神。自秦始皇封禅始，封泰山是祭天

① 傅斯年：《夷夏东西说》，傅斯年：《民族与古代中国史》，上海古籍出版社2012年版，第69页。

神，报天之功，为天子正名；禅梁父则是报地祇之功，以为富有四海。封禅祭典中天、地分祀。泰山封禅天神和地祇是天子要代表溥天之下的臣民表达崇敬之意，祈求护佑，致以太平。为全天下和全民所信仰。其性质更侧重为全国性的最高级别的政治层面的国家宗教。据《史记·封禅书》和《秦始皇本纪》记载，秦始皇封禅泰山时在泰山之巅所立刻石有云："皇帝临位，作制明法，臣下修敕。二十有六年，初并天下，罔不宾服。亲巡远方黎民，登兹泰山，周览东极。从臣思迹，本原事业，祗颂功德。治道运行，诸产得宜，皆有法式。大义休明，垂于后世，顺承勿革。皇帝躬圣，既平天下，不懈于治。……"[①]显然，泰山封禅中的天、地，在理论上的内涵和外延都要比畤祭更为高大、更为广远。当然，秦始皇在上泰山途中遭遇暴风雨，封禅不算很顺利，司马迁认为是"无其德而用事"。

据《史记·封禅书》和《郊祀志》，封禅的源头出于《尚书·洪范》八政之"祠"，而似起于舜帝的"巡狩"。但秦始皇的确是第一位在泰山开创后世比较知晓的封禅礼仪的"天子"。《史记·封禅书》曰：秦始皇用齐鲁儒生博士七十人议封禅礼，结果"始皇闻此议各乖异，难施用。由此绌儒生。而遂除车道，上自泰山阳至巅，立石颂秦始皇帝德，明其得封也。从阴道下，禅于梁父。其礼颇采太祝之祀雍上帝所用，而封藏皆祕之，世不得而记也"[②]。秦始皇封泰山、禅梁父主要采用的是秦国故地祭祀雍四畤的礼仪，其也必定就是秦襄公祀西畤、秦献公祀畦畤的礼仪和程式。可见封禅和畤祭相连相通。

《史记·封禅书》又引《管子·封禅》云：管仲向齐桓公追溯"古者封泰山禅梁父者七十二家，而夷吾所记者十有二焉"[③]。管仲所记的十二家古帝王包括无怀氏、虙羲氏、神农氏、炎帝、黄帝、颛顼、帝俈、尧、舜、禹、汤、周成王，他们都曾封于泰山，除黄帝禅于"亭亭"（在今山东泰安南大汶口镇），禹禅"会稽"（在今浙江绍兴；一说为防稽[④]，即防山，在山东曲阜东，据古代帝王封禅例式，或此为是），周成王禅"社首"（在

① （汉）司马迁：《史记·秦始皇本纪》，第243页。

② （汉）司马迁：《史记·封禅书》，第1366—1367页。

③ 同上书，第1361页。

④ （宋）章如愚《群书考索》、（宋）王应麟《玉海》、（明）薛虞畿《春秋别典》、（明）孙瑴编《古微书》、（清）康熙《御定渊鉴类函》均记"禹封泰山禅防稽"，兹不赘举。

今泰安西南）外，其他帝王皆禅于“云云”（在今山东新泰西南柴城）。《史记·封禅书》开篇言：封禅的条件，一是“受命帝王”，二是“有其应”，三是“睹符瑞见”，四是“功至”，五是“德洽”，六是“日有暇及”。而且所谓“每世之隆，则封禅答焉，及衰而息”。唐张守节于《史记正义》中更引《五经通义》以注解封禅的原因：“易姓而王，致太平，必封泰山，禅梁父，（荷）〔何〕？天命以为王，使理群生，告太平于天，报群神之功。”[①] 这当然是秦皇汉武封禅后形成的权威性的政论。春秋首霸的齐桓公作为诸侯之长，从根本上说并非“易姓改命之王”，齐桓公急欲封禅，所以管仲要历述古代帝王封禅的故事，委婉劝谏。但齐桓公自认为“兵车之会三，而乘车之会六，九合诸侯，一匡天下，诸侯莫违我。昔三代受命，亦何以异乎？”[②]管仲便以古代封禅要具备自然界嘉禾生、东海获得比目鱼、西海获得比翼鸟、凤凰麒麟来等十五种不召自至的瑞兆和当时的异象作比，最终使桓公罢了封禅的念想。《史记·封禅书》又说，齐桓公之后百余年，孔子“论述六艺，传略言易姓而王，封泰山禅乎梁父者七十余王矣，其俎豆之礼不章，盖难言之。或问禘之说，孔子曰：‘不知。知禘之说，其与天下也视其掌。’《诗》云纣在位，文王受命，政不及泰山。武王克殷二年，天下未宁而崩。爰周德之洽维成王，成王之封禅则近矣。及后陪臣执政，季氏旅于泰山，仲尼讥之”[③]。在孔子看来，封禅的特权自古以来就独属于帝王或天子，但由于封禅以及禘（郊祀天地）等古礼废弛已久，不能发扬光大，他也说不清楚。

以上史实，有四点值得注意。一是由《管子·封禅篇》可知春秋之初齐国的管仲等人对封禅相当看重，作有专书以志其事。二是齐桓公对封禅那么渴望，可见告祭泰山天神和地祇以承载天命的祀事在齐桓公心中占有很重的地位，泰山封禅的历史传统影响甚大。三是鲁国的孔子大致总结了古代行封禅之事的七十余位帝王，但他也不能知晓封禅的古礼，不明禘祭天帝的具体情况。周成王时周朝才出现德政洽和的治世局面，故成王的封禅算得上接近封禅古义。鲁国大夫季孙氏僭用诸侯“旅祭”其封域山川之

① （汉）司马迁：《史记·封禅书》，第1355页。
② 同上书，第1361页。
③ 同上书，第1363—1364页。

礼告祭泰山，圣人便要很不客气地嘲讽了。四是从以上三点看出春秋时代齐鲁重要人物对封禅故事都比较熟知且十分重视，封禅在华夏的东方历史相当悠久，并具有很大的宗教文化和政治影响力。

封禅泰山不仅在上古三代相当重要，甚至到了礼崩乐坏的春秋时代，仍然是一件不可以想当然任性为之的大事。《文心雕龙·封禅》曰：“是以史迁八书，明述封禅者，固禋祀之殊礼，铭号之秘祝，祀天之壮观矣。”[①]这正是历代帝王渴望封禅的根本原因。那么连孔子都说不明白的封禅及其礼仪，现在我们到底还能否探知一二呢？

汉晋的儒学家对封禅有比较系统的理论上的研讨。

董仲舒在《春秋繁露》卷四《王道第六》中对五帝三代时期帝王封禅的背景有一个美好的描述：“五帝三王之治天下，不敢有君民之心，什一而税。教以爱，使以忠，敬长老，亲亲而尊尊，不夺民时，使民不过岁三日。民家给人足。无怨望忿怒之患，强弱之难，无谗贼妒嫉之人。民修德而美好，被发衔哺而游，不慕富贵，耻恶不犯。父不哭子，兄不哭弟。毒虫不螫，猛兽不搏，抵虫不触。故天为之下甘露，朱草生，醴泉出，风雨时，嘉禾兴，凤凰麒麟游于郊。囹圄空虚，画衣裳而民不犯。四夷传译而朝。民情至朴而不文。郊天祀地，秩山川，以时至，封于泰山，禅于梁父。立明堂，宗祀先帝，以祖配天，天下诸侯各以其职来祭。贡土地所有，先以入宗庙，端冕盛服，然后见先。德恩之报，奉元之应也。”[②]董仲舒认为封禅的大前提必定是“应时”，和孔子说的“德洽”从根本上说是一致的。

袁宏《后汉纪》对封禅的含义条件、政治意义以及封禅于东方泰山的原因和封禅的含义均有论述：“夫揖让受终，必有至德于天下；征伐革命，则有大功于万物。是故王者初基，则有封禅之事，盖以其成功告于神明也。夫东方者，万物之所始；山岳者，灵气之所宅。故求之物本，必于其始；取其所通，必于其宅。崇其坛场，则谓之封；明其代兴，则谓之禅。然则封禅者，王者开务之大理也。”[③]

---

① （南朝·梁）刘勰著，（清）黄叔琳注，李详补注，杨明照校注拾遗：《增订文心雕龙校注》卷五《封禅》，中华书局2012年版，第291、293、297页。

② 苏舆：《春秋繁露义证》，中华书局1992年版，第101—102页。

③ （南朝·宋）范晔撰，（唐）李贤等注：《后汉书·祭祀上》，中华书局1965年版，第3171页。

《白虎通义·封禅》则于封禅泰山礼祀天地的目的和本质寓意有更深刻、透彻的解读："王者易姓而起，必升封泰山何？教告之义也。始受命之时，改制应天，天下太平，功成封禅，以告太平也。所以必于泰山何？万物所交代之处也。必于其上何？因高告高，顺其类也。故升封者，增高也。下禅梁甫之山，基广厚也。刻石纪号者，著己之功绩也，以自效仿也。天以高为尊，地以厚为德，故增泰山之高以放天，附梁甫之基以报地，明天地之所命功成事，遂有益于天地，若高者加高，厚者加厚矣。或曰，封者金泥紫绳。或曰，石泥金绳，封以印玺。故孔子曰：'升泰山，观异姓之王，可得而数者七十有余。'封者，广也。言禅者，明以成功相传也。梁甫者，泰山旁山名。正以梁甫何？以三皇禅于绎绎之山，明己成功而去，有德者居之。绎绎者，无穷之意也。五帝禅于亭亭者，制度审諟，德著明也。三王禅于梁甫之山者，梁，信也。甫，辅也，辅天地之道而行之也。"[①]其对封禅的阐释虽然经学意味很重，但很有助于人们对封禅内涵的深入理解。

唐人对封禅则有较具体的形制构造和建筑层面的考释。《史记正义》云："此泰山上筑土为坛以祭天，报天之功，故曰封。此泰山下小山上除地，报地之功，故曰禅。言禅者，神之也。"[②]他这个"正义"自然是根据管仲的话，特别是从秦始皇封禅仪典的历史事实而来的。由于始皇封禅礼无从因循古制，故为独创。《史记·封禅书》和《郊祀志》中都说秦始皇封泰山、禅梁父，"其礼颇采太祝之祀雍上帝所用"。诸多古籍中关于封禅的解释，特别是封和禅的方式，正与秦国最早的畤祭相合。

封就是筑土坛于泰山之上，目的是祭告天神，回报天的功绩；禅就是清扫整洁泰山下的小山祭祀地祇以回报地的功绩。颜师古注《汉书·郊祀志》中之封禅曰："封禅者，封土于山而禅祭于地也。"其所指甚确。

这里不得不说到汉武帝的封禅。据《史记·封禅书》《史记·孝武本纪》特别是《汉书·郊祀志》和《汉书·武帝纪》的记载，汉武帝巡狩天下三十多次，遍祭五岳四渎，行幸封祀祷祠泰山九次之多。"泰山五年一修封。武帝凡五修封"。其中，元封元年（前110年）三月，立石于泰山；四月，封泰山下东方，禅泰山下阯东北肃然山（在今山东济南莱芜西北），

① （清）陈立：《白虎通疏证》（上），中华书局1994年版，第278页。
② （汉）司马迁：《史记·封禅书》，第1355页。

元封二年（前 109 年），“祷万里沙（在今山东莱州东北曲成三山），还祠泰山”；二年秋，“作明堂于泰山下”。元封五年（前 106 年）四月，至奉高，增封泰山。太初元年（前 104 年）冬十月，行幸泰山，祀上帝于明堂（在今泰安市东），毋修封禅；十二月甲午朔，亲禅高里（今泰安市蒿里山），祠后土”。太初三年（前 102 年）夏四月，修封泰山，加禅祠石闾（在泰山下阯南方）。天汉三年（前 98 年）三月，修封泰山，祀明堂。太始四年（前 93 年）春三月，祠高祖、景帝于明堂，修封泰山，禅石闾。征和四年（前 89 年）三月，修封泰山，祀于明堂，禅石闾。

封禅之前，武帝已于元鼎四年（前 113 年）在长安东北汾阴建立了后土祠，又于元鼎五年（前 112 年）在长安西北增立了甘泉太一祠（泰畤）。《史记·封禅书》记载了汉武帝第一次封禅：“东上泰山，泰山之草木叶未生，乃令人上石立之泰山巅。”四月，“还至奉高。……天子至梁父，礼祠地主。乙卯，令侍中儒者皮弁荐绅，射牛行事。封泰山下东方，如郊祠太一之礼。封广丈二尺，高九尺，其下则有玉牒书，书秘。礼毕，天子独与侍中奉车子侯上泰山，亦有封。其事皆禁。明日，下阴道。丙辰，禅泰山下阯东北肃然山，如祭后土礼”。[①]可见汉武帝的封禅基本承袭秦始皇的程式，内容很相似。其封禅礼仪亦当多传承秦朝采用太祝祠雍上帝之礼。

《史记·封禅书》对于汉武帝封泰山下东方的封土规格大小记载得很翔实。联系到唐代《史记索隐》和《史记正义》中都引用汉代古籍解释秦献公在西垂所立畦畤的形制，封禅之封与畤祭之封十分相似。如上二书都说畦畤在陇西西县人先祠山下，形状像种韭菜的田畦，且每畦之中各建一土封。有学者认为甘肃礼县祁山镇祁山村的祁山堡是秦襄公创建的西畤，赵家村的“九谷堆”是畦畤。[②]祁山堡的夯土遗迹至晚在汉代。[③]九谷堆残存的两处大体呈现圆锥体形的封土堆，其外观独特，夯土层也清晰可辨。若其果真为西畤与畦畤，则西垂建畤的营造手法与秦皇汉武封禅之封的形制必是前后一脉相承的。《史记正义》引用《白虎通》中“或曰封者，金

① 参见（汉）司马迁：《史记·封禅书》，第 1397—1398 页。

② 参见康世荣：《祁山稽古》，康世荣主编：《秦西垂文化论集》，文物出版社 2005 年版，第 320—323 页；祝中熹：《嬴秦畤祭的东方文化渊源》，祝中熹：《秦史求知录》上册，第 328 页。

③ 参见独小川：《祁山史地考略》，张承荣、蒲向明主编：《陇蜀青泥古道与丝路茶马贸易研究》，四川大学出版社 2018 年版，第 403—404 页。

泥银绳，或曰石泥金绳，封之印玺也”的解释，也许只能当作汉代儒家经学的后起之义。

关于禅，《大戴礼·保傅》中王聘珍解诂引用北周学者卢辩注语认为禅字本为“墠”，“变墠为禅，神之也”。而《说文》则曰：“墠，野土也。”段注曰：“野者，郊外也。野土者，于野治地除艸。”[①]《诗·郑风·东门之墠》云：“东门之墠，茹藘在阪。”《毛传》曰：“墠，除地町町也。”《书·金縢》曰：“为三壇同墠。”伪《孔传》曰：“壇，筑土，墠，除地。”《礼记·祭法》曰：“是故王云七庙，一壇一禅。”郑玄注曰：“封土为壇，除地曰墠。”[②]

《说文》及其段注关于禅为“野土”及“于野治地除艸”的解释，出土文献恰好有所证明。战国楚简（包山简）中就有“野地主”和“宫地主”的记载。研究者认为：“野地主，郊外之地神，与‘宫地主’相对而言。《国语·越语下》：‘皇天后土，四乡地主正之。’野地主与四乡地主相类。”还有学者认为宫地主就是另外的包山简中所说的宫后土，后土与地主相通，“祝辞中太或蚀太与非人鬼类神祇一起出现过五次，紧接其后的神祇，有三次作后土（简212—215、218—219、236—238），另外两次分别作社和地主（简209—211、218—219）。这应是同时祷祠天、地之神，从而在一定程度上证实了文献所示后土、地主与社的同一性”[③]。包山楚简中与“禅”相关的研究结论，进一步证明了禅即地主。那么，禅与畤又有什么关系呢？

细究《史记·封禅书》关于齐地天主、地主所在地域环境和建置形制的说法，天主祠于高山之下、小山之上的牛山下的天齐渊水中，地主则祠于梁父山的“泽中圜丘”。

在沼泽之中和河流之旁祠土(社)神祭祀“地主”,在先秦时代渊源甚早，也相当普遍，如商、宋“桑林之社”，楚云梦之社。后来汉武帝修筑的后土祠则在汾阴脽丘上。甲骨、楚简及一些考古遗址也证明先秦之社有一部

---

① （汉）许慎撰，（清）段玉裁注：《说文解字注》，上海古籍出版社1981年版，第1397—1398页。

② 参见王力主编：《王力古汉语字典·土部·墠》，中华书局2000年版，第168页。

③ 刘信芳：《包山楚简解诂》，（台北）艺文印书馆2003年版，第209、222页；陈伟：《湖北荆门包山卜筮楚简所见神祇系统与享祭制度》，《考古》1994年第4期。均引自魏建震：《先秦社祀研究》，第151页。

分修建在河流之旁。祭地主、社神或后土近于水流的原因，可能因为社祀起源与水土治理关系密切。[①]

为什么齐国祭祀天神的天主祠（畤）要建在水中呢？以“天好阴”解释甚为合理。更是因为梁父最早的畤是建在“泽中圜丘”。“圜丘”本指圆形起封的土丘，按照“三礼”和经学家的解释，圜丘用于郊祀天帝。“方丘”或“泽中方丘”才用于祭祀地祇类诸神，盖取天圆地方之义。梁父的地主祠，其特点有二：一是在泽中，这种修社习俗，其他地方也有；二是其建制为圜丘，则主要是为了“贵阳”。以祭天的圜丘述说梁父地主祠的形状，则更能证明笔者前文考论的梁父的地主是东夷嬴姓部族最早建立的祭祀地祇的所在，而且其后来发展为天地合祀的畤的认识是可信的。齐太公建齐国后，仿梁父祭祀地主之畤，在临淄天齐渊设立天主之畤。天主、地主开始由齐鲁分祀。齐人不仅把畤的名称带了去，更把畤建置于近于水流环境的传统沿袭了下来，故而齐国的天主（畤）是建于天齐渊水中。甘肃礼县的祁山堡是秦襄公建国之初在西垂所立的西畤[②]，祁山堡位处祁山山脉正峰南麓，四面悬空，东临潺水，南滨西汉水，“四峰簇拥，两水环带”，孤山独峙。[③] 其与史书所载建于“高山之下，小山之上”的天主（畤），以及置于“泽中圜丘”的地主祠的建筑情形和地理环境甚为吻合。“九谷堆”的地理位置和建制形态与之也很相似。东西方之畤的形态基本相同或相似，又互为呼应。

关于嬴秦最早的畤在泰山梁父，还有汉武帝封禅泰山过程中于汶水之上建明堂的史事作为补证。

《史记·封禅书》记载汉武帝第一次封禅泰山，“泰山东北阯古时有明堂处，处险不敞。上欲治明堂奉高旁，未晓其制度。济南人公玉带上黄帝时明堂图。明堂图中有一殿，四面无壁，以茅盖，通水，圜宫垣为复道，上有楼，从西南入，命曰昆仑，天子从之入，以拜祠上帝焉。于是上令奉高作明堂汶上，如带图。及五年修封，则祠太一、五帝于明堂上座，令高

① 参见魏建震：《先秦社祀研究》，第209—210页。

② 参见康世荣：《祁山稽古》，康世荣主编：《秦西垂文化论集》，第320—323页；祝中熹：《嬴秦畤祭的东方文化渊源》，祝中熹：《秦史求知录》上册，第328页。

③ 参见独小川：《祁山史地考略》，张承荣、蒲向明主编：《陇蜀青泥古道与丝路茶马贸易研究》，第403、404、407页。

皇帝祠坐对之。祠后土于下房，以二十太牢。天子从昆仑道入，始拜明堂如郊礼。礼毕。燎堂下。而上又上泰山，自有祕祠其巅。而泰山下祠五帝，各如其方，黄帝并赤帝，而有司侍祠焉。山上举火，下悉应之"①。这与《史记・孝武本纪》所记完全相同。《史记・封禅书》与《汉书・武帝纪》及《汉书・郊祀志》也都同样记载汉武帝登封泰山后回到奉高，降坐明堂，群臣上寿，当年改元封之事。

汉武帝仿古代明堂旧制，在泰山之南汶上流创建汉代明堂，依托封禅泰山的国家大典，以明堂为中心建立起汉王朝在东方以祭祀天神为主体、地祇诸神和祖先（祠太一、五帝、后土、高祖、景帝）并祀的祭祀体系。形成了西汉王朝与西方的雍畤、甘泉泰畤——汾阴后土祠相呼应的大一统宗教神学体系，真正实现了王权控制神权的政教统一。汉武帝比秦始皇的时运更好，而他的政治谋略更为高明，于此皆有可观。

从汉武帝所建明堂的地理位置看，汉明堂与古（周）明堂皆在泰山之下，一个在南，一个在东，即《水经注・汶水》中记述的"南北明堂"。特别是汉武帝所立明堂地近梁父山，在今泰安市东，处于汶水上流。从明堂的形制与环境来看，起建"圜宫"且通水是其主要特点。明堂主祀太一、五帝，以汉高祖配享，后土从祀。靠近水源、有圜形建筑、合祀天地，这都是明堂、辟雍和嬴秦之畤及天主、地主祠相通或相近的地方。

明堂、辟雍在《诗经》《逸周书》《礼记》《周礼》等文献及相关的注疏中多有记载。东汉蔡邕还专门作有《明堂论》，虽然其只描绘明堂的建筑构造，但大体主要是用以象征儒家的理想观念。《汉书・平帝纪》载：元始四年（4 年），"安汉公（王莽）奏立明堂、辟雍"。颜师古引应劭语注曰："明堂所以正四时，出教化。明堂上圜下方，八窗四达，布政之宫，在国之阳。上八窗法八风，四达法四时，九室法九州，十二重法十二月，三十户法三十六（雨）〔旬〕，七十二牖法七十二（风）〔候〕。《孝经》曰：'宗祀文王于明堂，以配上帝。'上帝谓五畤帝太昊之属。黄帝曰合宫，有虞氏曰总章，殷曰阳馆，周曰明堂。辟雍者，象壁圜，雍之以水，象教化流行。"② 应劭关于明堂辟雍的解释可谓完备，较为可信。当然，儒学的

① （汉）司马迁：《史记・封禅书》，第 1401 页。

② （汉）班固：《汉书・平帝纪》，中华书局 1960 年版，第 357 页。

气息亦颇为浓厚。但就明堂和辟雍的建制描述看，其与西垂之畤，关中诸畤及临淄之天主、梁父之地主完全相合。

又汉武帝封禅泰山之前，《史记·孝武本纪》《史记·封禅书》《汉书·郊祀志》同载有“上遂东巡海上，行礼祠八神”之语。太初四年（前101年）武帝第四次修封泰山之后，又“东幸琅琊，礼日成山，登之罘，浮大海，用事八神延年（迎年）”。除了求仙长生的目的之外，汉武帝坚决承袭的也是秦始皇宗教统一的思想，要为其从根本上彻底地威服东土而服务。这是最主要的。这些史事间接地证明，西汉时天主祠之畤祭和梁父祠地主仍一直与西汉统治者在雍五畤、西畤、畦畤及其相关祭祀场所的郊祀天地祖先之畤祭相呼应，共同维系着统一国家的宗教神学秩序。

从秦始皇开始的大一统帝制国家在泰山、梁父礼祀天地的封禅大典，是嬴秦西垂畤祭在嬴秦族东夷故地的流变与发展。其与畤祭最大的不同在于对天、地的分祀，且规格更高，祭礼更宏大隆重，寓指更广阔，蕴意更深远。汉武帝的封禅比秦始皇的封禅更为完善和成功。此后历代皇帝封禅泰山或封禅嵩岳，皆因循秦皇汉武的故事，沿袭秦汉的封禅典仪。从秦始皇开始，秦二世、汉武帝、光武帝、汉章帝、汉安帝、隋文帝、唐高宗、武则天、唐玄宗，宋真宗、清帝康熙与乾隆等帝王接踵致祭泰山，刻石纪功。[①]但明确可考举行过封禅大典的是秦始皇、汉武帝、光武帝、唐高宗、唐玄宗和宋真宗。后汉以来的帝王封禅泰山无不是循着秦皇汉武的足尘。

总之，诚如祝中熹先生所说，“畤祭与封禅血脉相通”[②]。这一精微透彻的见解也是深刻地揭示了畤祭与封禅深层次的本质关联。

（作者单位：甘肃省礼县文物局）

① 参见安泰：《巍巍五岳话泰山》，《中国地名》2007年第1期。
② 祝中熹：《秦史求知录》上册，第334—340页。

霍泰山

——嬴秦西迁过程中的一个重要地理节点

杨晓国

霍泰山又称霍山，位于山西省中部。以往学术界的研究表明，霍泰山应与商族群早期的形成及活动有密切关系。汉字系统中“霍”这个字的最初源起也与霍泰山有直接关系。甲骨文中“霍”字的结构为上部示雨，下则为鸟，显然与商族群的鸟信仰和鸟图腾有着关联，甲骨卜辞里有关霍泰山祭祀的记述同样可证明这个判断。先商时期结束，商汤立国。此时有析城山桑林祈雨和演大濩乐之事件。祈雨之地和霍泰山之间有百余公里的一条沁河紧密连接。大濩乐应是祈雨之乐，也是商之国乐。甲骨文“濩”字同样有雨有鸟，与霍泰山之“霍”字一脉相承。嬴秦属商，商兴商衰均与霍泰山有关系。简言之，我们所关注的嬴秦及其西迁，其中霍泰山即应该是一个重要的地理节点。

一、嬴秦与商族群早期渊源

傅斯年先生早就讲过，商族来自我国东北地区。原话里有“商为中国信史之一章，亦即为东北史之第一页”[①]的说法。苏秉琦先生晚年断言，在距今7000—5000年发生过仰韶文化北上和红山文化南下的事情，这两种文

① 傅斯年：《东北史纲》，国立中央研究院出版委员会1932年版，第40页。

化当时在今天的山西与河北北部碰撞。碰撞后又在距今5000—4000年“沿汾河南下，在晋南同来自四方（主要是东方、东南方）的其它文化再次结合，这就是陶寺”[①]。《左传》与《史记》都讲过一个同样的故事，那就是所谓尧、契不和，帝喾高辛氏将两人分别迁往唐、商两地的故事。契是商族群早期首领，苏秉琦先生只讲了沿汾河南下的尧的陶寺文化，而没有提契的具体去向，更没说及尧、契究竟是在何地分迁的。笔者曾在十六年前的一篇文章里论及此事。笔者认为，尧、契分迁的具体地址应该就在晋中盆地。先前仰韶文化与红山文化碰撞融合后新产生的帝喾高辛氏酋邦在此发生了分裂，分裂的最后结果就是尧沿汾河南下到唐地，契则沿漳河往东南抵达商地。应该特别指出的是，这里说的晋中盆地和霍泰山紧密相依，本属一个地理单元。20世纪50年代考古学界在霍泰山北麓发现了白燕遗址，李学勤先生在《新出青铜器研究》一书中曾提到：“我们希望在像太谷白燕这样从龙山到商代各阶段都有的遗址里，能发现与解决这一问题有关的一些链环……”[②]考古学界与历史学界早已形成一个共识，那就是地处豫北冀南结合部发现的下七垣文化应该即是先商文化。李伯谦先生早就指出：“下七垣文化中大量存在的陶鬲，不论其形态、纹饰、制造方法都和山西中部龙山期文化中的鬲十分相像，而与后岗二期文化的鬲有显著差异。这也许暗示出下七垣文化的主流，是继承晋中龙山期文化逐步发展而形成起来的。”[③]魏峻先生认同李伯谦先生的观点：“使我们对先商文化的认识由混沌逐渐走向了清晰”，“下七垣文化的鬲源自晋中地区当无疑问”。[④]考古学家的断言显然对笔者16年前关于尧契分迁就发生在霍泰山下晋中盆地的观点是一个有力的支撑。

在这里，我们用通俗一点的结论去讲，尧契分迁后，尧沿着霍泰山西麓的汾河一直往南到了唐地，形成了后来我们所说的陶寺文化，而契则沿从霍泰山南麓发源的漳河向东南出太行山到了商地，而后则形成了

① 苏秉琦：《华人·龙的传人·中国人——考古寻根记》，辽宁大学出版社1994年版，第121页。
② 李学勤：《新出青铜器研究》，文物出版社1990年版，第256页。
③ 李伯谦：《先商文化探索》，《庆祝苏秉琦考古五十五年论文集》，文物出版社1989年版，第26页。
④ 参见魏峻：《下七垣文化的再认识》，《文物季刊》1999年第2期。

下七垣文化。我们讲尧契分迁时还没有出现“嬴秦”这个历史概念，但后来嬴秦的先祖作为商族群的一分子则应已经存在。苏秉琦先生在讲到五帝时代时，有过如下一段论述：“五帝时代以五千年为界可以分为前后两大阶段，以黄帝为代表的前半段主要活动中心在燕山南北，红山文化的时空框架，可以与之对应。五帝时代后半段的代表是尧、舜、禹，是洪水与治水。”① 苏秉琦先生在这里未能讲到的颛顼与帝喾两个时期实际上是一个民族大碰撞大融合的时期，也是孕育夏、商、周三代文明和华夏文明形成的关键时期。后来诞生嬴秦的东夷文明的形成在此显得十分重要。

二、伯益与嬴姓产生的历史及地理背景

据文献记载，嬴姓是舜赐予伯益的。契的子姓也是舜所赐予的。他们的根同样都可追溯到颛顼，但在尧舜时却要受尧舜的节制。文献还说，契与伯益的先祖在母系时代均以鸟为图腾，但到舜时子姓和嬴姓毕竟有了区别。

根据本节内容提纲，笔者有以下一些观点和认识。

（1）《史记·秦本纪》有如下记载，认为伯益的“子孙或在中国，或在夷狄”。窃以为这里的“中国”所指应该是尧舜所在唐地或都城之地，而所谓“夷狄”之地，也应该包括了东夷。

（2）东夷有秦最初当在商汤立国前后，秦有封地，始有“嬴秦”概念。

（3）尧契分迁时契入商地，其族群中应该包括了许多伯益的嬴姓子孙，不排除嬴姓子孙或为商族群的一股中坚力量。

（4）尧契分迁后，尧舜拥有权杖。包括契和伯益，以及后稷、皋陶等均受其节制。伯益与后稷于尧舜时影响甚巨，汤灭夏后伯益的影响由其子孙后代传衍并未衰微，直至明清以后在晋西南十数个县内，依然可见可考的伯益庙或稷益庙（后稷与伯益同祀）数量仍不下数百座。

（5）商立国后直至西周建立，嬴秦西迁可能并不限于一二次。笔者以为，无论嬴秦哪一次西迁，霍泰山应该都是一个重要的地理坐标和节点。

① 苏秉琦：《中国文明起源新探》，生活·读书·新知三联书店 1999 年版，第 161 页。

三、霍泰山与伯益后裔诸姓

根据《史记》记载，伯益后裔中最著名的三姓子孙除嬴姓始于伯益外，其他赵、裴两姓则都后出于商末时的蜚廉，而且均由周王赐封。赵姓由西周穆王封，裴姓则由西周孝王封非子于汧渭后遂衍而成裴。认真考察从伯益受嬴姓直到其后裔赵、裴立姓的整个过程，许多人都会注意到这个特殊的族群所具有的三个族群特征。第一个特征是他们好马善御，如伯益为舜主畜，费昌去夏为汤御，孟戏、中衍为太戊御，非子为周孝王主马于犬丘，以及造父为穆王驭马见西王母，等等。第二个突出特征是他们在千余年的政治变迁中，始终都表现出顽强的政治适应能力。如伯益先辅佐舜，而后让天下予禹子遂自避于箕山之阳。又如费昌能在夏末及时离开腐朽的夏桀而投商汤。再如商末时虽蜚廉、恶来父子为纣殉死，但到周穆王和周孝王时，其子孙却还是适应了新的政治环境，最终以造父、非子等凸显，后起的秦嬴竟依托秦邑迅速壮大，由初时附庸而成为统一天下的王霸，一举平灭六国诸侯。第三个突出的族群特征是他们守故土崇泰岳的观念。文献记载周武王灭商纣时蜚廉就在霍泰山。得悉儿子恶来随纣被灭，于是就在霍泰山立坛祭祀以报商。按《史记》讲，后来蜚廉死了，同样也葬在了霍泰山。而且多少年后其后裔子孙造父所封之赵地也就位于霍泰山下。更有甚者，直到周釐王时非子已徙地入西秦日久，但其子孙仍然还要返回祖宗故土，新立裴姓与裴乡。此裴乡地处尧时唐地，即今山西省闻喜县裴柏村一带，也距霍泰山甚近。而裴乡从古至今也是伯益祭祀最盛、益庙最多的地方。

霍泰山是华夏第一镇山。《禹贡》讲："既修太原，至于岳阳。"这里的岳阳，所指正是霍泰山以南尧舜活动的核心地域。远古祭祀山川有在山前埋玉的习俗，称为"瘗玉"。《山海经》各山经文末多有这种记述。霍泰山周围即留有这样的遗迹。如《魏书》记北魏正光三年（522年）六月，并州静林寺僧人就曾在霍泰山北麓山坡挖出过一批远古瘗埋之玉。直至现在，霍泰山周围还可见到这种远古瘗玉习俗遗留的有关古代地名，如白圭、白璧、岳璧、赵璧和宋璧、高璧、遐璧，等等。霍泰山在远古是神圣的。

唐肃宗时为霍泰山立传，传曰：霍山神者，苍帝之中子也。生于天灵之纪，著雍赤奋若之岁。封冀，总领海内名山，锡璜襄以象其德。笔者以为，如果说霍泰山在尧舜契的时代和商族群的活动有密切关系的话，那么秦始皇的泰山之祭肯定要到嬴秦西迁之前的历史里去寻找渊源吧。

（作者单位：山西省社会科学院）

试析司马迁关于秦国早期历史的书写

许兆昌

司马迁在《史记·秦本纪》中，利用其所能见的各类材料，对秦国早期发展历史做了系统的描述，也是我们目前能够见到的有关秦国（秦人）早期历史的最完整史料。历史书写既能够客观地再现其所描述的历史事实和历史进程，同时也包含了历史学家面对历史的主观建构。马克思在《关于费尔巴哈的提纲》一文中指出，人的认识活动是“感性的人的活动”，既不能像旧的唯物主义那样只是从客体的或者直观的形式去理解，也不能像唯心主义那样完全脱离现实的、感性的活动本身，而应从“实践”的层面去理解这种“对象性的活动”，其中既包括现实的、感性的、客观的或直观的内容与形式，又包含了人的“能动的方面”。[①] 历史书写作为人类认识活动的重要形式之一，其最终所完成的历史叙事，自然也应包括这两个基本的内容。落实到司马迁所撰写的《秦本纪》中，就是既包括了有关秦国或秦人的早期历史的客观内容，也包含了司马迁作为一名历史学家面对各类史料所做的各种主观建构。因此，厘清司马迁有关秦国早期历史书写的客观性内容和主观性建构，并进一步分析司马迁有关秦国或秦人早期历史书写的学术倾向，无疑具有重要的学术意义。

一、包含大量原始神话与史前传说的内容

据《秦本纪》，秦国始有史官负责记事，在秦文公十三年，即公元前

① 参见《马克思恩格斯选集》第1卷，人民出版社2012年版，第133页。

753年。是年为鲁惠公十六年。现存鲁《春秋》记事，始于鲁隐公元年，即公元前722年。不过，鲁国史官记事应更早。据《汉书·艺文志》记载，孔子“以鲁周公之国，礼文备物，史官有法，故与左丘明观其史记，据行事，仍人道，因兴以立功，就败以成罚，假日月以定历数，借朝聘以正礼乐”，作《春秋》。可见，今所见《春秋》只是孔子从鲁史官所记的书册中截取其中的一部分而成，并不是鲁国一直要到隐公元年才有史官记事，甚至还要晚于僻居西垂的秦国。按秦文公十三年，秦国始立史职负责记事，是秦国政治也是秦国文化发展史上的一起重大事件。自此往后，有关秦国历史的记载就逐渐减少了神话和传说性质的内容，而更多是人事的活动。但司马迁撰写《秦本纪》，不可能仅从秦文公十三年始，是以在其书写秦人早期历史的时候，只能取材于秦人通过口耳相授的方式流传下来的各种资料，故而包含了颇多神秘的内容。

首先，有关秦人之始祖女脩的故事，就是从原始时期的神话传说中脱胎而来的。据《秦本纪》云：“秦之先，帝颛顼之苗裔孙曰女脩。女脩织，玄鸟陨卵，女脩吞之，生子大业”，大业娶少典之女女华，生大费。大费“佐舜调驯鸟兽，鸟兽多驯服，是为柏翳。舜赐姓嬴氏”。[①]《史记》有关秦人之先出于某氏族之女的说法，与《周本纪》载姜嫄履巨人之迹而生周之始祖弃，以及《殷本纪》述简狄吞玄鸟之卵而生殷人始祖契如出一辙，同为知母不知父之原始社会母系氏族阶段传说的产物。唯《夏本纪》明确记载了夏禹之父为鲧，似表明夏人要早于殷、周、秦三族进入父系阶段。不过，新出上博简二《子羔》篇却记载夏之祖禹与殷、周之始祖契和弃有着同样的诞生神话：

> 禹之母，有莘氏之女也，观于伊而得之。怀三年而画（划）于背而生，生而能言，是禹也。契之母，有娀氏之女也。游于央台之上，有燕衔卵而错诸前，取而吞之，怀三年而画（划）于膺，生乃呼曰：……是契也。后稷之母，有邰氏之女也，游于玄丘之内，科见芺，玟而荐之，乃见人武，履以祈祷曰：帝之武，尚使……是后稷也。[②]

可见战国时期有关夏人之祖大禹的诞生，同样也有知母不知父的版本。而其所载有娀氏之女吞燕卵而生殷人之祖契，有邰氏之女履大人迹而生周

① 参见（汉）司马迁：《史记·秦本纪》，中华书局1959年版，第173页。

② 季旭升主编：《〈上海博物馆藏战国楚竹书（二）〉读本》，（台北）万卷楼图书股份有限公司2003年版。

人之祖弃，都与《诗》及《史记》的记载十分一致，说明这一类神话传说在流传的过程中实保持着很大的一致性。因此，有关秦人源于女脩吞玄鸟之卵而生其始祖大业的传说，应也渊源有自。上博简二《子羔》篇中没有提到秦人始祖的诞生神话，应与该文献写作时代尚在战国，秦的地位还无法与夏、商、周三代相比有关。当然，先民曾经过一个母系氏族阶段，知母而不知父，在今人已是常识，但在传统社会的父权体制下，自不免引起质疑。唐司马贞《史记索隐》即谓："秦、赵以母族而祖颛顼，非生人之义也。"[①]因而据《左传》之记载，另行给嬴氏寻找到少昊氏为其远祖。其实，秦人之祖究竟是少昊氏还是颛顼氏，是人类社会进入父系氏族阶段之后的问题，需要更多的材料出现及深入的讨论才能最终确定。而吞玄鸟之卵生男性始祖则是更早的人类社会发展阶段的文化产物，二者其实不必纠缠。

其次，在早期发展史上的其他祖先故事中，也有不少神话传说。如与夏帝太戊同时的孟戏和中衍，皆"鸟身人言"，"帝太戊闻而卜之使御，吉，遂致使御而妻之"[②]。鸟身的形象在《山海经》中多见，如——

《南山经》载：

> 自招摇之山，以至箕尾之山，凡十山，二千九百五十里。其神状皆鸟身而龙首。[③]

《中山经》载：

> 济山之首，自煇诸之山至于蔓渠之山，凡九山，一千六百七十里。其神皆人面而鸟身。[④]
>
> 荆山之首，自景山至琴鼓之山，凡二十三山，二千八百九十里。其神状皆鸟身而人面。[⑤]
>
> 洞庭山之首，自篇遇之山至于荣余之山，凡十五山，二千八百里。其神状皆鸟身而龙首。[⑥]

《海外北经》载：

---

① （汉）司马迁：《史记·秦本纪》，第173页。
② 同上书，第174页。
③ 郭世谦：《山海经考释》，天津古籍出版社2011年版，第86页。
④ 同上书，第334页。
⑤ 同上书，第369页。
⑥ 同上书，第411页。

> 北方禺强，人面鸟身，珥两青蛇，践两青蛇。[①]

《海外东经》载：

> 东方句芒，鸟身人面，乘两龙。[②]

《大荒东经》载：

> 东海之渚中有神，人面鸟身，珥两黄蛇，践两黄蛇，名曰禺虢。黄帝生禺虢，禺虢生禺京，禺京处北海，禺虢处东海，是为海神。[③]

《大荒西经》载：

> 西海陼中，有神人面鸟身，珥两青蛇，践两赤蛇，名曰弇兹。[④]

《大荒北经》载：

> 北海之渚中，有神，人面鸟身，珥两青蛇，践两赤蛇，名曰禺强。
>
> 大荒之中，有山名曰北极天柜，海水北注焉。有神，九首人面鸟身，名曰九凤。[⑤]

与《史记》记载略微不同的是，《山海经》皆云鸟身而人面，《史记》则谓鸟身而人言。大约鸟身人面实在过于怪诞，“不雅驯”，“荐绅先生难言之”[⑥]，因而略做改动。盖鸟身人言，尚在一般人的理性所能接受的范围之内，因为某些鸟儿确能经过一段时间的训练后发出类似的人声人语。但如此鸟身之物何以能成为太戊之御，太史公似乎并未予以深究。实际上，《史记》文中的“鸟身”，来源于原始时期的燕子（即玄鸟）崇拜，其中当然会有大量怪诞的内容。袁珂先生《山海经校注》对此有十分详细的考证：

> 《太平御览》卷九一五引《括地图》云：“孟亏人首鸟身，其先为虞氏驯百兽，夏后之末世，民始食卵，孟亏去之，凤凰随与止于此。山多竹，长千仞，凤凰食竹实，孟亏食木食。去九嶷万八千里。”孟亏即秦本纪之孟戏也，《博物志》（《外国》）又作孟舒。云：“孟舒国民，人首鸟身，其先主为雹氏训百禽。夏后之世，始食卵。孟舒去之，凤皇随焉。”戏、亏、舒均一音之转。《大荒东经》云：“帝

① 郭世谦：《山海经考释》，第491页。
② 同上书，第501页。
③ 同上书，第635页。
④ 同上书，第586页。
⑤ 同上书，第709—710页。
⑥ 参见（汉）司马迁：《史记·五帝本纪》，第46页。

舜生戏，戏生摇民。”《海内经》云：“有嬴民，鸟足。”嬴、摇亦一声之转，嬴民即摇民，戏即孟戏也，不过原以柏翳（伯益）为祖先者，乃又移之于舜也。舜与伯益盖皆东方殷民族传说中之祖宗神，亦即《诗·玄鸟》所谓“天命玄鸟，降而生商”之玄鸟，即燕子之化身。玄鸟再经神话化，又为凤凰。故其子孙或“鸟身人言”，或“人首鸟身”，或“鸟足”，且有“凤凰随焉”。此“随焉”之“凤凰”，即此处所记“灭蒙鸟”及《海内西经》所记“孟鸟”是也。“为鸟青，赤尾”或“其鸟文赤、黄、青”云云，乃所谓“五采之鸟”，《山海经》多记有之，皆凤凰之象。①

此玄鸟崇拜，最终演变为传统文化中的凤凰崇拜。这些崇拜多由原始部族的图腾崇拜发展而来，或与之有密切的关系，这些近代以来人类学、民族学调查得出的结论，已为今天的研究者所熟知，却不在司马迁的知识范围之内。不过，司马迁秉承信则传信、疑则传疑的精神，在书写秦人早期发展史的过程中，并没有将这些似乎不雅驯的内容完全摒弃，尽管所记极为简单，但仍然为我们留下了一笔珍贵的有关秦人早期信仰和原始宗教的资料。

即使晚到西周时期，《史记》所描述的秦人历史仍然带有神话色彩。如为周穆王之御的造父，就有一日千里的故事：“造父以善御幸于周缪王，得骥、温骊、骅駵、騄耳之驷，西巡狩，乐而往归。徐偃王作乱，造父为缪王御，长驱归周，一日千里以救乱。”②唐张守节《史记正义》引谯周《古史考》云：“徐偃王与楚文王同时，去周穆王远矣。且王者行有周卫，岂得救乱而独长驱日行千里乎？”③这也是将带有神话色彩的历史故事用考实的方式去研究，当然是凿圆枘方，说不到一起去。周穆王约当公元前10世纪，距秦设史官以记事的公元前8世纪（前753年）不过200年左右的时距，但在没有史官秉笔记录的时代，史实在口耳相授的过程中也就会越来越被神话化。秦人善御确为史实，造父曾为周穆王之御也是史实，但其中的具体故事却慢慢地变成了神话。例如，载周穆王西征故事的《穆天子传》亦

① 袁珂：《山海经校注》，上海古籍出版社1980年版，第208页。
② （汉）司马迁：《史记·秦本纪》，第175页。
③ 同上书，第177页。

有类似神化其事的内容："天子之马走千里，胜人猛兽。天子之狗走百里，执虎豹。"这些被神化的历史故事，正是早期历史流传和传播过程中出现的正常现象。因此，尽管其内容中包含不可信的因素，但完全拒之以为虚构显然不是科学的态度。司马迁在书写秦人早期历史时，其所能凭借的史料极少，但他科学地利用这些已经被神化的历史资料，为我们描述了秦人早期发展的客观过程。我们今天利用这些资料再研究秦人早期发展历史，在剔除其中的神话因素后，仍是可以了解到秦人早期历史的客观进程的。

至秦文公十三年置史官以记事之后，这类神话性质的描述就基本绝迹了，反映司马迁所能利用的史料发生了质的改变。其实，即使进入春秋时期，各种神秘故事依然层出不穷，甚至包括史事神话化的现象也仍然存在。但司马迁从史家的理性精神出发，对史事和神话做了严格的界定，坚持以人为中心对秦以后的历史进程做客观描述。例如，文公二十七年，秦人伐南山之梓，举行了"丰大特"之礼。这一历史故事就有众多神秘传说包含其中。据裴骃《史记集解》引徐广云："今武都故道有怒特祠，图大牛，上生树本，有牛从木中出，后见于丰水之中。"张守节《史记正义》又引《括地志》云："大梓树在岐州陈仓县南十里仓山上。《录异传》云'秦文公时，雍南山有大梓树，文公伐之，辄有大风雨，树生合不断。时有一人病，夜往山中，闻有鬼语树神曰："秦若使人被发，以朱丝绕树伐汝，汝得不困耶？"树神无言。明日，病人语闻，公如其言伐树，断，中有一青牛出，走入丰水中。其后牛出丰水中，使骑击之，不胜。有骑堕地复上，发解。牛畏之，入不出。故置髦头，汉、魏、晋因之。武都郡立怒特祠，是大梓牛神也。'"[①]此"怒特"之故事，为汉以来相传之故说，司马迁当亦知之。但在《秦本纪》中，唯记"伐南山之梓，丰大特"八字而已。按：此"丰大特"三字，当是秦国史官的原始记录，味其本义，或是秦文公伐南山之梓时，以一特（一只公牛）之格举行祭礼，用以享树神。这原是原始宗教中常见的具有一定巫术意义的仪式。古人信奉万物有灵，因此往往在开始各种生产、生活的活动之前，对所涉及的相关神灵举行祭祀，或者是为祈求它的护佑，或者是为求得它的原谅。秦伐南山之梓时，应以一特

① （汉）司马迁：《史记·秦本纪》，第180—181页。

之礼对树神举行了祭祀，其后以讹传讹，逐渐演变成梓树之神为一青牛的故事。司马迁显然是不相信这种讹传的，所以据秦国史官的记录，仅书为“伐南山之梓，丰大特”而已，反映了其历史书写中突出的理性精神。

二、突出秦人生产、生活中善驯、善御的特点

秦人在其早期发展阶段，在驯养鸟兽和使用畜力方面有着巨大的贡献，而这也成为司马迁书写秦人早期发展历史的基本线索。

秦人得帝舜赐嬴姓，即是因为其祖先柏翳驯养鸟兽有功。秦人第一代男性祖先为大业。大业子大费，曾佐禹治水有功，受到帝舜的嘉奖：“（大费）与禹平水土。已成，帝赐玄圭。禹受曰：‘非余能成，亦大费为辅。’帝舜曰：‘咨尔费，赞禹功，其赐尔皂游。尔后嗣将大出。’”[①]大费佐禹治水的资料，仅见于此。按《尚书·尧典》载帝舜命禹治水，又记禹与秦人之先伯益同为舜之大臣，但主要分管草木鸟兽，为虞官：“帝曰：畴若予上下草木鸟兽？佥曰：益哉！帝曰：俞，咨益，汝作朕虞。”伪孔传：“虞，掌山泽之官。”[②]并未记载大费曾佐禹治水，司马迁如此记录，或者另有古史传说为据。按：秦人早期生活在今山东地区，处黄河下游，距黄河入海之处亦不远，佐禹治水之说或有可据。当然，这也有可能是大禹治水之功影响太大，不同族群在叙述自己早期发展历史时有意无意地就与这一件重大历史事件挂上了钩，这在早期口传史说中往往而有，也不足为怪。据《秦本纪》，大费的特殊贡献，主要不是治水，而是驯养鸟兽：“（大费）佐舜调驯鸟兽，鸟兽多驯服，是为柏翳。舜赐姓嬴氏。”[③]柏翳即《尧典》中的伯益，伯益所任虞官，与《秦本纪》所言调驯鸟兽正相符合。帝舜时期尚处在文明社会的前夜，不一定已经有了虞官之设，但这些记载确乎可证秦人赖以起家的本领与驯养鸟兽有密切关系。《世本·作篇》记载：“相土作乘马”，“胲作服牛”。胲即王亥，与相土同为殷人先公。殷人原为东夷，秦人亦出自东夷，两者可以参证，说明驯养鸟兽并提供大型畜力，不一定非得由北

① （汉）司马迁：《史记·秦本纪》，第173页。

② 《尚书·尧典》，（清）阮元校刻：《十三经注疏》，中华书局1980年版，第131页。

③ （汉）司马迁：《史记·秦本纪》，第173页。

方的游牧民族来完成。农业或渔猎民族在早期发展阶段，对于畜力的需求可能更甚于游牧民族，由他们来完成对牛、马等大型畜力的驯养与使用，是完全可能的。

驯养鸟兽不仅在初期发展阶段为秦人的立足发挥了重要的作用，后来还一直是其经济活动的传统优势科目，持久地延续了下来。例如，生当西周孝王时的非子，“居犬丘，好马及畜，善养息之。犬丘人言之周孝王。孝王召使主马于汧渭之间，马大蕃息”[①]。从秦人祖先的称名，也能看出秦人在驯养鸟兽方面有突出成就。如大费之子大廉，又称“鸟俗氏”。而大费的另一子则称“若木”。蜚廉为秦人在殷周之际的祖先之一，而蜚廉一称，本指一种神兽，或鸟首鹿身，或鹿首鸟身。称名的习惯往往能够反映其日常生产与生活的特征。无论以鸟、以木、以鹿形、鸟形之神兽为名，应都与秦人先祖承担过虞官一职有关。不过，秦人西迁之后，其称名中遂出现与西、北区域有关的动物名称，如蜚廉之孙孟增，“幸于周成王”，又称“宅皋狼”。张守节《史记正义》云：“《地理志》云‘西河郡皋狼县也。’按孟增居皋狼而生衡父。”[②]这是以地名释“皋狼”一词，“宅皋狼”即“居皋狼”。大约宅皋狼这一称谓与《秦本纪》中大多以孟、仲、季兄弟排序的称谓太过不同，致张守节而有是释。实际上，《秦本纪》下文即云“皋狼生衡父”，说明皋狼即孟增的另一称谓，并非地名。又如，西周中期秦人祖先有称大骆者：“女防生旁皋，旁皋生太几，太几生太骆，太骆生非子。”[③]骆即黑鬃之白马。

在司马迁所撰秦人早期发展阶段的历史中，善御始终是其标志性成就，是秦人参与社会政治活动并登上华夏早期文明舞台的看家本领。秦人由擅长驯养鸟兽，从而在利用大型畜力方面取得了与其他族群相比更为领先的优势地位。其中，对秦人发展持续产生积极影响的本领就是善御。例如，大费子若木之玄孙费昌，生当夏王朝末年，“去夏归商，为汤御，以败桀于鸣条”[④]。先秦时期，御是贵族需要经过学习才能掌握的一门实用技术，

① （汉）司马迁：《史记·秦本纪》，第177页。
② 同上书，第176页。
③ 同上书，第175页。
④ 同上书，第174页。

属“六艺”之一。费昌能为汤御，并参加击败夏桀的鸣条之役，说明他是一位善御者，在夏朝为官时就应担任此职，绝不可能是临时安排为主帅的御者。大费另一子大廉的玄孙孟戏和中衍，皆鸟身人言，商王“太戊闻而卜之使御，吉，遂致使御而妻之”。按：大费为帝舜时人，费昌为夏殷之际人，孟戏和中衍则为殷商第九代王太戊时人，但司马迁并称此三人为大费之子的玄孙，说明这里的玄孙不是通常所说的第四代孙，而是泛称后代裔孙。中衍之后造父，生当西周穆王之时，“以善御幸于周缪王”，“徐偃王作乱，造父为缪王御，长驱归周，一日千里以救乱”。[①]可见秦人因为善御，世为殷周之御。

战国以上，车战是战争的重要形式之一。秦人以善御，由此得以活跃于当时的政治舞台。“自太戊以下，中衍之后，遂世有功，以佐殷国。故嬴姓多显，遂为诸侯。”[②]至殷商晚期，有中潏“在西戎，保西垂”。其所生子蜚廉及蜚廉所生子恶来，皆为商纣时大臣。“恶来有力，蜚廉善走。”武王伐纣之时，蜚廉正为纣王“石北方”，“石”字无解，徐广引皇甫谧说以为是“作石椁于北方”[③]。按：中原地区的墓葬迄今尚未见以石为椁的，因此，皇甫谧所谓为商纣王作石椁于北方说不可信。不过，北方草原地带的早期文明常见有积石为冢的现象。例如，在辽西牛河梁红山文化遗址就发现了包括大型祭坛、女神庙、积石冢与金字塔式建筑等早期文明的遗迹。《秦本纪》载蜚廉“为坛霍太山而报，得石棺”，其中应当包含了北方早期文明的影子。中潏保西垂，蜚廉石北方，于此可见秦人因为善御，是王朝用作抵御来自西、北地区游牧民族入掠的有生力量。不过，《秦本纪》中又记载了中潏为西周王朝保西垂的说法：“申侯乃言于孝王曰：‘昔我先郦山之女，为戎胥轩妻，生中潏，以亲归周，保西垂，西垂因其故和睦。”[④]显然，司马迁所接触到的殷周之际的秦人史料必有错乱，太史公在《秦本纪》中两见其说，体现了信以传信、疑以传疑的著史精神。从大的方面看，殷周时期，秦人一直是王朝西部的重要军事力量，这一点应是无疑的。

① （汉）司马迁：《史记·秦本纪》，第175页。
② 同上书，第174页。
③ 同上书，第175页。
④ 同上书，第177页。

西周晚期，王朝势力衰落，西戎势力强大，“灭犬丘、大骆之族”，秦人的实力受到一定的损失，但也靠着自己的尚武传统迎来了重大的发展机遇。“周宣王即位，乃以秦仲为大夫，诛西戎。”秦仲死于和西戎的战争后，宣王又命秦仲长子庄公及兄弟五人，“与兵七千人，使伐西戎，破之。于是复予秦仲后，及其先大骆地犬丘并有之，为西垂大夫”。正是依靠日益强大的军事实力，秦人遂在褒姒之乱西周灭亡后，得“以兵送周平王”入洛邑，一方面得到周平王“岐以西之地”的赏赐，另一方面更得到周平王所谓“戎无道，侵夺我岐、丰之地，秦能攻逐戎，即有其地”[①]的承诺，秦人的发展亦由此而登上一个更高的台阶。

在秦人早期发展历史的书写中，我们看到，司马迁是由秦人善驯之追溯，进而到秦人善御之描述，实际上是为秦人尚武寻找到了一个源于其文化传统的基因，也是为其探讨秦最终能够统一全国的根本原因提供了一个最基本的语境。这种书写首先都有事实的依据，或者说都有相关材料（史实性的、传说性的、神话的）作为依据，而非向壁虚造，同时又包含了司马迁对于秦人发展历史线索的主观探寻。这种主观性的探寻不仅仅只是针对这一段过往的早期历史，它还有个先验的前提，即秦国最终实现对全国的统一。生当汉代的司马迁，既已见到了秦的统一，那么在其针对秦的早期历史的书写中，就不可能不包括对这个历史结果的原因探寻。叙事主义史学理论家安克斯密特在其《叙事主义哲学的六个原理》一文中开篇即谓：“历史叙事就是针对过去的阐释。”如果我们撇开其所可能导致的历史虚无主义的负面影响不谈，仅从史家的主体建构对于历史书写所产生的影响角度对史料的史实性和建构性做深入的讨论，这对于推进历史研究的发展，无疑具有重要的学术价值。

（作者单位：吉林大学文学院）

① 参见（汉）司马迁：《史记·秦本纪》，第178—179页。

《史记·秦本纪》所载秦早期史迹

王 珏

历史不仅发生在过去，还发生在司马迁的《史记》中，也发生在读史者对《史记》的阅读、理解和思考中。作为中国历史上最伟大的历史学家之一，司马迁阅读、理解、思考历史问题的能力，至今仍有后人难以企及之处。司马迁撷取历史片段连缀而成的早期秦史，是对秦人早期崛起的解释，成为今天研究秦史的主要依据。以下对照考古资料、其他历史文献，用今天的研究方法和思维方式重新解读。

《史记·秦本纪》记载：

> 秦之先，帝颛顼之苗裔孙曰女脩。女脩织，玄鸟陨卵，女脩吞之，生子大业。大业取少典之子，曰女华。女华生大费，与禹平水土。已成，帝锡玄圭。禹受曰："非予能成，亦大费为辅。"帝舜曰："咨尔费，赞禹功，其赐尔皂游。尔后嗣将大出。"乃妻之姚姓之玉女。大费拜受，佐舜调驯鸟兽，鸟兽多驯服，是为柏翳。舜赐姓嬴氏。①

秦人起源问题的材料十分缺乏，直到秦文公十三年（前753年），秦才"初有史以纪事"。有关秦人的早期历史情况，只能靠历史文献中断断续续的记载和考古发现来推测，于是就产生许多歧异。归纳起来，对于秦人起源问题大致有三种主要的主张，即 "西来说"和"东来说"，以及"北方夏族说"。20世纪90年代又有论者提出"文化二源说"②。

西来说提出较早。王国维在《秦都邑考》中指出："秦之祖先，起

① （汉）司马迁：《史记·秦本纪》，北方文艺出版社2007年版，第41—42页。

② 黄留珠：《秦文化二源说》，《西北大学学报》（哲学社会科学版）1995年第3期。

于戎狄。”而戎狄一般聚居于西北地区。蒙文通根据《史记·秦本纪》中申侯所说“昔我先郦山(今陕西西安临潼境，古骊戎居此)之女，为戎胥轩妻，生中潏(秦人祖先)”推测，胥轩为戎，当非华族，此秦之父系应为戎；申侯之先为郦山之女，亦当为戎，则秦之母系亦为戎，父母系皆为戎，则秦人为戎族可确定无疑。[①]他认为秦人的先世起于西方的戎狄，否定了秦人起源于东方的说法，秦人是西戎华化的产物，因为秦人攀附华夏，非子从周王那里得到了尊贵的赐姓，因而改变了原来为西方土著的族群本质。

近年来，有些学者提出秦人与殷人同出东方的看法。在殷商时期，秦人是从属于殷商的一个部族，殷商亡后被迁到今陕西地区，成为周人的奴隶。周成王时，秦人参加反周大叛乱，失败后再次西迁，成为后来秦人的祖先。历史文献、神话传说、氏族图腾、祭祀习俗、游牧生活和考古发掘都证实了这个说法，如秦人与殷人均以燕子为图腾，共奉玄鸟为祖先；都是以游牧、狩猎为主要生产方式；殷制天子墓为“亚”字形，诸侯墓为“中”字形，界限分明，而在七个秦公陵园二十二座大墓中，存在“中”字形墓，绝无“亚”字形墓，说明秦的墓葬形式循殷制。秦人与殷人的祖先关系如此密切，而殷人早期活动于我国东方几乎已成定论。有的学者还进一步推断秦人在东方的具体发祥地。大量的证据表明，嬴秦文化的中心区域在今济南市莱芜区。或以为在今山东省曹县之北[②]，或以为在今山东省中南部的曲阜和费县附近一带[③]。如果把范围说得大一点，今山东省西部、西南部与河南省东部、东北部的黄河下游地区，都有可能是秦人先祖早先的活动区域。[④]

主张秦人为“北方夏族说”者，亦不乏其人，如吕振羽、吴泽以及马培棠等。此说大体上认为秦人本来是夏族的一支，在夏、商两大联盟相互斗争之时，夏人为商人所阻挡，因而转向西方发展，成为诸羌，也就是强调夏人、羌人、周人(姜姓)、秦人皆源自同一个氏族部落，所以说秦人是羌族。其实我们从各方面考察，秦人和商人反而有较多相似之处，而与

① 参见王国维：《观堂集林·秦都邑考》，中华书局1959年版，第532页；蒙文通：《秦为戎族考》，《禹贡》第6卷7期，1936年；蒙文通：《秦之社会》，《史学季刊》第1卷第1期，1940年。

② 参见牛世山：《秦文化渊源与秦人起源探索》，《考古》1996年第3期。

③ 参见李江浙：《秦人起源范县说》，《民族研究》1988年第4期。

④ 参见严宾：《秦人发祥地刍论》，《河北学刊》1987年第6期。

周人则有较大的差异，因而说姬姓和嬴姓有相同起源，未为笃论。

公允而论，从古至今，世界上找不到一个在血统上完全纯化或净化的民族，民族与民族之间逐渐融合，亦是必然的过程，这包括秦人早期与华夏族之间的融合。由于各个不同民族之间的文化交流和互相渗透，更是频繁和潜移默化的，因而有必要将秦人的氏族渊源和文化渊源分开来探讨，所以有一种秦文化源于东方而兴盛于西方的折中说法，较为符合历史发展的实际，也比较容易得到大众的认同。

秦人族属源于东方，比较能取得一致性的共识。从秦人崇鸟的神话，以及崇尚白帝少皞特别隆重的祀典，大概可以了解秦人的始祖是属于东夷族的少皞氏。然而，根据《史记·秦本纪》"秦之先，帝颛顼之苗裔孙曰女脩"以及《楚世家》"楚之先祖出自帝颛项高阳"，则不仅是说秦人的祖先是黄帝之孙颛顼高阳氏，而且说明秦、楚本为同一祖先之氏族。秦人认同黄帝之孙颛顼为其始祖，应该是在与华夏族融合以后的事。

经过论证大致可以判定，秦人的祖先来自东方，大概就在今山东省境内，而与唐、虞、夏、商、周人的祖先并存于同一个历史时空与邻近的地域，彼此之间又具有横向与纵向的关系与联系。一是横向的关系，即唐虞时期的部落联合体关系和三代时期的并列方国关系；二是纵向的关系，即从唐虞时期的氏族社会发展到夏、商、周王朝的前后相继关系。纵横向关系的十字座标起点落在夏代开国之际，大致相当于考古学上的龙山文化时期与二里头文化时期交替之际。①

如此，则嬴秦族必是由东往西迁，依照学者们的研究，有一迁、三迁和四迁三种不同的看法。所谓"一迁"，就是承认秦人在历史上的迁徙只有一次，有的人认为西迁始于夏末商初，有的人则认为西迁始于西周初年。②然而，揆诸史实的记载，从路途的遥远来看，秦人的西迁过程似乎不是那么一蹴可就的，这应当是一个艰辛辗转的历程。因此，所谓"三迁"的说法就相对合理了。此说认为，秦人的第一次向西大迁徙发生在夏末商初③，这是夷、夏两大集团相互争战的结果，东夷族的成汤获得了胜利，秦人随

① 参见缪雅娟：《读〈虞夏时期的中原〉》，《考古》2002年第8期。
② 参见尚志儒：《早期嬴秦西迁史迹的考察》，《中国史研究》1990年第1期。
③ 参见杨东晨、杨建国：《夏代秦人的发展及西迁》，《学术月刊》1992年第12期。

军西征而西迁。第二次发生在商代末年，大概是在胥轩和中潏的时代。[①]第三次则发生在周公东征之后以及周成王即位之初，因为其参与了东土的叛乱而被迫西迁。这是周王室对殷遗民及同一集团成员所做的处置。最后所谓的“四迁”，则是在上述三迁过程中，再加上一个先周时期的迁徙。[②]其实不论秦人的祖先分成几次或几批由东方徙居到西方，迁徙路线大致上是从今天的山东到山西，再由山西到陕西，最后定居在甘肃东部一带，这是可以肯定的。

图腾是原始部落的普遍现象，这在中国古史传说中就有不少的例证，三皇五帝、历代开国皇帝的传记中都有类似记载。“图腾（totem）是印第安语，意为亲属。它表示氏族的标志或符号。某个氏族崇拜某一图腾（多数为动物，少数为植物或自然物），即自认是这个图腾的嫡系裔孙，对之诚惶诚恐，顶礼膜拜。这种古老的风俗，曾普遍存在于世界各地。中国上古亦如是。”[③]美国民族学家摩尔根1877年写成的《古代社会》，首先把原始社会各氏族的图腾崇拜这种有趣的现象公诸于世。“秦之先，帝颛顼之苗裔孙曰女脩。女脩织，玄鸟陨卵，女脩吞之，生子大业。”这段记载透露出了有关秦人先世秘密的讯息。秦人远祖的图腾是玄鸟，即燕子。根据以燕子为图腾标志来判断，秦族的祖先来源于东夷的森林渔猎部族，这种历史传说在中国历史上是东北民族和淮夷所共有的。

由于史料以及考古材料的缺乏，秦人祖先在传说时代的史迹，渺茫难求，无法做具体的描述，只能根据《史记》寥寥的记载，做一些简单的猜测。秦族的祖先被记为女性始祖女脩，很多人看作是母系氏族社会的遗留，实不足征信。秦人远祖的社会发展，和华夏大地的其他部落是同步进行的。帝颛顼之后，中国已经步入父系氏族社会晚期。根据民族志解读，帝颛顼的苗裔孙女脩在帝尧时期与一以鸟为图腾的部族联姻，形成“姻亲部落”。因为该部族在历史上没有太多的功绩，故史无留名，造成了秦族男性祖先历史的空白，这也合情合理。出于对先祖的美化、神化和圣化，所以才有了帝颛顼苗裔孙女脩吞玄鸟（燕子）卵而生大业的神秘始祖来源传说。

① 参见王玉哲：《秦人的族源及迁徙路线》，《历史研究》1991年第3期。

② 参见王学理：《咸阳帝都记》，三秦出版社1991年版，第31页。

③ 龚维英：《周族先民图腾崇拜考辨——兼说黄帝族、夏族的图腾信仰》，《人文杂志》1983年第1期。

“大业取少典之子，曰女华。女华生大费，与禹平水土。”大业属以燕子为图腾的东夷族群，可以和古老黄帝部族的少典氏结为姻亲，显然具有较高的声望和地位。大业生大费，大费又称伯益、柏翳，为大禹治水的重要辅佐。“已成，帝锡玄圭。禹受曰：‘非予能成，亦大费为辅。’帝舜曰：‘咨尔费，赞禹功，其赐尔皂游。尔后嗣将大出。’乃妻之姚姓之玉女。大费拜受，佐舜调驯鸟兽，鸟兽多驯服，是为柏翳。舜赐姓嬴氏。”[①]大费帮助大禹治水，以及佐舜驯服鸟兽，大费部族加强了与中原华夏部族的融合交流。因为居功厥伟，所以舜赐他嬴姓。

《史记·秦本纪》曰：

> 大费生子二人：一曰大廉，实鸟俗氏；二曰若木，实费氏。其玄孙曰费昌，子孙或在中国，或在夷狄。费昌当夏桀之时，去夏归商，为汤御，以败桀于鸣条。大廉玄孙曰孟戏、中衍，鸟身人言。帝太戊闻而卜之使御，吉，遂致使御而妻之。自太戊以下，中衍之后，遂世有功，以佐殷国，故嬴姓多显，遂为诸侯。[②]

大费（伯益）被杀，部族也受到了夏启的打击，分离成两个子系部族鸟俗氏和费氏，迁徙到边远或者夷狄之域。被排挤在华夏文化主流和政治主流之外，有夏一代一蹶不振。秦族的历史因此出现了很长的断层，留下一段无法弥补的空白。在《史记》中的反映就是世系不对，年代不合。根据夏商周断代工程的研究结果，夏朝自大禹至夏桀（前2070—前1600年），计470年。大费当夏禹启时代，夏启四年被杀，费昌当夏桀商汤时代。夏帝系是15代，平均每代28年，这样从夏启六年到夏桀末，约420年，因此秦族的世系也应该在15代左右。而根据史籍记载，其间仅大费生大廉（其后代为鸟俗氏）；二曰若木，其后为费氏。其玄孙为费昌，此间代数仅有五代，每代平均在84岁以上，这是不可能的。另外一支鸟俗氏“大廉玄孙曰孟戏、中衍，帝太戊闻而卜之使御”。从商汤伐桀即帝位，到太戊帝之前的雍己，共计170年；加之夏年数为590年，五代每代平均120余年，更是谬不可言。唯一合理的解释是：在夏桀时代大费的一支后人费氏西迁，

① （汉）司马迁：《史记·秦本纪》，第42页。
② 同上。

“费昌当夏桀之时，去夏归商，为汤御，以败桀于鸣条”[①]。但是因为秦族被排斥，史籍上也缺少较为详细的记载，直到夏末才有机会为本族人的未来投奔商汤，以期在新帝国内获得较高的社会和政治地位，所以其后裔中的一支去夏奔商，开始了秦族的政治冒险。费昌一代获得了商汤赏识和重用，成为商汤的亲信，在攻打夏桀的商汤革命中立下了大功。

商朝建立之后，大费后裔的另一支属“大廉玄孙曰孟戏、中衍，帝太戊闻而卜之使御，吉，遂致使御而妻之”。嬴姓从此勠力辅佐商朝，并且累世成为显贵的诸侯。这一支可能在夏启时代以后并没有为中原文化所完全同化，因此还保持着鸟图腾的传统，其鸟首人言，可能是该部族有戴图腾面具的习俗，故有此讹传。

《史记·秦本纪》曰：

> 其玄孙曰中潏，在西戎，保西垂。生蜚廉。[②]

秦人为商朝担负起守卫边疆的责任。关于“西垂”的地望，历来的说法并不一致。近年来甘肃礼县大堡子山发现秦公陵墓，这是目前发现的年代最早的秦文化遗址，从其中含有的周文化因素遗存，至少可以将其上限推到西周早期，可以肯定在公元前 9—前 8 世纪前，秦人已经开始在这个区域附近活动。甚至从其中日用品陶器已经周式化的情况推断，可以将其年代上溯至商代末年。[③]那么，在商代末年中潏“在西戎，保西垂”的说法，是完全可信的。大费—大廉—中衍这一支的后裔随着商帝国的扩张逐渐分散到西戎。

从中潏的父亲戎胥轩开始在西戎定居，并且和西戎中的申戎联姻。这一支后裔经过多年的变化，已经从商帝国的拓疆者和西方边界守卫者，逐渐与当地的西戎族游牧部落融合，并与当地的戎族联姻，因此从中潏的父亲也被称为“戎胥轩”，已经成为当地戎族的一部分。这也是当时社会各个种族互相融合交流的一个真实写照。

中潏“在西戎，保西垂”，则必与自太王迁岐以后的周人产生接触，因而在上述毛家坪秦文化遗存中找到先周文化的影响，而且也证实了上述

① （汉）司马迁：《史记·秦本纪》，第 42 页。

② 同上。

③ 参见赵化成：《寻找秦文化渊源的新线索》，《文博》1987 年第 1 期。

申侯与周孝王之间的一段对话。根据章怡华的研究，早期嬴秦和姬周关系的特点有二：一是太王迁岐，姬周与嬴秦周原碰撞；中潏西迁，嬴秦与姬周世代修好。二是嬴姬结亲，嬴秦依附周王室；姬周利用秦贵族，以夷制夷。可见，早期秦人和周人的关系已经很密切，不但互相通婚，而且相互利用。

《史记·秦本纪》载：

> 蜚廉生恶来。恶来有力，蜚廉善走，父子俱以材力事殷纣。周武王之伐纣，并杀恶来。是时蜚廉为纣石北方，还，无所报，为坛霍太山而报，得石棺，铭曰“帝令处父不与殷乱，赐尔石棺以华氏”。死，遂葬于霍太山。蜚廉复有子曰季胜。季胜生孟增。孟增幸于周成王，是为宅皋狼。皋狼生衡父，衡父生造父。造父以善御幸于周缪王，得骥、温骊、骅綟、騄耳之驷，西巡狩，乐而忘归。徐偃王作乱，造父为缪王御，长驱归周，一日千里以救乱。缪王以赵城封造父，造父族由此为赵氏。自蜚廉生季胜已下五世至造父，别居赵。赵衰其后也。恶来革者，蜚廉子也，蚤死。有非子居犬丘，好马及畜，善养息之。犬丘人言之周孝王，孝王召使主马于汧渭之间，马大蕃息。恶来革者，蜚廉子也，蚤死。有子曰女防。女防生旁皋，旁皋生太几，太几生大骆，大骆生非子。以造父之宠，皆蒙赵城，姓赵氏。[①]

此处秦族的世系也有差错：从帝太戊至周孝王，中衍—曾孙戎胥轩—玄孙中潏—蜚廉—恶来—女防—旁皋—太几—大骆—非子（秦嬴），共12代，约735年，平均每代61.25年，可见从中衍到蜚廉的世系也是有问题的。

秦族在商代世系的不明，可能是因为秦族是商帝国的重臣，在商末时代周商的矛盾冲突中，极为坚定地支持商帝国，极大地危害了周族的利益，因此在周灭商的过程，不仅这两支主要的势力被消灭，殷商灭亡了，也暂时结束了嬴秦一族在政治上的显赫地位。而且其世系也在战争的过程中被毁坏，所以造成秦族这一段历史的错误和空白。

周初的嬴秦部族参加了反叛西周王朝统治的三监之乱，《逸周书·作雒解》说：“三叔及殷东徐奄及熊盈以畔。”其中“盈”就是“嬴”，

① （汉）司马迁：《史记·秦本纪》，第42页。

而“徐”“奄”亦同为嬴姓，因而在周公东征平乱之后，这些嬴姓的部落就成为周人的奴隶。再者，西周的封建，可看作一种侵略性的武装移民，与军事占领。姬周之族占领了东方的膏腴之地，于是殷遗民被迫分割迁徙，嬴秦族也因此被安置在西边的蛮族部落里。

秦人沦为周人的奴隶，在周王的眼里，秦人不只为奴隶，而且为“秦夷”。就像牲畜和物品一样，可以任意地被买卖、赠与和赏赐。[①]因而此下直至造父，因为秦人地位低下，所以并无可述之绩，而造父担任“御”的职务，充其量也只不过是“高级奴隶”[②]。有关西周以来至非子之时秦人的悲惨遭遇，《楚辞・天问》曾叹曰：“中央共牧后何怒？蜂蛾微命力何固？惊女采薇鹿何祐？北至回水萃何喜？只有噬犬弟何欲？易之以百两卒无禄。”[③]

后来，秦人的地位才逐渐有了转变。

《史记・秦本纪》载：

> （周）孝王欲以为大骆适嗣。申侯之女为大骆妻，生子成为适。申侯乃言孝王曰：‘昔我先郦山之女，为戎胥轩妻，生中潏，以亲故归周，保西垂，西垂以其故和睦。今我复与大骆妻，生适子成。申骆重婚，西戎皆服，所以为王。王其图之。’于是孝王曰：“昔伯翳为舜主畜，畜多息，故有土，赐姓嬴。今其后世亦为朕息马，朕其分土为附庸。”邑之秦，使复续嬴氏祀，号曰秦嬴。亦不废申侯之女子为骆适者，以和西戎。[④]

周孝王时大骆与西戎申戎通婚，并通过姻亲诸侯申戎的力量得以作为附庸，在汧渭之间的秦筑城，“使复续嬴氏祀，号曰秦嬴。亦不废申侯之女子为骆适者，以和西戎”。[⑤]至此，秦族大费的后代在经历夏代的衰落、商代的中兴和商末周初的再度衰落后，终于在西周中期周孝王时期重新登上历史舞台。这是一个秦人与周室关系由疏转密的转折点，从被歧视、排斥，

① 古方：《秦风永驻——秦始皇、始皇陵、兵马俑》，四川教育出版社 1996 年版，第 9 页。
② 徐卫民、贺润坤：《秦政治思想述略》，陕西人民教育出版社 1995 年版，第 10 页。
③ 黄灵庚：《楚辞注疏》，黄灵庚主编：《楚辞文献丛刊》第 55 册，国家图书馆出版社 2014 年版，第 252 页。
④ （汉）司马迁：《史记・秦本纪》，第 43 页。
⑤ 同上书，第 42—43 页。

转而被争取利用。而秦人亦以其不屈不挠的精神和擅长养马的特长，终于赢得了周王的封赏，得以重新起用。

《史记·秦本纪》载：

自蜚廉生季胜已下五世至造父，别居赵。赵衰其後也。恶来革者，蜚廉子也，蚤死。有非子居犬丘，好马及畜，善养息之。犬丘人言之周孝王，孝王召使主马于汧渭之间，马大蕃息。孝王欲以为大骆适嗣。申侯之女为大骆妻，生子成为适。申侯乃言孝王曰："昔我先郦山之女，为戎胥轩妻，生中潏，以亲故归周，保西垂，西垂以其故和睦。今我复与大骆妻，生适子成。申骆重婚，西戎皆服，所以为王。王其图之。"于是孝王曰："昔伯翳为舜主畜，畜多息，故有土，赐姓嬴。今其后世亦为朕息马，朕其分土为附庸。"邑之秦，使复续嬴氏祀，号曰秦嬴。亦不废申侯之女子为骆适者，以和西戎。秦嬴生秦侯。秦侯立十年，卒。生公伯。公伯立三年，卒。生秦仲。秦仲立三年，周厉王无道，诸侯或叛之。西戎反王室，灭犬丘大骆之族。周宣王即位，乃以秦仲为大夫，诛西戎。西戎杀秦仲。秦仲立二十三年，死于戎。有子五人，其长者曰庄公。周宣王乃召庄公昆弟五人，与兵七千人，使伐西戎，破之。于是复予秦仲後，及其先大骆地犬丘并有之，为西垂大夫。庄公居其故西犬丘，生子三人，其长男世父。世父曰："戎杀我大父仲，我非杀戎王则不敢入邑。"遂将击戎，让其弟襄公。襄公为太子。[①]

此后非子受封于秦邑有了禄位，而弟弟成则以"和戎"来代替禄位。大约是在周穆王晚期，大骆一族的秦人开始离开其在山西南部的原居地，迁徙到今甘肃省天水地区一带，即所谓的"西犬丘"。《穆天子传》记载周穆王西征的传说，虽然类似小说中的情节，但是也应该具有某种可信的程度。非子所居之"犬丘"当指"西犬丘"，应是相对于原来在今陕西省兴平县东南的"犬丘"而言，是太史公行文时的省略字[②]，亦即后来"庄公居其故西犬丘"的地方。有的学者经过实地考察，得出"西犬丘在今甘肃省天水市西南从天水镇至礼县永兴乡之间，长约三十公里，宽二至三公里

① （汉）司马迁：《史记·秦本纪》，第42—43页。

② 参见段世君：《非子所居犬丘地望辨》，《人文杂志》1984年第6期。

的西汉水两岸台地”[①]。1998年，在礼县永兴乡赵坪村的圆顶子山发掘了一处春秋时代的秦国墓地，很有可能就是具体的所在之处。[②]此时非子一族仍未脱离以游牧为主的生活习俗，所以周孝王召其“主马于汧渭之间”，也是为了让非子守护边地，担负起防御西戎的重任。因此封非子为附庸并邑之秦，扶植为一个“嬴姓小贵族”，这样的特别优待，可能为了对付日益强大的西戎。因此，非子从迁于西犬丘以来，虽然地盘扩大了，却在与西戎杂居中时时可能与之兵戎相见，而且稍有不慎，便有被整个消灭的危险。

值得注意的是，自商末中潏以来，就已经有一支秦人居住在陇山东西两侧，他们即是前述金文中所说的“秦夷”，是奴隶的身份。而非子一支后来才迁于此地的秦人是“戍秦人”，地位较高，可能是军事官员。而活动于天水地区西汉水流域的非子一族，和同时活动于天水地区渭水流域的毛家坪、董家坪这一支尚不能确定支系的秦人必定有所联系或融合。他们认同非子“复续嬴氏祀”的正统地位，而非子也必以此相号召，使陇山东西两侧的秦人合为一股势力，共同努力，四十余年后秦仲为“西垂大夫”，秦人开始雄视西方。

秦仲即位三年，因为周厉王无道，引起了诸侯和西戎的反叛，西戎灭了居住在犬丘的大骆族人。周宣王一登位，便封秦仲为大夫。关于这一段史事，论者说：“戎族之所以纷纷叛乱，一是西周末年的政治腐败，王室衰弱；二是秦成为奴隶制诸侯国后要扩张领土，遂与戎贵族发生利害冲突；三是随着地位的变化，嬴秦之族也不像以前为游牧奴隶时那样对戎氏人民友好；四是周王室也有意使秦戎互相斗争，以利控制。”[③]

因此，这对周王室是一举两得的事情，所以秦仲率领非子一族离开了汧渭之间，回到了陇上，活动在今甘肃张家川和清水附近以讨伐西戎。不幸秦仲在位23年之后死于西戎。据《毛诗·秦风·车辚》诗序，“车辚，美秦仲也，秦仲始大，有车马礼乐侍御之好焉”。《郑氏诗谱》曰：“周孝王为伯翳能知禽兽之言，子孙不绝，故封非子为附庸，邑之于秦谷。至

① 徐日辉：《秦建国前活动考察》，秦始皇兵马俑博物馆编：《秦俑秦文化研究——秦俑学第五届学术讨论会论文集》，陕西人民出版社2000年版，第459—460页。

② 参见张天恩：《礼县等地所见早期秦文化遗存有关问题刍论》，《文博》2001年第3期。

③ 杨东晨：《秦人的崛起与纳贤》，《文博》1987年第1期。

曾孙秦仲，宣王又命作大夫，始有车马礼乐侍御之好。国人美之，秦之变风始作。”所以，柳诒徵说：“秦之文化，自周宣王时始开。”[①]这是秦仲对周文化的欣慕向化，而非周王朝的强行灌输。此时秦人的势力大为扩张，似乎已经引起周王朝的注意，周幽王的司徒郑桓公与周太史史伯论及周室兴衰之事，《国语·郑语》载：“公曰：‘姜嬴其孰兴？’对曰：‘夫国大而有德者近兴，秦仲、齐侯、姜嬴之隽也，且大，其将兴乎？’”后来的历史发展果然证实了“史伯的预言”。[②]

秦仲死后，周宣王又召秦仲子庄公昆弟五人，给兵七千讨伐西戎，获得大胜，收复了大骆之族的失土犬丘，集秦邑与犬丘二地的秦人为一，所以蒙文通说：“秦之始强，自庄公始也。”[③]庄公被封为“西垂大夫”，居住于故地西犬丘，庄公长子世父决心为祖父秦仲报仇，曰：“戎杀我大父仲，我非杀戎王则不敢入邑。”于是亲自率兵击戎，并且让太子之位给他的弟弟襄公。

《史记·秦本纪》载：

> 庄公立四十四年，卒，太子襄公代立。襄公元年，以女弟缪嬴为丰王妻。襄公二年，戎围犬丘，世父击之，为戎人所虏。岁余，复归世父。七年春，周幽王用褒姒废太子，立褒姒子为适，数欺诸侯，诸侯叛之。西戎犬戎与申侯伐周，杀幽王郦山下。而秦襄公将兵救周，战甚力，有功。周避犬戎难，东徙雒邑，襄公以兵送周平王。平王封襄公为诸侯，赐之岐以西之地。[④]

庄公死后，太子襄公即位，襄公元年，“以女弟缪嬴为丰王妻”。这个丰王，据《史记会注考证》说是“戎人之号、荐居丰岐，周称丰王”。和亲政策当是秦襄公为了对付丰戎采取的缓兵之计，也可以说是一种和亲在先、打击在后的两手策略。但这个策略显然没有奏效，第二年戎人就兵围犬丘，俘虏了世父。这一年《史记·秦本纪》引《帝王世纪》曰：“秦襄公二年徙都汧。”但是《史记》的正文中却不见记载，所以此事的真伪引起学术

① 柳诒徵：《中国文化史》上册，上海古籍出版社2001年版，第337页。

② 参见上海师范大学古籍整理研究所校点：《国语》卷一六《郑语》，上海古籍出版社1988年版，第532页。

③ 蒙文通：《周秦少数民族研究》，龙门联合书局1958年版，第3页。

④ （汉）司马迁：《史记·秦本纪》，第43页。

界的争议，如王国维的《秦都邑考》中就未列举汧邑。西犬丘既为戎人所围，襄公率军冲出重围，被迫转移战略目标到关中，暂避一时之锋芒，亦可谓权宜之计，襄公突围而出徙都汧邑，接着就是向东发展，一步一步进入建国的大道。襄公五年太史伯所指的“嬴隽”秦仲，其实指的是当时在位的襄公，他的雄才大略，使史伯预见了秦人日后不可限量的未来。

（作者单位：中国先秦史学会孙子兵法研究院）

伏羲文化与华夏文明的育兴

祝中熹

尊伏羲为中华民族的人文始祖，如今已是宇内华人的共识；每年在天水市举行的公祭伏羲大典，已成为备受海内外关注的国家级隆重礼仪。与此同时，对伏羲文化的研究和宣传，也是一浪高过一浪，而且越来越呈现出多领域、多角度、多渠道、多层次争相发声、百花竞放的昌盛局面，社会各界都为此而欣奋不已。但我们在肯定研究方向多元化的同时，应把握好一个核心宗旨：必须将伏羲文化纳入华夏文明育兴这个总纲中，视此为众音合奏的主旋律、带动所有齿轮转动的中心轴。研究者胸臆如不坚定这种理念，许多微观探索便会模糊了价值取向，甚至走入迷途。

道理很简单。伏羲不是一个具体的直观人物，伏羲传说也不是一则孤立的神话故事，伏羲文化更不是一种封闭性的方隅文化。伏羲和伏羲文化是种神圣符号，代表了一个庞大的强势族系，代表了一个漫长的时代，代表了那个族系在那个时代里所创造的辉煌历史。我们尊奉伏羲为“人文始祖”，为什么要以“人文”来限定“始祖”呢？难道不就是因为要宣示我们是在社会性文化脉络的意义上使用这个概念的吗？伏羲文化与华夏文明同步孕生，是华夏文明形成过程中血肉相连的组成部分。华夏文明是神州大地满天星斗般的史前文化交接、碰撞、融汇的产物。在这百川成海的宏伟运展中，东、西两大文化区系的交融，发挥着主导作用，构成了华夏文明的基体。

东、西两大文化区系，实即华夏文明的东西二源。东源可称为“海岱文化圈”，指以泰山为依托，济、潍、汶、泗诸水密布的那片地域。那是由大汶口文化发展而成的山东龙山文化育生地，传说中族体标志性人物为少昊、颛顼、蚩尤。西源可称为“汉渭文化圈”，指以陇山为依托，汉、渭两大水系紧邻的那片地域。那是由大地湾文化发展而成的仰韶文化育生地，传说中族体标志性人物为伏羲、女娲、炎帝和黄帝。伏羲族系是汉渭文化圈最早的辟拓者，是汉渭文化圈历史地位的奠定者，是汉渭文化圈精神传承的象征。伏羲文化不仅是华夏文明育兴的生长要素，还是华夏文明形成后持续发展的推动力。这从华夏文明后世传承中显现的伏羲文化基因即可看出。因此，完全可以说伏羲文化是华夏文明不断升华的重要源泉。

以上是笔者对伏羲文化的宏观认知。

以下笔者提三个具体问题，供关心伏羲文化研究的学界同仁们思考，并以对这三个问题的阐析，作为对上述认知的论证。

一、伏羲与太昊是否同指

目前所知，明确称伏羲、太昊为一人的古文献，是《汉书·律历志》附录的刘歆《世经》；在《汉书·古今人表》中，班固更直接列称“太昊伏羲氏”。后世学者多无异议。但也有质疑的声音，影响较大的是清代学者崔述。他在其《补上古考信录》（卷下）中，提出伏羲与太昊并非一人、神农与炎帝也非一人的看法，认为先秦文献找不到二者同称的依据，合二为一是刘歆和班固的误判。战国时盛行五行理论，以五行配五帝。《吕氏春秋》依五行相生的顺序列五帝，将太昊、炎帝置于黄帝之前，这和《易传》对伏羲、神农、黄帝的表述顺序重合。刘歆受了这一重合的影响，遂视伏羲、太昊为一人，神农、炎帝为一人。而在《左传》中，伏羲、神农居黄帝之前，而炎帝、太昊是居黄帝之后的，所以说刘歆误判，而班固袭沿其误。

认真审视相关记载不难发现，崔述之说根本站不住脚。首先，他未细察《左传》昭公十七年郯子关于上古史的那段名言，没弄懂郯子述其祖少昊之前诸位古圣的方式是由近及远的，即所谓倒述，其顺序是黄帝、炎帝、共工、太昊。崔述就此理解为炎帝、太昊在黄帝之后。事实上郯子所言和刘歆所列顺序完全一致；其次，崔述犯了个逻辑错误。他说刘歆据《吕氏春秋》与《易传》对古圣排列顺序重合，便认为两组名称同指是个错误，但为何不说正因为两组名称同指，所以必然顺序重合呢？同指而顺序重合，乃天经地义之事，刘歆据实而言，何错之有？其实，刘歆所言古圣次序，不仅与《易传》重合，与《左传》重合，而且先秦文献高度一致，绝非刘歆的独创。战国至两汉，是人们对伏羲、太昊这两个名号关注最多、使用相当频繁的时段，学者们都认为两个名号同指一人，说明此为社会所公认。

笔者在此指出崔述的质疑不当，却并不否定他起疑的原因；他的论证方式和结论虽然错误，但问题的提出，在我国古史研究领域还是很有意义的。这是因为，在先秦文献中，言太昊者称太昊，言伏羲者称伏羲，的确找不到将二名同时并用的文例。而且，还有几点非常值得思考之处。一是关于伏羲的记载时间较早，关于太昊的记载时间较晚。二是关于伏羲的记载非常丰富，资料虽零散，但内容涉及社会生活的各个方面，具体而切实；关于太昊的记载却较单薄，多为片言只语，侧重于抽象赞颂，且神话色彩更为浓烈。将两个名号下的文字对比可知，二者的文化面貌迥然不同，令人困惑莫解。三是传说中伏羲的活动地域主要在西方，太昊的活动地域主要在东方。

既然两个名号同指一人，那如何解释上述现象？笔者认为，这只能从文化传承的历史性上寻找原因。质言之，两个名号虽指一人，但名号却并非同时产生的：一个早，一个晚；一个实，一个虚。太昊名号是用来傅会伏羲的，两个名号合指是对五帝时期东、西两大文化区系交接、融合后，人文格局发生巨大变化的反映。伏羲文化扩延至东方后，影响不断深化。东方文化要与之相融，就要让它在东方文化土壤中扎根、发育。于是便适应社会的精神需要，酝酿出了太昊这个名号，用来安放伏羲这位古圣。换句话说，太昊名号是东方文化生态环境吸纳了西方文化营养的产物，是东方人为伏羲特设的尊位。之所以称“太昊”，是因为东方原有“少昊”这位古圣，共用“昊”名，而以“太”“少”别其位置之前后。二者相配更具存在感和号召力。

要知道，华夏文明形成之后，特别是进入商周时代，东方文化渐居优势。流传后世的早期文献，多出于东方即所谓“齐鲁文士”之手。他们熟悉东方神话传说，又掌握了较多的人文话语权，在东、西文化汇融的史流中，很容易为伏羲绘制出一个东方之神的形象。鉴于伏羲时代之古远、伏羲文化影响之巨大，伏羲的太昊名号列在少昊之前，居于少昊之上，且遵循伏羲族系以龙为图腾的传统，配龙为太昊的灵象。这中间想必还有东迁的伏羲族系分支作为群体基础，因为这些族群也要适应当地的人文环境，融入东方社会。再后来，渐次形成的五方帝宗教体系，位太昊于五帝之首，奉为主东方的青帝，遂使伏羲、太昊名号合一的人文创构彻底完成，固化为一种神圣理念。所以笔者把伏羲、太昊名号的合一，称为东、西方文化融汇的东方胎记。

二、风姓缘何而起

姓是文明形成过程中出现较晚的社会现象。原始社会人们是没有姓的，但族体之间又必然存在联系与交往，这就要求彼此有个指代性称呼。这种称呼简明而具标志性含义，日久习成而通行。所谓标志性，当源自该族给人印象深刻的生存方式、独创的生产生活技术或风习信仰等族体特性。如燧人氏、有巢氏、伏羲氏、大庭氏、神农氏、有熊氏等族称，即由此而起。这可以视作原始“姓”的雏形。这类名称冠以整个族系，也常被作为该族系首领的名字使用。

“当社会进化到族外群婚阶段之后，同族不婚成为铁定的伦理法则，族体名号更具含了婚姻制度上的意义。严格区别血缘关系的世风民俗，进一步增强了作为族体标志性名号的生命力。随着族体间交往的日益频繁和广泛，尤其在文字发明之后，族体名号走向简约化，最后精炼为用一个单音节汉字来表示，便定格为文明时期最早的一批姓（复姓及一些少数民族的多音节姓是后世出现的）。”① 古文献屡言姓是由天子“赐”的，典型文例可举《左传》隐公八年所载鲁大夫众仲语：“天子建德，因生以赐姓，胙之土而命之氏。”姓是因社会群体生活需要而自然产生的，绝非他人能够“赐”予的。但赐姓说由来已久，也不是凭空杜撰。这种理念出现在文明前夜的部落联盟时代。联盟聚纳了众多部落和氏族，各族体的称号会出现雷同、歧称、分化、音变等乱象，有必要加以清理、整肃、明确，使之

① 祝中熹：《嬴、赵姓氏缘起析述——兼论族与姓的关系》，原载《先秦文学与文化》第三辑，上海远东出版社 2013 年版；后收入其著《秦史求知录》上册，上海古籍出版社 2012 年版，第 57 页。

规范化以便于通行。此外，就我国上古历史而言，国家形成时期大致也就是文字产生期，因此族体名号也便存在一个由声音形式进化为文字形式的问题，这当为促成姓称规范化的另一项动因。所谓“赐姓”，本即指部落联盟的这种规范化宣示。众仲所言，不过是后世文人对此用专制主义王权的口吻表述出来罢了。须指出的是，即使赐姓也要“因生”，所谓“生”，就是上文所讲族体在生存斗争中形成的特性。

文字形式的姓出现在父系家长制业已确立的文明时代，但姓作为族体血缘关系的标志符号，却萌生于母系氏族社会，故最古老族姓的文字构成，均以“女”作为义符。如《说文》所举母元性古姓姜、姬、姒、姞、嬴、姚、妫、妘等，皆从“女”。伏羲、女娲的姓，按事理说肯定是最古的姓，但其姓却不含女符。古文献几乎一致地说他们是“风”姓。风姓从何而来？“风”字同伏羲、女娲的族性有什么关系？

关于姓的起源，郑樵有个影响颇大的说法：“姓之为氏，与地之为氏，其初一也，皆因所居而命。得赐者为姓，不得赐者为地。居于姚墟者赐以姚，居于嬴滨者赐以嬴。”[①]郑樵秉承“赐姓”说，认为姓是“因所居而命”的。此说的肤浅之处在于颠倒了因果关系，绕过了姓的始原。自然界的山谷川原哪来的名？它们的名是人类赋予的，是那些最早生活在它们周围的原始人群呼叫出来的；而且，呼出之名的含义，肯定与呼众的族体特性相关。地名与姓重合，必然是先有族性特征，然后才有据族姓而呼出的地名。如姬水是姬姓族体最初活动的地域，“姬”字的声符初形像一熊掌之印，即古文献所述姜嫄“履大人迹”受孕而生周之始祖弃的那个“迹”，“大人”乃熊的拟人化代称。“姬”“迹”声通，姬姓是以熊为图腾的部族。[②]姜姓炎帝一族初居姜水，“姜”“羌”古为一字，甲文“羌”字作人身羊首形，论者认为即羊图腾装扮形象。作为姓，“人”形改换为“女”旁。[③]嬴姓族系最初生活在嬴水流域，“嬴”字的声符本为“蠃”，乃一种蚌螺类水生

① （南宋）郑樵：《通志·氏族略》卷一《序论》，中华书局1995年版，第3页。

② 孙作云先生最先在其《周先祖以熊为图腾考》一文里提出此说，学界信从者较多。该文后收入孙先生论文集《诗经与周代社会研究》（中华书局1979年版）中。

③ 羌族乃我国西部以羊为图腾的庞大族系，姜姓部族是羌族中最先进的族体，活动于今陕西宝鸡以西即文献所言姜水一带，神农氏乃其早期首领，这已成为学界通识。

物，当为嬴水所盛产。《周礼》一书多存古字，书中“螺”字即作“蠃”；此字后来又被写作“嬴”，从虫从贝皆因其为水生物。生活在嬴水之滨的族群，可能在生存实践中掌握了对这类水生物捕捞或烹制的技巧，因此出现了以这种水生物之名为族姓的习称。同时，很自然地又把盛产这种水生物的河流呼为嬴水。① 应当说，在史前先民开发、经营这片地域的漫长岁月里，物名、族名、水名，三者是同步形成的。

之所以举示这些姓例，是想说明，在母元性古老族姓中，隐含或折射着族体在长期生存斗争中形成特性的某种影迹，姓与族存在血脉相通的内在关系。立足于这种认识，让我们认真辨析一下“风”这个姓，同伏羲、女娲族系有什么瓜葛。

风是自然界的一种物理现象，它对生命的影响以及人类对它的强烈感受，是不言而喻的。所以风这个字，从音义结合的角度说是老早就存在的，甚至可以说它和人类的形成同步。但依汉字构形原则，为它设计一个形音义三结合的方块字，却非常困难。因为风这种东西，用龚自珍的话来说是“万状而无状，万形而无形”，没法用线条显示，所以最初它必然是个假借字。考之甲文，果然如此，风与凤同字。愚意这恐怕不单纯是音借，凤鸟在空中乘风而翔，会给人一种二者相因的联想。以“虫”代鸟的风字出现较晚，始见于小篆。为假借字造新字，在汉字孳衍史上极其正常，但以虫符取代鸟符，却非常奇怪。许慎《说文》做了解释，他先对八个方向的风名做了介绍，然后说：“从虫，凡声。风动而虫生，故虫八日而化。”段注曰：“八主风，风主虫，故虫八日化也。谓风之大数尽于八，故虫八日而化，故风之字从虫。”② 且不说昆虫“八日而化”是否有据，因风和虫这两种事物都同“八”这个数字相关，就让风字从虫，这种逻辑的荒谬不值一辩。许、段都在强为之说，事实上风与虫不存在因果关系。

笔者在《太昊与少昊》③ 一文中，对风姓的源起提出一种看法，愿在此做进一步铺陈，以就教于方家。笔者认为，后起的风字为族姓而造，是

① 此说由曹淑琴女士《说嬴》一文最先提出（首届中国莱芜嬴历史文化学术研讨会论文），此处笔者在曹说基础上增添了点个人看法。曹文后收入宋镇豪主编《嬴秦始源》（中国社会科学出版社 2013 年版）。

② （清）段玉裁：《说文解字注》，上海古籍出版社 1981 年版，第 491 页。

③ 参见宋镇豪主编：《嬴秦文化与远古文明》，中国文史出版社 2018 年版，第 312—334 页。

东、西方文化交融的产物，是伏羲与太昊名号合一后的文字折射，是海岱文化圈鸟图腾与汉渭文化圈龙图腾联结的微型凝聚。甲骨、金文中“虫”字均作蛇形，而蛇在图腾文化里是龙的母体。后世盛行的伏羲、女娲的合体图象，即为人首蛇身，“虫”字实为“龙”字的初文。而伏羲族系以龙为图腾已为国人所公认。“风”字由“凤”与“虫”亦即龙组成，应当是为族势格局变化而新造的族姓用字；在后世的语言实践中，自然现象的“风”字也便顺势借形，从假借的“凤”字中分离而出。上节所言东方文化对西方文化的容纳，立太昊名号以尊伏羲之位，更需要在精神信仰层面有一个直观的物象标志，图腾联结乃必行之举。伏羲的族姓缘此而来，传说中与伏羲难解难分的女娲，也便跟着姓了风。

由此方悟，在伏羲、女娲源起的汉渭文化圈内，并没有任何风姓古国；而在太昊源起的海岱文化圈内，却有许多风姓古国。《左传·僖公二十一年》载司马子鱼语：“任、宿、须句、颛臾，风姓也。实司太昊与有济之祀。”杜注：“太昊，伏羲。四国，伏羲之后，故主其祀。任，今任城县也；颛臾在泰山南，武阳县东北；须句在东平，须昌县西北。四国封近于济，故世祀之。”[①]风姓诸国为太昊亦即伏羲之后，承掌对始祖的祭祀，这可视为前文所论太昊名号起于东方的史证。伏羲文化东向发展，族体的迁徙是主要渠道。许多古文献都说伏羲生于成纪，“都与陈”，陈地又有陕西宝鸡、河南淮阳等说。文献里太昊之生、之都、之墟，都显示渐趋东移的现象。关于伏羲的传说所涉地域甚广，有学者对纪念伏羲的庙宇做过调查统计，全国约有50处，主要分布在黄河中下游甘肃、陕西、山西、河南、河北、山东等省。[②]这正反映了伏羲族系走下黄土高原东向发展的史迹。山东境内的风姓当为文明前夕伏羲族系东迁分支的后裔，他们认可了东方太昊的名号，并接受了风姓。总之，西方族系移居东方，西方文化融入东方，西方图腾与东方图腾相遇而合，是风姓诞生的机缘。风字兼容了龙与凤的象征意蕴，是个绝妙的文化创构。

但必须指出，龙与凤原本就是史前西、东两大文化区系各自拥有的众

---

① （晋）杜预注，（唐）孔颖达疏：《春秋左传正义》，（清）阮元校刻：《十三经注疏》，中华书局1980年版，第1811页。

② 参见刘雁翔：《正史伏羲资料撮录解读》，《伏羲文化研究》2017年第1期。

多族体，经长期交接后聚结成的复合图腾，各自携有强大的生命力和号召力，各自植根于深厚的人文土壤，绝非一个风字所能取代。所以，在华夏文明后续发展史上，龙与凤仍保持各自的特色，顺应习俗惯性，各自展现着独具的华美形象，双双获得整个中华民族的崇仰与热爱。虽然它们曾被历代皇权强取作炫耀帝、后的专用品，但国人还是把它们与传统文化凝聚在一起，视为神州大地的精神灵象。在龙、凤的历史意义与社会意义均不可动摇的人文背景下，“风”字的原创宗旨便显得微弱、隐晦，早已渺茫难明。但在华夏文明的育生期，作为东、西两大图腾遇合的印记，族姓“风”的作用不宜低估，其缘起的揭示也很有必要。

三、五方帝体系二昊何以易位

五方帝是将天神信仰与古圣崇拜（指文明前夜最具代表性的一些部族首领）相结合而加以模式化的宗教理念，在我国人文传承中影响甚大，至今仍能窥其遗风。五方帝体系是依据五行思想构建起来的，即将五位古圣与五行对应，再配以五方、五色和五季（夏季被一分为二），后来又吸收古老的四灵说（左青龙、右白虎、前朱雀、后玄武），用五种动物（龙被分为苍、黄两种）作为五方帝的灵象。五行思想起源甚早，五方帝则出现较晚，是逐渐丰满起来的。先民对金、木、水、火、土这五种对人类生存至关重要的物质，必然有深刻而持久的感受、观察和思考，并越来越希望把它们的性能移融于意识形态和政治伦理中。甲骨文中有多条祭祀占辞，王国维指出：“曰‘方帝’，曰‘东’，曰‘西’，曰‘中’，疑即五方帝之祀矣。”[①] 所言可信，商代已有祭方帝之举。《尚书·洪范》载微子以五行论治国方式，说明是时五行思想已渗入政治生活。《逸周书·作雒》为周初作品，已有东青、南朱、西白、北骊、中央黄的表述，说明五方配五色也已成社会通识。更能提示五方帝理念存在时间的是《史记·封禅书》说秦襄公被封为诸侯之后，“自以为主少昊之神，作西畤，祀白帝”。秦

① 王国维：《殷墟书契考释》增订本，转引自傅斯年：《民族与古代中国史》，河北教育出版社2002年版，第77页。

襄公在位于两周之交，此文明示西周时西方之神已定格为白帝少昊。后来秦宣公又作密畤“祭青帝”，秦灵公作上畤“祭白帝”，作下畤“祭炎帝”。这都是春秋及战国初年的事，说明那时五方帝信仰已成传统。

但先秦文献里直接讲五方帝却较晚。《尚书》未言“五帝”[①]。《周礼·小宗伯》云“兆五帝于四郊”，郑玄以五方帝释“五帝”。郑玄乃东汉人，那时五方帝已成显学。明确展现五方帝体系的是屈原的《楚辞·远游》。诗中写诗人神游天地四方，述及的方帝为东方太昊，佐神句芒；西皇未指名而谓其佐神蓐收；南方炎帝，佐神祝融；北方颛顼，佐神玄冥；言及轩辕，但未明言其居中。因系诗作，不讲求表述严整，但五方帝体系已大致具备，和后世规范体系中的内容完全相符。《吕氏春秋·十二纪》所载完整而系统：太昊主春主东方，佐神句芒；炎帝主夏主南方，佐神祝融；黄帝主季夏主中央，佐神后土；少昊主秋主西方，佐神蓐收；颛顼主冬主北方，佐神玄冥。时代愈往后，这个体系包含的内容愈庞杂，与五行相配的除帝名、方位、季节、颜色、佐神外，还有灵兽、镇星、声调等因素。

五方帝模式的古圣配置，存在很明显的人文悖论。太昊即伏羲，乃源起于汉渭文化圈的关陇集团首领。关于他的神话传说，几乎完全集中在甘肃东部地区，其受孕地、出生地、画卦地、陵墓等，均在陇右。而其丰伟功业与陇右考古文化面貌的对应，经数十年的学术探讨，也已被业界基本认可；其族系的龙图腾与陇山的关系，也已逐渐清晰。可以说，伏羲部族及其文化育兴于汉渭文化圈，乃不争之史实。但在五方帝模式中，伏羲却成了主木主春的东方之神。少昊为海岱文化圈内东夷集团首领。少昊名质、挚，实为鸷，一种凶猛的大鸟，其名应含东夷盛行的鸟图腾基因，故少昊时代“以鸟名官”。其族系最初活动于穷桑，即今山东曲阜一带；其族姓嬴与嬴水的关系，上节文字已做交代。嬴水流经的山东莱芜市郊即有古嬴城遗址。我国以嬴为名的河流就这么一条，以嬴为名的古城就这么一座。少昊部族及其文化育兴于海岱文化圈，无可置疑。但在五方帝模式中，少昊却成了主金主秋的西方之神。为什么会出现这种有违事理的反向易位？

伏羲的东移，本文前两节已做出说明，是伏羲文化及族系分支被东方

① 有学者曾引《尚书·虞书》以证“五帝”一词之始出，那是将《孔传》之文误识作经文。经文未言“五帝”。

吸纳的结果。太昊名号本来就是东方人为伏羲量身定作的，有关太昊的传说及其神圣性，都是在东方文化生态内培植出来的。所以，五方帝模式恒称“太昊”而绝不称“伏羲”，加以四灵说谓东方青龙，这正同伏羲的龙图腾应合，故定格太昊为东方青帝顺理成章。至于少昊的西移，则需多费点笔墨。

少昊西移和伏羲东移一样，是东、西两大文化区系交融的结果。与仰韶文化东向发展、关陇集团不断东进同时，山东龙山文化也在西向发展，东夷集团也在不断西进。尤其是在距今五千年左右，海平面下降，经黄河巨流冲积，鲁中南丘陵和中原大陆连接之后，东夷文化处于全盛期，族体西向流徙日趋活跃。有学者对此做过专题研究，称之为东夷文化的“西进大潮”。[①]田野考古也显示，龙山时代中原地区的聚落和城址，大都为时不长。那正是族体间交接、碰撞频繁，导致迁移无定、居址难稳的反映。这种状况，延至文明时代，余势仍盛。古文献有载且对后世影响极大的西迁部族有两系。一系是夏商之交东方“九夷”中的畎夷。畎夷居九夷之首，与夏王朝的关系时好时坏。夏末政衰，殷商起而攻夏，鸣条之役后夏桀败亡，残部西窜，商夷联军追击。畎夷就是在这次军事行动中西迁的。商、周时代，畎夷在西方获得长足发展，族系遍及陇山周围。该族即先秦文献屡屡提到的犬戎，曾对西周王朝和陇右嬴姓方国造成巨大威胁。本文要详述的另一系族体，是文明前夕即已西迁、后来又多次续迁的嬴姓部族。

尧任中原部落联盟首领期间，由于“敬授民时”这一理民大业的需要，委派擅长天文历法的羲和家族，分赴以中原为中心的四方定位点，肩负祭日、测日的使命。此即《尚书·尧典》所载“羲和四子”的任务。羲和家族是重黎的后裔，而重黎又是由少昊鸟图腾部族与颛顼日图腾部族睦结而成的彭那鲁亚“两合婚姻联盟”阳鸟部族的首领。受命赴西方的是四子中的和仲一族。《尧典》说他们“宅西”，“居昧谷”。这里的“西”，即秦汉时代陇西郡的西县境域；这里的“昧谷”，学界业已考明，即今甘肃礼县红河镇与天水市秦州区交界一线，自西北而东南流经礼县一侧的冒水河，古称“峁水河”。和仲一族实为西汉水（古汉水）上游地区最早的开发者。《尚书·禹贡》言陇南山川云“和夷厎绩”，“厎绩”指创建了功业，“和夷”即指和仲一族。[②]

① 参见栾丰实：《试论仰韶时代东方与中原的关系》，《考古》1996年第4期。

② 参见祝中熹：《阳鸟崇拜与“西”邑的历史地位》，祝中熹：《秦史求知录》上册，第28—43页。

这支嬴姓族体追日、祭日、测日，不仅丰实了先民对太阳运照和天象历法的认知，而且也把东夷文化和少昊的崇高形象带到了西方。汉渭文化圈内农业、畜牧业高度结合的经济形态，得以日渐稳固并持续繁荣，描述少昊之神“西望日之所入”“主司反景”等与日相关神话传说的大量流布，都反映了嬴族西迁的实际影响。

三代时期，东方嬴族又不断地有分支西迁，具体时间学界意见不一。据《史记·秦本纪》载，至迟在商后期，嬴族首领中潏已经“在西戎，保西垂”，统治着一个臣服于商王朝的小方国。前些年面世的清华战国简《系年》，载周初伐商奄，战败后的飞廉余族被遣迁至陇右朱圉山。李学勤先生曾撰文考论此事，说这是秦之“始源”。[①]始源说有违正史记载，不宜轻从。因为中潏的方国为秦国的前身，史载中潏之父戎胥轩早已生活在西垂地区，并与当地戎邦联姻通婚。况且，飞廉余族未迁他处而迁陇右，也正因为那里早就有该族所建的方国。但周初这支嬴族的西迁，壮大了陇右嬴姓族势，增强了嬴姓方国的实力，进一步张扬了少昊的声望，则是肯定的。嬴姓族体在陇右的创业发展，使先进的东夷文化深深渗入汉渭文化圈的生态环境和人文土壤中，为少昊名号扎根于西方奠定了基础。这种经济、政治、文化交织的综合影响力是相当强势的，经世代相继的固化，酿成“久假不归”，人们便会忘记少昊源起东方的史实，视少昊为西方的领袖。

宗教性的五方帝模式，和天帝崇拜不同。天帝又称“上帝”，是形而上的至高神，只存在于人们的抽象思维中；五方帝则是史事化、世俗化的人神，是远古社会群体记忆中最显赫的部族首领。作为体系中的仪范，依据的是他们社会实践的丰功伟绩。少昊既被看作在西方辉煌创业的族体领袖，定位为主司西方的白帝便合情合理。在秦襄公高举白帝少昊旗帜，将神权、祖权和政权完美结合，开创了被后世历代秦君所尊奉的畤祭传统之后，五方帝模式便更加拥有了权威性，成为一面高悬人间，可窥知华夏文明育生亮点的透镜。所以，笔者把少昊的文化移位，称作东、西方文化交融的西方胎记。

① 参见李学勤：《清华简关于秦人始源的重要发现》，《光明日报》2011年9月8日。

四、尾语

以上三节文字围绕一个中心，即阐述伏羲文化在华夏文明育兴过程中的位势。伏羲、太昊名号的合一，族姓“风”字的缘起，二昊在“五方帝”体系里的反向易位，这三个问题都隐含着华夏文明形成的内在机制，显示出东、西两大文化区系交接融汇的鲜明史影，展现了伏羲文化的无限生命力和影响力。本文前言力倡伏羲文化研究应把握好主旋律和中心轴，意义即在于此。必须将伏羲文化研究纳入华夏文明育兴的洪流内，否则便会迷失方向。

伏羲文化完全融入华夏文明母体后，继续发挥着不息的能量。在生命共同体中血脉通流，世代升华。为篇幅所限，这方面的内容本文未及展述。在笔者另一些文章里，曾略议过两个考察角度：一个是由伏羲八卦孕生的《易》学。此学已昌盛为文化史上纵贯古今的一条彩链，其脉络通联着社会生活几乎所有的领域。另一个角度是由伏羲族系开创的汉渭文化圈，在文明时代的后续发展。姬周、嬴秦两大文明古国的崛起，牢固地编织了西北地区同中原王朝的纽带，加速了西北地区的民族融合，夯实了西北地区的经济基础，决定了西北地区的历史走向。前一个角度的考察，学界热度一直未减，成绩斐然；后一个角度的考察，则罕受关注。愚意方国课题也应同本文所论三个问题一样，成为伏羲文化研究乐章不应缺失的音符。

（作者单位：甘肃秦文化研究会）

论风姓伏羲至嬴姓伯益部落的文化

杨东晨　杨建国

1989 年，在西北大学著名秦汉史学家陈直、林剑鸣恩师相继指导、教诲下，在河南大学出版社朱绍侯社长指导、关照下，笔者和丘菊贤先生（高中历史老师，后调入河南大学出版社）合著的《中华都城要览》正式出版。1991 年 6 月，陕西人民教育出版社正式出版了笔者和杨建国合著的《秦人秘史》。[①] 之后，我们又相继发表了数篇关于秦史研究的文章。2015 年，重新修订后以《王朝兴亡史：秦兴亡史》正式再版。同时，在新世纪我们又撰写了 10 多篇有关秦文化的文章。因不知道从 2000 年起山东莱芜就已开始研究嬴秦文化的情况，我们还误以为山东专家、学者忙于研究齐鲁文化，顾不上“史前文化”的研究。2003 年 3 月，笔者收到了莱芜籍人士、从山东人民广播电台泰安兼莱芜记者站站长位置上退休的柳明瑞先生的新作——《嬴姓溯源》，该书详细考证了嬴姓源于莱芜，与之前笔者发表的一些文章的观点一致。柳先生在手头资料有限的情况下完成这样一部著作，不仅为地方史研究做出了贡献，也为秦人早期历史的研究做出了积极贡献。2014 年夏，为中国先秦学会换届暨陕西师范大学金文研究基地挂牌而举办的学术研讨会，笔者又因不相识，故与儒者型领导干部刘宗元主任等擦肩而过。但幸运的是我在桌子上看到一本 2014 年《嬴秦文化研究》（总第八期），又看到记者写的报道文章复印件，大有如获珍宝之感。同时，也才知在中国先秦史学会直接指导关心下，莱芜嬴秦文化研究已取得令人注

① 杨东晨、杨建国：《秦人秘史》，陕西人民教育出版社 1991 年版；杨东晨：《王朝兴亡史：秦兴亡史》，陕西人民出版社 2015 年版。

目的成果。后经徐祥法副院长多方联系，我们才在电话中相识。2017 年 10 月召开的中国莱芜第二届嬴秦文化与远古文明工作会议，我接邀请函后已写好文章并传去了电子版，但不幸身体不舒服，又未能成行。2018 年，徐祥法副院长寄来了《嬴秦文化与远古文明 —— 中国（莱芜）第二届嬴秦文化与远古文明工作会议论文集》，我们受益非浅。2019 年 9 月召开的“2019 中国・石泉鬼谷子文化高峰论坛”会议上，笔者才幸运地见到了“退而不休”的中国先秦史学会莱芜嬴秦文化研究基地、中国先秦史学会中华远古文明研究基地主任刘宗元先生，以及莱芜嬴秦文化研究院副院长兼办公室主任徐祥法同志，十分高兴。徐祥法同志约笔者参加 2019 年在济南市莱芜区召开的全国性学术研讨会，欣然应诺。现将我们重点对伏羲氏（又作太皞、大昊或太昊伏羲，含女娲氏）、少昊氏（又作少皞氏）至皋陶、伯益部落的文化，简略论述。在此还要申明的是，20 世纪 90 年代初，应湖南省社会科学院炎黄文化研究所何光岳所长之约，河南省社会科学院考古研究所马世之所长和笔者（时任国家级陕西历史博物馆图书资料室副主任）参加了甘肃省天水市的伏羲文化研讨会。2002 年中华伏羲文化研究会（国家级）在北京宣告成立后，我们三人又荣幸被选为副会长。这次来济南莱芜参加学术研讨会，就以史前东夷地区的太昊之名相称，不确之处，请多加指正。

一、太昊与少昊部落发展和文化

春秋时期（前 770—前 476 年）的《左传》是谁所撰，认识不一。一般认为初撰者是春秋时期的左丘明，《辞海》将《左传》列为中国第一部史书，排在《史记》之前，亦称《春秋左氏传》或《左氏春秋》，为儒家经典之一。而真正的史书开创之作，则是司马迁的《太史公书》（后称《史记》）。

1. 东夷民族集团和太昊与少昊部落

改革开放以前，山东地区从唐兰至逄振镐等专家、学者，对太昊、少昊等氏族或部落首领的研究是比较早而且有著作问世的，且认为是由东方向西方迁徙。改革开放后，由于各种原因，伏羲文化的研究在甘肃天水地区形成高潮，并于2002年成立了国家级的中华伏羲文化研究会，在北京隆重举行了发布会。在天水市人民政府支持下，研究会创办了内部会刊《伏羲文化研究》（季刊）。每年召开一次大型学术研讨会，在海内外影响和威望很高。古建筑遗迹有伏羲庙等，考古文化有秦安县大地湾遗址（年代为距今8000—4000年）。根据传说和史载，伏羲（含女娲氏）氏族部落壮大后，部分氏族留居于故里。他们亲自带领大部分族民东迁，伏羲氏建立“都城”于陈（今河南淮阳，陵墓亦在此。时属于东夷地区），以伏羲（另名太昊）之名相称；女娲氏则建“都城”于今河南西华县（时亦属东夷地区，遗迹有女娲城）。之后，他们后裔的部分氏族或部落又东迁于今山东省，部落长仍袭称“太昊”，且与未西迁的少昊部落或族团和睦相处。这也就是淮阳有太昊庙和陵墓、山东也有太昊遗迹的原因。从山东地区已故史学家的著作论，太昊部落则是由东向西迁徙的。[①]

2. 太昊和少昊部落族团的发展和延续

持“太昊、少昊故里在山东”观点的专家、学者则认为，土生土长的以太昊（皞）、少昊为号的两个部落，在山东地区逐步发展和壮大，史称其为东夷（无歧视之义，是居于东方之义，地域比今山东省大得多）。徐旭生《中国古史的传说时代》论曰：“我们所知道的有大皞（或作太昊，实际太皞），有少皞（或作少昊，实即小皞），有蚩尤。”[②]而“这一集团所居的地域，北自山东北部，最盛时或者能达到山东的北部全境。西至河南的东部，西南至河南的极南部，南至安徽的中部，东至海”[③]。郭沫若主编《中国史稿》云：“传说中太皞是风姓，应同九夷中风夷有更直接的关系。风夷在夷人氏族部落中居于首要地位，因而太皞又是所有夷人想象中的祖先。同太皞的传说相关联的是关于少皞的传说。‘少皞之墟’在今山东曲阜县，其后裔主要活动在山东半岛上。”又云：“这

① 参见杨东晨：《秦早期史新论——从太昊伏羲氏至周初封为秦附庸国的历史浅探》，2017年6月天水师范学院“科·文讲坛”系列讲座之一百七十七；杨东晨：《论嬴秦早期史的有关学术问题》，宋镇豪主编：《嬴秦文化与远古文明》，中国文史出版社2018年版，第25—41页；杨东晨：《弘扬早秦文化，促进民族复兴——论甘肃礼县秦早期文化及其在当代的重要作用》，2019年10月甘肃秦文化第四届学术研讨会文章（待出版）。

② 徐旭生：《中国古史的传说时代》，广西师范大学出版社2003年版，第55页。

③ 刘式今：《试论中国古代文明之发祥地》，《考古与文物》1982年第4期。

个部落最初可能是从太皞氏分出来的。在古代文字中的‘风’即凤，风夷也就是凤夷。”[①] 从改革开放以来的研究情况看，一般认为伏羲氏（又称太皞伏羲氏。传说燧人氏与华胥氏结为夫妇后，生伏羲时天气变化，大风不止，故以“风”为姓）、女娲氏（一说他们是夫妇，一说是兄妹，多数学者赞同前说）处于前仰韶文化早期（8000 年前）。他们的子孙相传有十多代（实为氏族或部落），分别袭号，带领先民为社会发展做出了重要贡献。传到距今约 6500 或 6000 年时，中原（今河南）兴起了少典氏部落（故里在今河南新郑市）、有蟜氏部落，故里在今河南孟津县南境与洛阳市一部分。其后裔氏族则有向西迁徙的，在此略而不论。

3. 黄帝时代形成了华夏与东夷民族集团

《国语・晋语四》载：“昔少典娶于有蟜氏，生黄帝、炎帝。黄帝以姬水成，炎帝以姜水成，成而异德，故黄帝为姬，炎帝为姜，二帝用师，以相济也。”[②] 古代文人学士和近现代专家考证，炎帝早于黄帝，处在 6000—5000 年前的母系氏族社会晚期，传八世。在农业、手工业、商业、家庭饲养业等方面，都比延续很长时期的伏羲氏为号的社会进步得多，社会处在母系氏族社会向父系氏族社会的转变阶段。炎帝的故里，有今陕西宝鸡、山西高平、湖北随州等说。每年由国家侨办、台办等主办，湖北省政府承办的大型隆重祭典（民间称国祭），是在今随州市炎帝故里。但其部落或遗迹，大都在黄河上、中游地区。黄帝传说也有八世，但我们一直找不到资料。在陕西祭祀黄帝陵学术研讨会上，台湾一位教授说，民国的历史教科书中（夏曾佑主编），有黄帝八代的名字，但我们至今未找到资料。可考而有名有姓的，只有与第八代炎帝参卢约同代的轩辕（姬姓，大型故里祭祀在今河南新郑，中型故里祭祀在今甘肃省清水县）。轩辕奉炎帝参卢帝之命共抗东夷地区的蚩尤大军时，大本营在涿鹿（今属河北）。蚩尤战败被杀后，轩辕大军又与炎帝参卢大军发生了大战，轩辕取得胜利后，联合参战的太昊、少昊部落（史载太昊、少昊随蚩尤大军攻打炎帝，战败后被杀。我们认为是被蚩尤吞并部分的两个部落首长。支持炎帝、黄帝的太昊、少昊部落则支持黄帝。黄帝时代的太昊、少昊部落可为资证），

① 郭沫若主编：《中国史稿》，人民出版社 1976 年版，第 111—112 页。

② 徐元诰撰，王树民、沈长云点校：《国语集解》，中华书局 2002 年版，第 336—337 页。

建立了黄河流域的大同盟政权，称号为“黄帝”。 蚩尤余部除与华夏族融合外，有的又流亡于江南地区，后与南蛮或南徙的炎帝、黄帝后裔相融合。由此可知，距今8000多年的太皞（伏羲）及其相应的少皞氏族或部落，历史是相当悠久的。《史记·五帝本纪》载：帝舜时期，将势力大的少皞后裔穷奇部落流放于边远地区，即是可证的一例。从考古材料看，约与山东新石器时代早期文化（距今8400—7700年）至龙山文化（距今4600—4000年）相当。

二、舜帝时期兴起的两大部落

古史传说时代，学界将炎以帝后的黄帝、颛顼帝、帝喾、帝尧（篇幅所限，他们的丰富事迹从略）、帝舜称为“五帝时代”。其社会已属于父系氏族社会，博物馆展览中又称其为“文明曙光时代”，距今5000多年至4090年。

1. 皋陶与伯益氏族部落

《史记》卷五《秦本纪》载：“秦之先，帝颛顼之苗裔孙曰女脩，女脩织，玄鸟陨卵，女脩吞之，生子大业。”[①]《史记·五帝本纪》载：黄帝正妃嫘祖生的第二个儿子昌意，带其部落迁居于若水（一说在河南，一说在四川。《辞海》释为今四川雅砻江，其与金沙江合流后的一段之金沙江古时称若水），与蜀山部落之昌仆联姻，生子高阳，德才兼备。黄帝去世后，儿子青阳、昌意均未继位，而由德才兼备的孙子高阳继位，史称“颛顼帝”。颛顼帝的后裔女脩是第几代？无史载。她在织布时吞玄鸟（今称“小燕子”）蛋而生子大业（长大后任部落长）。《史记·秦本纪》索隐云：“女脩，颛顼之苗裔，吞鳦子而生大业。其父不著。而秦、赵以母族而祖颛顼，非生人之义也。按：《左传·郯国》，少昊之后，而嬴姓盖其族也，则秦、赵亦祖少昊氏。”少皞，一作“少昊”，传说中古代东夷族首领，名挚（一作“质”），一说号金天氏。东夷族以鸟为图腾，相传他曾以鸟名为官名，设有工正和农正，管理手工业和农业。

《史记·秦本纪》正义引《列女传》云：“陶子生五岁而佐禹。”曹

① （汉）司马迁：《史记·秦本纪》，中华书局1959年版，第173—221页。以下不再逐一注明。

大家（即东汉班固之妹）注云："陶子者，皋陶之子伯益也。""按此即知大业是皋陶。"伯益与皋陶系居地、姓氏不同的两个大部落，而非同族。《索隐》云："嬴姓之先，一名伯翳，《尚书》谓之'伯益'，《系本》、《汉书》谓之伯益是也。寻检《史记》上下诸文，伯翳与伯益是一人不疑。"《史记·秦本纪》云："大业娶少典之子，曰女华。女华生大费，与禹平水土。已成，帝锡玄圭。禹受曰：'非予能成，亦大费为辅。'帝舜曰：'资尔费，赞禹功，其赐尔皂游。尔后嗣将大出。'乃妻之姚姓之玉女。大费拜受，佐舜调驯鸟兽，鸟兽多驯服，是为柏翳（伯益）。舜赐姓嬴氏。"父系氏族部落长伯益的"嬴姓"，是早已所有还是帝舜始封呢？值得再研究。

2. 嬴字最早来源于母系氏族之图腾小燕子的叫声

今山东地区为古东夷部族的主要聚居区，地处东部沿海，黄河下游，东临渤海、黄海，山地丘陵纵横，水利资源丰富，飞禽走兽较多，适于原始部落生存。在水草丰富地区的鸟类中，发出"嬴嬴"叫声的小燕子较多，因而有氏族或部落的图腾、居地、山川、河流等，便以小燕子的叫声命名或称姓。前辈秦史学家多认为"嬴"氏族或部落，是以小燕子的叫声为姓的。林剑鸣先生20世纪80年代出版的《秦史稿》，就采用了这一说法。我们1991年6月出版的《秦人秘史》，又采用了林剑鸣先生的说法。但具体是在何处得的"嬴姓"，从未见到报刊或书籍指明。

3. 莱芜嬴秦文化研究团体确定了嬴姓部落在莱芜

2000年，时任中共莱芜市委常委、常务副市长刘宗元同志，在莱芜市振华实业总公司总经理刘家文陪同下，访约柳明瑞先生，共同探寻嬴姓秦人的故里等遗址。柳明瑞据《辞海》"嬴秦来自汶泗"的观点，猜想莱芜可能是秦始皇的老家，得到了刘宗元副市长的高度重视。我们认为，追根溯源，嬴汶河从母系氏族或部落时，就以其为图腾之小燕子的叫声命名。其后刘宗元同志更加重视这一工作。他支持柳明瑞做了材料整理，建立了相应组织，出版了书籍，还亲自赴北京与中国先秦史学会共商有关事宜。刘宗元同志退休后全力以赴抓嬴秦文化研究、书籍出版等工作，在境内知名企业的大力支持下，召开了全国性学术研讨会，正式确定和宣告嬴水即今莱芜的嬴汶河。这比我们《秦人秘史》的"江水即今曲阜附近的汶水"

之说，要具体、准确得多。

4. 伯益奉命跟随禹治水功高而受到帝舜封赏

从东夷主要地区的今山东论，母系氏族或部落社会时，今莱芜地区就有以小燕子为图腾的部落。父系氏族或部落的图腾为小燕子，依然如故。约与舜部落同代的伯益部落，自然也是以图腾崇拜之小燕子的叫声而姓嬴的。帝舜时期，部落长大费（即伯益后裔）奉命助禹治水平土地。据《史记·夏本纪》载，帝尧去世后，帝舜召集群臣商议谁可以主持治理洪水大事，皆荐禹出任司空以负重任。于是司空禹在伯益、后稷（周人祖先）辅助下，动员百姓治理洪水（黄河及其支流），十三年中“三过家门而不入”，终于开辟了九州，修通了道路，建成了九个大湖，又治理了九座大山，使洪水不再泛滥。伯益组织先民在雨水多的地区种稻和蔬菜；后稷在雨水少的地区种黍和蔬菜，使大江南北的先民生活有所改善和提高。由于伯益劳苦功高，所以帝舜赐伯益嬴姓，封于嬴地，也就是今山东省济南市莱芜区羊里街道城子县村的嬴城遗址一带。李学勤先生指出：“嬴秦起源于东方，已经得到清华简的有力印证。”①“经充分论证确认，嬴秦先祖‘少昊是惟嬴水而姓嬴’（嬴水即现莱芜境内嬴汶河）。”嬴城遗址，“位于莱芜市莱城区羊里镇城子县村，是新石器时代至商周秦汉遗址”，“秦置嬴县县城即在此处”。②柳明瑞《嬴姓溯源》云：“少昊生于嬴水，得姓于嬴水。”又说：“少昊为东夷部族联盟首领，因降生于嬴水（流经山东莱芜的汶水支流嬴汶）而得嬴姓，为嬴姓始祖。”③徐祥法对皇甫谧及宋衷皆云青阳即少昊降居江水进行了考证，认为少昊是东夷首领之一，“江水”指即今“山东省莱芜市境内嬴城遗址附近嬴汶河”。④关于帝舜封伯益于秦，文献记载甚明。《潜夫论·三式》云：“伯益日受封土。”《盐铁论·结和》云：“伯益之始封于秦，地为七十里。”郑樵《通志·氏族略》亦载：“鲁又有秦氏，居民秦邑，今濮州范县北秦亭是也。”范县之地原属山东省，后划入河南

① 李学勤：《〈嬴秦文化与远古文明〉序》《中国（莱芜）第二届嬴秦文化与远古文明工作会议贺信》，宋镇豪：《中国（莱芜）第二届嬴秦文化与远古文明工作会议致词》，均见于宋镇豪主编：《嬴秦文化与远古文明》，中国文史出版社 2018 年版，第 1、3、7 页。

② 刘宗元：《浅析嬴秦文化与中华远古文明》，宋镇豪主编：《嬴秦文化与远古文明》，第 2、6 页。

③ 柳明瑞：《嬴姓溯源》，中国文史出版社 2007 年版，第 54 页。

④ 参见徐祥法：《琐议江水、少昊与莱芜关系》，宋镇豪主编：《嬴秦文化与远古文明》，第 78 页。

省濮阳市。伯益部落族团能有方圆70里的封地，有的学者称其为“古国”，名家苏秉琦先生称其为古城，是当时很高的荣誉。

三、考古材料对伯益部落文化的佐证

今山东省是传说时代东夷族团的中心地区，包括的今江苏北部、河南东境及河北东南部分等地区，我们在此则略而不论。

1. 山东地区旧石器时代有40万年史

从考古材料证实，山东地区距今有40万年悠久的历史。1981年9月发现的沂源猿人化石，经专家研究，与北京猿人相似，距今约40万年，以化石发现于山东沂源县而得名。新泰市刘社乡乌珠台村南石灰岩发现的乌珠台人，距今5万—2万年。

2. 伯益部落约与五帝时代相当

伯益先祖氏族公社、部落、族团的悠久发展史，约与山东大汶口文化（距今6100—4600年）晚期、龙山文化（距今4600—4000年）早期相当，即约公元前5000—前2070年。

大汶口文化遗址，据1999年材料称，在全省“已发现600余处，分布范围包括山东全省及苏北、豫东、皖北地区。经正式发掘的有50余处。其中比较重要的有：兖州王因、邹县野店、茌平尚庄、广饶付家和五村、胶县三里河、诸城呈子、莒县陵阳河和大朱村、日照东海峪、蓬莱紫荆山、长岛北庄、栖霞杨家圈、枣庄建新、寒亭前埠等”[①]。大汶口文化遗址中发现的陶器，由早、中期的红色为主，逐步转向晚期的以灰黑色为主；制造方法亦由手工转往轮制。房屋以半地穴式为主，分圆形、方形及长方形三种，面积最小10平方米，最大30平方米。发现墓葬2000多座，形制以长方形土坑竖穴为主。葬式繁多，单人仰身直肢一次葬居多（亦有多人二次合葬和一次合葬）。部落居民盛行枕骨人工变形和青春期拔牙习俗。[②]龙山文化的确立，源于1930年和1931年对章丘市龙山镇城子崖遗址的发掘。目前已发现1000余处遗址，重要的有潍坊姚官庄、曲阜西夏侯、蓬莱紫荆山、

① 文物出版社编：《新中国考古五十年》（1949—1999），文物出版社1999年版，第235页。

② 参见文物出版社编：《新中国考古五十年》（1949—1999），第236页。

章丘城子崖等。房屋有地面、半地穴式两种，房屋呈圆形、方形及长方形三种。陶器以种类繁多的黑陶最具特色，造型灵巧。墓葬形式为单人仰身直肢葬，出现贫富差别（葬器有多有少）。这些材料都佐证伯益部落的形成史是相当长久的，仅从其父系部落史论，约与五帝（前 5000 多年 — 前 2070 年）时代基本相当。

3. 伯益被帝舜封于秦时处于夏朝前夕

夏商周断代工程将夏朝建立断定在公元前 2070 年。伯益奉命随禹治理洪水，至禹建立夏朝（前 2070 年），已处在原始社会即将结束、阶级社会正式形成的时段。从考古材料看，已发现的五六十处北辛文化遗址，以鲁中南、鲁北地区和胶东半岛最为集中（年代距今 7300—6100 年）。这一阶段，“农业得到了较大发展，居址固定，促进了家畜饲养业的发展，生产力水平有了较大幅度的提高。北辛文化时期多人合葬现象的出现和小型房子的普遍使用，说明整个社会处于母系氏族社会向父系氏族社会转化；所有制形成已开始由氏族公有制向家族私有制转化”①。伯益先辈部落亦是如此。大汶口文化时期，过渡到父系氏族社会，即“大汶口文化时期，家庭形态从对偶走向一夫一妻制；社会结构从母权制过渡到父权制；所有制形态由氏族所有制转向家族所有制，社会正处于大变革时期，社会生产力得到了空前发展，已显露了中国文明的曙光”②。山东龙山文化距今 5000—4000 年，处在父系氏族社会结束、夏朝建立的初期阶段。也就是说，在距今 4089 年以前，伯益的秦邑（古都）还是兴盛的。山东龙山文化来源于大汶口文化，伯益的功业和封国都处在这一历史转折时期。

综上所述，三皇（燧人、伏羲、神农氏）五帝（黄帝、颛顼、帝喾、帝尧及帝舜）时期，东方（核心地区是今山东）氏族公社或部落族团的文化是相当丰富而深厚的，同以中原（今河南及山西、陕西的部分地区）为核心的中土文化等量齐观。从父系氏社会论，黄河中、下游也是形成较早的。从北狄、西戎、南蛮民族集团形成于夏末商初论，华夏、东夷民族集团的形成也是比较早的，且是五大民族集团中的主干。

当下，在习近平新时代中国特色社会主义思想指引下，全国人民为早

① 参见文物出版社编：《新中国考古五十年》（1949—1999），第 234 页。

② 同上书，第 236 页。

日实现中华民族伟大复兴的中国梦而奋斗，嬴秦初始文化和伯益的忠于职守、助禹治理洪水，发展农业生产，改善和提高先民生活的优良品德和精神，都是值得我们继承和发扬的！

（作者单位：陕西历史博物馆、中共西安市委党校）

伯夷与伯益

吕文郁

1999年，笔者先是和导师金景芳先生合作发表了《论尧舜禹时代是由原始社会向国家过渡的中间环节》[①]，接着单独发表了《论尧舜禹时代的部族联合体》[②]一文。我们在这两篇文章中，最早使用了“部族联合体”这一概念。两篇文章批判了以往一些学者把尧舜禹时代的社会组织称作“部落联盟”的错误观点，并提出了尧舜禹时代的部族联合体实质上就是中国早期国家的新观点。这两篇文章发表后在学术界产生了较大的影响。一些学者接受了我们使用的“部族联合体”这一概念，并对我们的观点表示赞同。

华夏大地在尧舜禹时代迎来了第一缕文明的曙光，正在向人类文明的门槛大步迈进。就在这个时代，产生了一大批对后世有深远影响的历史名人。其中有两位的名字听起来非常相近，社会地位也非常近似，那就是伯夷和伯益。[③]其中伯夷是炎帝的后裔，为四岳[④]之一，在当时的最高领导机构中担任主管祭祀的秩宗之职。而伯益为少皞之后裔，在舜主政时担任虞官，即负责管理山川鸟兽和各种水产资源的最高官吏。他们二人都因功勋卓著而受到表彰和奖赏。《国语·郑语》中有这样一段记载：

夫成天地之大功者，其子孙未尝不章，虞、夏、商、周是也。虞

① 《学习与探索》1999年第3期。

② 《社会科学战线》1999年第5期。

③ 伯益在文献中又写作“伯翳”“栢翳”“柏翳”。

④ 《国语》韦昭注云：“四岳，官名，主四岳之祭，为诸侯伯。”四岳在部族联合体时代是统领四方众多部族首领的统帅。当时没有很大的聚落、城镇，只能以四方最有名的山岳作为召集、举办各部族首领聚会的地点，故称这些统帅为“四岳”。

幕能听协风，以成乐物生者也。夏禹，能单平水土，以品处庶类者也。商契，能和合五教，以保于百姓者也。周弃，能播殖百谷蔬，以衣食民人者也。其后皆为王公侯伯。祝融亦能昭显天地之光明，以生柔嘉材者也……姜，伯夷之后也；嬴，伯翳之后也。伯夷能礼于神以佐尧者也，伯翳能议百物以佐舜者也。[①]

《国语》是现存古代典籍中最早把伯夷和伯益这两位历史人物并列记载的重要典籍。《国语·郑语》明确指出姜姓为伯夷之后，而嬴姓为伯翳之后。换言之，周代齐国和其他姜姓国家的先祖是伯夷，而周代秦国的和其他嬴姓国家的先祖是伯益；姜、嬴分别是齐、秦两国和其他姜姓、嬴姓国家[②]公族之姓，而齐、秦则分别是两国国君之氏。[③]除此之外，《国语》一书还对伯夷的历史功绩有这样一段评述：

其后伯禹念前之非度，厘改制量，象物天地，比类百则，仪之于民，而度之于群生，共之从孙四岳佐之……帅象禹之功，度之于轨仪，莫非嘉绩，克厌帝心。皇天嘉之，祚以天下，赐姓曰“姒”、氏曰“有夏”，谓其能以嘉祉殷富生物也。祚四岳国，命以侯伯，赐姓曰“姜”、氏曰“有吕”，谓其能为禹股肱心膂，以养物丰民人也。[④]

这段评述中提到的“共之从孙四岳”就是上文提到的伯夷。“共”即炎帝的后裔共工，他曾与黄帝后裔颛顼争天下，为伯夷之先祖。

特别需要指出的是，春秋战国时代的姜姓和嬴姓国家不仅分布于中原，也分布于戎狄。《国语·周语上》说：“三十九年，战于千亩，王师败绩于姜氏之戎。”[⑤]此事发生于西周末年的周宣王时代。周宣王即位后不肯举行祭祀“千亩”的典礼，大臣虢文公进谏宣王，宣王不听劝诫，最终与姜氏之戎发生军事冲突，结果堂堂的王朝军队竟然被小小的姜氏之戎打得落花流水，非常狼狈。这个姜氏之戎就是分布于西戎的姜姓国家。大家都熟知的《左传》中有一段戎子驹支与晋国执政之卿范宣子之间的精彩对话：

“昔秦人负恃其众，贪于土地，逐我诸戎。惠公蠲其大德，谓我

① 徐元诰著，王树明、沈长云点校：《国语集解》，中华书局2002年版，第460页。
② 也包括居于戎狄的姜姓或嬴姓国家。
③ 徐元诰著，王树明、沈长云点校：《国语集解》，第96页。
④ （晋）韦昭注：《国语》，上海书店出版社1987年影印版，第35—36页。
⑤ 薛安勤、王连生：《国语译注》，吉林文史出版社1991年版，第10页。

诸戎是四岳之裔胄也，毋是翦弃。赐我南鄙之田：狐狸所居，豺狼所嗥。我诸戎除翦其荆棘，驱其狐狸豺狼，以为先君不侵不叛之臣，至于今不贰。昔文公与秦伐郑，秦人窃与郑盟，而舍戍焉，于是乎有殽之师。晋御其上，戎亢其下，秦师不复，我诸戎实然。譬如捕鹿，晋人角之，诸戎掎之，与晋踣之，戎何以不免？自是以来，晋之百役，与我诸戎相继于时，以从执政，犹殽志也，岂敢离逷？今官之师旅，无乃实有所阙，以携诸侯。而罪我诸戎，我诸戎饮食衣服，不与华同，贽币不通，言语不达，何恶之能为？不与于会，亦无瞢焉！”赋《青蝇》而退。宣子辞焉，使即事于会，成恺悌也。[①]

这个戎子驹支就是姜姓之戎的国君，他理直气壮地自称是“四岳之裔胄”，这一事实春秋时代各国国君和政要谁都无法否认，这足以表明他们的确是尧舜禹时代伯夷的后裔，与齐、许、申、甫（吕）等同属姜姓国家。同样，嬴姓国家分布于戎狄的也不在少数。司马迁在《史记·秦本纪》结尾说：

秦之先为嬴姓，其后分封，以国为姓，有徐氏、郯氏、莒氏、终黎氏、运奄氏、菟裘氏、将梁氏、黄氏、江氏、脩鱼氏、白冥氏、蜚廉氏、秦氏。[②]

司马迁提到的徐、奄、郯、莒、黄等嬴姓国家都是夷狄之国。徐、奄两国在殷商时代就是殷商的重要盟国，西周之初，徐、奄两国与三监遥相呼应，发动了东夷之乱，周公奉命东征，主要就是为了平定徐、奄这两个强悍的东夷之国对周人的反抗。郯国也是较早的东夷之国，旧址位于今山东省临沂市郯城一带。周公东征后郯国归服于周王朝。莒国也属于东夷，其旧城在今山东省莒县，据甲骨文记载，商代莒国就是东夷的强国。清儒顾栋高在《春秋大事表》中说：“莒虽小国，东夷之雄者也，其为患不减于荆、吴。”黄国原是东夷后裔所建之国，早期被称作“黄夷”。其后黄国逐步向淮河流域发展，故又被称作“淮夷”，一度是淮河流域的霸主，春秋时代被楚国灭掉。由此可见，在嬴姓国家中，属于蛮夷戎狄者不在少数。因为秦人最初居于东夷之地，西迁后又长期居于西垂，难免受西戎习俗文化的影响，而在秦国的国民，特别是秦国的统治阶层中，也确实有大批来

① 徐中舒：《左传选》，中华书局 1979 年版，第 172 页。
② （汉）司马迁：《史记·秦本纪》，中华书局 1959 年版，第 221 页。

自蛮夷戎狄的人才。这与秦国在变法图强的过程中实施客卿制度、不拘一格地选拔和聘用各国人才有密切关系。正因为如此，战国时代山东六国和后世的一些学者常把秦国视为“蛮夷戎狄”或称作“虎狼之国”，这并非完全没有一点根据。

司马迁在《史记·秦本纪》开头便说：

> 秦之先，帝颛顼之苗裔，孙曰女脩。女脩织，玄鸟陨卵，女脩吞之，生子大业。大业取少典之子，曰女华。女华生大费，与禹平水土。已成，帝锡玄圭。禹受曰：“非予能成，亦大费为辅。”帝舜曰：“咨尔费，赞禹功，其赐尔皂游。尔后嗣将大出。”乃妻之姚姓之玉女。大费拜受，佐舜调驯鸟兽，鸟兽多驯服，是为柏翳。舜赐姓嬴氏。[①]

《秦本纪》的这一段记载问题颇多，且与这一篇末尾的记述相冲突，因而不足信据。首先一个问题是秦人的祖先是否为颛顼之苗裔。众所周知，颛顼是黄帝之孙，又称高阳氏。屈原在《离骚》开篇便自述家世，称“帝高阳之苗裔兮，朕皇考曰伯庸”。屈原是楚国公族出身，以芈为姓，芈姓与嬴姓并不同源。《秦本纪》篇尾称秦与徐、奄、郯、莒等东夷之国同为嬴姓。《左传》一书曾记载郯子访问鲁国时自述其先祖“以鸟名官”的故事：

> 秋，郯子来朝，公与之宴。昭子问焉，曰：“少皞氏鸟名官，何故也？”郯子曰：“吾祖也，我知之。昔者黄帝氏以云纪，故为云师而云名；炎帝氏以火纪，故为火师而火名；共工氏以水纪，故为水师而水名；大皞氏以龙纪，故为龙师而龙名。我高祖少皞挚之立也，凤鸟适至，故纪于鸟，为鸟师而鸟名。凤鸟氏，历正也；玄鸟氏，司分者也；伯赵氏，司至者也；青鸟氏，司启者也；丹鸟氏，司闭者也；祝鸠氏，司徒也；鴡鸠氏，司马也；鸤鸠氏，司空也。爽鸠氏，司寇也；鹘鸠氏，司事也。五鸠，鸠民者也。[②]

少皞在古书上又写作“少昊”“少皓”或“少颢”，号金天氏，又号“青阳氏”。郯国的国君自称少皞是自己的祖先，而秦与郯同属嬴姓，故秦国应是少皞之后裔。且《左传》的记载要比《史记》的记载可信得多，故称秦为颛顼的后裔肯定是错误的。其次，又说颛顼之裔孙女脩吞燕子卵

① （汉）司马迁：《史记·秦本纪》，第173页。

② 李梦生：《左传译注》，上海古籍出版社2004年版，第1080页。

而生大业，大业又娶少典之女而生大费。众所周知，少典是炎帝和黄帝之父，颛顼既为黄帝之孙，若大业再娶少典之女，中间相差了四辈，等于重孙子娶了太姑奶，这岂不太荒诞离谱？故这种说法肯定是错误的。因此，我们只能相信《左传》的记载，即秦人是少皞的后裔。

伯夷被“赐姓曰姜，氏曰有吕”是因为辅佐舜、禹有功，其最初的封地当在山西的吕梁山一带，后来才迁移到河南。伯夷的后裔在华夏历史上之所以大放异彩，是因为千余年之后的殷周之际，出了鼎鼎大名的姜太公，他协助周文王和周武王完成了推翻殷商、建立周王朝的不朽大业，并因此而成为齐国首封之君。而伯益的子孙在华夏历史上之所以显赫，是因为秦人的先祖在夏商周三代累世建有奇功。秦人的祖先造父因善于驾车而被周穆王封于赵城，其后人遂以赵为氏。秦人的另一位祖先非子以善养马而事周孝王，孝王封非子为附庸，号曰秦嬴，周宣王封秦庄公为西垂大夫。西周末年因犬戎之乱，秦襄公发兵救周，并护送周平王东迁，立有大功，平王封襄公为诸侯。王室东迁后周平王把西部王畿全部赏赐与秦，秦国于是蔚成大国，并在战国后期统一了华夏，结束了长期分裂的局面，建立了第一个以郡县制为基础的中央集权的大帝国，为此后华夏的一统局面奠定了坚实的基础。因此，伯夷和伯益在华夏历史上都是值得永远纪念的伟大人物。

（作者单位：吉林大学古籍研究整理所）

考古所见莱芜嬴秦早期文明

——从嬴城遗址群谈起

孙敬明

前 言

嬴汶河发源于泰沂山脉，蜿蜒南流西去。由于山川与河流的交互作用，在莱芜境内形成广大的冲积平原，而早在七八千年之前就有人类在此山水之间繁衍生息。通过数十年的田野考古调查和清理发掘工作，获得大量的地下出土文物与遗存资料，为探索嬴汶河上游人类早期文化与文明的起源发展提供科学依据。最为重要的是2012年冬地方学者对嬴汶河流域嬴城遗址群所进行的考古调查，他们走访的范围以嬴城为起点，“扩大到周边的大增、小增、仓上、营子、仪封、仪封洼子、朱家庄等村，最后延伸至嬴滨其他遗址，先后到过寨里镇寨东、边王许、杨庄镇张里街、大埠头等村庄，面对面访问文物发现人、见证人等近百人次”[①]。这次较大范围的文物调查，搜集发现了大量信息。其中，出土文物的地点明确者24处，分别是羊里镇城子县村嬴城遗址、嬴城遗址大围子、嬴城遗址小围子、嬴城遗址大荒地、嬴城遗址卢家林、嬴城遗址南部赵建梅宅基地、羊里镇北傅家庄梁家林、羊里镇大增砖厂遗址、羊里镇小增家庄、羊里镇仪封村中、

① 柳松：《为了让历史记住那些文物——写在〈嬴城遗址访古录〉付梓之际》，《嬴秦文化研究》2013年第2期。

羊里镇仪封村砖瓦厂、羊里镇院上村、寨里镇边王许村长身地、寨里镇边王许村西北河边花生地、寨里镇边王许村村西林地、寨里镇边王许村村北石子沟、寨里镇边王许村柳树下、寨里镇边王许村村前、寨里镇东村村东包袱地、寨里镇寨里东村砖厂、杨家庄镇张里街砖厂、杨家庄镇大埠头村西北嬴汶河南岸郝家林西、杨家庄镇大埠头村中槲林地、杨家庄镇大埠头村湾坑地。

这次调查收集文化遗存信息180余条，征集、观摩或获取有关遗址墓葬出土文物300多件(组)。这些文化遗存的时代，从新石器时期的北辛文化、大汶口文化、龙山文化、岳石文化，再到商周绵延至秦汉以降。有关资料经系统整理研究而编著成《嬴城遗址访古录》报告，刊发于《嬴秦文化研究》2013年第2期。并且将这些遗址视为有机的群体，命名为“嬴城遗址群”或“嬴滨遗址群”。我们遵从“嬴城遗址群”命名。

但是，这次大规模、所获信息资料极为丰富的田野考古调查报告，并没有像普遍的考古调查报告那样编写，而是将所征集到的主要文物以其质地而分类，主要有石器、玉器、骨器、角器、蚌器、陶器、铜器、铁器、钱币，等等。[①] 由此，同一个遗址出土的文物，因质地不同而分归若干类项。为了便于综合考察所有遗址每个具体单位的综合信息，故本文首先对以质地划归各类的文物，逐项逐件归属到具体遗址单位名下。在此基础之上，再对所有遗址的地理环境、分布范围、文化类型、文化堆积、出土文物、相关遗存，以及彼此之间的文化关系等进行综合考察，并由此而上升到探索嬴城遗址群早期文明的诞生与发展及其在泰山文明以及海岱东夷区域乃至整个中华文明多元一体构成格局中的地位与贡献。同时，由此而论及创建中华嬴秦文化园的理论基础与历史和现实意义等。

一、嬴城遗址群文物集萃

这次调查，以嬴城遗址为中心，向南、向西展开，主要在嬴汶河西岸

① 参见柳松：《为了让历史记住那些文物——写在〈嬴城遗址群访古录〉付梓之际》，《嬴秦文化研究》2013年第2期。

和北岸进行。由于当时条件所限，本次只是对嬴汶河南岸的个别遗址进行考古调查，并未涉及嬴城遗址的东岸和南岸。因此，尽管这次所获资料极为丰富，但是依据古代人类繁衍生息的地点多在河流两岸便于汲水而又不致遭受水患之处的规律，在此尚未进行考古调查的邻近区域，应该还有不少相类似的遗址。所以，要对嬴城遗址群进行全面系统地综合研究探索，目前的资料还是不完备的；嬴城遗址群及其与之密切相关的个别区域遗址资料，还有待更多的考古调查发掘而补苴。于是，本文的探索论述不仅限于作者水平，亦受到资料的局限，故而只是简单初步的，对更多问题的探索有俟充实资料而逐步走向深入。

（一）羊里镇城子县村嬴城遗址

1. 2001 年 10 月，嬴城遗址出土石锛 1 件（54 • 下。本节所罗列资料，以《嬴城遗址访古录》为主，“54”表示原刊《嬴秦文化研究》页数，“下”为页面的下半部，“左”“右”分别页面左、右。以下均同此）。从文章所附照片看，应该是 1 件石铲。

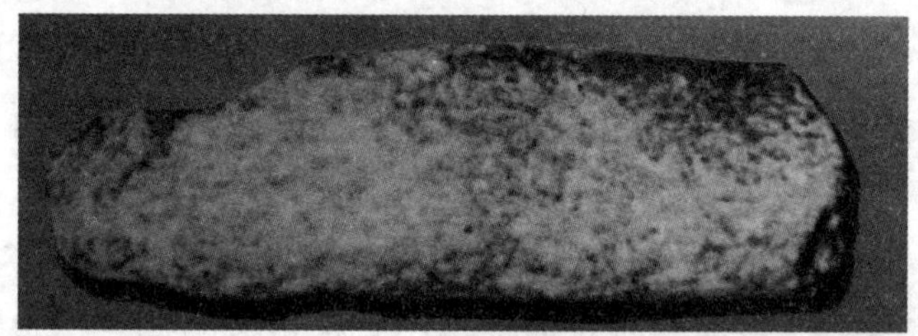

图 1 石磨棒

2. 2001 年 10 月，嬴城遗址出土石磨棒 1 件（图 1，本文图片均由济南市嬴秦文化研究院提供）（55 • 上）。就其形制以及该遗址的文化内涵而做推断，应属于北辛文化的遗物。

图 2 石纺轮

3. 2001 年 10 月，出土石纺轮 1 件（图 2），直径 6 厘米、厚 0.9 厘米、孔径 1.2 厘米（55•下）。时代与石磨棒应该相同。

4. 1972—1983 年，出土新石器时代石斧一件（56 • 上，左）。

5. 1972—1983 年，出土新石器时代石铲一件（56 • 上，右）。

6. 1978 年，出土石球十数枚，直径三种，依次为 7.25 厘米、5 厘米、2.5 厘米（56 • 下）。从石球的数量、规格大小推测，或可能为当时衡器的砝码。

7. 1972—1983 年，出土周代玉璧 1 件（58 • 下）。

8. 1972—1983 年，出土周代玉玦 1 件（59 • 上）。

9. 1976 年，出土春秋泥质灰陶瓦腹豆 1 件（63 • 上）。

10. 时间不详，出土灰陶器底 1 件（63 • 下左）。

11. 1976 年，出土周代灰陶尊 1 件（63 • 下右）。

12. 2011 年，出土西周晚期夹砂褐陶鬲残片 1 件（65 • 下）。

13. 2011 年 10 月，出土汉代陶片 1 件，上有刻字“吉”（66 • 下）。

14. 2001 年 10 月，出土战国泥质灰陶豆柄 3 件（79 • 上）。

15. 2001 年 10 月，出土陶器口沿 6 件（图 3）（81 • 上）。时代为战国、西汉。其中最右边 1 件橘黄色残器部件，似是龙山文化陶鬶的鋬。

图 3 陶器残片

16. 2001 年 10 月，出土汉代陶板瓦残片 3 件（83 • 上）。

17. 2001 年 10 月，出土汉代陶器残片 3 件（83 • 下）。

18. 2001 年 10 月，出土汉代泥质灰陶水管 1 件，残长 56 厘米，直径 20 厘米（84 • 上）。

19. 2001 年 10 月，出土汉代泥质灰陶筒瓦残片 3 件（85 • 下）。

20. 2001 年 10 月，出土西汉卷云纹圆瓦当残片 1 件（86 • 下）。

21. 迄今所见，嬴城遗址及其周近出土战国到印文的陶片三件。2001 年，嬴城遗址出土陶盂（《嬴城遗址访古录》称为“盆”）残片，长 11 厘米、宽 9.8 厘米，足径 9 厘米。内底有方形印文，印文周侧有凸起边栏。[①] 第一字虽残，但仍可辨识为“陈”；第二字模糊不清（89 • 上）。从其印文书体、布局，尤其周侧带有边栏来看，其应似是齐都临淄官窑产品。

22. 前承莱芜嬴秦文化研究院徐祥法先生惠示，2013 年 11 月 14 日嬴城东北角文化层堆积中发现泥质灰陶片一件（图 4）。上留有钤印一枚，高 5 厘米、宽 2 厘米。右边已残，但是依据以往所见类似资料，或可推断

① 参见柳松：《为了让历史记住那些文物——写在〈嬴城遗址访古录〉付梓之际》，《嬴秦文化研究》2013 年第 2 期。

此印文两行，右边三字，第一字似是“陈”左半“阜”旁，第二、三字残失。左边两字，对于第一字，笔者曾疑似为“经”，现在来看应该是齐国“市”字的异体；第二字乃“釜”。齐国陶文、玺印习见“亳釜”“王釜”“市区”“市豆”等，未见“市釜”。从陶文内容、书体判断，此件量器应属于临淄齐国官窑产品。《周礼·地官·司市》曰：“凡通货贿，以玺节出入之”，郑玄注曰：“玺节，印章，如今之斗检封矣，使人执之以通商。”《周礼·地官·司关》曰：“掌国货之节以联国市。”郑注：“货节，谓商本所发司市之玺节也。”齐国都城临淄官窑烧制量器，通行齐国全境，考古所见：南抵山东滕州，北达天津静海，西逾山东聊城，东界山东青岛，曾出土齐国官窑陶量。嬴城遗址东北部地势较高，且濒临嬴汶河，属于城市中较为繁盛的区域，在此应设置有贸易市场。

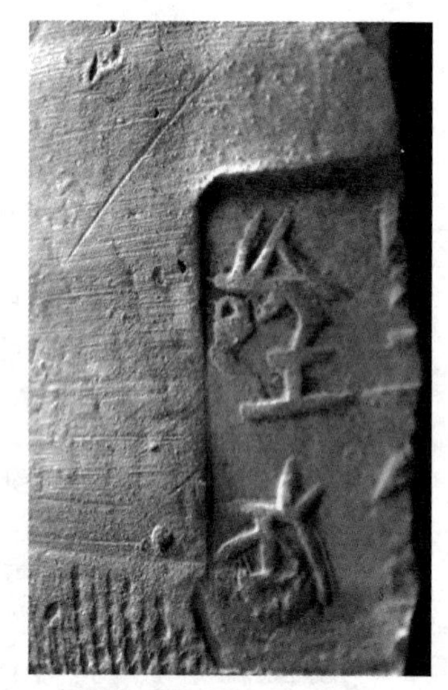

图 4 陶釜残片

旁证资料：莱芜方下街道孙封邱出土陶片一件，似是陶杯之壁，印文方形，曰“陈得”，从其书体、内容与印面形制推断，其应是齐国平阳（今山东新泰）官窑产品。[①] 孙封邱北距嬴城约 15 公里，南距平阳故城约 45 公里。

以嬴城出土陶文与齐国境内出土或传世陶文玺印中有关“市”的资料做比较，从而推阐其价值意义。由此可见嬴城在春秋战国时期的重要地位及其与齐都临淄和平阳邑的关系。

23. 1972—1983 年，出土青铜鼎 1 件，立耳，时代为商周（89 • 下，左）。

24. 1972—1983 年，出土青铜豆 1 件，时代为东周（90 • 上，左）。

图 5 青铜斝

① 参见吕金成：《夕惕藏陶》，山东画报出版社 2014 年版，第 47 页。

25. 1972—1983年，出土青铜舟1件，时代为东周（90 • 上，右）。

26. 1972—1983年，出土青铜爵2件，时代为西周（90 • 下，左）。

27. 1975年春，出土青铜斝1件（图5），时代为商代晚期（91 • 上）。山东地区商代晚期的铜斝极为少见。

图6 青铜爵

28. 1975年春，出土青铜爵1件（图6），时代为商代晚期（91 • 下）。

29. 1985—1986年，出土战国青铜剑镡一件，宽5厘米、厚2.3厘米、高1.4厘米（98 • 下）。

30. 1985—1986年，出土战国青铜箭镞2件，长者10厘米，短者3.4厘米（100 • 上，左）。

31. 1972—1983年，出土青铜箭镞（100 • 上，右）。

32. 1978年，出土青铜环6件，直径分别为：9厘米、8厘米、5.9厘米（102 • 下）。

33. 1985—1986年，出土战国铜带钩1件，长7.2厘米（103 • 上）。

34. 1972—1983年，出土青铜器残片（103 • 下）。

35. 1985—1986年，出土汉代铜镜1件（图7），其上有铭文，或可读作“长生无极”（104 • 上）。

图7 青铜镜

36. 时间未详，嬴城遗址出土汉代铁锄1件（109 • 上，宋华暂存）。

37. 1972—1983年，年出土汉代剪轮“半两”钱若干（112 • 下）。

38. 时间未详，嬴城遗址出土汉代“半两”钱（113 • 上，左；王洪纪自存）。

39. 1972—1983年，出土“五铢”钱若干（113 • 上，右）。

40. 1972—1983 年，出土“五铢”钱若干，从面文书体应断为东汉时期所铸者（113 • 下）。

41. 1972—1983 年，出土“契刀五百”1 枚（图 8），残留圜钱左侧“刀”字，书体纤遒婉转，极为精美（115 • 下）。

42. 1972—1983 年，出土东汉“货泉”若干，品相较差（116 • 下）。

43. 时间不详，嬴城遗址出土汉代“货泉”若干（117 • 上，左；王洪纪自存）。

44. 1968 年，出土有孔石器 1 件，形状不详，用途不明（120 • 上，左；王洪纪自存）。

图 8 “契刀五百”残件

45. 2005 年，嬴城遗址南部私人宅居发现春秋泥质灰陶深腹豆盘 1 件（77 • 上）。

46. 2002 年，嬴城遗址南部私人宅居发现战国铜舟 1 件，长径 17.6 厘米、短径 14.6 厘米、高 4.8 厘米（92 • 上）。

47. 2005 年秋，嬴城遗址南部私人宅居发现战国铜剑 1 件，通长约 40 厘米、茎长 15 厘米、身宽约 4 厘米（93 • 下）。

48. 2002 年，嬴城遗址南部出土战国铜戈 1 件，通长约 38 厘米（数据有误）、宽约 3 厘米（99 • 下）。

（二）羊里镇城子县村嬴城大围子遗址

1. 1984 年秋，出土战国时期泥质灰陶匜 1 件，因属明器，烧制火候较低，局部显现褐色（64 • 上）。

2. 1984 年秋，出土战国时期泥质灰陶豆盘 1 件，豆盘内似染有朱色（76 • 下），据此推断或与同年秋季出土的陶匜为同一埋藏单位（墓葬）出土。

3. 1984 年秋，出土战国时期陶舟盖 1 件，《嬴城遗址群访古录》称“估计为陶盒的盖子”，近乎实际（79 • 下）。

4. 1984 年秋，出土战国时期泥质灰陶壶残片（80 • 上）。

5. 1984 年秋，出土彩绘陶片，据图片和所附介绍文字，推测为陶壶残片（80 • 下）。

6. 1971 年秋，大围子遗址东北出土战国时期夹砂灰陶筒瓦 1 件，长 49 厘米、宽 21 厘米、壁厚 1. 2 厘米（84 • 下）

7. 1971 年秋，大围子遗址东北出土战国时期筒瓦，纹饰与同地点出土者不同残长 30 厘米、宽 15. 5 厘米、壁厚 1. 8 厘米（85 • 上）。

8. 20 世纪 70 年代，大围子遗址出土汉代泥质灰陶筒瓦，瓦当文字“长未”，应为将圆瓦当“长乐未央”对剖所致（86 • 上）。

9. 20 世纪 70 年代，出土战国青铜剑残余 1 件，残长 25 厘米、宽 3. 2 厘米（93 • 上）。

10. 20 世纪 70 年代，出土战国青铜戈 1 件，残长 18 厘米、刃宽 3 厘米、胡宽 2. 2 厘米（99 • 上）。据图片可断其时代为战国早期。

11. 1980 年秋，出土鹿角器 1 件（图 9），长约 25 厘米（124 • 上）。应为新石器时代，或属于大汶口文化。

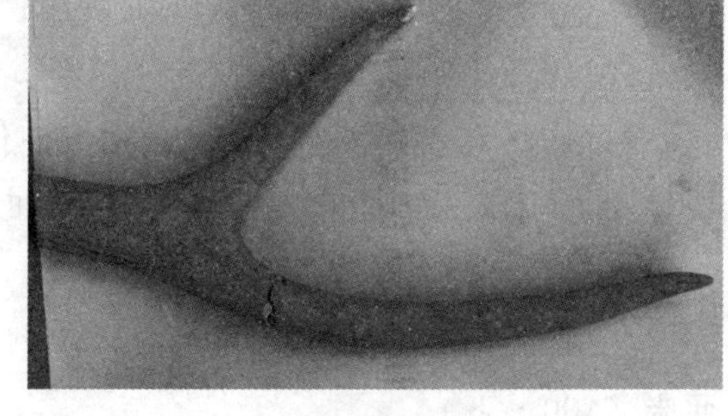

图 9 鹿角器

12. 20 世纪 70 年代，出土鹿角器 1 件，总长 17 厘米（124 • 下）。或属于新石器时代。

（三）羊里镇城子县村嬴城小围子遗址

1. 2001 年 10 月，出土石斧 1 件（图 10），残长 15. 3 厘米、宽 4. 2 厘米（49 • 上）。

2. 1998 年 11 月，出土石斧 1 件，长 11 厘米、宽 5. 2 厘米、厚 2. 6 厘米（49 • 下）。

图 10 石斧

3. 2001 年 10 月，出土石斧 1 件，残长 12 厘米、宽 7. 4 厘米、厚 4. 5 厘米（50 • 上）。

4. 1983 年，出土石铲一件（图 11），刃部保存较好，较锐利，残长 6 厘米、宽约 6 厘米（53 • 下）。

5. 1998 年出土西周早期夹砂褐陶鬲足 1 件（66・上）。

6. 1998 年 11 月，出土战国泥质灰陶豆盘1件，直径15. 5厘米、残高4厘米、豆柄高 2 厘米（77・下）。

7. 1998 年 11 月，出土泥质灰陶豆柄 1 件，残高 8. 7 厘米、直径 3. 8 厘米（78・上）。从豆柄形制推断，时代应为战国早期。

图 11 石铲

8. 1998 年 11 月，出土泥质灰陶豆柄 1 件，通高 17. 6 厘米（78・下）。从其形制推断，时代应为战国中期。

9. 1990 年，出土汉代青灰砖 1 块，侧面有串璧纹（87・下）。

10. 1973—1975 年，出土青铜鼎 1 件，高 30 厘米、腹径 30 厘米（89・下）。

11. 1975 年春，小围子东北角出土商代晚期青铜觚 1 件，高约 30 厘米、口径约 10 厘米。春季浇麦子时发现，同时出土铜斝、铜爵等，均上交莱芜文物管理委员会办公室（92・下）

12. 1983 年，出土战国青铜镞 1 件，通长 6 厘米、宽 1 厘米、铤长 2 厘米（100・下）。

13. 1983 年，出土战国铜盖弓帽 1 件，长 5 厘米、直径 1. 5 厘米（102・上）。

14. 1983 年，出土汉代铁犁头 1 件，长 18 厘米（110・上）。

15. 1983 年，出土汉代铁权 3 件，1 号直径 4 厘米、高 3 厘米，2 号直径 4 厘米、高 3 厘米，3 号直径 5 厘米、高 3. 5 厘米（110・下）。

16. 1983 年，出土汉代“五铢”钱 2 枚（114・上）。

17. 1983 年，出土汉代“大泉五十”钱币 2 枚（116・上）。

18. 1983 年，出土鹿角器 1 件，长 15 厘米（123・下）。或属于新石器时代。

（四）羊里镇城子县村嬴城遗址大荒地遗址

1. 2011 年 12 月，出土汉代大陶盆口沿残片 1 件（81・下）。从其形制尺度看，直径约 80 厘米。

2. 2011 年 12 月，出土春秋战国、汉代陶片若干（82・上）。褐陶鬲口沿、子母口陶豆，均为春秋器物；圜底罐应为战国器物；夹砂陶瓮残片，应为汉代器物。

3. 2011 年 12 月，出土陶片若干（82 · 下），有的带彩绘，时代为战国、汉代。

（五）羊里镇城子县村嬴城遗址卢家林遗址

1. 2011 年 11 月，出土玉璧 3 件（图 12）（57 · 下）。《嬴城遗址群访古录》所谓玉璧，应该是滑石质地，两件大者为璧，小者应为环。类此滑石璧与环，是战国时期齐国临淄及其周近墓地普遍流行的殉葬品。

图 12 滑石璧、环

2. 2011 年 12 月，出土汉代卷云纹瓦当 1 件（87 · 上）。

3. 2011 年 11 月，出土战国铜铃 1 件（101 · 下）。

4. 2011 年 11 月，出土海贝 25 枚，长 2.5 厘米、厚 0.5 厘米（111 · 上）。应该为春秋时期随葬品。

5. 2011 年 11 月，出土骨贝 5 枚，长 1.4 厘米、厚 0.4 厘米（111 · 下）。时代应与同地点出土的海贝相当。

6. 2011 年 11 月，出土骨串饰一组 31 个，形似算盘珠，直径 1.3 厘米（117 · 下）。

7. 2011 年 12 月，出土骨串饰一组 30 个，形似算盘珠，较之上一组似显肥厚（图 13）（118 · 上）。

图 13 骨串饰

8. 2011 年 11 月，出土泥质灰陶狗头 1 件（118 · 下）。从形状推断，应该属于汉代。

9. 2011 年 12 月，出土铁渣一块，重 275 克（122 · 下）。应为汉代。

此地汉代矿冶十分发达。

（六）羊里镇北傅家庄梁家林遗址

1.2011 年，出土周代玉项饰（59·下，左）。

2. 时间不详，出土战国铜剑，长约 50 厘米（98·上）。

3.1972 年，出土战国刀币约 70 枚（112·上，左）。

4.1972 年，出土战国圜钱约 36 枚（112·上，右）。据称上有“面文”两字，依据齐国货币流通规律，如此面文的圜钱，应该是齐国的“益化”钱。

（七）羊里镇大增砖厂遗址

1.1982—2005 年，出土玉璧 1 件（58·下，左）。

2.1982—2005 年，出土玉钺 1 件（59·下，左）。

3.1982—2005 年，出土玉扳指 1 件（60·上）。

4.1982—2005 年，出土龙山文化白陶杯 1 件（61·上，左）。

5.1982—2005 年，出土龙山文化黑陶杯 1 件（61·上，右）。

6.1982—2005 年，出土龙山文化白陶瓶 1 件（61·下，左）。

7.1982—2005 年，出土龙山文化白陶鬶残片 1 件（61·下，右）。

8.1982—2005 年，出土汉代陶俑若干（70·上，左）。

9.1982—2005 年，出土汉代泥质灰陶鼎 1 件，失盖（70·下）。

10.1982—2005 年，出土东汉时期泥质灰陶壶 1 件（71·上）。

11.1982—2005 年，出土东汉时期泥质灰陶盆 1 件（71·下）。

12.1982—2005 年，出土汉代陶方砖 1 件（72·上）。

13.1982—2005 年，出土汉代泥质灰陶圜底罐 1 件（72·下）。

14.1982—2005 年，出土陶印 1 件（76·上，右）。《嬴城遗址群访古录》推断其为汉代。考古所见汉代陶印极为少见。根据嬴城遗址群的规模形制与时代延续，或可推断此印为战国时期。临淄为齐国都城，春秋战国时期制陶业十分发达。官营与私营制陶手工业，实行“物勒工名”的制度，陶器上往往打有戳印，而这些戳印则多为陶质。陶质的玺印，用于制陶既方便，又易于制作。

15.1982—2005 年，出土汉代花纹砖 1 件，侧面装饰穿带纹（88·上）。

16.1982—2005 年，出土汉代铁鼎 1 件，立耳、铲足，保存较好，腹

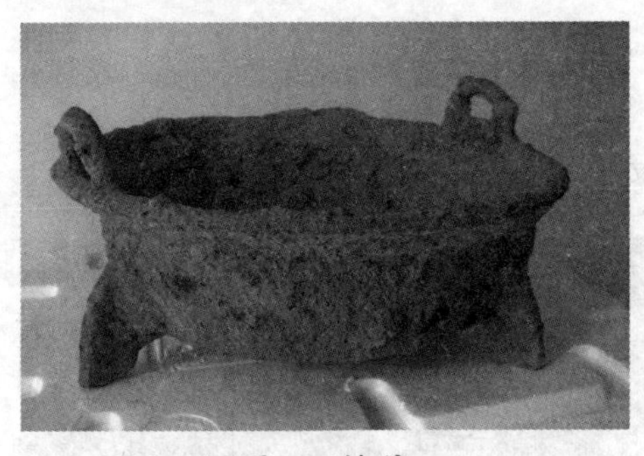
图 14 铁釜

径 22 厘米、高 11 厘米、足高 4.5 厘米（106 • 上）。

17. 1982—2005 年，出土汉代铁釜 1 件（图 14）（106 • 下，左）。

18. 1982—2005 年，出土铁剑 1 件（106 • 下，右）。

19. 1982—2005 年，出土汉代铁锤 1 件（107 • 上）。

20. 1982—2005 年，出土汉代铁锄 1 件（107 • 下）。

21. 1982—2005 年，出土汉代铁锄 1 件（108 • 上）。

22. 1982—2005 年，出土汉代铁拐器 1 件（108 • 下）。

23. 1982—2005 年，汉代铁镢 1 件（109 • 下）。《嬴城遗址群访古录》称为铁锛，依据照片形制，应属铁镢。

24. 1982—2005 年，出土汉代“五铢”钱若干（114 • 下，左）。

25. 1982—2005 年，出土汉代“大黄布千”1 枚（115 • 上，左）。《嬴城遗址群访古录》称为“大黄布千”，依据汉代简册及宋代人释读，应该读作“大布黄千”。

26. 1982—2005 年，出土汉代“货泉”若干（115 • 上，右）。

27. 1982—2005 年，出土金首饰，“金镏子”1 件（122 • 上，左）。

28. 1982—2005 年，出土金簪子 1 件（122 • 上，右）。

29. 1982—2005 年，出土十二生肖青铜镜（123 • 上，右）。

30. 大增文物店收藏新石器时代石斧 1 件，1991 年出土，是否为大增砖瓦厂出土，不确（119 • 下）。

（八）羊里镇小增家庄遗址

1. 1972 年，出土龙山文化石铲 1 件，宽约 20 厘米，上端有钻孔（53 • 上，左）。

2. 1999 年，出土龙山文化白陶鬶 1 件（62 • 上）。

（九）羊里镇仪封村中遗址

1. 1991 年，出土石铲 1 件，高 10 厘米、宽 3—4 厘米、厚约 1 厘米（51 • 下）。

由其形制推断，应属于大汶口文化时期。

（十）羊里镇仪封村砖瓦厂遗址

1. 1992年，出土春秋玉觿1件（图15），长12厘米（58·上）。造型精美，似是取仿蜿蜒爬行蜥蜴。

图15 玉觿

2. 1992年，出土大汶口文化泥质黑陶杯1件（图16），高12厘米、口径6厘米、底径4厘米（60·下）。

3. 1992年，出土大汶口文化高足白陶杯，高12厘米、口径8厘米、底径6厘米（61·上，左）。

图16 黑陶杯

4. 1989年冬，出土汉代陶马11匹，长约60厘米、高约50厘米、宽约20厘米。身敷以彩绘（67·上）。

5. 1988年冬，出土汉代陶马车一套（68·下）。

6. 1989年，出土汉代陶牛车一套（69·上）。

7. 1989年冬，出土陶俑若干，高者70厘米、矮者10厘米，身敷彩绘（69·下）。

8. 1988年冬，出土战国陶罐若干，三五个一同出土，并且均完整（73·上）。泥质灰陶，圜底，应是汲水所用，出土地点应是战国水井。

9. 1989年冬，出土汉代陶罐3件，据称出自砖室墓葬（73·下）。

10. 1989年，出土汉代四系罐1件（74·上）。

11. 1991年，出土汉代夹砂灰陶罐1件，形体较大，下部饰绳纹（75·下）。

12. 20世纪80年代末，出土战国青铜剑两件，一件长约35厘米、宽3厘米（94·上）。

13. 1989年冬，出土战国铜剑1件，长约70厘米，刃宽5厘米；出土四件泥质灰陶罐（94·下）。战国铜剑通常长度在30—40厘米，超过50厘米的较少见，而长约70厘米的极少见。平度博物馆藏长剑超过70厘米。

14.1991年，出土青铜胄1件，出土时完整，顶部有小鸟装饰（101·上）。据所附草图，或属于商代晚期。

15.1989年冬，出土汉代铜镜1件（104·下，左）。据描述铜镜背面花纹，似属于东汉以后。

16.1989年，出土铜铃9件（105·下）。从形制及组合数量推断，应该为战国时期。

17.1991年，出土战国时期泥质灰陶拍1件（图17），保存较完整（119·上）。证明此地从古到今都是烧制陶器的场所，同时也证明此地土质宜于抟治陶器。

图17 陶拍

18.1991年，出土留有加工痕迹的石料1件（121·上）。时代应属于新石器时期。

19.1989年冬，出土十二生肖铜镜1件（123·上，左）。此种形制铜镜一般见于隋唐时期。

（十一）羊里镇院上村遗址

1.2001年，出土汉代“五铢”钱，保存较差，锈蚀严重（114·下，右）。

2.2003年，出土汉代红陶罐1件（70·上，右）。

3.2003年，出土汉代陶钵1件（76·上，左）。

4.2003年，出土汉代砖，数量较多，或为墓葬（88·下）。

（十二）寨里镇边王许村长身地遗址

2008年，出土石斧1件（图18）（50·下），长9.3厘米。时代应为大汶口文化时期。

图18 石斧

（十三）寨里镇边王许村西北河边花生地遗址

1948 年左右，出土石斧 1 件，长 17.5 厘米（51・上）。时代亦为大汶口文化时期。

（十四）寨里镇边王许村村西林地遗址

1. 1976 年，出土石铲 1 件（52・上）。《嬴城遗址群访古录》称谓“石斧”，据所附图，乃为有孔石铲。时代应为龙山文化时期。

2. 1976 年春，出土战国铜剑（95・下），已残，长约 40 厘米。

3. 1986 年春，出土战国铜剑 1 件（96・上），长约 65 厘米。

（十五）寨里镇边王许村村北石子沟遗址

1994 年冬，出土石斧 1 件（52・下），长约 20 厘米。时代应为龙山文化时期。

（十六）寨里镇边王许村柳树下遗址

1979 年春，出土石质钱范（57・上），长约 40 厘米、宽约 20 厘米，约容 15 排铜钱。据描述，应为汉代滑石质钱范，范面布局数量较多铜钱，应该是剪轮“半两”钱范。

（十七）寨里镇边王许村村前遗址

1982 年，出土汉代“五铢”钱 12 枚（114・上，右），保存较差，锈蚀严重，出土时粘接在一起。

（十八）寨里东村村东包袱地遗址

1. 1977 年，出土战国陶罐若干（64・下），高约 40 厘米、腹径约 30 厘米。

2. 1977 年，出土战国铜铜剑约 10 件（95・上），其中 2 件长，约 70 厘米，其余较短，约 20 厘米。此处应为战国墓地，与戍守嬴城军事有关。

（十九）寨里镇寨里东村砖厂遗址

1. 2008 年，出土石凿 1 件（120・上，右）。

2. 2008 年，出土石凿 1 件（120・下，左）。

（二十）杨庄镇张里街砖厂（村中司家林）遗址

1. 1996 年，出土表面光滑的石料（53・上，右），长约 20 厘米、宽约 5 厘米、厚约 5 厘米。据表述，或是石锛、凿之类器物。

2. 1996 年，出土有孔石铲约 50 件（54・上），长约 17 厘米、宽约12厘米、厚约1.5厘米，上部有钻孔。据所附图，应为龙山文化时期。

3.1992年，出土汉代小陶马约50匹（67•下，左），高约7厘米、长约7厘米。

4.1995年，出土汉代陶马2匹（68•上），长约30厘米、高约20厘米。

5.1996年，出土汉代陶罐1件（75•上），高约45厘米、口径约10厘米、腹径约40厘米。

6.1992年，出土战国铜剑1件（97•上），长约60厘米。

7.1992年，出土战国铜剑（97•下），残长约30厘米。

8.1979年，出土汉代铜镜1件（104•下，右）。

（二十一）杨庄镇大埠头村西北嬴汶河南岸郝家林西遗址

1977年，出土汉代陶罐（74•下），高约40厘米、口径约15厘米、腹约30厘米，出土时完整。

（二十二）杨庄镇大埠头村中槲林地遗址

1.1979年，出土青铜壶1件（90•下，右），高约40厘米。《嬴城遗址群访古录》推断其为周代，因形体较高大，亦或为汉代。

2.1979年春，出土战国铜剑1件（96•下），残长35厘米、刃宽约4厘米。

（二十三）杨庄镇大埠头村湾坑地遗址

1976年3月，出土汉代铜镜1件（105•上）。镜背面有铭文一周，字间隔以“而”字。全部铭文应为“内清质以昭明，光辉象夫日月”，但是此镜铭文有节省。

还有相关遗址，情况不甚明了，故此从略。

二、嬴城遗址群与早期都、邑、聚

由考古调查和钻探与局部试掘，可以发现嬴汶河上游遗址群是以嬴城遗址为核心的。而且，在嬴汶河西岸和北岸不过几十里的范围内，就发现从新石器时代到秦汉时期的遗址近 30 处。并且这些遗址的范围都较大，文化内涵较为丰富。尤其在相对区域范围不大的空间内，发现数量如此众多的遗址，即可充分证明当地早期人类文明的诞生与发展，并且延续的时间久长，还可证明在历史发展的长河中，嬴城一直是嬴汶河上游两岸区域文化的中心。以此为核心，大约在半径十公里的范围内发现遗址近 30 处。

（一）遗址数量多，面积大、范围广

尽管嬴汶河上游东岸与南岸的遗址分布情况迄今未详，但是由近在咫尺隔河对望的区域文化环境与遗址分布情况，可以推断这里的遗址数量也应不少。经综合考量，众多遗址中以嬴城遗址面积最大，文化内涵最丰富，并且其应是各个历史发展时期的区域文化的核心。

有关嬴城的历史沿革及其遗址的相关情况，以《莱芜文物》一书载录较为全面，它是一部考古调查结合历史文献研究地方区域历史的著作，其中专有嬴城之节目。第一章第二节二目记载 ：“嬴城《续修莱芜县志》载：‘嬴故城，在今县治西北四十里城子庄也。《水经注》汶出原山，西南过嬴县故城，又西南过奉高，又西南过博城。’《括地志》：‘嬴县故城在博城县东北百里许。’奉高今泰安县，博城今泰安旧县。旧县至故县三十里，故县至城子县六十余里，则城子县为古嬴城无疑。但‘后魏嬴县故城，在县治东北八十里……’《水经注》所说原山是原山山脉主峰，在莱城区茶叶口乡和博山交界处，是汶淄河的发源地。汶河流向西南，正经城子县村，此即古嬴城。城的规模，城子县的嬴城其南、西两面与平地相连，东、北两面形成高台，并东临嬴汶河。城址被现村庄覆盖。原城有两重，外城东西长 600 米，宽 400 米。现东南角残存的墙基长 12 米，高 7 米。原墙高约 8 米，有东、西、南、北四门……城墙用土筑成，墙上荆棘丛生。城墙约始建于商末，后经历代维修，五十年代废……出土器物有石器、青铜器、范具等。石器有石斧、石铲，磨光，制作规整。青铜器有青铜爵、斝、鼎等。铜爵一件，总高 19.5 厘米，流长 8 厘米。菌状柱，近于流。敛腹，弧形底，三棱尖状足。腹饰饕餮纹，衬以云雷纹。铜爵、铜斝均为商末物。铜鼎已丢失。”[①] 前承莱芜《嬴秦文化研究》执行主编徐祥法先生赐示，2012—

① 莱芜市政协文史资料委员会编：《莱芜文物》，齐鲁书社 1998 年版，第 6 页。

2013年山东大学对嬴城进行补充勘探，确定嬴城遗址保护范围周长6673米，面积172.02公顷。

由于尚未进行全面系统的考古钻探和发掘，仅在嬴城遗址大的范围之内，发现看似彼此并不相连属的单个遗址，甚至各个遗址之间的文化内涵与时代也不尽相同。但是，从历史发展的角度，在嬴城遗址范围内分布着各个历史期的文化核心，从新石器时代开始，绵历夏商周三代和秦汉时期以降，各个历史时段文化核心与范围是有所变化的。

据宋继荣、宋华先生合著大文《从考古资料看嬴氏先民创造的远古文明》，城子县遗址“位于羊里镇城子县村。1973年3月，由泰安地区组成的第二文物普查队调查发现，后莱芜秦文化研究院与文物部门进行了多次调查。遗址为嬴城遗址北区的北部，东傍嬴汶河，北、西两面接农田，南被城子县村叠压。村民在遗址和周边用土中，挖到一些器物，主要有石器、陶器、青铜器、铁器、玉器、钱币、鹿角和蚌壳等。其中的石磨棒和石纺轮、陶甗足和蛋壳陶片等，分别为大汶口文化、龙山文化时期的器物，其它为商、周、汉三代的遗物。遗址现为全国重点文物保护单位”[①]。

（1）张里街遗址。“文物工作者调查出的有新石器时代早期的寨西和大王庄遗址，北辛文化时期的张里街遗址，大汶口文化时期的边王许遗址、城子县遗址、龙山文化时期的张里街遗址、小增家庄遗址和城子县遗址。”其中，张里街遗址位于杨庄镇张里街村西北，2008年第三次全国文物普查中，由山东文物普查工作队调查发现。“遗址为一高台地，北傍嬴汶河，其它三面接农田，面积10万平方米。采集到的标本，石器主要有石磨棒，陶器有中口罐、单把桶形杯、钵等陶器片。在遗址东部出土有青铜剑、较多的陶马和汉砖等。工作队将张里街定为北辛和龙山、周代和汉代时期的文化遗址，现遗址为山东省文物保护单位。”

（2）边王许遗址。“边王许遗址位于寨里镇边王许村西和村北两地。1973年2月，由王其云、王泉深调查发现。村西遗址为一高台地，西临村河，南隔嬴汶河与张里街遗址相望。占地东西长90米，宽70米。村北

① 宋继荣、宋华：《从考古资料看嬴氏先民创造的远古文明》，宋镇豪主编：《嬴秦文化与远古文明》，中国文史出版社2018年版，第164—172页。以下称引古遗址资料，亦见于此文。

的遗址面积不详。村民在生产中挖到的石器有砍砸器、斧、凿和磨制器，陶器有一个白陶高柄杯，为大汶口时期的文物。遗址南有墓群，出土了青铜剑等随葬品。村南有铸币遗址，出土了多块汉代半两钱范和制范的石料，还发现了绿釉陶圈井和几口砖砌的井。莱芜市文物办根据三地出土的文物，定为大汶口文化、东周墓群和汉代铸币的遗址，现为莱芜市文物保护单位。”

在此，前引两宋大文只是论及边王许村西遗址范围，并未涉及村北、村南遗址。据《嬴城遗址群访古录》记录调查情景：在此寨里镇边王许村有五处遗址：一是村西林地遗址，二是村北石子沟遗址，三是村前遗址，四是边王许村柳树下遗址，五乃边王许村长身地遗址。并且村西、村北、长身地等均出土石斧，应该属于大汶口文化时期。根据已知暴露和采集文物来看，整个边王许村及其四周应该是一个大型遗址。其位置处于嬴汶河转弯处，通常河流转弯处往往地势较高，远古时期这样的地理环境最适宜人类居住，而考古调查也往往在类此环境中发现古遗址。

（3）小增家庄遗址。“莱芜嬴秦文化研究院和文物部门调查时发现。遗址位于羊里镇小增家庄北，即嬴城遗址南区的西南角处。其北、东西两面至供电所的北、东院墙外，南接小增家庄，西到田家林。上世纪九十年代，村民用土时挖到一些器物。其中，石器有石斧、石铲、石凿等。陶器有白陶瓶、黑陶杯、白陶鬶足等陶器片。玉器有玉璋、玉璧等。村民吕效祥在田家林南挖土形成的高土堰上，发现一个暴露的土坑竖穴墓，黑土中有一个较完整的红陶鬶。其地为龙山文化时期的遗址，东和北面是周代的生活遗址和汉代的墓群遗址，现为全国重点文物保护单位。”

此外，羊里街道小围子遗址出土大汶口或龙山文化的石斧、石铲，羊里镇大增砖厂出土龙山文化白陶鬶、黑陶杯，羊里镇小增家庄出土龙山文化石铲、白陶鬶，羊里镇仪封砖瓦厂出土大汶口文化黑陶杯、白陶杯等。

以上所揭列重点遗址，通常面积都较大，如边王许遗址，五处遗址相连并进入村庄而被农舍叠压，由此推断整个面积应达数十万平方米。出土文物较多的遗址，自身表明其所埋藏的历史文化内涵丰富；再则，经过人为的扰动，诸如农业学大寨土地改造、砖瓦厂与村庄墓葬区等，都可能因为大规模动土而发现文物遗存。如羊里镇北傅家庄梁家林遗址、羊里镇城子县村嬴城卢家林遗址、羊里镇大增砖厂遗址、羊里镇仪封村砖瓦厂遗址、寨里镇边王许村村西林地遗址、寨里镇寨里东村砖厂遗址、杨庄镇张里街砖厂遗址、杨庄镇大埠头村西北嬴汶河南岸郝家林西遗址等均属此种情况。

根据嬴汶河流域的自然环境，在这些遗址群之间，应该还有迄今尚未发现的遗址和墓葬区。如前所提及嬴城遗址相对应的嬴汶河东岸、南岸近距离的范围内还应有为数不少的人类文化遗址。由此可见，以嬴城遗址为核心的遗址群内单个遗址数量多、面积大，并且整个遗址群蔓延相属，直线距离十数公里，这样的大型遗址群在海岱地区还是比较少见的。

（二）遗址密度大、绵延时间长

沿着嬴汶河西岸、北岸大约 10 公里的垂直距离，相对 5 公里宽度，在如此的区域空间内，就分布北辛文化、大汶口文化、龙山文化、岳石文化与夏商周至秦汉时期的各种文化遗址近 30 处。有的遗址距离几乎连在一起，远的相距不过千百米。而遗址之间距离近，密度大，有的甚至可与现代村落相比较。可以想见当时嬴汶河畔平畴沃野，漫布村落，鸡犬之声相闻。

如此情形，还见于此前考古调查发现潍坊地区的寿光，其中寿光市孙家集镇的遗址最为密集。“孙家集镇具备以下条件：①群众说：‘土质好，驮粮食（意为产量高）’。被誉为寿光的粮仓；②古河道密集，便于先民汲、用水；③埠岭多，利于人们傍水而居高地。该街道位于寿光西南部，总面积 79.89 平方千米，70 个自然村，大小埠岭 52 个（绝大多数遗址位于其上），查出古河道 6 条，平均 2 公里左右一条，发现两周（含两周）以前的古遗址 50 余处，占现在村庄的 71.4%，平均 1.54 平方千米一处，有的地段古代居民点的分布近乎当代村落，有的村庄前后或左右各一处，形成了山东境内一个罕见的古遗址群。50 余处遗址中，属北辛文化 1 处，大汶口文化 8 处，龙山文化 14 处，商、西周时期的 16 处，春秋、战国时代的 11 处。”[①] 20 世纪 80 年代，经考古发掘，在孙家集镇边线王发现龙山文化时期的城堡一座，为当时国内考古所见四座龙山文化城堡之一。正是经过北辛文化的发展、大汶口文化的酝酿，才出现龙山文化时期的城堡，而且这些遗址是以龙山文化城堡为核心的。不过现在看来，此地或许有大汶口文化时期的城

① 贾效孔：《寿光考古与文物》，中国文史出版社 2005 年版，第 41 页。

堡雏形，这有待后来考古工作证实。

我们在此将嬴城遗址群与寿光孙家集遗址群做比较。首先，它们的地理环境相似，嬴汶河畔也有大大小小的埠岭，许多遗址就分布在埠岭之上，当然有的原先为埠岭，后经农业学大寨或烧砖瓦取土而致地形地貌发生变化。此段为嬴汶河的上游，但是从附近水流的分布情况推测，这里也应该有不少古河道。通过考古调查发现的嬴城遗址群，应该是以嬴城遗址为核心，沿着嬴汶河作扇形分布，嬴城遗址则是扇面的柄端部。而其比孙家集更具有得泰山自然地理环境之优势，为山前嬴汶河水流充沛冲积形成博大平原，土壤含有大量腐殖质，宜于农业发展。

嬴城遗址发现北辛文化、大汶口文化、龙山文化时期的石器、陶器等文物标本。我们依据此处的地理环境与历史文化积淀情况，甚至可以大胆地推测此地应该有龙山文化时期的古城堡。这是从新石器时代迈向文明时代的分水岭，正因为有龙山文化时期的古城堡，此地才有夏商周三代文明，才能形成区域文化的文明核心之所在。

从新石器时代的北辛文化、大汶口、龙山文化（龙山文化的后半已经进入文明社会，其或与五帝虞舜的时代相对应），到岳石文化（岳石文化属于地方文化类型，其时代与商代早中期相当），到夏商周，再到秦汉以降，此地历史文化发展的链条时间长而且环环相扣，从无短缺。此地不但新石器时代、夏商周三代，而且秦汉时期的历史文化依然发达，始终是当地区域文化的核心。

（三）中心遗址具有核心作用，形成众星拱月形式

从地理环境考察，嬴城遗址较其他遗址而言，位于嬴汶河最上游、泰沂山脉之阳，此处地势、位置、川流、避风、物产、交通等均为优越。《管子·乘马》云："凡立国，非于大山之下，必于广川之上。高毋近旱，而水用足；下毋近水，而沟防省。因天材，就地利，故城郭不必中规矩，道路不必中准绳。"①嬴城坐北面南，背山依水，其北、东、南三面有嬴汶河流经，形成水运交通便利且可作为天然军事屏障之所，并且周近平

① 钟肇鹏、孙开泰、陈升：《管子简释·乘马第五》，齐鲁书社1997年版，第47页。

畴漫漫，物产丰富，水流密布，便于农桑渔业。

在此优越地理环境条件下，诞生早期的人类文明既是必然也是自然的。至此，我们联想到《史记·五帝本纪》所云："舜耕历山，历山之人皆让畔；渔雷泽，雷泽上人皆让居；陶河滨，河滨器皆不苦窳。一年而所居成聚，二年成邑，三年成都。"正义曰："聚，在喻反，谓村落也。《周礼·郊野法》云：'九夫为井，四井为邑，四邑为丘，四丘为甸，四甸为县，四县为都'也。"《说文》云："虚，大丘也，昆仑丘谓之昆仑虚；古者九夫为井，四井为邑，四邑为丘，丘谓之虚。"

由此可以看出舜之时其势力发展之迅速，只经一年的时间，有邑而骤变为都。其较一年前，正是其原有的256倍。这种速度实在惊人，如无极强的军事联盟组织，这种发展几乎是不可能的。并且，舜之联盟所到之处，无论是农耕、渔业还是制陶手工业之地，都能慑于舜方国联盟的军事实力而加入，让出耕地、渔场和制陶手工业场地。由《史记》还可看出，当时人们居处的各级联盟组织，亦为当今考古学上所遵循的将遗址划分为聚、邑、都三级制的标准。聚相当于一般的聚落；邑相当于介于一般和大型聚落方国联盟之间的中型方国；都则是方国联盟首领所居处的相关区域内规模最大、级别最高的城堡。而由聚、邑、都三级聚落，则构成早期方国联盟阶梯型的、由初级到中级再到高级的跨较大区域的有许多方国组成的军事联盟最高组织。而当时的五帝，应该是这个最高组织的盟主。

正是位于泰沂山脉之阳、嬴汶河畔的数量众多的人类文化遗址，大致勾勒出当地区域文明诞生早期的图景。嬴城遗址应该就是当时所谓的都，而边王许等遗址则是当时的邑，其他遗址则是当时的井。由此构成以嬴城为核心之都，以边王许等为邑，众多遗址为村落所谓的"井"，形成众星拱月式的人类早期文明格局。并且，这种区域文化文明构成的格局延续了很长的时间。

（四）嬴城早期文明的特点

首先，嬴城遗址群坐落的嬴汶河，是泰沂山脉之阳一条较大的河流，由于流经的境域不同而各段的名称也有差异。其最终经由泰山之南过宁阳、东平而汇入古济水或黄河。泰山与嬴汶河山水相映，共生灵妙，甚至可以认为嬴汶河是泰山文明的主动脉。清代大学者阮元《泰山志·序》有言："山莫大于泰山，史亦莫古于泰山。"泰山文明的构成，于自然地理形势之外，更多的则是人文历史。所以说嬴汶河流域的文明，亦是泰山之文明。而考古调查和局部的试掘证明，嬴城遗址群早期的人类文明是泰山区域文明的典型代表，嬴城文明是泰山文明的有机组成部分。

泰山崇拜及其缘起，与其自身所处地理环境和周围区域文明有着密切的关系。普天之下，寰宇之大，群山峥嵘，为何以泰山为天下所独尊？为何从黄帝时代就开始封禅泰山？这一切应该从泰山周围的文明谈起，而泰山周围文明区域，距之既近且有相应高度者，应以嬴城遗址群为典型代表。而嬴城文明则以其起源早、文明程度高并且延续历史时期长为之特点。

其次，嬴城文明以五帝时代或龙山文化时代为之诞生点，是泰山文明的早期代表。征诸考古与文献资料，嬴城不仅于早期文明中独树一帜，而且在商周时期亦是当地文明区域的核心，并且这种核心地位一直延续到秦汉时期。商代应该属于东夷的嬴国，是东夷文化的大宗。西周时期由于受周王朝东征的压力，嬴城文化或渐低落，但是到春秋战国时期又进入历史上的兴盛时期。秦汉时期，由于地理环境和矿冶业发达，一度成为泰山周围的冶铸中心。

在此，嬴城文明不仅对泰山文明做出贡献，而且在海岱区域东夷文明中占有重要地位，还在中华文明多元一体构成的格局中处于重要的地位。甚至可以认为嬴汶河是泰山文明的主动脉。

三、中华嬴秦文化园与古代文明区域相契合

经过数十年的不懈努力，莱芜的地方专家学者，立足嬴城而面向齐鲁乃至全国，积极进行考古调查，并且与历史文献相结合，对嬴秦文化进行探讨。随着考古资料的不断发现，尤其清华简册中关乎秦人与东夷之间关系文字的正确释读与科学阐释，是嬴秦文化研究的根本性突破。正是地方与国内专家学者的密切合作，嬴秦文化研究院的统筹规划与中国先秦史学会的积极参入（与），遂使嬴秦文化研究及其历史和学术地位，越来越随

着众多有分量的研究成果的发布而引起国内学术界的重视。

在此基础上，由嬴秦文化研究院与九羊集团等联合，复经过数年的探索论证，而审定方案创建中华嬴秦文化园。嬴秦文化园位于泰山之阿、东海之滨，是海岱区域人类文明历史发展过程的活化再现。同时嬴秦文化园又不仅是东方海岱区域的，而且联通西秦，携手戎狄，横贯中华大地，屹立于东方的文明基点。人们可以从这里穿越历史隧道，梦回史前与三代秦汉，也可以由此举足西行而步踏三秦大地与陕甘陇右。

同时，创建中华嬴秦文化园，对于促进地方区域历史与考古学文化研究具有重要意义。并且开展历史文化的宣传，对于文化遗存的保护会起到积极推进作用。在园区内集中展现历史文化之精粹和区域文化之间的交流与融合，进行传统文化教育，实在是揭示历史、弘扬祖德、寓教于乐、启迪心智和惠及子孙的大好事。对于九羊集团而言，创建中华嬴秦文化园，则是树立企业形象、促进新旧动能转换、打造历史精品、提高国内乃至国际的声誉与影响力，亦是凭借历史坛台尽情展现企业魅力的千载难逢的大好机会。

最后，建议在展示区域文化博物馆内，展示区域历史文化沿革表与秦汉（包含秦汉时期）以前的文物遗址分布图，嬴汶河流域城遗址群可以详细标注，周近柴汶河流域遗址的典型，如汶阳遗址、白龙店遗址、东王善遗址、嘶马河遗址等可重点标注，让人们更直观形象的了解地方历史文化发展沿革与分布态势。

（作者单位：山东省潍坊市博物馆）

浅谈汶阳遗址在嬴秦文化研究中的地位

邓庆昌

汶阳遗址位于济南市莱芜区鹏泉街道汶阳村汶河之阳的高台地上，于1983年3月由刘慧、王其云、崔秀国等发现。遗址南北长670米，东西宽420米，台高出四周平地2.5米，表面呈鱼脊形，文化层在地下0.3米左右，厚约0.5—1米。从遗址面积及出土遗物判断，遗址为大汶口中晚期和龙山文化时期一处中心遗址。2019年10月16日，被国务院公布为第八批全国重点文物保护单位。汶阳遗址的成功入选，充分说明了其重大价值。同时，大汶口中晚期和龙山文化时期也是东夷文化的少昊时代和五帝时代，这一时期贯穿了伯益部族发展兴盛的整个脉络，是莱芜作为嬴秦始源地的重要实证，在嬴秦文化研究中具有不可替代的地位和作用。

一、汶阳遗址的文化内涵和年代分析

汶阳遗址是汶河上游重要的大汶口文化生活遗址。近年来，文物调查发现汶阳遗址不仅有完整的文化层，而且从遗址中还有大量标本的发现，近年来采集到的标本有石器、蚌器，玉器和陶器等，计千余件。陶器标本以黑陶为主，并有一定数量的蛋壳陶。其中有夹砂褐陶扁凿形鼎足，夹砂褐陶腹部有凸旋纹、口沿外有附加堆纹盆形鼎，泥质灰陶双耳罐陶片，泥质磨光黑陶镂孔豆足、盆底、弦纹圈足、泥质磨光薄黑陶片，夹砂白陶实足尖，夹砂红陶按窝鼎足，还有石锛、花岗石磨光石斧、石圭及蚌镰等。据分析，部分陶器与大汶口文化的特点相近，但也有相当一部分轮制黑陶具有龙山文化的特点，特别是其中的蛋壳陶、鬼脸足最富有龙山文化的特点。

考古勘探进一步印证了近年来文物调查的推断。为探清遗址本体分布范围和遗址文化内涵，划定遗址保护范围，为遗址保护规划提供科学的实物资料，2018 年 11 月，莱芜市文物局委托山东海岱文化遗产保护咨询服务中心对汶阳遗址实施了考古勘探。通过勘探发现，汶阳遗址文化堆积呈片区状分布，分为南北两个片区，或为遗址群的两个个体。从勘探发现的灰坑遗迹堆积分析，北片区灰坑遗迹中堆积多为褐色土夹杂大量的红烧土块，结合以往发掘的新石器时期遗址工地，应为大汶口文化堆积，从现存的遗址北边（钱塘江路南）断崖壁面上裸露的同种类型灰坑采集遗物来看，均为泥质和夹砂素面红陶陶器残片，亦能展现遗址的文化面貌。而南片区新石器时期堆积中，灰坑遗迹携带遗物和裸露的堆积中遗物多具有龙山文化特征，如泥质黑陶、蛋壳陶及夹砂红褐陶、黑褐陶、白陶陶器残片。据此，初步判断，汶阳遗址为新石器时期聚落遗址，文化内涵囊括大汶口文化和龙山文化。

根据考古勘探和文物调查综合判断，汶阳遗址为新石器时代遗址，时间大约在大汶口文化中晚期至龙山文化时期，距今 5500—4000 年。而从该地采集到的大量打制石器的情况看，此地远在旧石器时代就是人类先祖的居住地。此外，对该地区文物调查还发现有大量唐宋陶瓷的残件，并有窑址的发现，这又说明汶阳一带在唐宋时期仍然是一个大的聚落中心。从旧石器时代至元代，长达上万年，汶阳遗址堪作莱芜历史发展的立体地层标本，对于研究汶河上游地区古人类生存活动、迁徙演变、人群互动交流等具有重要意义。

二、汶阳遗址为嬴秦始源于莱芜提供了重要依据

探求嬴秦始源不能不研究“嬴”姓起源问题。孙敬明先生在《东夷大宗嬴国考》中分析道：“古代人类发展史上经历母系氏族社会的阶段，故尤其注重辨识母姓，进入父系氏族社会则往往姓氏兼顾，或者谓女子称姓，男子辨氏。而姓则是万古不变的，相同的姓代表出自同一个始祖，而氏则

是由姓逐渐衍生出来的。”[①]先秦古国统统是以氏命名，但见于先秦经典的嬴国则是唯一以嬴姓命名的，这说明嬴国历史极为悠久。他同时进一步提出：“山东嬴姓古国族的历史可以上推到大汶口文化时期。而地处泰沂山脉南北的汶泗沂沭与潍淄流域属于大汶口文化发展的中心，换言之，凡此广袤的区域属于早期嬴姓古国族的生息繁衍地区。”[②]湖南长沙子弹库战国时期楚墓帛书《十二月神图》乙篇也有“粤古嬴颛顼，出自□霥，居于飘□”的记载。又相传少昊为嬴姓，少昊之“昊”一般认为是在太阳文化意识成熟的年代，“这个年代，揆诸现有的考古成果，至迟可以上溯到大汶口文化中晚期阶段”[③]。这与《史记·秦本记》叙秦人之祖先的记载完全吻合，原文如下：“秦之先，帝颛顼之苗裔。孙曰女脩。女脩织，玄鸟陨卵，女修吞之，生子大业。大业取（娶）少典之子，曰女华。女华生大费，与禹平水土。已成，帝赐玄圭，禹受曰：‘非予能成，亦大费为辅。’帝舜曰：‘咨尔费，赞禹功，其赐尔皂游。尔后嗣将大出。’乃妻之姚姓之玉女。大费拜受，佐舜调驯鸟兽，鸟兽多驯服，是为柏翳。舜赐姓嬴氏。”[④]而宋罗泌《路史》则进一步记载：“伯翳大费能驯鸟兽，知其语言，以服事虞、夏。始食于嬴，为嬴氏。”[⑤]

根据以上资料分析，嬴姓的历史源起少昊时代，五帝颛顼时代形成谱系，伯益时期开始有嬴之封地，故“嬴”由姓为氏。从嬴姓起源到伯益封国经历了相当长的历史阶段，其对应时间为大汶口文化时期至龙山文化时期，所处地域应为泰沂山脉南北，特别是伯益时期已有嬴地（国或邑）。

从秦置郡县大都沿袭先秦古国的情况看，嬴地（国或邑）的范围应与秦置嬴县的范围差不多，大致包括汉代嬴县、牟县、莱芜县以及奉高县的一部分。可见古嬴人在以莱芜为中心的地区有着数千年繁衍生息的历史。汶阳遗址地处汶河上游，历史上属古嬴邑的范围，有着上自旧石器时代、辉煌于大汶口文化和龙山文化的上万年历史，无论是所处地域还是年代范围，都与史学界对嬴姓起源、传承的研究结论相对应。这足以证明汶阳遗

① 孙敬明：《潍水集》，齐鲁书社2014年版，第342—343页。
② 同上。
③ 张富祥：《东夷文化通考》，上海古籍出版社2008年版，第99页。
④ （汉）司马迁：《史记·秦本纪》，中华书局1999年版，第125页。
⑤ （宋）罗泌：《路史》，《文渊阁四库全书》第383册，上海古籍出版社1987年版，第138页。

址是一处典型的嬴姓居落遗址，这里是古嬴人在莱芜起源、发展、兴盛的一处重要物质文化遗存，同时也是莱芜作为嬴秦始源地的一个标本式物证。

三、汶阳遗址展示了伯益时期的古嬴国繁荣场景

据文献记载，伯益时期为五帝时代末期，其对应的时间为龙山文化时期。从汶阳遗址考古勘探和遗址采集到的标本来看，大汶口文化中晚期，以遗址北片区为主，这里已经形成较大的聚落中心，到龙山文化时期聚落中心南移，范围则进一步扩大，应当是汶阳遗址的一个文化辉煌期。当地文物工作者在对汶阳遗址的考察中，曾在较大范围内发现有龙山文化的黑陶片分布。据此分析，汶阳遗址的龙山文化分布区域应大大超过大汶口文化的分布区域，几乎与整个汶阳遗址的面积相匹配，有二三十万平米。这样一个分布面积，这样规模的龙山时代遗址，本身就属于大型、高规格的聚落址。山东地区目前发现的这样规格的龙山文化遗址，几乎都有城址的发现。张学海先生也曾预言："山东地区龙山聚落群中的中心聚落，大都是城址。"① 因此，无论从遗址规模和龙山文化分布面积还是其所在的区域来看，汶阳遗址都绝对具备拥有城址的规格。张富祥先生在《东夷文化通考》中认为："在人类发展史上，城的兴起以及由城的兴起而逐步造成的原始城市的出现，一向被视为文明社会产生的重大标志之一。""以早期城为重要标志的初始性地方'国家'形式，考古学界通常称之为'古国'，只不过与夏商周三代的方国相比，这些方国还不够成熟。""由方国组成地区性部落联盟，进而逐层放大，最后成中原部落大联盟，这就是五帝时代大社会体系的主干模式。"②

以考古文化与传说文献相印证，汶阳遗址应为伯益时期部落方国或聚落中心。根据张富祥先生的观点，还可更进一步推断：汶阳遗址是伯益部落联盟的一个城邑。这说明龙山文化时期莱芜已经有了发达的社会文明。同时也可以约略推知，龙山文化时期古嬴国城已形成都、邑、聚并存的繁荣发展格局，更可推知作为伯益部落联盟中心"嬴城"的发达程度。另一

① 张学海：《试论山东地区的龙山文化城》，《文物》1996 年第 12 期。

② 张富祥：《东夷文化通考》，第 290—291 页。

方面，文物调查情况也充分印证了这一点，汶阳遗址所在的嬴汶河、牟汶河流域，均属于古嬴邑，在这一区域先后发现了寨西的旧石器时代遗址以及嬴城遗址、大王庄遗址、边王许遗址、嘶马河遗址、小增家庄遗址、东王善遗址、孙封邱遗址等大量新石器时代遗址，具备龙山文化特点的遗址占相当大的数量，特别是在第三次全国文物普查中，在这一区域还发现了北辛文化时期的张里街遗址，古代生活遗址如此集中，应当说是比较少见的，这些遗址再现了伯益时期古嬴国的繁荣场景。这也为莱芜作为“古嬴族起源中心”“伯益最早封地”提供了重要依据。

另外，据莱芜地方志记载：莱芜，春秋时期为牟国及齐嬴邑、平州邑地。现已考证，牟国故址在今济南市钢城区辛庄街道赵家泉村牟国故城遗址；嬴邑故址在今济南市莱芜区羊里街道城子县村嬴城遗址。只有平州邑故址在何处尚无法考证，地方志记载在莱芜西部，但从目前的考古调查信息上无法获得支撑。仅从汶阳遗址获得的勘探和调查信息看，这一地区在夏商以前已经具备了邑的规模，延续至唐宋时期仍然是一个大的聚落中心，从遗址文化层排比的完整性、文化内涵的丰富情况看，春秋时期这里完全应该是一个邑的中心。这样看来，汶阳遗址则很有可能就是历史上的平州邑所在。不过这一推断尚待进一步考证。

（作者单位：济南市莱芜博物馆）

岳石文化浅论

丁建英　范玉杰　尹西武

在雄伟壮丽的大泽山西麓，波光粼粼的淄阳水库北岸，有一处国家级历史文化重点保护单位——东岳石遗址，并以此命名了一个考古学文化——岳石文化。

东岳石遗址是20世纪60年代中国考古的重大发现。1959年秋冬，山东省平度县大兴水利，在大泽山公社东岳石村之南开挖淄阳水库（当地俗称岳石水库）过程中，发现地表几米以下埋藏着大量文物，有陶器、石器、骨器、蚌器、青铜器等。当时施工的负责人马上上报平度县及山东省有关领导和部门，后来经多所研究机构多次研究考察，直到1981年才经严文明先生提出，由考古学界定名为岳石文化。其遗址南北长70米，东西宽200米。

岳石文化继龙山文化之后被发现，二者的分布范围大致相同，绝对年代为公元前2000—前1600年，由先祖东夷族人创造。

1. 岳石文化的分布

岳石文化属于城邦国家发展时期的文化，与中原地区的二里头文化相当。分布在30多个地方，遗址达500多处。以泰沂山为中心，北起鲁北冀中，南越淮河，西至山东最西部，达河南兰考、杞县、濮阳，东至黄海之滨。

比较重要的岳石文化遗址有山东省平度大泽山镇的东岳石遗址、烟台牟平照格庄遗址、青州郝家庄遗址、章丘王推官庄遗址、泗水尹家城遗址、安邱堌堆遗址以及河南省杞县、鹿台、兰考等地发现的岳石文化遗址。

2. 岳石文化的特征

岳石文化的历史年代经碳-14测定，认定是公元前1900或公元前

2000年到公元前1600年前后，基本属于中国典籍记载的夏代。地处海岱地区（今山东省及苏北的徐淮一带），当时亦称东夷。

其文物的特征是：陶器古朴典雅，厚重实用，而火砂陶又草率粗糙。泥制陶却精致，两者有着巨大反差，成为岳石文化的特征之一。而子母口、凸棱、唇边外凸或者叠唇、器角转折园钝、器库周缘外凸的风格，成为有别于其他文化类型的特征。

典型的器类是：甑，一种炊器（中国古代的蒸食用具），子母口罐，平底尊，蘑菇钮器盖。

岳石文化的泥制陶主要为灰陶和黑陶，其陶壁比龙山文化厚且火候高。其中的子母口三足罐是龙山文化所未见的，而最常见的袋足肥大的“素面甗”与龙山后期出现的“甗”的形制也很不同。这证明了岳石文化是上承山东龙山文化而发展起来的海岱地区的一种重要文化。

岳石文化的另一重要特征是泥制陶器上施加彩绘（有红单彩和红、黄、白多彩）而成彩绘陶。这是彩陶前后所未见的。这说明具有实用功能的陶器，一旦被施以彩绘，就失去了实用性而变为礼仪用具——礼器。[①]这是社会发展进步的具体反映。

岳石文化石器形态有了重大变化。此时的石器农具已由先前的圆形钻孔发展为或单或双的方形凿孔的新的石器农具。这标志着农业生产工具的进步和生产能力的提高。

岳石文化中出现了青铜器（照格庄和尹家城皆有发现），而且用青铜器凿孔代替了以前的以石钻孔。这是石器农具得以发生突破性进步的重要原因。

3. 岳石文化的地方类型分布

照格庄类型：分布于胶东半岛及沿海岛屿。

郝家庄类型：分布于潍坊弥河和潍河流域，东至胶莱平原，西至淄河流域，南到沂山北麓。

土城类型：以沂、沭河中上游地区为主，包括日照、赣榆等。

王推官类型：分布于岱北，东起孝妇河，西到聊城西部，北至冀东南

① 参见邵望平：《公元前二千年前后海岱地区历史大势》，田昌五主编：《华夏文明》第三集，北京大学出版社1992年版，第316页。

一带。

尹家城类型：分布于岱南的汶河，泗河，京杭大运河一带。

安邱堌堆类型：分布在鲁西南、豫东和皖北，与龙山文化王油坊类型基本一致，两者之间是继承发展关系。

4. 岳石文化与社会经济

农业：岳石文化在农业生产的作用主要表现为农具的改进、创新和在工具中的比例。

冶金业：已经进入青铜器时代，并在手工业部门进行应用。

建筑业：继续了龙山文化的传统，在建筑技术上有了很大提高。

夏王朝时期岳石文化对社会经济有着极大作用，多个领域表明了不同文化的交流与融合，对社会的进步和历史发展有着极大的促进与推动作用，新的社会结构正在建立和完善，新的生产力正在形成和发展。

5. 岳石文化的社会特性

岳石文化的社会形态仍然是龙山文化时期社会形态的延续，即属于城邦国家的发展时期。这个时期以家族所有制为主体，建立在家族基础之上的分散王权普遍加强，军事力量不断增强，以青铜器为代表的先进工具开始出现，新的生产关系正在酝酿形成。

6. 岳石文化的文化序列

山东的史前文明是中华文明最早发祥地之一，是自成体系的，其文化序列是沿着后李文化 — 北辛文化 — 大汶口文化 — 龙山文化 — 岳石文化这一条路径发展的。

岳石文化的发现是山东省继发现大汶口文化、龙山文化之后又一次具有划时代意义的重大考古发现，它填补了山东省史前文化的缺环，对研究我国史前文化具有十分重要的意义。

7. 岳石文化的价值

一是为中国古代文明形成的多元化提供了又一重要佐证。直到 20 世纪 50 年代，传统的中原文化中心说、中华文明一元论在史学界仍占统治地位。因为中国最早且对后世影响最为广泛深远的《尚书》《诗经》《春秋左传》等一些古代文化典籍，所述远古史迹都是以华夏地区（即今黄河中游平原地带的晋、陕、豫一带）的夏、商、周三代为中心，而对其周边的东夷、西戎、南蛮、北狄地区所及甚少，影响所及，便使长期以来形成的中华文明起源的一元论几乎成了不可动摇的定论。1949 年后，考古事业突飞猛进。除了中原地区先后在郑州东南郊发现二里岗文化（1952 年）和在偃师县发现二里头文化（1959 年）等属于中原文化外，更在古代的四夷地区陆续发现了浙江马家浜文化（1960 年）、山东泰安大汶口文化（1959 年），山东平度岳石文化（1960 年）、浙江余姚河姆渡文化（1973 年）、四川广元三星堆文化（1980 年）等许多不同于中原文化的古代文化。这些新发现的文化年代，明显并彻底地动摇了中华文明一元论和中华文明只源于中原说的根基。为此，可以说包括岳石遗址在内的一系列重大的考古发现已经证实，中华文明并不是传统所说的中原地区一元，而是由华夏及其周边地区的多元文化长期交汇融合而成的多元一体。

二是为深入研究东夷文化和夷夏关系谱写了新篇章。 中国古代史籍中称华夏（中原）之外地区为“四夷”，并含有明显的轻蔑之意。经过儒家思想在意识形态领域里占主导和统治地位长达两千多年之久的影响，便形成了“四夷”愚昧落后、无文化可言的错误观点。旧时代，自幼受四书五经熏陶的胶东半岛人，也都是以中原族系自居，把实系自己先祖的东夷先民称为“野蛮人”。而随着对岳石文化研究的深入，夏代东夷人创造的古代文化及在当时人类历史上的领先地位（如先进的农具、早期的青铜冶炼等），也越来越多地为人们所认识。毫无疑问，当年创造了并不逊色于中原文化的先进文化，非但不是传世典籍中所说的愚昧落后，恰恰相反，他们对中华民族的形成和灿烂的古代中华文明的发展，同样做出了杰出的贡献。

三是为研究海岱地区尤其是胶东半岛一带的古代历史开辟了广阔前景。上古史籍所记东夷事既少且略。岳石文化的发掘，把东夷文化和夏夷文化关系的研究推进到了一个新的阶段。有学者认为，在胶东，岳石文化的下限当及于商代之中期。而古史记载胶东半岛的莱夷人和他们所建立的莱国，则是在经历了西周王朝，直到春秋中期才最后被齐国所吞并的。值得注意的是，在莱夷与齐国的融合过程中和融合以后，齐国的国力迅速增强，即齐国的经济繁荣、军事强盛、文化发达，都是与半岛上最后的东夷文化的融合密不可分的。所以，对半岛地区岳石文化的深入研究，将会进一步揭示夏、商以至周代半岛地区的历史面貌，并进而具体地厘清半岛先民对中华古代文明做出的贡献。

以上是对于岳石文化的初探及简论，以期抛转引玉，引起有关专家学者的兴趣与重视，大家团结一致，努力对岳石文化的研究做出新的贡献。

（作者单位：丁建英为山东省广播电视台、范玉杰、尹西武为山东省广播电视局大泽山转播台）

甲骨卜辞“麦”地与莱芜*渊源考

徐祥法　徐晓宇

商人好田猎，在商代甲骨田猎卜辞中，“麦”作为一个重要的田猎场所，多有出现。众所周知，商人田猎，一则为获取禽兽肉作食、皮作衣、骨角作生产工具或占卜材料；二则为驱兽垦田或蓄草养畜；三则为除灾患，防止野兽对人类造成危害；等等。当然也有贵族打猎为娱乐的成分。商代田猎卜辞中有相当一部分地名，适与商末征人方经由地点重合①，这也揭示了商人田猎的另一个目的，为“征人方”探取地理、路线、兵力等诸方面的军事情报。

基于商代田猎地名与征人方的经由地名重合，南开大学历史学院教授、古籍与文化研究所所长陈絜先生通过对史学界其他田猎区的检讨，提出了“泰山田猎区”之说，洵为卓识。他认为：“商末田猎区在山东泰山周边，其中心区域大概以古济水、汶水、淄水与渤海为四至，故可称作‘泰山田猎区’。”②麦即“泰山田猎区”的一个著名田猎地。它不仅频繁出现在商王田猎卜辞中，而且在王步卜辞、征人方卜辞中也能常见到其踪影。

一、与“麦”地关联的几组卜辞检讨

在商代甲骨卜辞中，“麦”大体有三个意思：一为禾名，是“穀之一

* 此指原莱芜市，即今济南市莱芜区、钢城区和莱芜高新区。

① 陈絜、赵庆淼：《“泰山田猎区”与商末东土地理》，《历史研究》2016年第5期。

② 同上。

种”，如甲骨卜辞“月一正月食麦”（《后下一·五》）；二为地名，如“辛酉卜，旅贞，王其田于麦”（《遗四〇四》）；三疑为方国名，如“贞其乎麦豕从北”（合二五五）。[①]

卜辞中习见的“麦”地究竟为何地？陈氏认为在莱芜境内[②]，惜未见详解。笔者不揣梼昧，试从与麦地相关的甲骨卜辞中的地名组群中，找到卜辞所指现在地点为学界共识或争议不大的地名，从而寻找麦地之所在。

（一）麦与犅、淄

（1）癸亥王卜，在犅贞，旬无祸？

（2）癸酉王卜，在淄贞，旬无祸？王占曰【吉】。

……

（3）癸巳王卜，在来（麦）贞，旬无祸？（《蔡缀》538）

这是一组卜旬卜辞，即在癸亥、癸酉等几个干支日占卜未来十天的吉凶。从这版卜辞中选出的三条卜辞中，牵涉三个地名，即犅、淄、来（麦）。

犅地，商代青铜器《犅劫卣》有载：“亚，王征盍（盖），易（赐）犅劫贝朋，用作朕蒿（高）祖缶（宝尊）彝。”（《集成》05383）这篇铭文说的是周成王东征路过“犅”地赏赐给犅地首领贝朋的事。盍（盖），即商盖（商奄），即清华简《系年》所说“迁商盖之民于邾圉”之商盖。商盖即商奄。据考证，商盖都邑在今山东省沂源县东安村一带[③]，犅为成王由安阳东征商盖经由之地。犅通刚。[④]《读史方舆纪要》说：“刚城（在宁阳）县东北三十五里。战国时，齐之刚邑。秦昭王三十六年，取齐刚、寿，此即刚邑也。汉置刚县，属泰山郡。后汉属济北国。晋曰刚平县，属东平国，后省。《水经注》：汶水西南径冈县北。是也。后讹冈为堽，今有堽城坝。”[⑤]因而，犅地在今山东省宁阳县堽城镇一带。从地图上看，安阳、堽城、东安几乎在同一条直线上，也就是说，成王从商都安阳出发伐商奄，经由犅地是择取的距离最近的道路。

---

① 参见徐中舒：《甲骨文字典·卷五》，四川辞书出版社2014年版，第617页。

② 参见陈絜：《塱方鼎铭塱与周公东征路线初探》，《古文字与古代史》第四辑，台北“中央研究院”历史语言研究所，2015年；陈絜、赵庆淼：《“泰山田猎区”与商末东土地理》，《历史研究》2016年第5期。

③ 参见徐祥法：《商奄都邑考》，《天水师范学院学报》2019年第1期。

④ 参见陆费逵、欧阳溥存等编：《中华大字典》，中华书局1915年版，第1255页。

⑤ （清）顾祖禹：《读史方舆纪要》卷三二，光绪二十七年图书集成局刊本，第24页。

淄，即淄水。古淄水在山东有二：一为人们所熟知的发源于莱芜原山、流经淄博的淄水；二为发源于沂源西部、流经新泰的淄水，即今柴汶河。《春秋大事表》载："又南左防淄水，世谓之柴汶。（柴汶水在泰安府东三十五里，西流入汶。昭二十六年，传成人伐齐师之饮马于淄者即此。）"[①]《水经注》载："汶水又南，左会淄水，水出泰山梁父县东……淄水又径梁父县故城南，淄水又西南径柴县故城北，世谓之柴汶矣。"[②]

卜辞中同版卜选的地点，距离往往不会太远。上揭卜辞中，淄与㶇出现同版卜对贞现象，可证两地相近。此"淄"为新泰柴汶，不会远至淄博。㶇、淄两地相密迩，而麦地亦出现在同版卜辞中，距两地也定当不远。

（二）麦与𡆥

麦地与𡆥地相近，如：

（4）丙子卜，在……贞，王田麦……

（5）丁丑卜，在𡆥贞，今日王入大邑商。（《殷墟书契菁华》10.93）

（6）丙戌王卜，在𡆥贞：田麦，往来亡灾？（《合集》41826）

（4）（5）两条卜辞为同版对贞卜辞。从中可以看出，商王丙子日在麦地田猎，丁丑日即在𡆥地占卜，说明一日内从麦可抵达𡆥地。第（6）条卜辞说明，从𡆥地到麦地，当天可往返。宋镇豪先生认为，商代车马行进速度大致在每日30公里。[③]也就是说，𡆥地与麦地边境之间的距离约在30公里之内。

陈絜先生根据《合集》37511、37534推测，𡆥地"大概就处在汶水上游、泰山与龟山之间的'龟阴之田'一带"[④]。龟阴田，在新泰市龟山之北。

（三）麦与丧、宫、画

（7）壬申王［卜］，贞：田麦，［往来］亡灾。王［占曰］：吉。兹孚。［获］白鹿。

---

① （清）顾栋高著，吴树平、李解民点校：《春秋大事表》，中华书局1993年版，第869页。

② （北魏）郦道元著，（清）王先谦校：《合校水经注》，中华书局2009年版，第177页。

③ 宋镇豪：《夏商社会生活史》上册，中国社会科学出版社2005年版，第319页。

④ 陈絜：《商周东土开发与象之南迁不复》，《历史研究》2016年第5期。

（8）乙亥王卜，贞：丧，往来亡灾。王占曰：吉。

（9）丁丑王卜，贞：田宫，往来亡灾。王占曰：吉。

（10）□寅王卜，贞：田丧，往来亡灾。王占曰：吉。只犷四。（《合集》37448）

这是一版干支、地点明确的田猎卜辞。按照干支系联法，从中我们可以直观地看到，麦地距丧地有三天路程，丧地距宫地最多一天路程，麦地距离宫地大约有四天路程。

丧地近澅。丧地，也是商王田猎的一个重要区域。“……在丧贞：[王]田澅，衣[逐]……”（《合集》37562）“澅水，旁有因水得名的畫邑，在临淄（今淄博）西北”①，马叙伦《说文解字六书疏证》谓：澅，“《史记·田单传》有齐畫邑人王蠋。《水经淄水注》：澅水南有王蠋墓。又引《孟子》：‘去齐三宿而后出畫。’《括地志》：澅邑，因澅水为名，在临淄西北三十里。”② 丧，《合集》28200、29004有“藉丧旧田”的占卜记录。陈絜先生认为，丧、旧并举，清楚地表明丧与旧毗邻，旧地又与攸地接壤，而对攸地学界认识比较一致，在莱芜以东或东北方向，丧地与旧地毗邻，旧地在“莱芜谷地中段偏南或南端”③而并称“二田”，故而丧地在淄水上游。④

至于宫之地望，“出土新材料中也有线索，如齐都故城以南四公里处的今淄博市临淄区永流乡刘家庄西南，曾出土两件同铭战国齐铜量，铭文均作‘齐宫乡郲里’，其中‘齐’为国都名，‘宫’为齐都营丘之一乡，其出土地与铭文本身所提供的信息颇为契合”⑤。说明宫地应在淄博临淄一带。

这组卜辞反映了商王由南及北的田猎路途，即麦→丧→宫。

（四）麦与攸、羸

（11）庚子王卜，在淩次，贞：今日步于□，亡灾。在正月，获狐十又一。

① 李学勤：《商代夷方的名号和地望》，《中国史研究》2006年第4期。

② 李圃：《古文字诂林·三》，上海教育出版社2004年版，第507页。

③ 参见陈絜、赵庆淼：《“泰山田猎区”与商末东土地理》，《历史研究》2016年第5期。

④ 同上。

⑤ 同上。

（12）辛丑王卜，在□次，贞：今日步于□，亡灾。

（13）壬寅王卜，在□次，贞：今日步于永，亡灾。

（14）癸卯王卜，在永次，□贞：今日步于□。

（15）乙巳王卜，在□贞：今日步于攸，亡灾。[①]

（《英藏》2562+《合集》37475+《补编》11141+《合集》36957）

这组王步卜辞中干支前后相连，所涉地点都在一日之内。若算其间距离未必按全日不停行进计算，因为其中还有田猎活动，日行几里也有可能。从第（14）（15）条卜辞可以看到，永地近攸。此外，征人方卜辞中有“癸丑卜……在攸侯喜鄙永”之句，可见永地为攸的边鄙，两地行程大概半天时间。而第（11）条卜辞的“淩”地，为麦地的一个临水之地，未必就是现实中的麦地，但肯定离麦地不远。由此可知，麦地与攸地相去不远。

（16）乙巳卜，在嬴贞：今日步于攸，亡灾，在十月又二。（《合集》36825）

嬴之所在地非常明确。《春秋·桓公三年》谓：“公会齐侯于嬴。”《左传·哀公十一年》云：“公会吴子伐齐。五月，克博。壬申，至于嬴。”《括地志》云：“嬴县故城在博城县（今泰安市泰山区旧县村）东北百里许。”“嬴县，春秋齐邑，秦置县，治今莱芜市西北”[②]；“秦置嬴县（治今城子县村）”[③]……嬴，即今济南市莱芜区羊里街道城子县村。这条王步卜辞的大意是，乙巳这天，商王在嬴地占卜，贞问今天去攸地，有没有灾祸。由此可知，嬴地距攸地不远。

（17）癸未王卜，贞，旬无咎，在十月又二，唯征人方。在旧。

（18）癸巳王卜，贞，旬无咎，在十月又二，唯征人方。在盖。

（19）癸亥王卜，贞，旬无咎，在正月，王来唯征人方。在攸。（《合补》11232）

从这组征人方卜旬卜辞中，可以看出旧、盖、攸三地相距不远。旧在

① 门艺：《殷墟甲骨黄组卜步辞新缀》，河南大学黄河文明与可持续发展研究中心编：《黄河文明与可持续发展》第5辑，河南大学出版社2013年版。

② 郑天挺、谭其骧等主编：《中国历史大辞典》，上海辞书出版社2000年版，第3242页。

③ 崔乃夫主编：《中华人民共和国地名大辞典》第2卷，商务印书馆1999年版，第2639页“莱芜”条。

淄水上游一带；盖即奄，在今沂源县东里镇东安村一带。关于攸，学界普遍认为是“殷民六族”的有条氏。“孟子之有攸，卜辞之攸，左传殷民七族之條，当是一族。”[①]李学勤先生认为，“攸距濭不远”，“攸确应是《左传》定公四年所言封鲁殷民六族中的條氏。同属六族中的长勺氏，原居地前人云在莱芜东北[②]，條氏的居地更东一些是可以想像的”[③]。可见，攸地在齐鲁交界地带，又因“殷民六族”为鲁国所属，因此攸应该在莱芜东北一带。

从以上几组卜辞中可以看出，麦地介于犅地、淄水、専地、丧地之间，且距莱芜境内的嬴、攸二地以及临淄附近的濭地、宫地也不远，而犅地、淄水、専地、丧地分别处于莱芜与新泰、淄博交界的地方，因而推断麦地在莱芜境内大概不会有错。

另外，按上揭卜辞“壬申王［卜，贞］：田麦，［往来］亡灾。王占［曰］：吉。兹孚。［获］白鹿”，其“兹孚。［获］白鹿”为占卜后的结果或应验情况的验辞，是说壬申日商王贞卜去麦地田猎，来回是否平安，贞卜结果为平安，果然应验，不但顺利往返，而且捕获白鹿。这说明麦地有白鹿生栖。在莱芜境内的嬴城、汶阳等遗址，有数量较多的鹿角、鹿骨及其他兽骨出土，也为麦地在莱芜境内提供了佐证。

甲骨文“麦”即“来”，麦（来）作为东夷地区的一个原始部族、原始地名，因所处位置的重要性，在商代重大活动中屡被提及。由此看来，至少在商末之前，古麦（来）族就在莱芜境内繁衍生息。也可以说，莱芜为古来族的祖居地。

二、莱芜境内“麦”迹寻踪

用干支系联法确定卜辞中两地或多地之间的距离、方位是当下一种比较实用的方法，但由于各地之间交通条件迥异，加之行程中的各种未知因素，推算出来的数值往往较实际数值有较大差距。再则，倘一地方位出错，难避南辕北辙之虞。窃以为，确定卜辞中某地的大体方位后，在方位空间

① 陈梦家：《殷虚卜辞综述》，中华书局 2004 年版，第 306 页。
② 长勺之战遗址在今济南市莱芜区苗山镇东、西杓山村一带，方位在莱芜北略偏东。
③ 李学勤：《商代夷方的名号和地望》，《中国史研究》2006 年第 4 期。

内寻找对应遗址，并结合遗址的相关文化、地理信息，再确定卜辞中地名的实际所在地，或更为准确一些。

既然确定麦地在莱芜境内，那就按图索骥，从这里寻找与之有涉的相关遗址或历史信息。

（一）麦埠

莱芜境内有麦埠。清康熙《新修莱芜县志·封域志·山川》载："麦埠，在县东十八里。"清宣统《莱芜县志·地理志·编里》载："汶阳保，麦埠。"即今济南市莱芜高新区墨埠村，其西北方向不远处为大汶口——唐宋的汶阳遗址。按莱芜方言，麦、墨均读作mèi。或因当地村民为给村名增加点文脉，"麦埠"至民国时期演变成了"墨埠"。至于该村名为什么叫"麦埠"，人们说不清道不明。这里虽然也种植小麦，从种植条件和产量诸方面看，在莱芜及周边地区并不突出，此名由来或与种麦无关。探究这样一个古老村名的来历，恐怕需要从其他方面寻找线索。

值得注意的是，该村村南牟汶河畔有船山寺，古代附近有"卸货台"，河对面现仍有"验货台""西港""东港"等一系列与船运、河港有关的村名。可以想见，这里曾是古代牟汶河的一个渡口，南来北往必经此处。

《左传·隐公六年》曰："公会齐侯于艾。"《左传·桓公十五年》曰："公会齐侯盟于艾。"艾，即春秋艾邑，在今济南市钢城区艾山街道。1993年，在该地的下古墩村发现春秋时期高规格墓葬，发现7件青铜鼎以及胄、剑、豆、盆、舟、车马器等其他青铜器，钮钟、石磬等乐器，还有殉马。此墓为艾邑首领或贵族墓葬无疑。齐侯到艾邑与鲁国国君会晤，跨越牟汶河，麦埠是必经的渡口。其实，这里是古代齐鲁交通的一条重要通道，或者说一条捷径，由鲁至齐，经由新泰进入莱芜，从麦埠一带涉汶水北上，穿过莱芜谷，直入齐境。返之亦然。

上溯到商代，这里也是征人方的交通要道。李学勤先生认为，商人征伐东夷的路线为：从河南安阳出发，"即由安阳—兖州—新泰—青州—潍坊，一直向东进发"[①]。攸地作为在莱芜东北方向征人方的一个重要据点，由新泰到青州经过攸地，那必然会经过麦埠渡口。

① 李学勤：《帝辛征夷方卜辞的扩大》，《中国史研究》2008年第1期。

（二）牟、麦与牟国故城遗址

牟国故城遗址，在今济南市钢城区辛庄街道赵家泉村，与汶阳遗址隔河相望。《汉书·地理志》曰："泰山郡牟县，故牟国也。"《元和姓纂》曰："牟，子国，祝融之后。"清宣统《莱芜县志》：牟子故城在"县治东二十里，牟汶曲中。春秋桓（公）十五年，牟人来朝。此其故都也"。"耕者往往于其地得周鼎彝。"《中华人民共和国地名大辞典》注："牟，周国名，子爵，汉高祖元年（前206年）置牟县。"该遗址因未进行挖掘，详细文化信息欠缺。根据当前掌握的该遗址文化特征，从商代经周代一直往下延续。①

检索各类历史资料，未发现关于牟族、牟姓起源的其他方面的解释。周武王封祝融之后于"牟"，此"牟"乃牟地（即今牟国故城遗址）。被封之前，祝融之后与牟无涉。后以封地为族名、国名。因而，"牟"这个地名的来历，值得探讨。

"牟"字，在古今文字工具书中都有解释，如"牟，牛鸣也，从牛，像其气从口出"（《说文解字·牛部》）。"来麰，麦也。从麦从牟声，莫浮切。"（《说文解字·麦部》）牟，"麦也。《诗·周颂》：贻我来牟。传：牟，麦也。《释文》：牟字书作麰"（《康熙字典》）。牟，"通麰，大麦"（《王力古汉语词典》）。"牟，通麰。大麦。"（《辞海》）凡此种种，不一而足。通常认为，牟（麰）作为一种农作物，是指大麦。

众所周知，在商代，麦类作物已广泛种植，甲骨卜辞中"告麦""尝麦"之类的词语屡见不鲜。然时至今日，卜辞中仅以麦（来）称呼麦类，并未发现牟（麰）字。当下目光所及，将大麦称之为牟（麰），最早见于三国时期张揖的《广雅·释草》曰："来，小麦。牟，大麦。"

东汉许慎的《说文解字·来部》谓："周所受瑞麦来麰。一来二夆，象芒束之形。"《说文解字注》曰："毛诗传曰：'牟，麦也。当是本作来牟，麦也'，为许麰下所本……古无谓来小麦、麰大麦者。"②

徐廷文、冯宗云在《从来牟的释义谈中国栽培大麦起源问题》一文中

① 参见牛志春主编：《莱芜区域文化通览·总览卷》，山东人民出版社2012年版。
② （清）段玉裁：《说文解字注》，上海古籍出版社1981年版，第231页。

对来、牟与小麦、大麦的称呼问题做了如下阐述，窃以为比较精当：

> 东汉许慎《说文》谓：“麰，来麰，麦也牟音”。故麰字的形成是从牟音而非从牟义。古代不仅以牟音称麦，而且还以幕、埋、蘼、昧（方言）等字音称麦。在先秦时期，牟并未作为麦的代义词而单独存在过，只与来字连用组成“来牟”在《诗经》中出现过二次。从《思文》《臣工》两章诗句内容分析，来牟的长势和熟期都不会是两种作物，而是一种作物。诗句中的牟既非专指大麦，也非专指小麦，只能当一般麦字用，即“牟，麦率用也”。来牟就是来麦。但牟既可当麦字用，也就可被用作专指小麦和大麦，以致后人解释各异。[①]

由是观之，最晚在西周之前，“牟”为麦类的统称。

《诗谱》载：“商王不风不雅，而雅者放自周。”西周时期，关中话被称为“雅言”。孔颖达《正义》云：“雅言，正言也。”雅言，在周代相当于现在的普通话曾被广泛推广。“麦也牟音”，关中话将普通话次浊入音的“麦”入阴平，古代关中话可读作 mù（如牟平之“牟”）。周武王封祝融之后于牟，亦即封于麦。

《左传·隐公八年》云：“天子建德，因生以赐姓，胙之土而命之氏。”在西周的分封制度中，氏因封地而得，且多以氏名国。祝融之后被封于麦地，在国名读音上自然要严格遵守雅言读音标准，在上传下达、国别交往等官方活动中，自然不会以“麦”（mài）称国名。依声表意，附于“牟”字之上，牟便以国名的身份登上了西周的历史舞台。

事实上，周代让四方民众舍弃本地方言而通用雅言，显然不切合实际。即使在广播电视、网络媒体如此发达的今天，普通话推广仍任重道远。因而《周礼·秋官·大人行》有“五方之民言语不通，嗜欲不同，达其志，通其欲”的表述。这也不难理解为何牟国的“牟”和麦埠的“麦”作为原表一意的两字，落到两个名称上就分别称呼。

牟国作为周王朝所封之国，为显示麦与牟的联系，“麦”与“牟”组合而成的“麰”字便闪亮登场。《集韵》：“秾，《说文》：齐谓麦为秾，或作麳。”齐与牟毗邻，为从使用广泛且多意的来字中区分出来，遂在“来”

① 徐廷文、冯宗云：《从来牟的释义谈中国栽培大麦起源问题》，《西南农业学报》2001 年第 1 期。

旁加“禾”字或“麦”字，用以麦类专指。因牟有大之意，人们便释“麰”为大麦、“麳”为小麦。

由此，商代甲骨卜辞中的麦地，应在济南市钢城区辛庄街道赵家泉村牟国故城遗址一带。前面所言“麦埠”之名来历也已明了，是“麦”地的一个船埠、渡口。

三、“莱”源探踪

既然商代麦地在莱芜境内，那来（麦）与莱夷、莱芜又有着怎样的关系呢？

“莱”通来。“莱作来。李富孙《春秋左传异文释》卷四：‘文二年传：莱驹为右。小史职疏引作来驹。’”[①] 甲骨卜辞中作为地名的“来”，如“癸巳王卜，在来（麦）贞，旬无祸？”（《合集36809》）郭沫若认为，“来当即是莱，《禹贡》‘莱夷作牧’”[②]。“‘莱夷’本作‘来夷’……‘来’即‘莱’的标准写法。”[③]

甲骨文的“来”字，像一株根叶杆穗俱全的麦苗，它的本义是指麦类作物。《说文解字·来部》曰：“来，周所受瑞麦来麰，一来二夆，像芒束之形。天所来也，故为行来之来。”麦，“从来，有穗者”。现代工具书《辞海》《辞源》《汉语大字典》等皆释“来”为麦名。也就是说，古来（麦）地也就是后来的莱之初地，古来（麦）族也就是后来的莱族。

此前，柳明瑞先生在其《莱芜为莱夷初地考辩》[④] 一文中，从古代文献、出土青铜器、古今地理风物、语言文字和山川地名蕴含的相关信息等方面，论证了古莱族、莱夷原本在泰山以东、汶水流域。笔者不揣谫陋，试作补证。

寻找莱夷初地之所在，《尚书·禹贡》中涉及莱夷的一段话成为诸多学者的必引材料：

海岱惟青州。嵎夷既略，潍、淄其道。厥土白坟，海滨广斥。厥

① 宗福邦、陈世铙、萧海波主编：《故训汇纂》，商务印书馆2007年版，第1941页。

② 转引自高广仁、邵望平：《海岱文化与齐鲁文明》，江苏教育出版社2005年版，第230页。

③ 柳明瑞：《嬴姓溯源》，中国文史出版社2007年版，第279页。

④ 柳明瑞：《嬴姓溯源》，第292—314页。

田惟上下，厥赋中上。厥贡盐絺，海物惟错。岱畎丝、枲、铅、松、怪石。莱夷作牧。厥篚檿丝。浮于汶，达于济。[①]

许多人认为，莱夷源于胶东半岛。柳氏认为，“若莱夷当时果真在胶东半岛的话，那么《尚书·禹贡》作者和太史公司马迁定然应在写潍河、淄河之前先写到它，而绝不会写到泰山以东时，又突然跳回到胶东半岛去。那样写，于事理、于文理均讲不通”[②]。事实上，细读这段话就可以看出，作者的写作顺序是由海及岱，即嵎夷至潍、淄至莱夷。嵎夷，是指胶东半岛的滨海地区。前文说到嵎夷，后文又有莱夷，可见莱夷不会在胶东半岛。宋代罗泌似乎意识到了这一点，在《路史·国名纪》中曰：“嵎夷，尧命羲仲宅嵎夷，在辽西，即青之嵎夷。”这一削足适履的观点并未得到后世学者的赞同，因夏代青州之境不会跨过渤海，远至辽西，其时辽西应属冀州。因而，莱夷应在潍、淄以西。《水经注》引《从征记》曰：莱芜，“《禹贡》所谓莱夷也”。

莱夷，有许多典籍释为“莱山之夷”，诸如唐代杜佑《通典》、宋代毛晃《禹贡指南》、宋元之际马端临《文献通考》，等等。正确与否，姑且不论。诚如是，则莱芜一带也有山曰“莱山”，“左氏言，莱柞二山，后人谓在莱（莱芜）境，而杜预谓艾山，在牟县东，则艾亦莱山也”[③]。此谓莱山，盖因莱人聚居而名。胶东有莱山，而莱芜也有莱山；胶东有艾山[④]，莱芜也有艾山[⑤]。如莱芜边界牟（峰）山之于安丘牟山，是人迁地名随的结果。

莱芜古代为锡矿富集区，恰与《禹贡》记载对应。胡谓《禹贡锥指》曰：“铅，锡也。”铅、松、怪石之“铅”乃锡，如“莫邪为顿兮，铅刀为铦”[⑥]。日本学者天野元之助从方志和近代地质调查资料中考证，到商代，山东锡矿开采地有两处，一在莱芜，一在峄县。[⑦]莱芜在泰山东麓，古属青州，

① 屈万里：《尚书今注今译》，上海辞书出版社 2015 年版，第 45 页。

② 同上。

③ 柳明瑞：《嬴姓溯源》，第 276 页。

④ 在今蓬莱市艾山森林公园一带。

⑤ 在今济南市钢城区艾山街道办事处境内。

⑥ （汉）司马迁：《史记·屈原贾生列传》，中华书局 1959 年版，第 2493 页。

⑦ 参见宋镇豪：《夏商社会生活史》，中国社会科学出版社 1994 年版，第 13 页。

因而《禹贡》“海岱惟青州”所涉“铅（锡）”之来源为莱芜。

“莱夷，是东夷族的一支，早期活动于莱芜地区。”[①]莱族为莱芜一带土著，这也从考古资料上得以证实。除柳文所引“东夷亚[illegible]之器多出土于益都、莱芜一带”外，山东大学任相宏教授参与与莱芜相邻的沂源县姑子坪遗址发掘之后，得出如下结论：“传世叔夷钟铭载：齐灵公因叔夷作战有功，赏之莱夷‘县三百’，莱之‘造铁徒四千’。莱芜古代就以矿冶而有名，境内矿冶遗址众多，这与叔夷钟铭记载相一致。由此可见，灵公灭莱之前，莱人一直居住于现今莱芜、博山、沂源一带的崇山峻岭之间，且矿冶具有一定规模。”[②]

此外，1980年，处于古莱国政治经济中心地带的山东烟台黄县（今龙口市）石良镇庄头村发现一座西周早期墓葬，出土熊奚壶一件，铭曰“熊奚作宝壶”。孙敬明先生认为，“文献中之‘嬴’、‘盈’与‘熊’属于通假字……‘嬴’与‘熊’为一字”，“熊嬴在莱芜”。[③]熊奚壶本为莱芜境内嬴族之器物，之所以于东莱黄县出土，盖因莱族由莱芜东迁。

商周之际，“麦”“来”互用。“牟”（mù）为周代对麦的官方叫法，周代牟地也就是来（麦）地；及至春秋，“来”“莱”作为地名可互通。这也不难理解嬴牟作为莱芜古代称谓为什么将“莱”字放在一边。

综上，商代麦地，即周代牟地，亦即莱（来）夷之初地。莱芜之“莱”与卜辞之“麦”可互为补证。

四、余论

周灭商后，周武王“封建亲戚，以藩屏周”，封姜太公于齐地营丘，建立齐国。邻于营丘、居于麦地的莱族，作为商之友邦，卧榻之侧，岂容他人酣睡，于是就发生了“莱侯来伐，与之争营丘”的战争。同时，管叔、

① 王健：《从春秋时期的古莱芜通道、吴齐交通说到“伍子胥冤死”》，宋镇豪主编：《嬴秦始源》，中国社会科学出版社2013年版，第201页。

② 任相宏：《山东沂源县姑子坪周代遗存相关问题探讨》，《考古》2003年第1期。

③ 参见孙敬明：《莱国出土异地商周金文通释绎论》，《东方考古》第13集，科学出版社2016年版，第39—52页。

蔡叔、霍叔与与纣王之子武庚利用局势未稳的东夷地区徐、奄、薄姑等方国的反周心理，发起了著名的三监之乱，莱族也肯定参与其中。周公进行了镇抚商人及其东土于国的抗争反叛，平定了三监之乱，先攻徐、淮等九夷，攻灭熊、盈族等 17 国，后挥师北上攻奄，迫使奄国投降。随之，蒲姑等国也相继降服。最终，以齐国胜利且势力、地盘扩张而告终。此时，泰山北有姜太公于齐，南周公之子伯禽于鲁，形成南北对应之势，基本控制了整个山东地区。对于臣服的国族，周王朝实行了“移民实边”政策，比如将“商奄之民”西迁甘肃朱圉一带抵御戎人。此时，莱族“自西徂东，族众随之”，其主体被迁到东迁胶东地区，史称“东莱”。后追随周王朝，并为之南征北战。公元前 567 年，东莱为齐所灭。胶东地区出土大量莱族器物，皆为西周早期之后，可证这些地方的莱民为周公东征之后迁到这些地方的。

（作者单位：济南市嬴秦文化研究院、东营市公安局开发区分局）

再从“不其簋”看秦出东方

——滕州市博物馆“不其簋”盖铭揭示器身收藏入葬者为倪（郳）国小邾娄附庸滥国之君倪州懿

柳明瑞

自2000年退休后，笔者一直致力于嬴秦始源在东方、在莱芜的研究。2014年7月，有机会前往秦人崛起地甘肃礼县参观甘肃省秦文化博物馆，当看到一展板上关于秦人重器“不其簋”于1980年出土于山东滕县的图文介绍时，便产生了研究的兴趣。之后，写了长达1.7万字的学术论文《从“不其簋”看秦出东方》，于2015年初，分作5次，发表在笔者署名“柳姓又一村”的新浪博客上。2015年末，由莱芜嬴秦文化研究院主办的《嬴秦文化研究》又全文加以转载。[①]

专家学者研究确认，滕州市博物馆所藏不其簋器身与中国国家博物馆所藏不其簋盖有相同长铭，原为完整一套。而滕州市博物馆不其簋盖当为入葬前另为配制（图1），出土时隐约发现有铭文，惜未及时清理。

图1 滕州市博物馆不其簋器身及后配器盖组合器图（图片采自《殷周金文集成》）

2017年，一个偶然的机会笔者接触到了经国家博物馆修复后发现的“不其簋”盖铭（图2）。

① 山东莱芜嬴秦文化研究院编：《嬴秦文化研究》，2015年合刊，第33—40页。

图 2 滕州市博物馆不其簋反文盖铭拓片

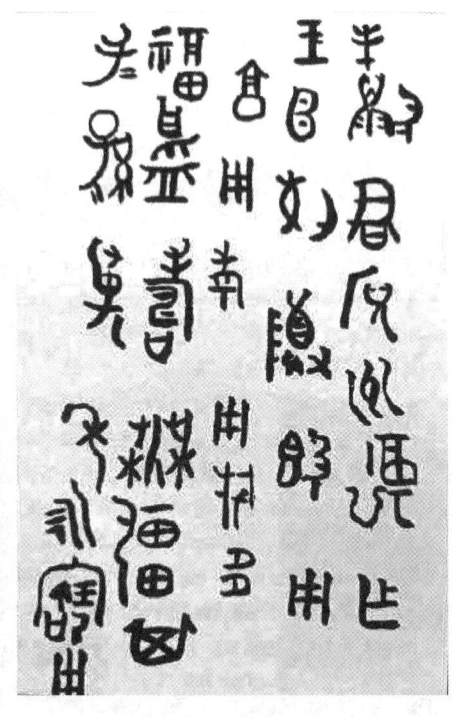

图 3 滕州市博物馆不其簋反文盖铭复印后再从反面描出为正字图

盖铭有三个字较难辨识。

第一个字是左起第一列第三个字——上“厂”下“兒”，笔者隶定为“倪”。倪，别作“郳”，这个字的释读对盖铭的释读具有关键性的意义。

第二个存疑的字是右数第三列倒数第二字，似戍、似戌、似戎，又似成。有人可能会释为祈，连接上下文，“用祈眉寿无疆”，系较长金文常用吉语。但金文“祈”，常从单或从言，此字阙如。愚释为“戎”，字形与郳伯御戎鼎之戎相近，且文义较为通顺。

第三个字，左起第二列第一个字，乍看似“王”，仔细辨认，实为“玉”字。

盖铭原为反文，不好辨识。笔者将原照复印后从反面描出，即成为正文，可按照传统行文习惯，右起竖读，逐行向左，直至读毕（图 3）。

为方便解读，特将金文隶定后用楷体书写（图 4）。

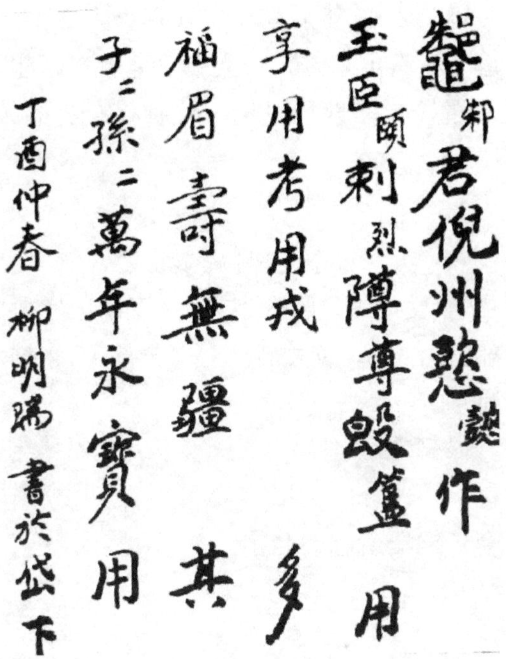

图 4 滕州市博物馆不其簋盖铭隶定后楷书全文

一、尝试对盖铭进行释文串读

第一句：邾君倪州懿作。

金文第一字鼄，即鼄，省作“邾”，又称“邾娄”。繁体“邾”字左下部分像蜘蛛，有人以为邾人以蜘蛛为图腾，不无道理。

相传，周初武王封颛顼之后曹侠于邾，地在今曲阜市东南南陬村，被鲁国土地包围，为鲁国二十四附庸之一。春秋时期晋爵为子。公元前 614 年迁都邹绎，故址在今山东邹城市东南纪王城，故“邾”又转音为“邹”。第八位国君邾文公夷父颜有功于周王室，又增封其子友于倪（郳），为邾娄之附庸，史称“小邾”或“小邾娄”。小邾娄占据商代方国倪（郳）国故都，仍袭称倪（郳）国[①]，地在今山东枣庄市山亭区东江村。1980 年，考古工作者曾在这里发现小邾国墓葬区，2003 年又发现都城城墙遗迹。倪（郳）地小邾国后又分封出一支小小邾娄，都滥，根据滕州市后荆沟出土不其簋盖铭判断，小邾附庸滥国应在这一带。《中国历史地名大辞典》称滥在“今山东滕州市东南六十里”[②]，是误将倪（郳）与滥混为一地。实际上，倪（郳）在滕州东南 60 里，滥在滕州东北 15 里，两地南北相距约 60 里。这样一来，曹姓邾娄便有了邹、倪（郳）、滥三分之说。州懿，当为倪（郳）国小邾娄后裔所建滥国的一位君主。之所以在名前冠以邾、倪（郳），是表示其根之所自出。在古籍中，小小滥国只有最后一位亡国之君黑肱在《春秋·昭公三十一年》留下

① 出土甲骨文有“皃伯”，即“倪（郳）伯”，可证为殷商方国。见徐中舒主编：《甲骨文字典》，四川辞书出版社 1989 年版，第 957 页。另见丁山：《甲骨文所见氏族及其制度》，中华书局 1988 年版，第 79 页。

② 史为乐主编：《中国历史地名大辞典》，中国社会科学出版社 2005 年版，第 2756 页。

名字[①]，其他人均无记载。州懿名字却在 2800 年后赫然出现在世人面前，不能不说是个奇迹。在《从“不其簋”看秦出东方》一文中，笔者曾猜想，将不其簋器身与后配一盖组成完整器的一定是西周时期一位有权有势的人物，果然一语中的。

“作”，制作。

第二句：玉颐烈尊簋。

𦣞，容庚《金文编》收三字[②]；《金文续编》收一字[③]。《汉语大字典》曰：“𦣞，同‘颐’。《说文·口部》：‘颐，篆文𦣞。’《集韵·之韵》曰：‘𦣞，或作颐。”可见，此𦣞即颐。

“剌”，经典作“烈”。烈者，显赫之意。

“尊”，酒器，也是青铜器泛称。

“玉颐烈尊簋”，是州懿为这套青铜器所起的名字。

第三句：用享 用考 用戎。

这句话说的是此簋的三大功用。

一是“用享”。享，供献。“用享”，指祭祀时把神馔盛放在簋中，用来进献给祖先、鬼神或天子。

二是“用考”。考，老人，特指父亲。可指在世的，亦可指去世的。这里当指在世的父亲，因为上述“用享”里面有祖先，当包括去世的父亲在内。“用考”，是用此簋盛放食品来孝敬老人，特别是老父亲。

三是“用戎”。戎，征伐，战争。《左传·成公十三年》曰：“国之大事，在祀与戎。”[④]“用戎”，指用此簋盛放肉食，祈祷征伐打仗取胜或庆祝凯旋。

第四句：多福 眉寿无疆。

眉寿，俗语云：“眉毛长，寿命长。”多福、长寿是作器者的心愿。

第五句：其子子孙孙万年永宝用。

较长金文常用此吉句结尾。

“其”，祈使语气词。

全句意思是：希望后人永远珍惜使用这件宝器。

① 参见杨伯峻编著：《春秋左传注》，中华书局 1990 年版，第 1510 页。

② 参见容庚编著：《金文编》，中华书局 1985 年版，第 773 页。

③ 参见容庚编著：《金文续编》，上海书店出版社 2000 年版，第 270 页。

④ 杨伯峻编著：《春秋左传注》，第 861 页。

下面，用现代白话进行串读：出自郳国附庸倪（郳）国的（滥国）国君州戁，制作玉颐烈尊簋，用它来盛放肉食进献给神灵、孝敬老父亲、祈祷打胜仗，求得福禄多多，长寿无疆。希望后人永远珍惜这件宝器。

二、簋盖与器身的奇葩组合实属罕见

1980年，在滕县（今滕州）后荆沟西周残墓中发现不其簋，引起考古学家和古文字学家的极大兴趣。这是因为，中国历史博物馆（今中国国家博物馆）早就入藏一件经大收藏家之手的不其簋盖，其内有152字铭文。经专家考证，铭文记述的是秦庄公“其”在周宣王时代追伐猃狁取胜受赏的过程，具有极高的史学价值。巧合的是，滕县出土的不其簋器内有铭文151字，仅比国家博物馆盖铭文少一个“搏”字，其他铭文均如出一范。而且，盖、器接口尺寸完全契合。由此，专家认定，国家博物馆之盖与滕州市博物馆之器正是天造地设的原配组合。

据滕州市博物馆文博人员调查得知，当年在后荆沟发现不其簋时，也是有盖的，而且盖内也有铭文，但是模糊不清。今经国家博物馆修复清理，铭文已清晰显露出来（图2)。

稍加对比可知，这篇盖铭不仅文字少，仅有33字，而且内容与不其簋内铭文完全不搭界。再就纹饰而言，国家博物馆盖为无目窃曲纹，与簋器身相一致，而滕州市博物馆盖为有目窃曲纹，在内行人看来，上盖下身给人一种不协调之感，犹如一个人穿的上衣与下衣款式花纹搭配不当。

这种秦国礼器与小小郳娄滥国礼器的混搭造就了中国青铜艺术史上的一朵奇葩，令人匪夷所思、困惑不解。然而，这毕竟是历史。

因为是混搭，仅用原来命名的“不其簋”三字已远远不能完整客观地反映这套青铜器，愚以为，更名为“不其郳君簋”，也许更切合实际一些。

三、州戁为什么会采取这种混搭组合

簋，古代盛食物的器皿，也是礼器，特别是器盖、器身均铸有长篇铭文的青铜簋，更是一种与鼎、尊、豆等相组合的重要礼器。按照常规，青铜簋盖、器身应一次铸成，若有铭文也是同时铸上，或铸成器物后随即镌刻上去。当然，如秦景公所作秦公簋于秦汉间曾作为实用器在盖上被加刻铭文 16 字，那属于一个例外。

州戁所采取的在不其簋器身上后配置盖和铭，却完全突破了从商代以来形成的规矩与传统。这一不合理的现象该怎样来解释呢？

愚以为，可以从经济与文化两个方面进行解读。

经济方面：郳国本来就不强大，它的附庸小邾的附庸滥国更是等而下之，疆域小得可怜，主要依靠微薄的农业收入来维持国家机器的正常运转，拿不出更多的资财制作高档青铜礼器。后荆沟墓葬区尽管历史上遭过盗挖，出土的青铜器比倪（郳）地小邾国墓葬少很多，就很能说明问题。物资短缺也就只能“修旧利废”，将现成的不其簋器身利用起来，只配一个盖儿，费用可大大节省一笔。

文化方面：秦人居于西部，其先人来自东方，它融合了东夷文化、中原文化、周文化、西戎文化，形成了特别富有生命力的秦文化。在出土和传世的青铜器中，秦国以秦公簋为代表的若干精品，其制作工艺水平已接近或超越他国。就不其簋器身来讲，造型纹饰之精美，铭文书铸之流畅，都代表当时最高的工艺水准。这种罕见的艺术品人见人爱，更何况具有极高文化素养的一国之君州戁呢？

在事死如事生的年代，一位国君将生前心爱之物带入坟墓是正常现象。据报道，产生于春秋吴国的“攻吴王夫差鉴”在本为晋土的山西代州出土，产生于春秋越国的越王勾践剑在本为楚地的湖北江陵墓中出土，均为文物流落异地收藏之明证。一切以时间、地点为转移。随着时间的推移，那些收藏者或拥有者不再关注青铜器铭文的政治含义，而将这些青铜器仅仅视为一种纯粹的文物或艺术品，用来赏玩、品鉴和珍藏。而且不止如此，他们甚至将铭文长短、字数多少，作为衡量收藏品价值的重要标准。不其簋器身内有长篇铭文，其价值自然会成倍增长。据推算，秦国的不其簋器身进入滥国境内，大约在作器 200 年之后，政治色彩已悄然褪去，州戁重形式、轻内容也就顺理成章。不其簋不是那种可以无盖的方底造型，而是圈足，理应有盖。于是，州戁凭借自己的权势，令工匠补做了一个盖儿，并铸上33字铭文，以示自己作为滥国国君的高贵身份。

四、州懿所做簋盖价值几何

尽管为不其簋后配之盖与原器身有不协调之感，但是作为一件独立的文物，如同国家博物馆所藏不其簋盖一样，也有其不可低估的文物价值。

价值之一：作器时代早、铭文较长。滕州市博物馆不其簋既然从西周墓中出土，当然最迟可以判为西周器。西周有铭青铜器出土数量有限，《中国文物鉴赏辞典》仅仅收录79件[①]，而山东则更为稀少，入选《山东文物精萃》的只有14件[②]，铭文最少的1个字，30字以上的仅有2件，而州懿所作盖铭有33字，在山东西周青铜器较长铭文中位列第三。

价值之二：铭文全部为反文，在古代青铜器中极为罕见。在钟鼎铭文中，一个字的构件上下易位、左右腾挪的现象屡见不鲜，也偶而有反文出现。国家博物馆镇馆之宝、商代青铜方鼎，三字铭文原释为“司母戊”，今厘订为“后母戊”。原来，“后”是个反文。在3个字中，也仅有这个“后”字为反文。在《金文编》中，常见“方、显、须、令、长、勿、锡、永、耳、拜、女、姬、妊、好、孙、彊”等反字，但似偶尔为之。像州懿所做簋盖33字铭文从头至尾全为反文者，实属罕见，所以弥足珍贵。

价值之三：反常的器盖铭文搭配，是一种突破传统的崭新组合。就有盖有铭青铜簋来说，其铭文铸刻有三种形式。一是盖上无铭，器身内有铭。二是器、盖对铭，文字完全相同，如卫簋。国家博物馆不其簋盖与滕州市博物馆不其簋器身，虽差一字，也应属于这一类。三是盖铭与器身铭是分为上下两段的一篇完整纪事长铭，如秦公簋。

不其郳君簋不属于上述三种形式中的任何一种，因为两篇铭文各自成篇，互不相干。这是一个极其特殊的古老艺术品。

价值之四：揭示了秦庄公不其簋器身的终极下落及入藏入葬者的真实身份。也就是揭开了一个历史之谜。

然而，最大的历史之谜仍悬而未解，那就是不其簋器身究竟为什么会

① 参见高大伦等主编：《中国文物鉴赏辞典》，漓江出版社1991年版，第104—166页。
② 参见吕常凌主编：《山东文物精粹》，山东美术出版社1996年版，第107—142页。

从西方流落到东方？下面便讨论这个问题。

五、“秦人东方祭祖说”：不其簋流落滥国唯一合乎常理的猜想

不其簋为秦庄公所作，已成史学界共识；不其簋器身最终流落到东方，已为山东滕州西周古墓出土文物所证实。但它为何和如何来到东方，却没有只言片语的文献记载；出土的后配簋盖铭文也未透露半点信息。

笔者在《从“不其簋”看秦出东方》中，先后排除了之前学者们公开或私下论及的几种说法，今天仍坚持原来的观点不变。

笔者之所以不同意“一器两持说”和“家宝流散说”，是因为它们只是描述客观事实，而未触及不其簋器身为何来到东方的真正原因。

笔者之所以不赞成“战争掠夺说”，是因为西周时秦国较强，滥国弱小，且相距遥远，滥国根本没有实力与秦国交手，更遑论掠夺秦国之国之重器。

笔者之所以不接受“西去盗宝说”，是因为西周时尚未出现礼崩乐坏的局面，社会风气尚好，小小滥国不可能冒天下之大不韪，派人远去秦国入室或掘墓盗宝。对国之重器，秦人一向严加看护，不会给歹人以可乘之机。20 世 90 年代初，甘肃礼县大堡子山秦公大墓遭到一场空前浩劫：国内外文物大盗相互勾结，操纵盗墓贼明目张胆地雇用当地百姓，不惜动用现代机械，大张旗鼓地进行盗挖，时间长达数月，才将大批珍贵文物弄到手。遥想在生产力水平极度落后的西周时期，小小滥国即使密派一支人马潜入陇右盗墓，恐怕也绝难得手。

笔者之所以不认同“高价购宝说”，是因为这种说法仍然没有回答西宝为何与如何成为东宝的问题。

比上述五说有所进步的是“秦倪（郳）通婚说”，意思是秦国嫁女作为陪嫁礼品将不其簋器身带到了东方。其主要依据是，东江村小邾倪（郳）国墓葬区 2 号墓、3 号墓出土文物中数次出现“秦妊”铭文。妊，这里指任姓女子。古姓多从女，遗有母系氏族社会痕迹。铭文说明，秦有任姓女子确实嫁给过小邾国贵族。若有人据此说，倪（郳）、滥本为一家，既然秦倪（郳）能通婚，那么秦、滥通婚又有何不可呢？可以这样推论。关键

是对“秦妊”之“秦”的理解存在严重分歧。一种观点认为，此“秦”即西方之秦；而另一种观点则认为，此“秦”实指东方之秦。李学勤先生持后一种观点。[①]笔者表示赞同，并补充理由如下。

历史上有“三秦不同姓”之说。宋代大史学家郑樵《通志·氏族略·氏族序》指出：“言秦者又有三：秦国之后，以国为氏。其有出于鲁者，以邑为氏，盖鲁有秦邑故也。出于楚者，未知以邑、以字与？然此三秦者，所出既殊，皆非同姓……此三秦者虽同秦而不同嬴，是不为同姓。”[②]“秦妊”之“秦”，不是西方之秦。这是因为，若是两国通婚，必须门当户对，州懿大小是个国君，秦国嫁出的一定是嬴姓秦国君主女子或近亲女子。按礼制，女子称姓，冠以国名，应称为“秦嬴”，如同齐桓公之女、晋文公夫人称“齐姜”，是一个道理。显而易见，“秦妊”不是嬴姓秦人之女，而是对秦邑任姓女子的称呼。这也符合当时贵族女子在姓前冠以地名的礼俗。

鲁国有秦邑。《春秋·庄公三十一年》记载，鲁“筑台于秦”[③]，即此，地在今河南范县西北，原属山东。这里就是郑樵所说鲁国“以邑为氏”的姬姓秦氏封邑，也可能是秦妊的母家居地。

任姓，太昊伏羲氏后裔，“实司太昊与有济之祀”的四姓四古国（任、宿、须句、颛臾）之一[④]，源自任地，即今山东济宁任城一带，后逐步向外播流，到达不远的秦邑并不困难。相反，尚无证据证明西周时期任姓人已远徙秦人生活的陇右地区。东江村墓葬区出土青铜器铭文表明，与小邾国君通婚的滕（今滕州西南14里故滕城）、铸（今宁阳、肥城接壤处）、杞（今新泰境内）等，全为近邻小国，更小的滥国更当如此。

还需特别指出的是，倪（郳）国出土夫人陪葬的青铜铭器均为倪（郳）君自作，而非来自其母国娘家。这进一步排除了不其簋器身为西秦嬴女嫁奁的可能性。

这里，顺便论及另一个问题，在东江出土的倪庆所作的铭器中，几与“秦

---

① 参见李学勤：《小邾国墓及其青铜器研究》，《东岳论丛》2007年第2期。

② （宋）郑樵：《通志二十略·氏族》，中华书局1995年版，第41页。

③ 杨伯峻编著：《春秋左传注》，第249页。

④ 同上书，第391—392页。

妊”并列的还有“华妊”和“奏妊”[①]，她们并不是来自“华”与“奏”的地方，而是来自同一个秦邑任姓家族。按古制，她们是第二代倪君庆的庶妃，亦即随秦妊陪嫁过来的任姓女子，称为“媵”，是秦妊的妹妹或侄女。她们之所以不再称为“秦妊”，是因为身份较低，于是另冠他字，以示区别。

以上六种说法是迄今人们想象到的最全的可能方式，似乎均缺乏应有的论据支撑，那还有没有其他途径让不其簋从西方来到东方而又有较强的说服力呢？有！这就是由笔者率先提出来的“秦人东方祭祖说”。

对“秦人东方祭祖说”，笔者在《从“不其簋”看秦出东方》中已做过较为详细的论证，这里无需过多重述，仅提示一下要点。

山东嬴水之滨，有全国重点文物保护单位——莱芜城子县村“嬴城遗址”，出土有自大汶口文化—龙山文化直至秦汉的文物，与嬴姓远祖少昊、嬴秦始祖伯益生活的时代相吻合。而且，先秦时代，唯一以“嬴”命名的地方就是这里。“以地命氏”，“居于嬴滨者赐以嬴”[②]，嬴姓由此而生，无人能够否定。《史记·秦本纪》所列嬴姓十四国、十四氏[③]，基本分布在距嬴姓祖源地不远的东方。只有两国、两氏例外。其中，嬴姓一支因有功于周王室被封于今山西赵城，而为赵国、赵氏，史有明载。[④]嬴姓另一支“商奄之民”则因周初反叛失败被从鲁中流放于今甘肃朱圉山，成为秦先人。这已为出土战国竹简清华简《系年》所证实。[⑤]当代史学界已达成共识：嬴秦源自东方，莱芜为“秦之先土”（孟世凯）、“嬴秦始源”（宋镇豪）。[⑥]

追根溯源，祖先崇拜，祭祀先人，是人类特有的一种精神文化。嬴秦人也不例外。“秦襄公既侯，居西垂，自以为主少昊之神，作西畤，祠白帝。”[⑦]白帝即少昊，为大汶口文化时期的东方嬴姓始祖。随着嬴秦人迁徙，白帝信仰被带往西方。襄公“始国”，即建祠设祀，意在彰显其不忘本，不忘东方祖先。以后各代，地虽有变，但都建畤，到秦始皇时，“西畤、畦畤，

① 参见李学勤：《小邾国墓及其青铜器研究》，第1—4页。

② 参见（宋）郑樵：《通志二十略》，第4页。

③ 参见（汉）司马迁：《史记·秦本纪》，中华书局1959年版，第221页。

④ 同上书，第174—175页。

⑤ 参见李学勤主编：《清华大学藏战国竹简（贰）》，中西书局2011年版，第141页。

⑥ 参见宋镇豪主编：《嬴秦始源》，中国社会科学出版社2013年版，彩页3。

⑦ （汉）司马迁：《史记·封禅书》，第1358页。

祀如其故”[①]。秦人自以为得水德，崇尚黑色，秦始皇嬴政承袭祖先传统，在咸阳祭祀白帝时“而衣上（尚）白”[②]，以示虔诚。秦始皇初并天下，便“追诵本始”，五次出巡，三次入山东，登封泰山所用礼仪完全照搬在雍城祭祀白帝的那一套，表明他有尊先敬祖情结。

从周初“商奄之民”西迁，到秦庄公伐戎受赏，中经200年左右，素有祭祖传统的嬴秦人大概不会忘记商奄故地，不会忘记东方祖先。正是这种传统使白帝信仰、祖先崇拜得以代代相传，延绵不绝。或许正是这种传统和欲望，促成嬴秦人策划并实施了到东方寻根祭祖的行动，时在秦庄公作不其簋之后。

寻根祭祖得有设祭坛、摆祭品的地方。秦人在东方有没有呢？史乘无载。不过，我们可以借助其他史料，做出合乎逻辑的推论。当然，这是没有办法的办法。

泰山，又称“岱宗”，在古人心目中它像位于东方的祖宗神庙一样神圣。周初，成王第一个登封泰山。周室封泰山，大诸侯们需随行助封。周室在泰山周边地区给各国划出一块汤沐之邑，以便他们提前进入，做好相关准备。直到春秋鲁隐公八年（前715年），郑国在鲁国境内拥有的祊邑（又作邴邑，在今费县境内）依然存在，《春秋》及《左传》有载。秦襄公“始国”之后理所当然会得到这样一块汤沐之邑。这块地可能就在古滥国境内。秦国在东方拥有这样一块“自留地”，便有了到东方祭祖的立足之地。

秦君派出奉祀官到东方祭祖时，必令携带高等级成套礼器，不其簋乃其中重器。因为该簋有庄公纪功铭文，可以借助它向被杀的飞廉等先祖回报：你们的后代子孙经过浴血奋战，已经在西垂站稳脚跟，并跻身诸侯之列。乞求你们护佑，今后我们还会有更大的作为！

祭祀完毕，奉祀官将不其簋盖带回（以后不幸流失，最终入藏国家博物馆），而将器身秘密埋入地下，像后来秦始皇封泰山那样，“封藏皆秘之，世不得而记也”[③]。

正如俗语所言：“久了没有不透风的墙。”不其簋器身被人挖出，最

① （汉）司马迁：《史记·封禅书》，第1377页。
② 同上书，第1377页。
③ 同上书，第1367页。

终落入滥国国君倪州懿手中，他生前加配带铭簋盖，死后葬入墓中。一晃2800年过去，直到1980年混搭的不其[illegible]君簋才重见天日。

或许有人会说，笔者的这种推论完全建立在一个又一个假设之上，没有扎实的史学依据，所以不足凭信。

愚认为，假如有充分的史学依据，答案显而易见，也就无需笔者来作这番推论。正因为没有现成的史学依据，未解之谜困惑着人们，所以才有探求一番的价值。这种探求可能在短期内或者永远无法获得实证，却无法阻挡人们希望找到答案而不懈追问的脚步。

浪漫主义诗人屈原伟大诗篇《天问》，只提出涉及自然、人世的一系列问题，并未给出答案，却有它独特的哲学认识价值和文艺美学价值。

科学界的一些猜想在提出之初往往被讥为无稽之谈，但也会引起严肃科学家的认真求证，结果得以验证，证明猜想是正确的。每一个猜想的破解都会改变人们的固有认识，乃至开辟人类认识世界、认识宇宙的新纪元。

在史学领域也不乏想象推论。就以《史记》开篇之作《五帝本纪》为例，黄帝时代，中国尚处在神话传说阶段，没有成熟文字可以记载世代传承、历史沿革，只能靠口口相传，出现漏代现象在所难免，我们无权苛求古人。司马迁笔下的颛顼、帝喾、尧、舜、禹（夏）、商、周，同出黄帝一系，“皆同姓而异其国号”，显然不符合历史实际。对此，拙著《嬴姓溯源》有过详细辨析[①]，兹不赘述。这里，我们也不会苛求太史公。在《五帝本纪》结尾处，他追述自己四方访察，发现所传有别；查阅古籍，发现记载各异。在写作成文时，他只得“择其言尤雅者，故著为本纪书首”[②]。缺环处他当少不了合理想象和逻辑推理。

写作历史的人如此，研究历史的人又何尝不是呢？例如，史学家王蘧常先生在《秦史》中，曾提及晋幽公之夫人秦嬴，“不知（秦）何公之女”。注曰：“晋幽公当（秦）躁公时，或躁公女也。”[③]这个“或”字就明显表明是一种推断。推断的依据是晋文公与秦躁公在位时间相合。但我们也有可能推断为秦躁公的妹妹、秦厉共公之女，因为“幽公即位在秦躁公六

① 参见柳明瑞：《嬴姓溯源》，中国文史出版社2007年版，第31—77页。
② （汉）司马迁：《史记·五帝本纪》，第46页。
③ 王蘧常：《秦史》，上海古籍出版社2000年版，第294页。

年”[①]，秦躁公不一定有这么大的女儿。郭沫若主编的《中国史稿》在论及“我国古代传说中的氏族和部落”时，所用“据说”“相传”“或者”“可能”“当是”“推测”“推定”等猜测未定之词，比比皆是。[②]因为古史这方面的资料极其有限，又不能不做出一定的史学判断，就只能用这种模糊表述。实际上，这种表述最为客观。事实证明，在没有确切文献结论且又能握有其他佐证的情况下，做出自己认为合理的推断，并不妨碍历史研究的严肃性与科学性。而且这种猜想或推断可以打开人们的思路，朝着这个方向去继续求索，或许会获得更大的收获和喜悦。

这就是笔者为什么坚持“秦人东方祭祖说”的理由所在。

（作者单位：济南市嬴秦文化研究院）

① 同上书，第72页。

② 参见郭沫若主编：《中国史稿》第一册，人民出版社1976年版，第107—126页。

清华简商奄迁朱圄与秦人来源东西说

李桂民

秦人的来源问题是学术界长期争论的一个问题，秦人是来自西戎还是东夷，各有所据，两种观点曾长期相持不下。近年来这一争论似乎峰回路转，因为清华简《系年》材料的发现，里面明确有商奄西迁的记载[①]，以至于有学者撰文认为“秦人东来说”从此可以坐实了[②]。毫无疑问，新材料的发现，为秦人东来说再添重要证据，使得秦人东来说的支持者越来越多。不过，这并不意味着秦人始源问题圆满解决了，清华简记载的商奄西迁朱圄还需要考古资料进一步验证。由于朱圄山附近目前发现的最重要的秦文化遗存是毛家坪遗址，鉴于毛家坪遗址的文化特征，有学者主张应当对毛家坪遗址进行再次发掘。[③]

在早期秦文化探索上，近年来虽然发现了一些早期秦文化的重要遗址，但早期秦文化考古学谱系并没有真正建立起来，因而学界对早期秦文化的探讨还将经历一个相当长的过程。笔者是赞同秦人东来说的。秦人始源问题经过几代学者的梳理，已经显得题无剩义，尽管如此，借着参加嬴秦文化研讨会的机会，重新阅读了相关论著，在前人研究的基础上，拟对秦人来源东西说谈谈自己的看法，目的是促进交流，不当之处，敬请指正。

---

① 参见李学勤主编：《清华大学藏战国竹简（贰）》，中西书局 2011 年版，第 141 页。

② 参见王洪军：《新史料发现与“秦族东来说”的坐实》，《中国社会科学》2013 年第 2 期。

③ 参见梁云：《早期秦文化的探索历程》，《天水师范学院学报》2017 年第 1 期。

一

秦人崛起于西方，这无异议，问题是秦族是否是甘肃土著，这一点学界长期没有定论。主张秦为西戎说的学者，主要的文献根据为西汉司马迁《史记》。关于秦人历史，《史记》中的记载较为翔实，近现代以来，多据此推断秦人出自戎狄，较有代表性的人物是王国维和蒙文通。王国维《秦都邑考》主要是根据《史记》中关于商末中潏居西垂和秦都邑变迁，得出了“秦人祖先，起于戎狄”①的结论，对秦族起于西戎并未详论。蒙文通对于周秦民族做过专门研究，主要根据《史记·秦本纪》申侯对周孝王所说“昔我先，郦山之女，为戎胥轩妻，生中潏”，结合《汉书·律历志》等传统文献，说明郦山女为天子，时当母系氏族社会，进而说明秦族自母系就为戎。②郦女为殷周间人，而此时秦族尚为母系，如然，与商周相比秦人发展是严重滞后的。

在早期秦人族源问题上，与秦人西来说不同的是秦人东来说，即认为秦人来源于山东。这种观点的代表人物主要有傅斯年、顾颉刚、卫聚贤、徐旭生、黄文弼和林剑鸣等。傅斯年是秦人东来说的最早提出者，他在其代表作《夷夏东西说》中认为：“秦赵以西方之国，而用东方之姓者，盖商代西向拓土，嬴姓东夷在商族旗帜下入于西戎。”③顾颉刚在20世纪60年代就提出秦族出自鸟夷，并推测周公东征是促使秦人迁徙的最早原动力④，只不过其成果发表较晚。顾颉刚先生主要是从鸟图腾、嬴姓和鲁有“秦”地来说明卫秦人出自鸟夷的。卫聚贤在《赵秦楚民族的来源》中认为秦民族发源于山东，至山西、陕西、甘肃，然后再向东发展。⑤徐旭生亦曾论及秦之来源，他的《中国古史的传说时代》是研究传说时代的一部重要参考书，如他认为“至于秦、赵为殷末蜚廉的子孙西行以后所建立的国

① 王国维：《秦都邑考》，王国维：《观堂集林》，河北教育出版社2003年版，第269页。

② 参见蒙文通：《古族甄微》，巴蜀书社1993年版，第72页。

③ 傅斯年：《民族与古代中国史》，河北教育出版社2002年版，第44页。

④ 参见顾颉刚：《鸟夷族的图腾崇拜及其氏族集团的兴亡——周公东征史事考证四之七》，西安半坡博物馆编：《史前研究》，三秦出版社2000年版，第151—156页。

⑤ 参见卫聚贤：《赵秦楚民族的来源》，礼县秦西垂文化研究会、礼县博物馆编：《秦西垂文化论集》，文物出版社2005年版，第20页。

家”。对于从山东什么地方迁来，他认为在今天山东费县一带。[①]黄文弼在《嬴秦为东方民族考》中认为秦俗杂戎狄，然未尝指秦之种族为戎狄。[②]林剑鸣在《秦史稿》中对秦人来自东方做过专门探讨，对秦人的来源说得比较清楚。对于秦人东来说，他主要提出了三方面的证据。他认为商秦同源，都来自东海之滨，理由主要有秦人和商人有着共同的图腾崇拜，都以游牧狩猎为主要生存方式，秦墓和商墓有着诸多相似之处等。他认为，周初平定武庚之乱后“还有一部分参与叛乱的嬴姓氏族被迁往西方。原来在殷商西垂的一部分秦人祖先，因西周占据了殷人统治地区，已被赶往更远的西周边陲。这时，又有从东方迁来的部分嬴姓氏族，两部分加在一起，就成为最大的一股嬴姓氏族，他们被西周统治者赶向西方边陲，踏上了那遥远、荒凉的黄土高原。这些人就是秦人的直接祖先”[③]。林先生不仅提出了秦人东来的具体证据，还主张周初镇压东方氏族叛乱后，有一部分嬴姓人被迁往西方。

秦人东来说和秦人西来说都有文献依据，皆有其合理性，以至于在相当长的时间内无法达成共识。可以看到，不仅仅是秦人，历史上许多族群其始源皆不清楚，如夏商周三代的族源，至今都没有解决。对于后起的秦人，其族源的模糊不清倒也不是什么特别奇怪的事，这主要是因为成文历史后起的缘故，再加上历经秦火，早期文献存世量大减，进而给历史研究带来了文献不足的困扰。文献的不足，使通过考古解决秦的始源问题提上议事日程，只不过考古发掘的有限性和对考古材料的分析不同，使问题并没有得到有效解决。在对早期秦文化的认识上，考古学者对其文化特征曾经存在分歧，后随着新的考古发现，过去的一些认识得到了修正，深化了对早期秦文化的认识。

二

清华简《系年》的发现，为秦人的早期来源提供了新材料。在这个新材料发现以前，就有学者提出《史记》所记中潏在商朝末年被封于西土是不可信的，认为这如果不是司马迁的错记，就应该是秦人西迁以后，为了

① 参见徐旭生：《中国古史的传说时代》，广西师范大学出版社 2003 年版，第 64 页。

② 参见黄文弼：《嬴秦为东方民族考》，礼县秦西垂文化研究会、礼县博物馆编：《秦西垂文化论集》，第 23 页。

③ 林剑鸣：《秦史稿》，上海人民出版社 1981 年版，第 25 页。

掩盖他们被迫迁徙的耻辱，进一步表示自己和西戎的渊源，是出于夸耀门第的需要而杜撰出来的。[①] 尽管顾颉刚先生推测飞廉、恶来惨死后，其族人从山东搬到山西，又从山西搬到陕西，其结论和清华简《系年》中周成王时商奄西迁朱圉并不完全相同，但其所论的确有先见之处。尤其难能可贵的，顾颉刚先生较早指出了秦人是被迫西迁的，此观点和清华简《系年》记载相合。关于奄国，一般认为在今天的山东曲阜一带，奄地古为少皞之墟，南庚时商人占领此地，盘庚迁殷后这里存在的奄国，有子姓和嬴姓两种说法，这当然是针对奄国的王族而言的。

至于奄国的王族，应该发生过变化，奄地为少皞之墟，这说明此地曾经是东夷的居住地，南庚迁奄当是商人对东夷人的一次征服。对于奄，许多论著中认为在山东曲阜城东，如《左传·定公四年》："因商奄之民，命以伯禽。"《书序》曰："成王"东伐淮夷，遂残奄，迁其君薄姑"其中奄字，亦即此奄国。《后汉书·郡国志》曰："鲁有古奄国。"李白凤则认为商奄不在曲阜而应在鲁中的益都、莱芜一带，他认为："因为东夷或服或畔，所以南庚迁奄（故称商奄），这是在东夷的心脏部分插进一把刀子，以收镇压的实效。根据本人的研究，商奄并非鲁奄，它不在曲阜而在益都莱芜这一带，或今之莱芜谷。"[②] 商奄在莱芜还是在曲阜，李白凤是赞成莱芜说的。在另一篇文章《鱼族考》中，他也表达了同样的观点[③]，而且还引用《尚书》材料，证明盘庚迁都是因为东夷，虽然他下结论态度谨慎，用了"大约是"，但这种说法显然有其道理所在。尽管在商代中期夷人向东部退却，但由于夷商分布错杂，夷人对商人的威胁显然是存在的。

不过，商代的夷人并非铁板一块，有的夷人早已臣服商朝，成为商镇服东方的可靠同盟。商人早期主要活动在河北、河南和山东一带，在河北漳河流域兴起的商人，进入山东大体是在中商时期，目前山东考古还没有发现先商和早商的文化遗存。商人在奄建都时间并不算长，只有32年左右，

---

① 参见顾颉刚：《鸟夷族的图腾崇拜及其氏族集团的兴亡——周公东征史事考证四之七》，西安半坡博物馆编：《史前研究》，第202—203页。

② 李白凤：《东夷杂考》，山东人民出版社1981年版，第71页。

③ "'所谓商奄我东土也'的商奄并不在今曲阜，而是在莱芜谷口一带，就是《古本竹书纪年》所称'南庚迁殷，阳甲居之'的地方，鲁奄却在曲阜，其义本来指伯禽所辖兼有鲁、奄二族之地，并不是说鲁之地就是奄的故居。"（李白凤：《东夷杂考》，第39页）。

盘庚在位时西迁北蒙即殷墟。在商人迁都殷墟以后，嬴姓夷人在此建国。商代东方有着许多国家，主要有嬴姓、姒姓、己姓、风姓等，其中除了奄国为嬴姓国，与其同姓的还有徐、郯、淮、薄姑等国。奄国是嬴姓国，问题不大，顾栋高《春秋大事表》等明确说奄国为嬴姓，清华简《系年》的公布为奄国为嬴姓再添新证。西周建立伊始由于周势力还没有到达山东地区，商武庚发起的反周活动，就得到了商奄、蒲姑等嬴姓方国的大力配合，嬴姓方国与商人有着长期的同盟关系，这一点从《史记·秦本纪》中嬴姓的蜚廉、恶来俱事商纣的事例中可见一斑。这次反周，中原和东方联合，顿时使新兴的姬周政权的统治陷入困境。年幼的周成王无力应付这种局面，此时由周公出来力挽危局，平定了武庚和东夷联合的这次反周叛乱。这说明早在商人强盛之时，部分东夷人已经成为商人的臣属，夷商联盟应是商政权稳固的重要保障，商代末期夷商之间出现矛盾，商纣王征东夷为周人提供了可乘之机并最终灭商。

奄国和薄姑都是嬴姓在东方所建之国。对于奄国，所知并不多，其政治中心古代学者多认为在山东曲阜城东。奄国面积究竟多大，并不甚清楚。从曲阜到莱芜，有120多公里，奄国北境是否能够到达鲁中山区的莱芜，目前尚没有直接的证据。笔者倾向认为鲁中山区的莱芜曾是嬴秦旧居，也就是说嬴秦族是从莱芜一带南下曲阜建立嬴姓奄国的，而嬴姓奄国建立以后，与殷商保持着同盟关系。莱芜古称嬴，就是和嬴姓部族在此定居有关。周初，奄国是反周的重要势力，周成王即位后，奄国随从武庚及东方徐、熊、盈等夷人一同反周叛乱。由于多次反叛，被镇压后其君被迁到薄姑，其民则被强制西迁，即清华简《系年》所谓的“商盍（蓋）之民”。清华简《系年》有“成王伐商盍（蓋），杀飞（廉），而迁商盍（蓋）之民于邾圉”的记载，《孟子》说“驱飞廉于海域而戮之”，《韩非子》也说周公“将攻商盖，而商盖服矣”。商盖即商奄。有学者认为位于汶泗流域中上游地区的班方被消灭后，商就扶持奄国作为商王朝在东方的屏障。[①] 奄在山东没有争议，只不过在山东曲阜一带至今没有发现相当于都城的奄国遗存，从而使相关研究结论无法得到坐实。

① 参见徐基：《商代的山东》，山东文艺出版社2004年版，第60页。

奄自古就是少皞族群的居住地，这里早期是东夷之地没有异议。在清华简《系年》被解读以前，商奄西迁不为人所知，仅仅知道周公灭奄以后，其君被迁到薄姑。有学者认为，“奄国，应为子姓之国，为商之分支，故商王南庚、阳甲两代定都奄。周成王时，周公旦、姜太公平定了郯、奄十七国的叛乱，奄人被迫四散，有一支迁至山西太谷县的奄谷，一支经奄中南逃至江苏常州奄城，后为吴国所并。还有一支绕渤海湾迁至辽宁盖州、盖平，而入盖马大山，到达朝鲜半岛；有的渡海而迁日本”①，这里根据文献资料说明了奄人四散的情况，却唯独没有谈到被周人强迫西迁的嬴姓之民。正因为此，清华简《系年》发现以后，李学勤最早在里面发现了商奄西迁的记载，在论文《清华简秦人始源的重要发现》中就结合新发现史料对秦人的始源进行了探讨②，进而使秦人东来说得到越来越多学者认可。

三

秦人崛起于西方，很容易使人想到其可能是本地起源。只不过秦族在西方崛起这是事实，如果追溯其更为久远的始源，秦族则是来自东夷。如果从文献角度来分析，秦人始终认为自己是源于东方的。只不过有的学者认为五帝三王出于一系的传统谱系并不可靠，进而否定了秦人东来说，而力图证明秦人在陕西、甘肃境内的独立起源与发展，其实，传统谱系尽管有其不合理处，但完全否定是需要谨慎的。

在《史记·五帝本纪》中，秦人的远祖追溯到帝颛顼，少皞又曾孺帝颛顼，颛顼后定都在河南商丘、濮阳等地，而且文献中还记载秦人祭祀白帝少皞，都容易使人联想到秦人的东方始源。不过，秦人和颛顼扯上关系，并不是因为秦人的先祖是颛顼的直系后裔，而是由母系祖先女脩而和颛顼联系起来。这里就涉及一种观念，那就是不仅男系的后裔是颛顼的后人，女系的后裔也是其后人。如果仅仅从男系祖先的角度说秦人并非出自颛顼，则是非常狭隘的，况且这种帝系更多是一种文化认同，这种认同在历史上是确实存在的。由于不同部族之间的通婚关系，把其远祖往往都归于一系。

① 何光岳：《商源流史》，江西教育出版社1994年版，第218页。

② 参见李学勤：《清华简秦人始源的重要发现》，《光明日报》2011年9月8日。

这种帝系并不是出于编造，而是广泛社会心理认同的反映，“在古史体系的认识上，不能简单拘泥于血缘关系的可能与否，而忽视对古史系统价值层面的分析，进而无视这种历史上自然形成的民族认同”[①]。

秦人长期居住在西垂，并在西戎地区崛起，引起学者怀疑其本地血统的恰恰是其文化习俗和族姓。一个族群的文化习俗有着长期稳定性，族姓在先秦时期也具有超强的稳定性。秦人嬴姓，其得姓据史载是在大舜时期，得姓先祖是大费，大费曾经辅助大禹治理洪水，并且还为舜驯养鸟兽。大费即伯益，被舜赐予嬴姓。伯益为东夷，是少皞后裔，伯益被赐予嬴姓是因为其善于驯养鸟兽。正因为此，伯益担任舜的虞官，掌管山泽和鸟兽，秦人世代善于驯养鸟兽就与其祖担任虞官有关。从秦人的早期历史看，曾先后服务于舜及夏商周等朝代，《史记》说从夏代开始，秦人的先人就分处各地，有的在中原，有的在夷狄，只不过无证据显示此时秦先人来到甘肃一带。从嬴姓部族分布地区看，主要分布在东方地区，再加上嬴姓秦人的卵生传说，与商人始祖契一样都是女祖吞玄鸟卵而生，这种鸟类崇拜一般认为是东方部族的特征。在神秘信仰上，秦人祭祀白帝少皞，白帝是西方天帝，如果说白帝是五色帝信仰与祖先崇拜无关的话，而把白帝和少皞联系起来就决不是那么简单了。秦人曾设立三处白帝之畤，分别是秦襄公设立的西畤、秦文公设立的鄜畤和秦献公所立畦畤，三畤除西畤在甘肃礼县外，其他两个都在陕西关中地区。对于秦人的这一神秘信仰，王子今说：“为什么白帝少皞或以为东方神、或以为西方神呢？古代神系中的这一复杂情形或许也与秦人‘从东方迁往西方的建国’的经历有关。”[②]

在秦族始源问题上，如果就文献记载而言，秦族源于东方是信而有征的。只不过仅仅依靠文献，还不足于消弭所有的争论。目前还有一些关键性问题不明，如秦人究竟是在何时来到西土的，《史记》中所记载的秦人在商末就为殷商守卫西垂的说法是否可信，甚至清华简《系年》记载，稳妥起见都需要考古上的进一步验证，而考古学本身亦有其局限性，如何超越其局限达成广泛共识，仍是今后相当长时期内的重要任务。目前考古发

① 李桂民：《黄帝史实与崇拜研究》，中国社会科学出版社 2014 年版，第 224 页。

② 王子今：《秦人的三处白帝畤》，徐卫民、雍际春主编：《早期秦文化研究》，三秦出版社 2006 年版，第 26 页。

现的最早秦人遗存是西周中期的清水李崖遗址，其部分陶器具有殷商风格。根据清华简的记载，商奄之民被迁到朱圉，即今天甘肃甘谷县西南，正处于早期秦文化的发祥地。而位于甘肃礼县的大堡子山秦公陵园就处于秦人早期活动范围之内，其中2、3号墓被认为是秦襄公及其夫人的坟墓，两墓都采取仰身直肢葬，在殉人等墓葬风格上都带有强烈的商文化色彩。甘肃礼县的圆顶山秦早期墓地的随葬车马坑亦带有强烈的商文化色彩。[①]时代更早的甘肃甘谷毛家坪遗址，是西周中晚期的平民墓葬，葬式普遍采用屈肢葬，这批秦人则是来源于当地的居民，与采用直肢葬的大堡子山贵族墓地不同。有学者认为:“从墓葬的形式来看，不同的葬式代表了不同等级，即墓主人是直肢葬，而墓道中的殉人却为屈肢葬，由此可见，屈肢葬并不是所有秦人的葬式。”[②]毛家坪遗址的墓葬在墓制和随葬品上受到先周文化影响，但在葬式上依然保留着本民族的特征。毛家坪遗址作为目前朱圉山附近面积最大、保存最好的秦文化遗存，对其文化特征的认识还需要进一步深化。

考古学上对秦文化的探讨，虽然取得了不少成绩，但同时也存在一定局限。这不仅涉及对于甘肃境内早期秦文化的认识，还需要加强山东境内商周时期文化的勘探和发掘。秦人崛起于陇右并逐渐东进，最终完成了统一六国的大业。大堡子山等早期秦文化遗存的发现，使秦人的诸多早期都邑的地理位置有望得以确认。值得肯定的是，为了在考古学上解决早期秦文化问题，北京大学、西北大学、中国国家博物馆等五家单位开展的早期秦文化考古项目，有力推动了对早期秦文化的认识，不过由于当下考古尚没有对早期秦文化遗存进行彻底的揭露，秦文化发展的谱系还没有真正建立起来。从目前掌握的早期秦文化看，已发现的早期秦文化的平民墓流行屈肢葬，西周、春秋时期的贵族墓则为仰身直肢葬，并存在殉人、殉狗等风俗，其文化面貌受到其他文化影响，进而使秦文化的考古面貌呈现出差异性。从秦人的构成看，既有来自西戎的被统治者，也有来自东方的嬴姓贵族，学界热议的秦人东来说其实是对秦人王族的探讨。由于秦人东来说

① 参见印群：《论大堡子山秦公陵园的人殉——兼谈嬴秦先人西迁之地望》，《复旦学报》2014年第6期。

② 曹肖肖：《从甘谷毛家坪到礼县大堡子山的秦人起源说》，《中国民族博览》2017年第9期。

涉及的历史较久，仅仅依靠文献资料是无法坐实的，而这种问题的真正解决必须依靠考古学。因此，加强早期秦文化的考古调查和勘探及其类型学的分析，是今后秦文化探索的一项重要任务，在赞同秦人东来说的学者越来越多的情况下，考古学的验证就显得尤为必要。

总之，秦文化的始源经过数代学者的努力，文献资料得到了进一步梳理。清华简这种新材料的发现，为秦人东来说提供了新的证据，这种代表的观点尽管以前有学者推测到，但观点提出以后由于缺乏坚实的证据而引起质疑。同时，由于清华简《系年》对秦人的始源并没有过多着墨，而且其结论与传统史料之间尚存在不一致之处，秦人是在商末还是在周初西迁，考古学暂时还无法对这种不同提供强有力的证据。尽管如此，秦人东来说作为一种比较合理的结论，得到了越来越多学者的支持，这种积极探索的态度是值得肯定的。殷商时期，鲁中的莱芜到泰山南的曲阜一带，应是嬴姓夷人的居住地，秦族很可能是从莱芜入居曲阜后被强迫西迁的。今后要加强山东地区商周考古和甘肃西汉水流域等地的田野发掘，这对于早期秦文化的探索有着非常重要的意义。

（作者单位：聊城大学历史文化与旅游学院）

散论嬴牟出土的重要冷兵器及意义

宋继荣　宋　华

本文中的冷兵器，是指新石器至唐代时期军队作战用的无火药的武器。莱芜①在新石器时期是少昊降居之地和属国，帝舜时是伯益的封国之处，夏商时有嬴等国②，周代时为嬴邑、牟国，秦代设嬴县，西汉增设牟县，唐代改设为莱芜县。其位于今山东中部，地理位置十分重要，又石、铜、锡、铁、煤和丝麻等资源十分丰富，冶炼业发达，成为历代兵家必争之地。因此，遗存了一批新石器时代至唐代的重要的冷兵器，是一批宝贵的文化财富，对结合史料研究冷兵器所属的国家、同期战争及兵种与形式、嬴秦文化和中华嬴秦文化园的陈列内容等，都有着重要的意义。

一、出土的重要冷兵器是一批宝贵的文化财富

据当地文物部门和济南市嬴秦文化研究院的调查，自 20 世纪 70 年代以来，人们在生产建设用土中发现的 50 多处古墓葬和古文化遗址中，皆有兵器和军用装备，包括箭镞、弩机、戈、剑、矛、刀、甲胄、范具、车马器、炊具、乐器、玉器和钱币等。

---

① 包括今济南市莱芜区、钢城区和莱芜高新区。

② 李宝库《中国行政大典》载：莱芜“夏商时期为嬴、牟、长勺诸侯国”（浙江人民出版社 1999 年版，第 1505 页）。逄振镐《山东古国与姓氏》中《夏商时期的山东古国与姓氏》一章文中有嬴国（山东人民出版社 2001 年版，第 105—106 页）。在《左传》《史记》《路史》等书中都有嬴的记载。嬴的地名或国名在少昊降居和舜封伯益为食邑后，夏商时期延续其名，未见史料中有其他名称的记载。

1. 箭镞和弩机

图 1 狭两翼石箭镞

箭镞有石、骨、青铜和铁等质地，将其装上箭杆后，用弓或弩发射，是古代的一种狩猎工具和打仗用的长兵器。境内出土的主要有石箭镞（图 1，现存于莱芜博物馆，下文未标明存处者，同此）、青铜箭镞，还有射箭用的青铜弩机等。

石箭镞，鹏泉街道汶阳遗址出土。该村是大汶口 — 龙山文化时期的一处遗址。村民用土时发现的器物，主要有石器、陶器、骨角牙蚌器和玉器等种类。石器有斧、锤、凿、锛、磨盘、磨棒、箭镞、刀和石球等，其中刀、箭镞和石球等除生活用外，还兼具狩猎、作战功能。石箭镞主要在一处作坊中出土，坊地散布着一些石块和碎屑。箭镞有打制和磨制两类，磨制品中有宽和狭两翼两种形状。宽翼形下乍形成三角形，两刃和前锋较锐利，后锋处横平，脊后接短圆铤，整体似俯视的飞鸟形。狭两翼的柳叶形，体瘦长，后锋处斜内收，脊接短铤。两种箭镞磨制光滑，非常精美。在遗址其他地方除发现石箭镞外，还有骨矛和牙刀等器物。出土的这些石箭镞等，为大汶口文化和龙山文化时期的器物。

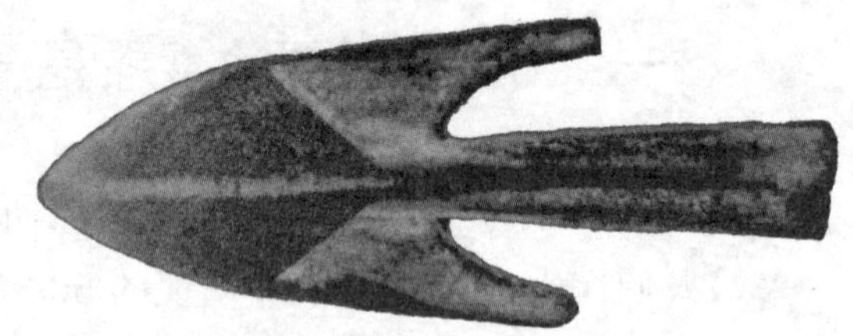

图 2 青铜箭镞

青铜箭镞（图 2）。在羊里街道城子县村的嬴城遗址、辛庄街道赵家泉村的牟国故城遗址、大王庄镇西上崮村遗址、齐长城雪野街道娘娘庙村的锦阳关、茶业口镇上王庄村的黄石关、和庄镇的青石关、牛泉镇亓省庄展雄寨等遗址中出土较多，主要有两翼、三棱和柱状三种形制。

两翼箭镞，翼下乍，刃锐利，前锋略圆钝，后锋较长，脊后接长圆铤，东周器。

三棱形箭镞，无翼，仅有附在圆脊上的三条尖棱，间有血槽，前锋略圆钝，无后锋，铤圆长，东周器。

柱状的箭镞，射鸟用。

青铜弩机，射箭用的动力机件。在牛泉镇东泉河村墓葬中出土了青铜器、铁器、玉器等器物百余件，其中有1件虎纹鸟形青铜戈、2件青铜弩机和5件铁矛。弩机有郭，通体鎏金，秦汉时期器。

2. 戈

戈是作战用的挥啄勾杀兵器。羊里、寨里等镇多处墓葬出土有青铜戈，代表性的有以下几件。

銎内戈，雪野街道东抬头村出土。援似牛舌，前锋圆锐。阑处宽大。内宽为阑的二分之一，直且有銎，以装柲用。此器与马承源主编的《中国青铜器》收录的商末器相同，为晚商器。

曲内戈（图3），城子县村嬴城遗址出土。戈援呈牛舌状，有脊，阑长无胡。内上沿与援上沿平，宽为援的三分之二，末端有垂勾。晚商器。

图3 曲内戈

鎏金虎纹鸟形戈（图4），东泉河村墓葬中出土。据米山《岱庙藏珍》载，该戈直援，直内，两面刃，6串。阑分两半，内阑胡处两面有啸虎形纹，身饰虎斑及云雷纹；外阑有銎套装在内上，“銎为雀形，上饰云气纹”[①]及羽纹。造型奇特，通体鎏金。一级文物。春秋器。

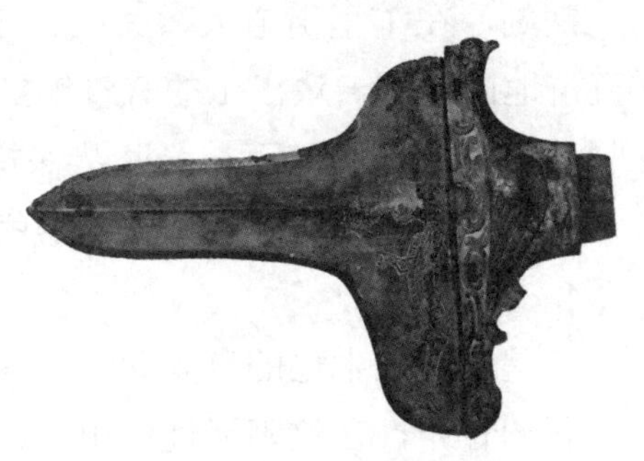

图4 鎏金虎纹鸟形戈
（选自米山《岱庙藏珍》）

成散戈，高庄街道坡草洼村出土。戈援上昂，尖锋，长胡，直内。胡上三串，内一串，均为长方形。阑侧铸“成散戈”三字。春秋器。

① 米山：《岱庙藏珍》，山东画报出版社1998年版，第37页。

丰丘造戈，牛泉镇上峪村出土。戈援直，长方形，直内。胡上三方串，内一长方形串。阑侧铸“丰丘造”三字。战国器。

据李贞峰《莱芜金石志》记载，城子县村还出土一件“武口”铭文戈，内和胡部及铭文有残缺，狭援狭胡，可与矛组装成戟。战国器。

狭援双刺戈，在境内出土。戈援、胡、内均狭长，援腰略弯稍细，前锋略尖，胡上有两个钝刺。内略上昂，末端刀刃上翘。胡上三串，内一串，均为长方形。战国戈，可与矛组装成戟。

3. 剑

剑是随身佩带两面长刃可斩刺防身的格斗兵器。境内出土较多，有青铜和铁两类。

青铜剑，在城子县等村墓中出土较多。其中的螺旋纹首剑(图5)，腊长,从宽。前锷微收狭，锋锐利。倒凹字形格，较厚。圆茎，有缠缑的两箍。圆首，后表面有螺旋纹。春秋器。

图5 螺旋纹首剑

无箍薄格剑，斜宽从，狭前锷，菱形薄格，圆茎无箍，圆首。战国器。

铁剑，在羊里街道大增家庄和苗山镇石湾子村墓中均有出土。石湾子村五亩地同铁剑一块出土的有青铜剑和戈，共计 20 余件。两地出土的铁剑形制基本一致，腊窄而长，两丛保持平行，至前锷处微收形成前锋。格宽条状。茎圆，无箍和首。通体铁锈色，长近 1 米。汉代器。

4. 矛

矛是安装长木柲的直刺兵器，有石、骨、青铜和铁等质地。

石和骨矛，在汶阳遗址中出土，为大汶口、龙山文化时期器。

青铜矛（图6），在城子县等村的许多墓中均有出土。其中有宽体狭刃矛，脊棱突出，两侧呈凹弧形面，形成狭长而均匀的刃。前锋

图6 青铜矛

锐利。刃下端本部位呈微外弧形。骹向下渐粗，无系，銎口圆平。战国器。

铁矛，东泉河等村墓中出土。东泉河村出土了5件。矛体呈柳叶形，残存朽木柲。汉代器。

5. 甲胄及甲胄等范具

甲胄是古代将士作战时穿戴的防护用的特殊衣帽，有图腾衣、皮革、藤、青铜和铁等质地。境内出土有甲胄和甲胄范、刀范等。

青铜胄，战国时名兜鍪，宋代后称盔，在艾山街道下古墩村墓和羊里街道仪封村墓中均有出土。下古墩村在一个墓中出土多件青铜胄，已交山东省博物馆。仪封村墓出土的青铜胄，顶部有一固定缨饰的鸟形短管。两墓出土的青铜胄，均为东周器。

铜铠甲，东泉河村墓中出土了很多甲片。汉代器。

兜鍪、甲范等，大王庄镇造甲峪村出土，有陶质的兜鍪范、铠甲范和石质的鐏范、铲范，另外还有一些甲片。现仅存鐏、铲之范具。兜鍪范和甲范，是铸造将士穿戴的金属护体帽和衣的范具。唐代器。

图7 双刀削石范

双刀削石范（图7），在城子县村出土。范上并列阴刻着两个刀削范。削体一面为背，一面为刃。刃前锋处呈弧形上挑，形成上翘的锋尖。扁平柄接环形首。孙敬明先生鉴定为春秋刀削范，并对其质量予以高度评价。

6. 车马器

车马器是兵车的重要部件。境内出土了车马器、葬马，不是兵器的陶马和陶马车等随葬品。

青铜车马器，城子县和下古墩等村墓中均有出土，主要有车軎、马衔环等，为东周器。在汶阳、下古墩和寨里镇戴鱼池等村周代及以前的墓中发现过陪葬的马，但还没有发现马车。

及至汉代，殉马习俗演变为葬廉价的陶马车习俗。仪封村出土了陶马队、陶俑送行队和陶牛车。陶马队有11匹马，形成首尾相接行进的马群。送行队除1辆陶马车外，旁边依次摆着3个红陶桌，每桌上各摆着1把陶

图 8 陶马

酒壶和 3—5 个陶酒杯，每桌周围都站立着与酒杯数量相等的陶俑，像是为将士出征举行的十里长亭送行酒宴。杨庄镇张里街遗址出土了 50 余匹小陶马。张家洼街道北山阳村出土 1 件陪葬用的木质小马车。陶质的马（图 8）和马车葬俗，与周代兵车葬俗有着传承的联系，折射出它在生活和战争中的重要作用。

以上出土的冷兵器等，种类较多，非常先进，有的兵器上有铭文或纹饰，制造精湛，是一批宝贵的文化财富。

二、出土的冷兵器是识别国家的重要器物

以上出土的不同时期的冷兵器，分为实用兵器和礼器两类，分布在不同的地方，与这些地方的国家（邑）及境外相关国等有着密切的联系。

1. 石兵器

石兵器是新石器时期的武器。境内东、北和南三面环山，石资源丰富且硬度较强，为石兵器的制作打下了坚实的物质基础。

汶阳遗址出土的石箭镞，是少昊、伯益时期的兵器。据柳明瑞《嬴姓溯源》考证，《帝王世纪》载的五帝之一嬴姓始祖的少昊降居的“江水”，“具体就在汶水支流嬴水”[①]，即今莱芜嬴汶河一带。少昊有圣德，后南迁至相邻的今曲阜北的穷桑地为帝。所以，嬴汶河（图 9）流域是少昊的出生和成长之地，是嬴姓的发源和居住

图 9 嬴汶河（嬴汶水）

① 柳明瑞：《嬴姓溯源》，中国文史出版社 2003 年版，第 68 页。

地。它同牟汶河的汶阳等遗址，都是少昊所属国之地。大禹选的接班人伯益为舜调驯鸟兽有功，舜赐他“始食于嬴，为嬴氏”[①]，所封的嬴国即今羊里街道古嬴城一带。少昊、伯益都是西迁的嬴秦人的祖先。经2011年和2017年召开的首届中国·莱芜嬴历史文化学术研讨会和中国·莱芜第二届嬴秦文化与远古文明工作会议研讨，得到了进一步证实。汶阳遗址为大汶口文化和龙山文化时期的遗存。唐兰先生提出：“大汶口文化就是少昊民族的文化。”[②]伯益封国在龙山文化末期。所以，汶阳遗址出土的石箭镞与少昊之国和伯益封国时期相对应，应是他们的国民制造的兵器。汶阳遗址不同地点出土的多件石箭镞，有打制的，也有磨制的，磨制的非常规范。其中一件两翼舒展如鸟展翅，铤为鸟尾，整体像飞鸟（图10），以提高其射程、运行的平稳和射点的准确度及杀伤力，是当时科技水平较高的狩猎工具和作战兵器。

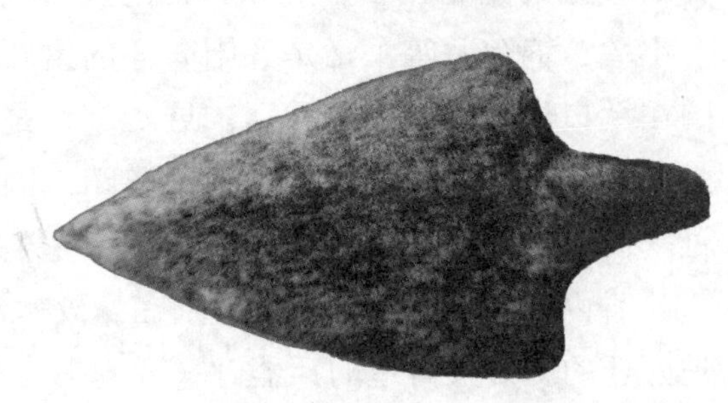

图10 宽双翼石箭镞

2. 青铜兵器

以商周时期为多。境内铜、锡资源丰富，青铜冶炼业发达，周代又地处齐、鲁两国之间，战争频仍，青铜兵器因而大量出现。上文述及的青铜兵器，除本地铸造外，也有战争中他国遗留于此的。

箭镞，境内各地均有出土，嬴城遗址和牟城遗址犹多。周代，莱芜地区先属鲁国，后属齐国，所以嬴城和牟城出土的箭镞，应是齐鲁两国两城作战用的兵器。

图11 齐长城锦阳关

① （宋）罗泌：《路史·后纪七》，巴蜀书社 2000年版，第136页。
② 转引自栾丰实：《东夷考古》，山东大学出版社 1996年版，第6页。

齐长城经莱芜北界，全长60余公里，设有锦阳关（图11）等4大关和13个小关。锦阳关等关，是齐国防守的重要关口，这里出土的青铜箭镞是各国在关口作战时遗存的兵器。展雄寨，是春秋时展雄起义时屯兵、练兵的山寨，故名。展雄，谥跖，诬称盗跖，因居于新泰柳下称柳下跖。他在展雄寨山一带铸造兵器，发展起义军，后转战多地，给奴隶主以沉重的打击。

銎内戈和无阑曲内戈，分别在嬴汶水流域的东抬头村和城子县村出土，是西迁的嬴姓人铸造的兵器。《逸周书·作雒解》载："周公立，相天子，三叔及殷东徐奄及熊盈以畔……二年……凡所征熊盈族十有七国……迁于九毕。"[①] 周朝刚建立，三叔（三监）和东夷的熊盈等姓众国及嬴姓商臣飞廉潜到商奄一带叛乱。周公率兵经过三年的东征，才灭东夷的熊盈等十七国，并杀飞廉。盈通嬴，这里的嬴字，指嬴姓之国。今羊里街道城子县村的古嬴城一带，无疑是反周的嬴姓国故地。所以，周灭嬴后，成为鲁国管控的北鄙嬴邑，又把包括嬴邑在内的商奄之民迁到了河南洛阳的成周、陕西的西安和甘肃的朱圉山一带，却壮大了后来崛起的嬴秦人的力量。嬴地后来发生了鲁桓公和齐僖公的嬴之会，吴王夫差率领的吴越鲁联师克博（今泰安旧县村）、嬴（今羊里街道城子县村）与齐师的艾陵之战。吴季札葬子于嬴、博之间。邓庆昌在《嬴城遗址盗墓案追缴青铜器考释》中分析说："嬴城遗址出土的以曲内戈为代表的商晚期青铜兵器，应为当时的嬴城铸造。"[②] 嬴城有南北两大冶铸遗址，面积达23万平方米，文化层中有大量的炉渣。经李延祥、杜宁、高月志《山东莱芜嬴城遗址炼铜渣初步研究》文考释，在提取的3份炉渣

图12 嬴城冶炼遗址

① （晋）皇甫谧等：《帝王世纪·世本·逸周书·古本竹书纪年》，齐鲁书社2010年版，第48页。

② 邓庆昌：《嬴城遗址盗墓案追缴青铜器考释》，宋镇豪主编：《嬴秦文化与远古文明》，中国文史出版社2018年版，第160页。

中有2份为红铜还原渣，1件为砷铜溶炼渣，“与遗址出土的商周青铜器年代相近”[①]。所以，这里出土的商末銎内戈和无阑曲内戈，是嬴国人铸造并使用的兵器，也是西迁的嬴国人遗留的兵器。

成散戈（图13），“成”字亦作“郕”，指郕国，此戈是郕国的一件礼兵器。据逄振镐《山东古国与姓氏》等书记载，周文王第五子叔武始封于郕，一说地在濮县废县东南（今河南范县）；一说在今陕西岐山县，后东迁至濮县。郕国在濮县境期间，遭到齐、鲁、卫等国的军事打击。鲁庄公八年（前686年），“师及齐师围郕。郕降于齐师”[②]。鲁文公十二年（前615年）春，太子朱儒享居都城外的夫钟（今菏泽市北部）地，郕伯卒后，国人不服太子而立新君。“太子以夫钟与成邽来奔”[③]，鲁国将其安居在成邑（今宁阳县东庄乡南故城村）。鲁哀公十五年（前480年）春，“成叛于齐……（齐）乃归成。公孙宿以其兵甲入于嬴”[④]。公元前480年，成邑人不满鲁国的统治，降于齐国。在齐国归还鲁国的成邑后，公孙宿率兵甲投奔齐国的嬴邑地，后迁至今高庄街道坡草洼村一带居住。2005年，董玮在高庄街道坡草洼村砖瓦厂发现了成人墓，成散戈出土于墓中，是成人降齐后居住地的重要证据。铭文戈上的“成”字指的是郕国。“散”字，《辞海》释为：“分开、不自检束……没有一定的职务……”[⑤]太子夫钟弃国投奔鲁国，居成邑，后降齐国，又去成邑为成氏，因此“散”字含有夫钟等成人分散、不受约束和失去贵族等级等意。总之，成散戈是郕国的一件礼兵器，因此成为墓主的

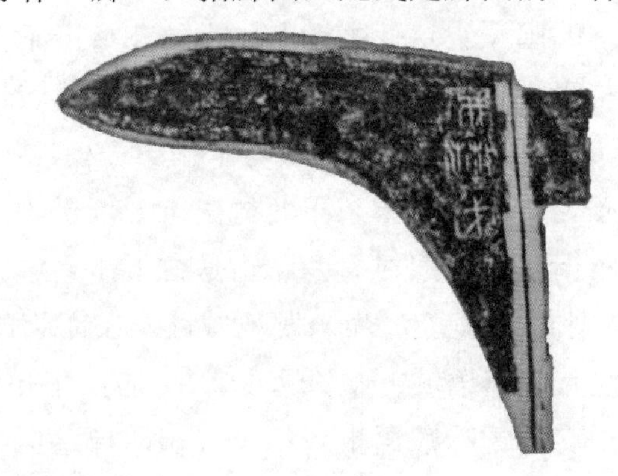

图13 成散戈拓片

① 李延祥、杜宁、高月志：《山东莱芜嬴城遗址炼铜渣初步研究》，上海博物馆编：《文物保护与考古科学》第25卷第2期，2003年，第1页。

② （晋）杜预集解：《春秋经传集解》，上海古籍出版社1988年版，第142页。

③ 同上书，第480页。

④ 同上书，第1809、1812页。

⑤ 夏征农主编：《辞海》，上海辞书出版社1989年版，第1660—1661页。

陪葬品。

虎纹鸟形戈，平州邑的一件图腾信仰的礼兵器。造型独特，除秘置两阑间内上用6串固定外，还有虎和鸟图腾形。虎图腾信仰者较多，如黄帝和蚩尤等所属有虎图腾的部落。少昊崇拜鸟，名鸷，并建立了一个以鸟名官的国家。这件青铜戈集虎纹和鸟形于一身，是少昊的后裔平州人信仰虎与鸟图腾文化的标志。据杜预《春秋经传集解》记载：鲁宣公元年（前608年），“公会齐侯与平州……杜注：平州，齐地，在泰山牟县西”[①]。此戈在今牛泉镇东泉河村出土，位于周代的牟国及汉设的牟县（城在今辛庄街道赵家泉村）西，正是古平州之境。在牛泉镇一带发现有东牛泉村等3处周汉遗址，尚未发现城址。在西邻的岱岳区化马湾乡城前村有一周至汉代的燕语城（未发现城墙），应是平州的一处遗址。燕语，皇甫冉《春思》中有“莺啼燕语报新年”诗句，指鸟虫啼鸣，一派莺歌燕舞、欢乐祥和的节日景象。这里借喻人们在此城安居乐业，又有崇拜燕鸟之意。其又名怨女城。在遗址中出土了一座春秋时期的棺椁墓，中有几件随葬的鼎、簠等青铜器，上有“鲁侯乍姬翏朕鼎（簠）其万年眉寿永宝用”铭文。因此，城名应与鲁国出嫁此地的姬翏女发生的冤案有关。再者，虎纹鸟形戈的“虎爪呈鸟爪形”，可见这一带鸟崇拜文化盛行。此戈通体鎏金，非常珍贵，是平州人对鸟和虎图腾的崇拜标志物，又是一件重要的礼兵器。当然，文化内涵不止这些，需要做进一步的研究。一同出土的两件青铜弩机，郭及悬刀上有“士”字铭文，通体鎏金，也是一件礼兵器。弩机的使用，不但省力，提高了瞄准精度，而且射程更远，杀伤力更强，在当时是十分先进的兵器。

丰丘造戈（图14），是丰丘人的兵器。丰丘，地名。《左传·哀公十四年》曰：“子我归，属徒攻闱与大门，皆不胜，乃出。陈氏追之，失道于弇中，适丰丘。丰丘人执之以告，杀诸郭关。”[②]弇中在今淄川、博山和莱芜的东境，即北至淄川区谷口，沿淄河而上，中经博山区东境，南至莱芜区苗山镇响水湾村的长川中。又名马陉、弇中峪、长峪、莱芜谷，也即大夹谷。公元前548年，齐国闾丘婴、申鲜虞乘车经此逃往鲁国。公元前481年，

① （晋）杜预集解：《春秋经传集解》，第531—532页。

② 同上书，第1799页。

齐国简公的右相监止（字子我）与左相田常（陈常）发生武装冲突。子我战败，按闾丘婴的路线，向鲁国逃跑时在弇中迷了路，好不容易跑到了丰丘。丰丘人抓住子我，告于田常，被田常杀于郭关（齐关名）。丰丘，即今方下街道孙封邱村一带，不仅名称音同，而且符合子我向鲁国逃跑的路线，是齐国至鲁国的大道。“丰丘，陈氏邑。”[①]丰丘是齐国田氏的封邑，故丰丘人擒子我，献于田常。因此，丰丘造铭文戈，是今封邱一带的古丰丘邑人的兵器。

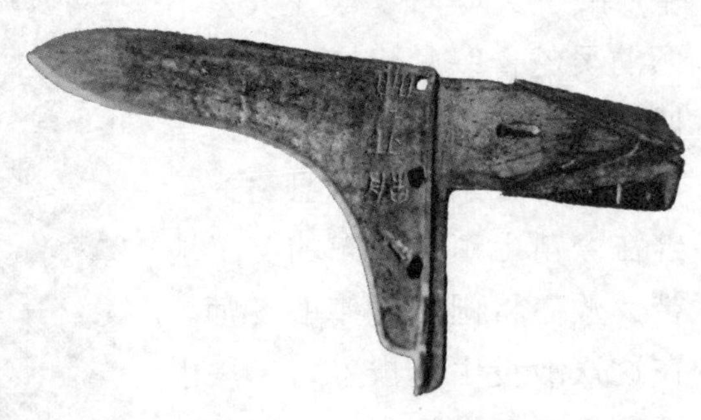

图 14 丰丘造戈

狭援双刺戈（图 15），与马承源主编的《中国青铜器》所载的狭援刺胡戈相同，为燕国戈。“刺”，燕器铭文为锯。据《左传》载，齐国与燕国从春秋末期开始发生了几次战役。最大的一次在周赧王三十一年（前 284 年），由燕、秦、楚、魏、赵、韩六国伐齐。燕昭王以乐毅为上将，悉起燕国之兵，攻占齐都临淄，“唯聊、莒、即墨”[②]三城未被攻克。周赧王三十六年（前 279 年），燕惠王立，疑乐毅，命骑劫代乐毅为将，乐毅逃至赵国。齐国田单以火牛阵大破燕师，收复齐境的七十余城。燕师占据包括嬴、牟两城（图 16）在内的齐国国土长达 5 年之久。所以，这件狭援双刺戈，为燕兵占领齐国的嬴、牟两城时的使用器。

图 15 狭援双刺戈

螺旋纹首青铜剑，艾陵之战的遗物。据《左传》记载：鲁哀公十一年（前 484 年），“为郊战故，公会吴子伐齐。五月克博，壬申至于嬴……

① （晋）杜预集解：《春秋经传集解》，第 1802 页 。

② 左长城、国爱梅：《齐国重要事件》，中国文史出版社 2002 年版，第 303 页。

甲戌战于艾陵”[①]。吴王夫差率领的吴越鲁联师伐齐，先攻克博邑（今泰安旧县村），又占领嬴邑（今莱芜城子县村），继在今苗山镇及以东的艾陵地带大败齐将国书统率的齐师。在这次战役中，越王勾践派出了三千精兵参战。在今新泰市发现了这一时期吴越的墓葬，并出土了越国精美的菱形格纹青铜剑。越国为适应步兵、水兵为主的作战需要，大量铸造青铜矛和剑以便战场格杀。越国铸造的青铜剑，工艺十分先进，除表有菱形格纹外，圆首后面有似车床旋出的螺旋纹，这是其重要特征之一。因此，这件青铜剑是吴越伐齐时使用的兵器。

图 16 牟国故城遗址

青铜胄，在下古墩和仪封等村出土，两村在周代时为牟国和嬴邑的辖地，应为他们制造的兵器。

3. 铁兵器

铁兵器是汉、唐时期的兵器。从汉代起，境内设铁官管理矿冶业，冶铁业兴盛，成为兵争的重要条件之一，在战争中遗存了一批兵器。

大增家和东泉河两村分别出土的铁剑和铁矛，是汉代的遗存。两汉时期，小的战斗不断，大的战役《汉书》《后汉书》等史书有载：汉高祖四年（前 203 年），汉将韩信攻齐国，部将灌婴在嬴地打败齐王田横军；东汉建武二年（26 年），琅琊郡太守陈俊在嬴地打败起义军张步；东汉永寿三年（157 年），曹操指使泰山郡太守吕虔督青州诸郡之兵，在嬴、淄一带镇压东莱郡的起义军。另外，嬴县治等城也需要士兵防守。因此，兵将死亡较多，在就地埋葬的兵将墓中出土了一些铁剑、铁矛和铜甲等兵器，为汉代的常用兵器。

造甲峪村出土的甲片和兜鍪等范具，是唐代“大齐”政权在此铸造兵器时的遗物。唐乾符二年（875 年）率众响应王仙芝起义后，曾率部在

① （晋）杜预集解：《春秋经传集解》，第 1774 页。

图 17 造甲峪遗址

今大王庄镇的造甲峪（图17）、黄巢崮、里二十、炉厂子，羊里镇西温石和雪野镇大厂等村开矿、烧木炭，冶铸兵器，以解决军队之急需。唐中和四年（884 年），黄巢退至泰山东后被官兵打败，逃至今牛泉镇祥沟村（原称降寇村）自刎，起义失败。这一带遗有黄巢、官正、王老、炉厂子、祥沟等遗址。因此，造甲峪村出土的兜鍪、鐏和铲等范以及甲片等，是黄巢起义时急需补充军队装备的遗存。

从以上出土的这些兵器的形状、铭文和纹饰中可以看出，它们分别是是由不同国家制造和使用的重要兵器。

三、冷兵器蕴含着作战兵种和形式的变革文化

恩格斯说：“弓箭对于蒙昧时代，正如铁剑对于野蛮时代和火器对于文明时代一样，乃是决定性的武器。”[①] 境内出土的冷兵器，主要有石、青铜和铁三大类。石、青铜和铁兵器的依次出现，说明境内同全国兵器的发展是同步的，展现了冷兵器时代三次质的飞跃，同时促使作战兵种和形式发生了三次变革，形成了三个兵种阶段，对同期的战争起到了重要的作用。

石兵器时期，是指新石器时期，用图腾徒兵列阵作战。境内出土的石兵器，是大汶口 — 龙山文化时期的产物，为冷兵器时代的石器阶段，与徒手或用木棍、石块打仗相比是一次大的飞跃。大汶口文化时期，是少昊部族的生活时期，同时也是炎帝、黄帝、蚩尤等部族的生活时期。这一时期各部族的军队是原始的徒兵，作战时具有浓厚的图腾色彩。

---

① 《马克思恩格斯选集》第 4 卷，人民出版社 2012 年版，第 31 页。

《逸周书·明堂解》载：炎帝“命蚩尤于宇少昊，以临四方，司□□上天未成之庆。蚩尤乃逐帝，争于涿鹿之阿，九隅无遗。赤帝大慑，乃说于黄帝，执蚩尤，杀之于中冀……（黄帝）乃命少昊清司马鸟师，以正五帝之官，故名曰质”①。蚩尤，东夷九黎族的大首领，炎帝命其率所属八十一个兽图腾部落之兵，驻在穷桑（今曲阜市北）少昊之墟，以帮助炎帝抵御和监视少昊及其四方的部落。嬴汶河是少昊的出生和成长之地，嬴族势力较大，应是蚩尤驻军重点监视的地方，自然引起少昊的不满。据《帝王世纪》载，炎帝、黄帝和少昊都曾以今曲阜地为都城。为争夺天下，炎帝、黄帝（含少昊）和蚩尤三大部族之兵在阪泉、涿鹿等地展开了史无前例的大战。这是中华历史上一次大规模的战争，也是一次民族大融合的过程。

黄帝与炎帝及蚩尤大战时，均采用图腾徒兵作战。黄帝攻打炎帝时，“教熊、罴、貔、貅、貙、虎，以与炎帝战于阪泉之野，三战。然后得其志”②。炎帝与蚩尤打仗时，被蚩尤打得大败，不得不向黄帝求援。黄帝联合炎帝和少昊征战蚩尤时，“应龙攻蚩尤，战虎、豹、熊、罴四兽之力。以女魃止淫雨”③。据《五帝纪》《鱼龙河图》等书记载：蚩尤，牛首人面，有兄弟八十一人，均兽身人语，铜头铁额。“蚩尤以金（铜）作兵器。蚩尤作五兵，戈、矛、戟、酋矛、夷矛。”④他除首创五兵外，还造刀、弩和胄等先进兵器，勇猛无比，威震四方。黄帝不得不联合炎帝和少昊等部族之兵，一起攻打蚩尤。“黄帝攻蚩尤，少昊部落自然是积极响应，带族军助黄帝征战立下大功，受到欢迎和奖赏。”⑤所以，在战胜蚩尤后，黄帝命令少昊为鸟师，以正后来五帝共同沿用的职官，因此少昊名质。

从以上史载来看，黄帝和蚩尤用兽图腾、少昊以鸟图腾饰于徒兵战服，持用石、骨和角等制作的箭、矛等兵器参战。他们为什么用图腾徒兵作战呢？因为在他们看来，图腾不仅是他们有血缘的亲族，而且是他们的保护神。同时，在作战中便于指挥和识别敌我。蚩尤凭借图腾战衣和金属兵器的优势打败了炎帝，就连黄帝、炎帝和少昊的联师也败下阵来。黄帝不能

---

① （晋）皇甫谧等撰：《帝王世纪·世本·逸周书·古本竹书纪年》，第74页。
② （汉）司马迁：《史记·五帝本纪》，中国友谊出版公司1994年版，第1页。
③ 王国维：《今本竹书纪年疏证》，齐鲁书社2011年版，第40页。
④ （晋）皇甫谧等撰：《帝王世纪·世本·逸周书·古本竹书纪年》，第64页。
⑤ 杨东晨：《论嬴秦早期史的有关学术问题》，宋镇豪主编：《嬴秦文化与远古文明》，第29页。

力敌，九战不胜，败归泰山，求得泰山九天玄女的万战万胜之法才擒杀蚩尤。作战中，出现了水战、风战、雨战、雾战、神战、万战万胜法等作战形式和战术，对后世作战具有重要的示范作用。黄帝对蚩尤制造先进兵器和勇悍善斗的精神十分佩服，杀蚩尤后又怕天下人不服，就尊蚩尤为兵主，即战争之神，画其像于旗上，以鼓舞士气，并威慑四方，先后五十余战，才取得了战争的胜利。在黄帝的影响下，华夏各部族都尊蚩尤为兵主，把他当作神来祭祀，求其保佑，成为习俗，影响深远。由今嬴汶河等地西迁的嬴秦人也崇拜兵主，详见下文。

车兵有一个相当长的历史发展过程，据《世本·作篇》载，黄帝时相土作乘马，夏启时奚仲作车，马和车逐渐合在了一起，形成了车兵兵种。费昌为商汤御败桀于鸣条，孟戏、中衍为商太戊驾车，显示出高超的驾驶技术和马车的威力，为车兵的发展做出了贡献。周武王伐纣时，车兵达到一定规模。西周特别是春秋时期，车兵成为北方各国的主力军，齐国有战车千乘。境内在周代墓葬中出土了一些车马器、马骨和较多的青铜等兵器和装备，汉代延续这一葬俗。从中可以看出，周代时境内同他国一样，盛行作战用的兵车。

著名军事家孙子在《孙子兵法·作战篇》中对当时所需的兵车及配套的兵器和装备，有个大概的描述。如有“驰车千驷，革车千乘，带甲十万……胶膝之材……甲胄、矢弩、戟楯、蔽橹、丘牛、大车……萁秆……旌旗”[①]等。从中得知，不仅有不同用途的兵车，而且车兵的装备也十分复杂。

一辆战车将士的编制和兵器的配备，十分科学。据徐勇的《齐国军事史》记载，西周及春秋前期，每乘兵车一般为三十人，其中甲兵十人。春秋中期以后，每车为七十五人，其中甲士仅三人。车兵所配兵器较复杂，“兵不杂则不利，长兵以卫，短兵以守。太长则难犯，太短则不及”[②]。一般为“弓矢御、殳矛守、戈戟助。凡五兵五当，长以卫短，短以救长”[③]。“至春秋中后期，一些新武器如长剑、弩、带钩以及石等开始使用。”[④]战车配备的兵器主要有弓矢、殳、矛、戈、戟和盾等，具备远射、格斗和卫体三

① （春秋）孙子原著，公孙道明编著：《孙子兵法与三十六计》，广西民族出版社1995年版，第19—20页。

② 李零：《司马法译注》，河北人民出版社1992年版，第19页。

③ 同上书，第31页。

④ 徐勇：《齐国军事史》，齐鲁书社1996年版，第30页。

种类型，在当时威力十分强大。除将帅的指挥车外，每辆战车乘坐三名甲士，中间甲士（御）佩剑驾车，左主将（车左）用弓弩、钩戟主射，右将（车右）持戈、矛主勾刺，徒兵持戈、矛、剑和盾等兵器傍车后面，形成一个独立的战斗小队。

周初，周公东征包括嬴地在内的商奄之民时，肯定动用了精锐的车兵，打败了英勇善战的东夷人。春秋时期，境内发生了鲁、齐两国的长勺之战、吴越鲁联师和齐师的艾陵之战，除吴越动用了部分精锐的步兵外，双方主要用战车作战。车兵作战时，一般要选择平坦之地作为战场，“双方战车排成横队互相接近，首先是用弓矢对射，接着是互相逼近格斗”[①]，速战速决。所以，长勺和艾陵之战在不到一天的时间内就结束了，鲁军“一鼓作气”就把齐师驱逐出境了。吴王夫差除擒杀齐国国书等将外，还获革车八百、甲首三千。屈原的《国殇》生动地描写了车战的壮烈场面：

> 操吴戈兮被犀甲，车错毂兮短兵接。旌蔽日兮敌若云，矢交坠兮士争先。凌余阵兮躐余行，左骖殪兮右刃伤。霾两轮兮絷四马，援玉枹兮击鸣鼓。天时坠兮威灵怒，严杀尽兮弃原野。[②]

在车战中，谁的战车好、弓弩强、戈剑利，谁就占有一定的优势。所以，先进的战车和兵器，是周代各国追求的目标，车战也盛行一时。同时，为适应车战等的作战要求，出现了《六韬》《孙子兵法》等书中所载的战略战术，并产生了深远的影响。

战争不仅靠精良的装备，而且也要靠有信仰的英勇善战的将士。被黄帝尊为战争之神、兵主的蚩尤，受到后来帝王的崇拜和祭祀，成为夺取战争胜利的精神之柱，嬴秦人也是如此。包括蚩尤在内的“八神将自古而有之，或曰太公以来作之”[③]。蚩尤庙和冢在全国有多处，周王和武王、秦始皇、汉高祖、汉武帝等帝王都有祭祀蚩尤的史记。郭墨兰《东夷中国兵家渊源关系试探》一文载：“始皇天下已定，建祠于长安，‘令祝官主祀蚩尤’，以感谢蚩尤帮他一扫六合，统一全国。”[④]《史记》记载：“始皇遂东游

① 杨泓：《中国古兵器论丛》，文物出版社 1986 年版，第 89 页。
② 吴广平注译：《楚辞》，岳麓书社 2001 年版，第 83—84 页。
③ （汉）司马迁：《史记·封禅书》，第 145 页。
④ 郭墨兰：《东夷中国兵家渊源关系试探》，宋镇豪主编：《嬴秦文化与远古文明》，第 284 页。

海上，行礼祠名山大川及八神……三曰兵主，祠蚩尤。蚩尤在东平陆监乡，齐之西境也。"[①]嬴秦人发扬兵主顽强拼搏精神，制造先进兵器，在逆境中浴血奋战，向力量薄弱的西戎、四川一带开拓疆土，使秦国逐渐强大。如非子善养马，被周孝王封于甘肃的西秦，复续嬴氏祀，号曰秦嬴（即嬴秦人），成为嬴秦人打翻身仗的基地和起点。嬴秦人秦仲、庄公夺回西垂的失地，被周王封为"西垂大夫"。周平王元年（前770年），秦襄公救周并护送周平王东迁有功，封为诸侯，赐其岐山以西广袤的土地。秦穆公时"益国十二，开地千里，遂霸西戎"[②]。至秦昭王（前306—前251年）时，秦国的疆土"西到今甘肃、四川，南到湖北、湖南，东到河南中部、河北南部，北到山西、陕西北部。这样大的疆土已远远超过了关东六国所剩疆土的总和"[③]。同时，也建成了一支装备先进的精锐之师。秦始皇陵兵马俑坑中身披铠甲手持弓箭和戈盾的将士方阵，再现了当年声势浩大的出征场面（图18）。秦国国富民强，秦王嬴政运筹帷幄，指挥装备精良之师，所向披靡，完成了统一全国的大业。

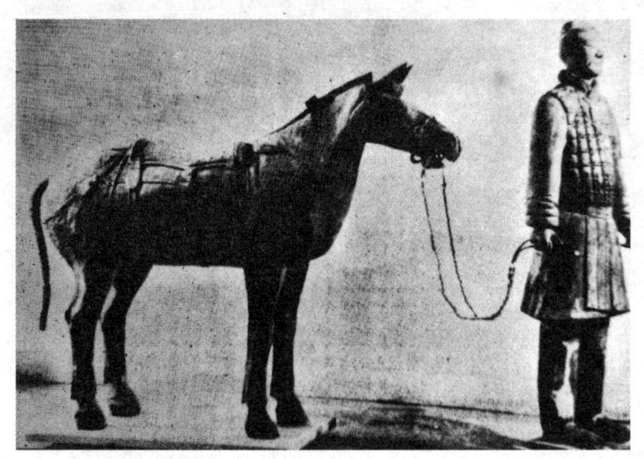

图18 秦始皇陵兵马俑
（选自杨泓《中国古兵器论丛》）

战国时期，随着土地私有制的产生，冶铁业的兴盛，生产力迅速发展。长、坚硬和锐利的铁兵器的使用，使作战兵种和形式发生了重要变化。秦汉至唐代是铁兵器时期，形成了步兵为主、骑兵和车兵为辅的体系。

秦代以后，笨重的战车逐渐退居次要的地位。步兵、骑兵不像战车那样受地理条件的限制，机动灵活，既能跋山涉水，远程快速奔袭，又能利用地理优势布阵或伏击。汉代，境内出土了一些铁剑、铁矛、铜弩机和

① （汉）司马迁：《史记·封禅书》，第145页。
② 同上。
③ 张传玺：《中国古代史纲》，北京大学出版社1986年版，第120页。

箭等兵器，并发生了汉将灌婴打败齐王田横的嬴之战等战役。唐代，黄巢在境内铸造兵器，转战大半个中国，所向无敌，建立了“大齐”政权。从中可以看出兵器和兵种的变化。宋代时发明了火药，进入了冷和火两种兵器共用的时期。

孙子说：“兵者，国之大事，死生之地，存亡之道，不可不察也。”[①]战争关系到国家的存亡和民众的生死问题，不论是战前还是在和平时期，统治者都要详加明察并做好打仗的准备。先进的不同质地的冷兵器在相对应的时期是决定战争胜负的重要因素，迫使同期的帝王不惜代价制造先进的兵器，以夺取战争的胜利。因此，冷兵器包含着丰富的文化信息，反映了冷兵器不同阶段的政治、经济、军事、科学及宗教信仰等方面的内容；冷兵器是综合国力的标志，代表着当时最高的科技水平；冷兵器是战时暴力的工具，在新石器时期形成了图腾徒兵兵种，特别是金属冷兵器时期出现了威力强大的车兵、徒兵和骑兵等兵种，促进了战争方式的变化，在保家卫国中发挥了重要作用；冷兵器是国家强盛的标志，不断创新的冷兵器，不论对国内还是对国外都具有强大的震慑作用；冷兵器是人死后重要的陪葬品，显示了墓主人的国别、地位和财富，以及国家的葬制和当时各地不同的葬俗；冷兵器制造所需的矿物等资源是兵家必争的。境内石、铜、锡、铁、林、煤等资源丰富，为冷兵器的制造打下了坚实的物质基础，现已发现古石器制作和冶铸遗址百余处，再加上独特的地理位置，成为多国兵争之地；冷兵器是历史的见证者。“暗淡了刀光剑影，远去了鼓角争鸣”，但是战争中遗存的兵器，是参战国及其作战兵种和形式以及国家兴亡的有力证据，也是一批宝贵的文化财富。

总之，境内出土的冷兵器是不同历史时期的产物，对研究境内外古国（邑）、相关战事、战争形式、冶炼史、嬴秦文化及下步建立的中华嬴秦文化园的内容设计和陈列，都有着重要的物证作用。

（作者单位：济南市嬴秦文化研究院、济南市莱芜博物馆）

① （春秋）孙子原著，公孙道明编著：《孙子兵法与三十六计》，第5页。

再论嬴秦精神

毕玉惠

关于嬴秦精神，许多学者已经做了有益探讨，且探究深入，观点明确，表达简明，但结果比较分散，缺乏权威结论。本文试图汇总学习学者们的研究成果，尝试概括提炼出能较为全面体现嬴秦文化特色且易读、利思、好记的嬴秦精神，抛砖引玉，与同仁交流共酌。

一、已有的研究成果

关于嬴秦精神，中国先秦史学会济南嬴秦文化研究基地主任刘宗元先生概括为：胸怀高远，志在统一；历经磨难，百折不挠；崇法尚武，锐意进取；纵横捭阖，变法图强；不囿小成，不忘初心；革新改制，奠定中华。济南市嬴秦文化研究院院长柳明瑞先生概括为：敢为人先，海纳百川，革故鼎新，一往无前。中国社会科学院考古研究所研究员曹定云先生概括为：不忘初心、前赴后继、艰苦奋斗、不屈不挠。笔者也曾提出：励精图治、自强不息、崇文尚武、改革创新。① 林辉基等先生提出了八大精神：一是纵横东西南北的远徙长征精神，二是逆境抗争、忍辱负重、自强不息、扎根奋斗、进取发展的创业精神，三是大刀阔斧、精心谋划、励精图治、强兵富国的改革精神，四是不畏重敌、文武兼攻、激扬民气、同仇敌忾的反围剿精神，五是横扫六合、一统天下、主宰乾坤的雄霸精神，六是崇文尚武、

① 参见毕玉惠：《在〈嬴秦始源〉首发式暨出版座谈会上的致辞》，《嬴秦文化研究》2013年第1期。

礼贤下士、广揽英才、知人善任的人本精神，七是拓展九州、囊括四海的祖国统一精神，八是顽强不息、勇争先进的与时俱进精神。此外，还有不忘故土、寻根问祖的家国情怀等。[①]王若冰先生四论“嬴秦精神”：一是忠诚勤勉、兢兢业业，二是忍辱负重、不屈不挠，三是积极进取、铁血性格，四是包容开放、开拓创新。[②]王雷亭先生等提出：自强不息的拼搏精神，革故鼎新的奋发精神，包容开放的进取精神和四海归一的情怀。自远古的少昊始嬴起至秦朝结束，王雷亭先生他们把嬴秦的发展历程分为四个阶段，每个阶段体现的嬴秦精神分别是志存高远、砥砺前行、变革创新，自强不息、坚韧勇毅、开拓创新，变法图强、励精图治、革故鼎新，四海归一、崇文尚武、包容开放。[③]在研究秦人精神方面，张静先生提出粗犷豁达、坚忍不拔的精神，尚武好战、积极进取的精神，广纳人才、博采众长的开放精神，服务于现实的务实精神。[④]王作斌先生提出秦人有七大精神遗产：铁血图强、创新进取、敬天尊祖、改革开放、公正司法、仁德教化、统一中国。[⑤]霍彦儒先生在谈秦文化的特质时提出开拓精神、创新精神、尚贤精神、包容精神、变革精神、功利精神、尚武精神。[⑥]杨曙明先生认为“雍秦文化”的精神内涵是：事功精神、改革创新、尚贤任能。[⑦]电视剧《大秦帝国》的主题曲中的“赳赳老秦，共赴国难。血不流干，死不休战！”也可以说是一种嬴秦精神。还有一些关于秦人爱国主义精神[⑧]、尚武精神[⑨]、事功精神[⑩]、法治精神[⑪]、工匠精神[⑫]、务实精神[⑬]等专论。有些网络文章提到的“铁血精神、虎狼精神”等也可作为参考。鉴于少昊是嬴姓先祖，东夷称“少

① 参见林辉基等：《嬴秦精神论》，中共中央党校管理科学研究中心编：《领导科学》（内参）2011年12月刊，第33—41页。

② 参见王若冰：《嬴秦精神四论》，《嬴秦文化研究》2012年第1期。

③ 参见王雷亭等：《中华嬴秦文化园旅游总体规划说明书》，2019年7月，第31页。

④ 参见张静：《浅析秦人的精神与形成原因》，《新西部》2016年第12期。

⑤ 参见王作斌：《秦人在甘肃礼县建国》，《礼县文史资料》第十辑，甘肃文化出版社2018年版，第99—146页。

⑥ 参见霍彦儒：《秦文化的精神特质》，《宝鸡日报》2020年10月13日。

⑦ 参见杨曙明：《雍秦文化的精神内涵与现代启示》，《光明日报》2017年3月1日。

⑧ 参见宋婉琴：《从〈秦风·无衣〉看秦人的爱国主义精神》，《宝鸡日报》2021年1月5日。

⑨ 参见郭淑珍：《秦人的尚武精神与秦统一》，《秦文化论丛》第二辑，西北大学出版社1993年版。

⑩ 参见王健：《事功精神：秦文化之魂的再思考》，《华夏文化》2001年第2期。

⑪ 参见朱建伟：《〈大秦帝国〉与秦人的法治精神》，《中国法院报》2017年5月26日。

⑫ 参见《秦公一号大墓揭秘秦人工匠精神》，《文化三秦》2016年12月28日。

⑬ 参见刘芳：《秦人的务实精神》，《文博》1993年第6期。

昊之国”，东夷文化称“少昊文化”，嬴秦文化是东夷文化的核心文化等，东夷文化的人文精神应是嬴秦文化的源头，是嬴秦文化之根。像秦文化精神一样，是嬴秦精神的重要组成部分。关于东夷文化的人文精神，周清明先生提出东夷人具有创新、勇敢、勤劳、仁厚精神特质。[①]笔者也曾提出东夷文化的人文精神至少有四点值得我们思考。一是为人之道——淳朴仁厚，孝德礼制；二是做事之道——敬业勤劳，务实创新；三是为政之道——以民为本，法治德教；四是生存之道——勇于斗争，不屈不挠。[②]

鉴于个人水平和手头资料所限，所列有关嬴秦精神的表达还不全面，但也基本涵盖了嬴秦精神的诸多方面。由这些对嬴秦精神的表达来看，可谓仁者见仁智者见智，不同学者从不同的立场或角度有不同的见解和表达。

二、嬴秦精神的新表达

嬴秦精神从概念上讲，包括自嬴姓先祖少昊、伯益以来“嬴姓人”的人文精神，非子养马被赐秦地，复嬴姓，称秦嬴时期的秦嬴人的人文精神，襄公护送周平王东迁有功，被封为诸侯，西垂立国后秦人的人文精神，以及秦朝统一后秦帝国的人文精神。

综合分析上述嬴秦精神的表达，笔者认为：一是表达比较分散，“精神”的名目较多，体现嬴秦特质的目标发散，过于细化，单就各种表达来看，多不全面，需要整合汇集；二是表达多强调了嬴秦“刚性”的一面，即“武功”，而对“柔性”的一面即“文治”涉及较少；三是各种“精神”提炼的历史背景好像多以“非子养马”或“襄公立国”之后到始皇嬴政历史时期，有一定的局限性。

整合提炼上述学者的表达，以嬴秦追梦900年历史时段为重点，兼顾嬴秦人自少昊、伯益以来至周朝初期历史阶段，适当强化“文治”的作用，笔者提出以下嬴秦精神：

胸怀远大，自强不息，历经磨难，不挠不屈。铁血雄霸，崇法尚武，

---

① 参见周清明：《浅议东夷文化及东夷人文精神》，《中国教育与探索》2008年第5期。

② 参见毕玉惠：《古嬴人·古嬴地·古嬴事》，宋镇豪主编：《嬴秦文化与远古文明》，中国文史出版社2018年版，第10—24页。

纵横捭阖，坚韧勇毅。包容开放，尚贤务实，革故鼎新，锐意进取。

三、必要的阐释

上述表达可分为三个部分。

一是“胸怀远大，自强不息，历经磨难，不挠不屈”。这是对嬴秦人自始至终精神的总描述，也是嬴秦人开拓发展的遵循，是目标方向，是力量源泉，是嬴秦精神的主干。王若冰先生在《嬴族：古老的太阳部落》一文中，详细论证了以少昊为先祖的嬴姓一族崇“鸟”崇“日”的“阳鸟”情结。[①]少昊名挚，亦即“鸷鸟”的“鸷”，是一种凶悍的猛禽。少昊的嬴姓一族先以玄鸟——燕子为图腾，后又以凤鸟为族神，可谓集鸷鸟的勇猛与强悍、燕子的机敏与灵活、凤凰的“百鸟之王”与“涅槃重生”之精神于一身，追逐着凤凰蕴含的盛世太平与合美繁荣。“昊”字，从日从天，意为天上的太阳，光大无边。“昊”又作“皞”，从日从皋，“皋”为“王鸠”之类的鸷鸟。“皞”是“鸷鸟负日”的意思。昊、皞都与太阳紧密相关，“在古老的嬴人看来，负载太阳的三足乌就是他们的先祖少昊挚”[②]。太阳是什么？太阳是给大地带来光明与能量、给地球带来生命与希望的万物之源。把自己的祖先奉为给人间送光明、给万物以希望的使者，古嬴人的胸怀与抱负可见一斑。不仅如此，由于“背负”太阳，不仅会得到太阳神的护佑，还会得到太阳神力相助。这些看似充满神话色彩的“祖先说”，却是嬴族人的精神图腾、思想支柱，贯穿于嬴族历史的始终。正是这种出身不凡的自信与执着，奠定了嬴秦精神的根基。王若冰先生讲：“自己的部族之所以比别的部族强大，是因为自己身上负有太阳神秘的力量……正是这种强大的精神力量，才让少昊、颛顼部族在中国大陆东方、汶河流域的山东半岛创造了辉煌灿烂的远古文明。”[③]也许这是嬴秦人百折不挠、奋斗不息、最终统一中国的内在因素。

任何成就不是仅凭“天命”就能达成的，而是要经磨难，历艰辛，甚

① 参见王若冰：《嬴族：古老的太阳部落》，宋镇豪主编：《嬴秦始源》，中国社会科学出版社2013年版，第294—302页。

② 同上。

③ 王若冰：《嬴族：古老的太阳部落》，宋镇豪主编：《嬴秦始源》，第302页。

至要付出血的代价。自少昊任东夷部落联盟首领之后，颛顼、帝喾、虞舜、皋陶、伯益、夸父、后羿等东夷族首领，无不胸怀大志，艰辛拼搏，带领东夷人民创造了辉煌。其中少昊、颛顼、帝喾、虞舜还是华夏部落联盟领袖，被奉为华夏共祖。

嬴秦族源于东，成于西，后期又自西向东扩张发展，直至统一全国。在夏末商初，（嬴）“费昌为汤御，以败桀于鸣条”，为商朝建立立下战功；商朝中期，“嬴姓多显，遂为诸侯”；商朝末期的（嬴）“中潏在西戎，保西垂”。[①]西周初，周公东征，强迁秦先人“商奄之民”于朱圄（在今甘肃礼县北）；中潏后代女防、大骆等几代人为周朝奴隶，抵挡西戎；西周中期，非子养马有功，被周孝王封“天子附庸，复嬴氏祀，赐秦地，号‘秦嬴’”；西周晚期，西戎灭犬丘大骆一族，秦仲伐西戎被杀；秦庄公五兄弟率7000人打败西戎，被封“西垂大夫”；西周末，秦襄公护送周平王东迁功封诸侯立国。至春秋战国时期，则有秦穆公拓疆千里称霸西戎、秦孝公商鞅变法富国强兵、秦惠文王扫义渠平巴蜀出函谷下商於、秦昭襄王远交近攻奠定统一基础、秦始皇扫六合完成统一大业，等等。历数嬴秦人的艰苦奋斗史，特别是从亡姓失国到统一天下的900年的追梦史，可以看到嬴秦人在艰难中求生，在困苦中成长，历经磨难，初心不改，百折不挠，前赴后继，自强不息，一往无前的精神气质。

二是“铁血雄霸，崇法尚武，纵横捭阖，坚韧勇毅”。这体现的是嬴秦人“武功”——“虎狼之师”：战争、法治、血性与拼搏。嬴秦最终能横扫六合统一中国的决定性因素是武力。武力来源于嬴秦人的尚武精神与血性。嬴秦人的尚武与血性被激发是从“商奄之民”被强迁于朱圄开始的。商奄之民首先要在强悍而善战的戎人地盘上获得立足之地，其次要在陌生而严酷的自然环境中获得继续生存的资源。这种精神在与戎狄的长期相处及一次次争夺战中得到不断发展与强化。而在商鞅变法之后，其催化剂就是“斩首进爵”的新爵制，即以战场上斩杀敌人的人头数量来记功行爵。“闻战则喜，轻死忘生”[②]，将人们的潜能开发到了极致。正如电视剧《大秦帝

① 参见（汉）司马迁：《史记·秦本纪》，中华书局1982年版，第174页。

② 参见王作斌：《秦人在甘肃礼县建国》，《礼县文史资料》第十辑，甘肃文化出版社2018年版，第99—146页。

国》秦国战歌所唱："赳赳老秦，复我河山，血不流干，死不休战……"《诗经·秦风·无衣》"岂曰无衣？与子同袍。王于兴师，修我戈矛，与子同仇……"[①]也是这种精神的写照。平民百姓积极踊跃去当兵，争先恐后上战场，瞪眼拼命"拿人头"，从而造就了一支"虎狼之师"，使敌军望而生畏。秦人的"血性"，也是嬴秦人强大的重要原因，特别是在自公元前770年襄公立国到公元前221年始皇嬴政统一中国的500多年间，秦人的那种威武不屈、忠贞赤诚、不畏流血、视死如归、百折不挠、愈战愈勇的血性在嬴秦走向成功的拼搏中体现的淋漓尽致。

嬴秦的"霸气"在"追梦"的后期才较明显地体现出来，代表人物是秦穆公、秦孝公、秦始皇。秦始皇的霸气，众所周知，自不必说。秦穆公一鼓作气灭西戎十二国，拓疆千里，雄霸西戎。秦孝公听商鞅论道，"帝道"不听，"王道"不悦，讲"霸道"很有兴趣，听话间还不知不觉变换坐姿靠近商鞅。于是，请商鞅按"霸道"思想予以变法。电视剧《大秦帝国》主题曲中的"天下纷扰，何得康宁，秦有锐士，谁与争雄"，也道出了嬴秦的雄心与霸气。蔡智忠等提出的"历史选择了骨子里透着霸气的'赳赳老秦'，岁月锻造出了有'虎狼之师'称谓的秦人'锐士'……"[②]，也许是对嬴秦尚武精神的较好概括。

嬴秦的崇尚法治有其历史的根源，到商鞅变法至秦始皇时期达到了高峰。嬴姓先祖伯益（大费）的父亲皋陶（大业）是东夷集团的首领，与尧舜禹并称"上古四圣"，是史学界和司法界公认的"司法鼻祖"。秦人法治意识的强化是从秦孝公时期商鞅变法开始。新法的实施，达到了富国强兵的目的，使秦国成为战国后期最强大的国家，为统一全国奠定了坚实基础。自孝公以降，秦国君循法履职，

及至秦始皇统一六国，"事皆决于法"[③]，集先法传承与时代创新之大成，逐步形成了一套完整的法令、法规和刑法，并将之推广到统一国家的政治生活、经济生活、社会生产和文化生活等各个领域，用法律手段保证了各项经济、社会、文化等改革的顺利进行，推动了"车同轨、书同文、

---

① 《诗经·秦风·无衣》，思履主编：《四书五经》，北京联合出版公司2014年版，第45页。

② 蔡智忠等：《论秦文化的尚武精神》，《天水师范学院学报》2012年第3期。

③ 赵黎君：《论秦始皇"事皆决于法"的本质及其影响》，《科教文汇》2008年第4期。

行同伦、统一货币、统一度量衡”等统一措施的实施，维护了国家机器的正常运转，镇压了六国势力的复国活动，巩固建立起的中央集权、郡县制和“法为政本”的政体，规范各级官吏的行为，惩治国家政权中的腐败与蛀虫……

三是“包容开放，尚贤务实，革故鼎新，锐意进取”。这体现的是嬴秦人奋斗史的“文治”——文化融合：人才、智慧、开拓与创新。嬴秦的智慧、开拓创新、锐意进取自古有之。《山海经·大荒东经》曰：“东海之外大壑，少昊之国。少昊孺帝颛顼于此，弃其琴瑟。”[①]《左传·昭公十七年》曰：“少皞挚之立也，凤鸟适至，故纪于鸟，为鸟师而鸟名。”[②]嬴秦远祖少昊在东海之滨建“百鸟之国”，以鸟名命百官，治理的原始东夷部落集团井井有条，呈现出繁荣景象，且在此培养了颛顼帝。少昊氏族是史前东夷人的主干支系，带领东夷人创造了东夷文明，包括大汶口文化和龙山文化，“到龙山文化末期，少昊氏走向衰亡，很可能被东夷新崛起的皋陶、伯益等政权实体取代”[③]。而皋陶是伯益的父亲，伯益因“佐大禹治水有功”被舜帝赐“嬴氏”、封“嬴地”。也许由东夷集团首领转任华夏联盟首领的舜帝，有意安排伯益续祖姓、袭祖地、管理东夷。伯益也由此成为嬴氏先祖。伯益是舜、禹二帝的重臣，是禹拟禅让帝位之人，是对历史贡献较大的一位嬴氏先祖。其作为概括为：佐舜为虞，调驯鸟兽，善于用火，与禹平水土，发展稻作，发明凿井，德服三苗，提出“满招损，谦受益”的警世格言，提出“两要、十不要”的政治理念，《山海经》的原创作者。[④]皋陶如前所述，是公认的上古四圣之一和司法鼻祖，他的重要贡献是创立了以“五教”“五礼”“五刑”“九德”“九族”为主要内容的皋陶文化体系。这无一不是智慧、创新、进取的体现。

伯益之后的夏朝，嬴氏族处在“蛰伏”时期，商朝较为显赫，西周初期嬴姓族人参与三监之乱，被灭国失姓，强迁至西垂，御戎守边，饱经忧患，受尽磨难。但不论什么处境，嬴氏族人对祖上精神、文化与技艺的研习传承不曾怠慢。吴名岗先生概括了“嬴氏为商、周天子御”的情况：费昌“去

① 思履主编：《彩绘全注全译全解山海经》，北京联合出版公司2014年版，第350页。
② 杨伯峻编著：《春秋左传注》，中华书局1990年版，第1387—1388页。
③ 王青：《从大汶口到龙山：少昊氏迁移与发展的考古学探索》，《东岳论丛》2016年第3期。
④ 参见尹承乾：《伯益的十大功绩》，宋镇豪主编：《嬴秦始源》，第90—99页。

夏归商为汤御”，为汤开国建商王朝立下大功；中衍为商中宗太戊御，“遂至使御而妻之”，中衍之后，“嬴姓多显，遂为诸侯”；造父为周穆王御，“长驱归周，日行千里以救乱”，被封赵城为赵氏，后有赵国；……非子为周孝王养马“于汧渭之间，马大蕃息”。[①] 孝王曰：“昔伯翳为舜主畜，畜多息，故有土，赐姓嬴，今其后世亦为朕息马，朕其分土为附庸”，邑之秦，使复续嬴氏祀，号曰秦嬴。[②] 周孝王赞非子像他先祖一样马养得好，故与其“分土以为附庸”。可见，嬴氏一族历经千年，不但传承更发展了先祖伯翳（伯益）“为舜主畜，畜多息”的技艺。更可贵的是，他们审时度势、求真务实，在诸多精神与文化的传承中，不失时机地选择了养马、驯马、御马这一小小的支点，使时处社会低层的嬴氏族人有机会接触社会最高层，获得了更多参与竞争的机会，撬动了嬴氏一族的几次兴盛与最终的崛起。

在首届中国·莱芜嬴历史文化研讨会论文集《嬴秦始源》首发式上，著名历史学家李学勤先生发表了重要的观点：秦能统一全国不是偶然的，不仅是武力的统一，而且也是中华文化大融合的结果。[③] 这个观点明确地阐明了文化在社会历史发展进程中的重要作用，只有文化的创新，才有历史的进步。谷玉梅在《秦人起源与早期秦文化特色》一文中也谈到文化融合问题：“秦文化以东夷文化为张本，成长历程中遭遇了舜禹华夏文化、夏文化、未知的夷狄文化、商文化、西垂的戎文化、周文化等……这些文化种类，与秦文化或合作、或斗争、或排斥、或融合。”[④] 在与这些文化的碰撞交融中，嬴秦文化在保持着自身特质的前提下，不断汲取其他文化优长，与时俱进地形成了以“包容开放，强悍务实，革故鼎新，敢为人先”为主要特征的适应社会转型需要的先进文化意识，为大一统帝国的建立奠定了坚实的文化基础。秦在统一后，对其他六国的文化也有“采择其善”，《史记·礼书》指出：“至秦有天下，悉内六国礼仪，采择其善，虽不合圣制，其尊君抑臣，朝廷济济，依古以来。”[⑤] 这是说，秦朝对六国文化是加以吸收而能予以兼容的。

---

① 参见吴名岗：《善御的嬴氏及其文化传承》，宋镇豪主编：《嬴秦文化与远古文明》，第121页。
② 参见（汉）司马迁：《史记·秦本纪》，天津古籍出版社2011年版，第19页。
③ 参见李学勤：《嬴秦始源与秦文化特点》，宋镇豪主编：《嬴秦文化与远古文明》，第512页。
④ 谷玉梅：《秦人起源与早期秦文化特色》，《管子学刊》2014年第1期。
⑤ （汉）司马迁：《史记·礼书》，《四库全书荟要》第二卷，第266—267页。

在嬴秦发展历史进程中，能体现“包容开放，尚贤务实，革故鼎新”精神的最有代表性的是春秋战国时期的“招贤拜相”。按时间顺序，第一是百里奚与蹇叔。春秋时秦穆公以五张羊皮换回百里奚（五羖大夫），百里奚推荐了蹇叔，百里奚是虞国人，蹇叔是宋国人，二人被秦穆公拜为左右庶长，即左右相，同掌朝政，助秦穆公成就霸业，成为春秋五霸之一。第二是商鞅。商鞅是法家思想的代表人物之一，卫国人，战国时秦孝公招贤引入人才，被孝公拜左庶长，按其“霸道”理念实施变法（商鞅变法）。新法实施后，秦国实现了富国强军。《史记·商君列传》记载变法：“行之十年，秦民大说，道不拾遗，山无盗贼，家给人足。民勇于公战，怯于私斗，乡邑大治。”[①] 商鞅变法使秦国成为当时最强大的国家，为进一步统一六国奠定了坚实的军事与物质基础。第三是张仪。魏国人，是战国时期的纵横家之一，被秦惠王拜为相国。其最大功绩是用他的“连横”破除了苏秦的“合纵”，促使各国亲善秦国。《太史公自序》说：“六国既从亲，而张仪能明其说，复散解诸侯。”[②] 为秦“扫六合”创造了有利条件。第四是范雎。魏国人，被秦昭襄王拜为宰相，助昭襄王加强了王权，提出“远交近攻”的策略，与张仪的“连横”共同为秦“扫六合”铺平了道路。后以反间计使赵国启用无实战能力的赵括代廉颇为将，助白起大破赵军。第五是韩非。韩国人，韩王之子，战国末期法家集大成者。论其主张，其父韩王不采。作《孤愤》《五蠹》《内外储》《说林》《说难》等，全面、系统地阐述其法治思想，秦始皇读韩非著作，大加赞赏，受其益，发出“嗟乎！寡人得见此人与之游，死不恨矣”的感叹。韩非虽未被拜相重用，但秦始皇统一后采取的许多政治、法治措施，是韩非理论的应用和发展。第六是李斯。楚国人，法家思想的主要实践者。他劝秦王不失时机地实施统一，献离间计离间六国君臣，进《谏逐客书》留下人才等，辅助秦王完成了统一大业。秦朝建立后，官拜丞相。他建议秦始皇废除分封制，实行中央集权，推行郡县制。提出了统一文字的建议，之后又在统一法律、货币、度量衡和车轨、修驰道等方面付出了巨大努力。他在巩固秦朝政权、维护国家统一、促进经济和文化的发展等方面做出了卓越的贡献。

---

① （汉）司马迁：《史记·礼书》，第266—267页。

② （汉）司马迁：《史记·太史公自序》，第482页。

上述对嬴秦精神的新表达分三部分做了不完善的阐释，就整体而言，形象地讲，这个“嬴秦精神”就像一只鸷鸟（凶猛的鸟，燕的别名），其中胸怀远大、自强不息、历经磨难、百折不挠好比鸷鸟的躯体，胸怀远大、好比大脑，自强不息好比心脏。铁血雄霸、崇法尚武、纵横捭阖、坚韧勇毅是武功，包容开放、尚贤务实、革故鼎新、锐意进取是文治、武功、文治好比鸷鸟的双翼。这意味着嬴秦人秉承了远祖少昊的遗风，有强健的体魄、坚韧的意志和勇于搏击的精神，何惧疾风骤雨！何愁圆梦不成！

（作者单位：山东省人大常委会教科文卫委员会）

嬴秦精神论

林辉基　柳明瑞　王汝堂　林　峋

本文论题显然是一项浩繁博大的系统工程，不是寥寥数千字可以担当和胜任的。大题小作，旨在抛砖引玉，引发国人的警省和关注，推动更多热心于此的专业人士投入此工程。如是，则不唯中国史学之幸，更是国家民族之福。

这里发表的不成熟乃至唐突的意见，或许具有某种挑战性乃至颠覆性，对笔者而言，绝非刻意为之，故做惊人之语，实在是多年来对相关问题关注和思考的内在逻辑驱动使然。祈请垂读诸君鉴谅为盼。

一、嬴秦文化研究之新突破、新起点

2011 年 9 月 18—19 日，历经十年充分准备反复酝酿的首届中国·莱芜嬴历史文化学术研讨会在山东省莱芜市召开。有关人士慨而言之，此真可谓“十年磨一剑”。著名学者、中国先秦史学会名誉会长李学勤教授对会议的筹备和召开给予宝贵支持和精心指导，他亲自主持的清华简战国简书的研究成果为本会的最终共识提供了权威支持和重要佐证。与会的诸多先秦史专家经过认真研讨殊途同归，达成重要共识：创建中国历史上第一封建王朝的嬴秦宗族起源于山东莱芜地区，曾被人们称为“东秦”，后来成为驰名中外的孔孟之乡的齐鲁故地是嬴秦文化的滥觞地。嬴秦文化源于东方，兴于西方，纵横决荡，浸润四方，一统华夏，问鼎六合，其东西两源说在长期对立中正走向统一。

嬴秦文化东源说对中国先秦史研究乃至对整个中华历史文化研究都是石破天惊的重大突破。以此为基点，在中国历史文化中长期被漠视的嬴秦文化研究将获得空前广阔的视野和前景，其在中华民族文化大架构中的地位、价值和现实意义理应站在新的历史制高点上进行新的评估和科学判断。上述会议的主要成果——嬴秦文化东源说被确认曾被称为“十年磨一剑”，既如此，就应将此“宝剑”把示世人，开辟新天地，更上一层楼，通力大合作，再造一“宝鼎”。当然，那就不仅是先秦史—中国史一家的事了。

由于本文论题的主词定名为嬴秦精神，这里有必要将文化——嬴秦文化与精神——嬴秦精神之间的关系予以简要介说和规定。和所有文化一样，广义的嬴秦文化是指嬴秦族人及其封国和创建的中华统一的封建王朝在长期的历史实践中创造的物质——社会财富和精神——文化财富的总和和统称。我们这里使用的嬴秦文化是指狭义的，相对于广义的，仅指广义嬴秦文化中的精神——文化财富这一特有的范畴。如同一般文化和精神的关系，嬴秦文化与嬴秦精神在质上是同一的或统一的。它们同属于上述大文化中精神文化财富的大范畴，也就是说，嬴秦文化与嬴秦精神大致是可以通用的。如果说一定要对二者加以区别，似可质而言之，文化的范围和涵盖应当更宽泛一些，上述文化精神财富中的所有形式和内容、现象和本质都包括其中，而精神则是指各种狭义文化形态和现象之中更为集中更为突出的体现，是对各种具体文化形态之内在逻辑和共同本质的抽象和高度概括。本文正是从这一意义上使用嬴秦精神这一概念的。

二、嬴秦精神之历史追踪和本质思考

显然，我们提出和使用嬴秦精神主要是从正面、积极进步意义上立言并加以本质规定。过去，人们很少这样做，往往是被其落后、野蛮、残暴和短命的表象掩盖和迷惑，凡提嬴秦和秦始皇，往往以“暴秦”和“独夫”一言以蔽之。人们无法对东周以来500多年的历史终归于秦做出科学且合乎历史逻辑的解释。一方面，众口一词地承认秦朝是中国历史上第一个统一的封建王朝，相对于奴隶制社会封建社会无疑是巨大的历史进步；另一方面，却又固执地坚持嬴秦之残暴、落后和野蛮，茫然不解于暴秦的胜利。于是有点西方哲学史常识的人不得不抬出黑格尔的“恶”的历史作用的理论来自慰。秦汉以降，政治文化舆论界谈及嬴秦，特别是秦始皇，恶评如潮。敢执反词者凤毛麟角，像李白那样讴歌“秦王扫六合”和李卓吾那样盛赞嬴政为“千古一帝”者更是屈指可数。近现代以来，反封建革命大潮涌起，全盘否定嬴秦特别是秦始皇更成理所当然的时髦之论。挺身而出奋起反潮流像毛泽东那样为嬴秦始皇一辩者实在难能可贵。他敢自称“超越秦始皇”，逝世前两年还不忘借批评郭沫若劝诫世人“少批秦始皇”，真是匪夷所思。

回首反思，两千多年来非嬴过秦之论，已成政治思想舆论界之主流，大局已定，定论难改。莫说李白、卓吾诗者书生之辈，就连一代伟人雄主毛泽东亦无可奈何。之所以如此，原因多多，其中最重要者，以笔者所见，是方法角度。如果不是将评论研究的对象简单作为一个人、一个点、一个孤立的现象论之，而是将其如实看作一个历史过程，不是作为十几年，也不是几百年，而是前溯后推五千多年中华民族发展的历史过程来心平气和认真严肃待之，更为看重这一漫长的历史过程中凝聚产生的至今仍然极为宝贵的民族精神，那么悠悠千年的愤懑情结和心理就有可能释然除之。但是，恰恰相反，人们很容易习惯成自然，将数千年的历史过程简单归结为几百年的诸侯国的历史，又将几百年的诸侯国历史归结为十几年的秦王朝史，最后归结为一个君主的政策得失和人格褒贬。而这一切又与缺乏深入研究和思考直接相关。数千年后的今天，嬴秦文化东源说成为学术界之共识，终归使人们从思维的误区中走了出来。

嬴秦文化东源说把嬴秦族人的历史时空还原为人们原来认知的若干倍，为今人重新思考研究嬴秦文化史打开了空前广阔深远的天地，使之与整个中华文化史有机地融为一体。

以清华简为代表的考古新发现，澄清了诸多文献记载相互抵牾造成的迷雾和混乱，并与相关的文献记述和研究成果相互印证。这种有效的印证明白无误地告诉世人：周初受封立于西垂的秦国及而后创立一统华夏的秦朝的嬴姓家族乃起源于东方的中国上古八大姓之一，嬴姓之秦，故称“嬴秦”。嬴秦先人以少昊、伯益为代表创造了灿烂的东夷文化，伯益后裔中潏、飞廉和恶来祖孙三代作为商朝末年的朝廷重臣又是殷商文明的重要代表。殷商文明主要起源于嬴姓故地东方奄国，奄国乃商王朝之重要组成部分。中潏作为商朝重臣，曾驻守西垂，然后不断有嬴人自东向西迁徙。商亡后，飞廉曾组织嬴人暴动抗周，兵败后周王便把参加暴动的嬴人强制西迁为周戍边，防御和抵制犬戎的骚扰，同时为周王室养马驯兽。后因守边驯养有功受封为诸侯国秦，然后才有众所周知不断升级的秦国历史，直至一统天下的秦王朝。问题的关键在于后来的史学家对嬴秦的记述绝大部分都从数千年后受封立国的诸侯秦国起笔；再加上看重了嬴人西来后与犬戎等西部少数民族通婚结合的历史，进而干脆把嬴秦认定为西垂野蛮落后的少数民族。“孔子西行不到秦”说则使嬴秦落后野蛮的色彩更加浓厚，几乎与文明先进绝缘，从而有意无意中篡改了嬴秦真实客观的历史。当然，在中国和世界历史的演变发展中，来自异域的本来落后野蛮的民族后来战胜了当时先进文明的民族而成为一段历史的主宰力量，并非个例。但那是另一个问题，自当别论。

搞清了嬴秦曾经创造了东方（和中原）文明并西迁陇原建立秦国的历史，我们才有可能循着数千的历史轨迹对嬴秦精神做出客观的考察和初步的归纳。

嬴秦精神作为嬴秦文化的高度集中和本质抽象，底蕴极为深厚，内涵也极为丰富。东西两秦结合，二源归东，源于东，兴于西，鼎盛于统一的秦王朝，我们似可依据其文化足迹对嬴秦精神做出初步的概括。

纵横东西南北的远徙长征精神，开启了中华民族在广袤悠长的时空内各民族、地域、各种文化形态的大传播、大交流、大整合、大发展的先河，成为满足需求、调节余缺、解决矛盾、化解危机、获得新发展和大跳跃的极好方式。嬴秦文化首先崛起于东方和中原，创造了夏商文明，通过大迁徙、大跳跃，又创造了更加辉煌的西部文明，最终纵横全国，一扫六合，成就统一华夏的封建大文明。嬴秦的远徙长征始于殷商中期，中经周初长达数百年，活动空间几乎遍及整个黄河流域；及至扫平六国，西举巴蜀，东靖海滨，南下百越，北逐匈奴，其活动空间跨越黄河长江和珠江流域，可谓遍及全国。不论是以参政执政的胜利者的主动积极姿态，还是以失败妥协后的被动屈辱状态，其结果总体说来都是积极进取的。

逆境抗争，忍辱负重，自强不息，扎根奋斗，进取发展的创业精神。嬴秦西迁规模最大者当属周初抗争事败被强制西去戍边。作为新政权的谪囚的处境自然是极为艰难屈辱的。但是他们扎根边陲，争取教化犬戎，加强自身团结，历经200多年，从周初成王至六代之后之孝王，获得“乡土为附庸”之政治立足点和秦之封邑，至周宣王时封为“西垂大夫”，平王东迁时封为诸侯，封地扩大，并乘机向东发展。随后由春秋五霸而至战国七雄，事业越做越大，虽有客观条件和时机之利，但主要靠的是嬴秦人的艰苦创业精神。

大刀阔斧，精心谋划，励精图治，强兵富国的改革精神。虽然至春秋末秦国已成为五霸之一，但其真正强大并成战国七雄之一，关键在战国初期的孝公变法（即商鞅变法）。同时代稍前，各诸侯国为摆脱奴隶制的羁绊，自上而下的变法革新已成时代风潮。但政策最坚决彻底，影响和成效最大的是秦孝公时之商鞅变法。这次变法的突出特点有三：其一，战略目标高远明确，雄心壮志，振奋人心，王者霸气彰显宇内；其二，君臣鼎力同心，准备周到充分，步骤切实稳妥；其三，变法措施具体可行落实得力。孝公逝世后，商鞅虽被害，但改革大业已成，所谓“商鞅相孝公，为秦开帝业”①。

不畏众敌，文武兼攻，激扬民气，同仇敌忾的抗争精神。嬴秦立国西垂封公称王之后，长时间处于众敌包围之中。嬴秦通过变法维新，自强自立，重文尚武，文武兼攻，以连横之术，分化瓦解，个个击破。经过几十年的艰苦奋斗，终于打破诸国合攻，为一统天下打下基础。没有大无畏的抗争精神，嬴秦的胜出是不可能的。

横扫六合，一统天下，主宰乾坤的英雄霸气（雄霸精神）。秦王嬴政“奋六世之余烈，振长策而御宇内，吞二周而亡诸侯，履至尊而制六合，执敲扑以鞭笞天下，威震四海”，统一华夏，建立中国历史上第一个封建王朝，那种雄霸之气是举世公认的。没有这股雄霸之气，就绝不可能完成统一大业。

---

① 黄晖：《论衡校释》卷二八《书解》，中华书局1988年版，第303页。

崇文尚武，礼贤下士、广揽英才，知人善任的人本精神。数千年来，提到嬴秦，人们强调更多的是其残暴无道。冷静思考一下，坚持数百年的战争，从以弱对强到以少胜多并取得最后的胜利，仅靠暴力是不可能达到最终的目标的。除了其他方面的条件和原因之外，嬴秦统治者崇文尚武、文武并用、广揽英才、礼贤下士、知人善任的人才战略和人本精神还是发挥了重要作用。至少自孝公以来，嬴秦就源源不断地从其他国家吸引集纳一流文武精英。特别是智囊型、思想理论型文化人才的引进和成功使用更在山东各国之上。除了文臣武将，就军兵而言，秦军的人员素质也远远高于其他各国。甚至被骂为千夫所指的独夫之始皇嬴政也不是简单的纠纠武夫和赫赫暴君。在一统天下之后的短短的时间内奠定封建制度，取得一系列显耀政绩，没有高超的文韬政略也是不可思议的。近千年后李卓吾恭赞秦始皇为“千古一帝”绝非虚枉之言。

拓展九州、囊括四海的祖国统一精神。从宏观上看秦始皇一生有两大彪炳千秋的丰功伟绩：其一是创立推行统揽郡县的中央集权的封建制度；其二是第一次实现了中国的统一。二者不可分割，但又是两件事。前者在秦统一之前200多年间各诸侯国陆续先后程度不同有所建树，秦是在全国范围内普遍规范地予以建制。虽居功至伟，但也有其他诸侯国劳绩在前。而中国统一则是绝对空前的。秦王朝首次将古代传说中的九州四海变成中央集权政府之下的统一国家。而且南收百越，北伐匈奴，西举巴蜀，东靖滨海，极大地拓展了统治区域。国家统一，不仅是一项伟大的政治经济社会实践，也是一项宏伟壮阔的事业，而且是一种文化，是一种国家意志和民族精神。

此外，还有顽强不息、永争先进的与时俱进精神和不忘故土、寻根问祖的家国情怀等，不一一细述。

三、嬴秦精神在中华传统文化和民族精神中的地位

上述可能具有挑战性、颠覆性的内容，可能与迄今为止中国学术界正统、主流和权威的结论些许相左。

中国传统文化和民族精神的总体面貌和结构的复杂性与多样性及其统一性，一般说来是不存在异议的。泱泱大中华，悠悠五千年，如此广袤的空间和漫长的时间，不同的历史时期、不同的地域、不同的民族、不同的宗教、不同的生存方式和生活习惯，错综复杂，相互交织，相互砥砺，相生相克，相辅相成，博大精深，浑成一体。嬴秦文化和精神大发展的春秋战国时期，百家争鸣，就已经从学术思想的意义上奠定了中华文化和民族精神复杂性多样性的基础。自承秦制的汉代虽然从汉武帝开始“罢黜百家，独尊儒术”，但并未从根本上改变这种多元结构。问题的关键在于，仿佛从这时起，曾在中华大地上纵横决荡，创造一度辉煌的嬴秦文化和精神伴随秦朝的灭亡而销声匿迹，即使有人提起也与秦始皇一样恶名远扬，只有受批判和唾弃的份。其他百家虽难罢黜和消失，但儒术独尊在多元文化中居于主流的局面似成定论。而后，某些朝代少数（个别）反孔批儒者被视为反潮流，五四运动以来打倒孔家店，也似乎在逻辑上皆以承认儒家文化在中华文化和民族精神中的主流地位为前提。再往后至今，无论尊孔崇儒还是反孔贬儒者也都是站在儒家主流的观点上。这甚至成为众口一词众所公认的历史事实，没有人也没有理由和勇气对此提出质疑和异议。

真实的历史情况究竟如何呢？当我们弄清楚嬴秦文化的真正源头在数千年前古老的东方文明，并对嬴秦精神有个初步概括之后，就有理由对嬴秦文化和精神的长流，其在中华传统文化和民族精神中之地位进行重新探讨。从逻辑上讲，文化也必然像其他事物之存在和发展一样，有源必有流，其源既远，其流必长，所谓“源远流长”。有源无流，或源远流短反而是不可思议的。遗憾的是，当我们考察源远域广的嬴秦文化在秦以后两千多年的中华文化发展史上的地位和价值时，面临的正是这样奇异的现象。

以往学术界对中国传统文化结构的分析和价值比较的认定是一目了然、显而易见的，那就是包括春秋战国以来诸子百家在内的文化总汇中，汉代以后是儒学一家独尊独成主体，而根本没有嬴秦文化的地位。这种结论一直沿袭两千多年。其实大谬不然。站在新的历史高度，用唯物史观重新反思和认真审视就可以看出，这是一种从表面现象出发将已有的历史材料加以简单叠加笼统汇总、以讹传讹、自然沿袭的形式主义的思想方法和治学手法，直接违背了马克思主义社会有机体的科学思想。

按照唯物史观的社会有机体思想，对文化结构的认识应以社会结构的划分为依据和标准。古往今来，人类无论发展到什么阶段，其横向结构大致都可以划分为生产力、生产关系、经济基础和上层建筑四大领域。它们之间的有机关系是：生产力决定生产关系，作为生产关系总和的经济基础决定上层建筑，上层建筑反作用于经济基础和生产力。上层建筑包括政治制度和意识形态，其中政治是核心和主体。整个社会都是人的创造物。上述社会结构领域又可划分称为经济、政治、军事、法律、道德、意识形态（精神）等相互关联又各自相对独立的部分。狭义的文化又可以分别称为经济文化、政治文化、军事文化、法律文化、道德文化和精神文化等。而各种具体文化又大致包含制度和思想两大要素，指社会上人们从事这些领域活动的规范和思考。这些领域中经济是基础，政治是主导，军事和法律可以归属于政治，而道德和精神文化则是为政治和经济服务的。可见，政治文化，包括政治制度和政治思想，不仅在中国历史发展每一阶段，而且在整个历史发展之文化结构体系中都居于核心的主导的地位。

根据上述标准，分析中国传统文化结构体系中各个具体流派的思想理论的性质旨向，就不难发现，在诸子百家中被传统观念定为主体地位的儒家虽也言及政治，但为主的还是伦理道德文化。特别是对封建政治制度的创立，儒家可能没起到积极作用。所以在秦王朝创建封建制度的过程中，儒家是主要的敌对力量，必然遭受打击。汉武帝后儒家占据显赫地位，说到底是经过改造后改变了政治立场，为封建政治制度进行辩护和服务的结果。说其占据主导地位，实在是主次颠倒、本末倒置。应当将嬴秦文化与儒家文化被颠倒了的关系再颠倒过来，恢复嬴秦文化的本来面目及其历史地位和客观价值。当然，这并不否认儒家在修缮完备和维护封建政治制度上发挥的作用，但这种作用难以改变其从属地位和价值。

其他各家派，除法家以外，道家主要是哲学，余者大多与政治无关，其地位和价值也都多有局限，也难与儒家相比。法家主旨的确是政治文化。应当大书特书的是法家在春秋战国期间推动改革变法和秦王朝创建大一统中央集权的封建制度中发挥的无与伦比的重要作用。只是有一种政治现象往往没有引起人们应有的关注，那就是同是法家文化，在其他诸侯国封建改革中虽也取得不同成效，但相对于在秦国，则不可同日而语。与其在秦王朝创建封建制度中发挥的作用相比，则不啻小巫见大巫。这又是为什么呢？答案应该是明确的，那就是法家文化只有为嬴秦人所用结合并融入嬴秦文化之中才能在中国创造改天换地的人间奇迹。如此一来，法家就不是本来意义的法家，而变成嬴秦文化的重要内容。

经过如此峰回路转，我们终于发现了嬴秦文化在中国传统文化结构中的地位和价值。从周初嬴秦人在东方故土保护商政权而战，至数千里远涉长征，在西垂卧薪尝胆发愤图强受封立国，中经秦国东拓开启春秋战国新局和商鞅变法，直到统一中国建立秦朝。不难看出，嬴秦文化的主旨和实质正是积极进取与时俱进敢为天下先的政治文化。它吸收、利用、改造和丰富了法家学说，才将先进的政治文化理念变为崭新生动的政治现实，成就了中国政治文化的最大宗主。历史真相之所以蒙尘，短命是原因之一，兼之后来的胜利者为自己涂脂抹粉，有意掩盖了历史的真相和本质。

事实上，秦朝虽然短命而“无暇自哀”，但是“楚人一炬，可怜焦土”，可以烧掉阿房宫，夺走了秦人手中的政权，但是却无法烧掉刚刚创立的一统天下的封建制度。不仅汉承秦制，如钱穆先生说“秦代只是汉代的开始，汉代大体是秦代之延续”[①]，而且两千多年来所有的封建王朝，尤其盛世王朝，无不延续秦制。秦制实为百代政治之师。虽然几乎所有的王朝大多尊孔崇儒，但是都无法改变以秦制为根脉主体、以儒学为外饰的历史事实。世世代代，凡是有生命力的封建王朝要维持生存和发展无不严守“儒表法里”的政治秘笈。这里的“法”，实质上已不是从子夏到韩非的法家学说，而是被嬴秦人改造和发展的秦制之法。

不仅是秦制，而且上述嬴秦精神之积极要素在中国数千年历史上一直发挥着不可磨灭的重要作用，成为中华民族精神的宝贵内核。因此，我们可以开诚布公、堂堂正正地说，嬴秦文化是中华传统文化大系中的主体和核心中的一股中坚力量。这也正是嬴秦文化之最高历史价值。

① 钱穆：《中国历代政治得失》，生活·读书·新知三联书店2001年版，第43页。

四、嬴秦文化及其精神与当代中国

历史和现实之间本身并没有不可逾越的鸿沟。历史文化对现实的意义本来就不存在任何疑义。造成障碍和隔阂的往往是人们观念理论上的误区。嬴秦文化作为历史文化当然要打上奴隶制度和封建制度的烙印，但是其超越社会制度和阶级对立而具有普遍积极意义的因素仍有恒久的生命力。例如，国家统一、中央集权、郡县制度、文字、度量衡和交通设施的统一等嬴秦文化标志性的辉煌成果，秦王朝灭亡2200多年后其基本形式仍在沿用，而且将延续下去。在世界历史上统一的中央集权的大帝国并非中国一家，但是数千年来一直延持至今者，恐怕已找不出第二家。领土如此辽阔，人口如此众多，基本保持统一。虽有分裂，但在国人眼中视为政治变态，终归统一，统一被视为国家政治的常态。不论发生过什么严重的情况，无论人们的阶级和政治归属差别多大、多么对立，但是坚持国家统一的理念和信心，已经深入人心，成为高于一切的政治准则。这在全世界都堪称奇迹。这不能不说是嬴秦文化的一大功劳。

对于嬴秦精神的概括，在完整性和科学性上还有待提高和深化。但是从上述已有的几条，我们可以发现，它在近代至当代中国仍熠熠生辉。鸦片战争以来，中国的政治、社会和民族危机日益沉重。从封建统治阶级、地主阶级内部的进步力量，到新生的资产阶级和广大工农群众的先进代表，先后为挽救国家和民族危机前赴后继，赴汤蹈火，不怕牺牲，英勇奋斗，创造了可歌可泣的英雄事迹。经过百多年的艰苦努力，终使我们伟大的国家重新屹立在世界的东方。不可否认，这些先后奋斗在救国救民最前线的不同阶级和政治力量都曾拥有自己独特的政治理念，但是毫无例外都将这些理念与包含嬴秦精神因素的中华民族精神实现了有机结合，都曾在新的历史条件下将嬴秦精神加以发扬光大，推进到一个新的历史高度。作为新中国的缔造者和执政党，中国共产党诞生至今已100周年，无论在革命战争时期，还是和平建设和改革开放以来，都以彻底的革命创新精神著称，始终坚持旨在解放全人类的马克思主义为理论指导和精神支柱。同时，人们已经越来越清晰地发现，中国共产党之所以取得如此辉煌的胜利，从根本上讲正是将马克思主义与中国国情实现了有机结合，使马克思主义中国化、民族化，创造了独具中国特色的马克思主义理论和社会主义道路。中国国情和中国特色不仅包括当代中国现有的实际情况和特色，同时毫无疑问还包括历史悠久、博大精深的中国传统文化和民族精神的精华。我们不主张将历史和现实进行简单的类比，但是不排除在一定条件下将二者有机结合起来、联系起来，进行分析和反思。以毛泽东为代表的高明的中国共产党人曾经反复明确地提醒和告诫广大党员和群众，要古为今用，以史为鉴，善于从历史的经验教训中汲取营养。当我们回顾20世纪30年代中国工农红军气壮山河、慷慨悲壮的万里长征，在井冈山和陕甘宁地区极端困难的条件下的大无畏反“围剿”和辛苦经营，抗日救国和解放全国统一山河，创建新中国，抗美援朝和粉碎国际封锁包围的斗争，我们不难发现其中闪耀着嬴秦精神的光芒。

尤为值得大书特书的是，在“文化大革命”之后，中国共产党人以超人的毅力、智慧和创新精神率领国人迅速走出低谷，绝地求生，硬是开辟了一条前无古人、举世震惊的改革创新、科学发展的崭新道路。现在虽然还有很多困难，还面临不少随时可能给我们造成重创和灾难的危机。30多年来我们已经取得重大成就，已经创造和拥有极为有利的条件，已经走上了康庄大道。任何强大的敌人，再大的艰难困苦，也不能阻挡中华民族在21世纪中叶的伟大崛起和复兴。在这底气十足、意气昂扬、斗志十足的新长征中，人们高举的旗帜当然是中国特色社会主义的伟大旗帜，而以长征、改革、创业和祖国统一为特色的嬴秦精神必然得到更深的发掘，更高的提升和更大的成功。

这里要特别提及的是，从经济总量上已经跃居世界第二大国的中国应对世界政治、经济和文化新变局的国际战略问题。新旧世纪之交以后，美、俄、欧盟和日本等各大实体新一轮强势竞争和对抗重新开始，全球范围内各大实体之间冷战和热战，政治军事战和经济文化战相互交织且愈演愈烈的新变局已悄然而至。已经获得重大发展的中国的崛起和复兴虽然拥有诸多机遇和条件，但总体的国际和周边环境和形势已变得空前严峻起来。

说透危机是为了化解克服危机，清除征途上的险阻暗障，实现伟大的战略目标。欲达此目的，需要多方面周密系统切实有力的准备。从本文论题的主旨出发，笔者认为，精神和思想文化上的准备应先行做好。要对中国的对外国际战略重新盘点和调整，使中国的军事国防布局和建设更有针对性，更加科学合理，更有应对致胜的能力。在提升国威和振作民气上要虚实并举、智勇兼备。我们要坚决反对浮华张扬、盛气凌人和以势欺人的作态，但是在强敌和困难面前，一定坚持和发扬中华民族的雄霸之气。对外处事在态度和气势上一定要以和对和、以强对强、以霸对霸。不称霸权，但应有霸气。春秋时代，发生在莱芜境内的长勺之战过程中，鲁国军事家曹刿说："夫战，勇气也。"[①] 这种勇气，就是对抗强敌和霸权的英勇雄霸之气。它本身也是战斗力。在强敌和霸权面前，丢掉这种精神和气概，无亚于首先自我解除武装。在现代世界上打破强敌和霸权的合围，当然需要高科技装备的武器、设施和物质力量，但是同样需要有深厚的历史底蕴和现代气息相结合的强大雄霸的精神力量。

总之，嬴秦文化—嬴秦精神是中华传统文化和民族精神的主体和核心，虽然存在时代和阶级的局限，但仍是国家和民族之瑰宝。我们应当坚持唯物史观之古为今用、知古鉴今的原则，以崭新的时代精神加以发掘、改造、丰富和发展，使之造福于当今和后代子孙。

（作者单位：山东社会科学院、济南市嬴秦文化研究院、新华社山东分社、山东国际文化发展研究交流中心）

① 杨伯峻编著：《春秋左传注》，中华书局 1990 年版，第 182 页。

嬴秦精神四论

王若冰

中国历史上没有任何一个民族像秦人及其先祖嬴秦那样经历如此多的起落沉浮和大起大落，却最终以一种坚忍不拔的精神和毅力于逆境中崛起，创造并建立了前无古人的千秋伟业。而秦人先祖自商末遭遇失姓亡国打击后被迫西迁，并于极端艰难的困境中不屈不饶，挺进关中，创建中国历史上第一个封建帝国的奋斗精神，以及秦人及其先祖忠于职守、忍辱负重、前赴后继所铸就的铁血性格与不断进取的开拓创新精神，也成为中华民族精神品格的重要组成部分。面对秦人及其先祖嬴秦艰苦创业的奋斗经历，我们甚至可以说，在中华民族文化精神和民族性格形成的秦汉时代，是与秦人一脉相承的嬴秦精神，为我们民族精神提供了最富于创造力、开拓创新精神和历久弥新强大生命力的基本基因。因此，秦族及其先祖嬴族在创建前无古人宏基伟业的同时历练、形成的民族精神与气质，是中华民族共同的精神财富。

嬴秦精神之一：忠诚勤勉，兢兢业业。秦人及其先祖嬴族是一个非常忠诚守信的民族。殷商时代，由于秦人先祖嬴族与商人同属东夷凤鸟图腾部族，受到历代殷商执政者器重与厚爱，成为殷商亲信重臣。从嬴族始祖伯益帮助大禹治水，将禹禅让给他的王位让给禹的儿子启，到后来周武王伐纣，嬴秦先祖恶来以身效商，飞廉到霍太山祭告殷纣王亡灵、策划并参与奄国叛乱被周公斩杀于东海之滨，再到后来沦为奴隶的嬴族被剥夺嬴姓，并被强迁到甘肃天水境内渭河流域充当周王室的守边戍卒，这中间的是非曲直暂且不说，单就嬴秦先祖伯益忠心耿耿为大禹效力，以及伯益后裔飞廉、恶来父子对殷纣王朝的一片忠心等历史典故，我们就可以体察到嬴秦先祖知恩图报、忠心效力的精神传统了。也正是有这样的精神血脉，秦人先祖到达渭河上游以后才会忠心耿耿，为西周王室守卫西垂边疆。甚至到周幽王烽火戏诸侯的时候，面对镐京城头滚滚升腾的狼烟，那些一开始就从周王室得到不少好处的诸侯纷纷袖手旁观，唯有远在陇山之右的秦襄公翻山越岭，带兵解救了镐京之危。镐京之危解除后，秦襄公又联合其他后来赶来的几个诸侯将新立的周平王护送到东都洛阳，尽管秦襄公也因此得到了封赏，但在面对镐京城上再次点燃的狼烟之际，秦襄公就未必没有设想过是不是周幽王还在寻欢作乐。问题的关键是，其他诸侯因为和秦襄公一样受过戏弄后按兵不动，而秦襄公却抱着即便再受一次戏弄也不能放弃做臣子的本分，带兵解了镐京之危。这就是赤胆忠诚与应付差事之间的区别。虽然那个时候秦人离开他们先祖生活的山东半岛已经数百年，但先祖伯益、飞廉、恶来传给他们的忠君爱国的精神传统，还在每一个秦人血管里奔涌、流淌。也许正是拥有了这种忠诚勤勉的精神品格，才使得秦人能够于春秋战国时期强手如云的诸侯争霸中取得群雄争霸的最后胜利。

嬴秦精神之二：忍辱负重，不屈不挠。周武王灭商的时候，嬴秦先祖飞廉还在北方。返回后，面对土崩瓦解的商王朝，按理飞廉应该识时务，顺时势，归顺周王室，既可保自己免遭身首异处之灾，说不定也可以使嬴族相安无事。偏偏忠于商纣王的飞廉面对商朝灭亡，儿子恶来被杀的现实，还是不甘于失败。于是，为报国仇家恨，飞廉先是参与了三监之乱，试图推翻周人已经获得的江山。秦人先祖这种不屈不饶、忍辱负重的精神，在他们被发配到渭河上游后不仅没有减弱，反而发挥得更加淋漓尽致。秦人先祖从山东半岛刚到渭河上游的时候，天水还是西部游牧民族的天下。这些后来被通称为西戎的马背上的民族逐水草而居，来去如疾风，杀掠无度。作为外来户，要在四面虎狼丛生的生存环境中获得立足之地，嬴秦先祖首先面临的不仅有背井离乡的伤痛，还有异族的排挤、欺凌与杀戮。为了生存和生活，他们学会了和西部戎族一样吃牛羊肉，骑马放牧，习惯了咬紧牙关，面对不断袭来的杀戮与死亡，甚至与他们通婚通商，并在与西部戎族绵延不断的厮杀中，以鲜血与生命换取繁衍后代、扩大地盘的机会。最后，他们甚至在忍辱负重中将自己也变成了谙熟游牧之道的西部牧马人。在与西部游牧民族相互残杀、相互融合中，嬴秦先祖不仅学会了忍耐，而且习惯了将痛苦埋在心里，把生的希望留给未来。即便是在被西犬丘洗劫一空，生活在西汉水上游的嬴秦部族大骆一支几乎灭绝的极度艰难的形势下，深陷在西戎重重包围中的嬴秦先祖，还是强按住复仇的怒火，在忍受与忍耐中等待时机。忍耐终于有了尽头，周宣王四年（前 824 年），已经从政治上获得周王室信任并因为秦非子牧马有功被赐以秦姓的秦人，在周王室支持下，由已经被周王室封为“西垂大夫”的秦仲带领下，开始了收复嬴秦先祖在西汉水上游建立的宗邑 —— 西犬丘的战斗。虽然这场前后持续了两三年的战争，最终以秦仲战死沙场告终，但秦人心中复仇的怒火已经点燃，宁死不屈的秦人以鲜血书写的历史新篇章将从此揭开崭新的一页。秦仲儿子秦庄公即位后，秦人在周王室派来的军队配合下，一举收复了犬丘。多年以后，同样的一幕又被嬴秦先祖重演：为了收复周平王赏赐的岐丰之地，秦襄公战死沙场；三年后，秦襄公儿子秦文公再度进入关中，荡平占据在那里的西戎，将国都从西汉水迁移到关中平原，揭开了秦人横扫天下、建立大秦帝国的序幕。秦人这种忍辱负重、不屈不饶、前赴后继的精神，既是秦人先祖性格的延续，也是遭遇失姓亡国不幸后流落渭河上游的嬴秦先祖在恶劣生存环境中锻造、磨练的结果。

嬴秦精神之三：积极进取，铁血性格。嬴秦先祖自从商末周初走进历史视野，其生存与发展壮大的每一步，几乎都伴随着鲜血与死亡。被剥夺嬴姓和祭祀先祖白帝权利的嬴秦人先祖被迫踏上流亡发配之路，到了甘肃天水一带渭河上游，要在生活、文化、思想观念迥然相异的游牧民族中间寻找到安身之地，流血牺牲和为生存而战的拼杀，几乎成为刚刚到达渭河上游的嬴秦先祖生活的常态。直到秦非子因牧马受到周天子封赏，后来秦仲成为西垂大夫，嬴秦先祖与西戎部族之间的厮杀征战仍然绵延不断。即便是在后来秦人挺身走上诛灭六国的征伐之路的时候，闪着幽光的刀戈既砍杀六国军队，秦国士兵也是用鲜血和生命铺就了秦人历经十数代人，走向创建大秦帝国道路的。所以有人说，秦国的历史其实是一部鲜血写就的杀戮史。如果说秦人在商末周初的遭遇，以及到了甘肃天水渭河和西汉水上游很长一段时间是在不断遭遇杀戮的话，那么秦孝公商鞅变法之后，秦国将农耕与在战场上拼杀作为封赏、升迁、改变个体命运的唯一条件，鼓励士兵在战场上奋勇杀敌，则是秦人将自己先祖与狼共舞的严酷经历中淬炼的铁血精神，提升到了立国之本的高度，进而让秦人比春秋战国时期任何一个诸侯国的国民都敢于面对死亡，能够直面死亡，并以杀戮和牺牲开拓了走向中国历史上第一个封建帝国辉煌未来的道路。杀戮与死亡自然不是文明的表现方式。但对于秦人及其先祖嬴秦来说，他们就是在残杀与被残杀中度过的。每一次的杀戮，既在嬴秦先祖心灵中播撒下复仇的种子，也历练了秦人面对死亡无所畏惧的铁血性格。这种铁血精神让秦人及其先祖拥有了一种即便是在艰难的条件下也能够舍生忘死、积极进取、不断前行、无所畏惧的精神意识。

嬴秦精神之四：包容开放，开拓创新。秦人是中国历史上少有的具有包容开放、博大襟怀和不拘礼制、开拓创新的民族。在山东半岛的时候，秦人先祖嬴族是一个地道的农耕民族，但他们来到渭河上游的时候，这里的游牧民族尚处在氏族社会末期，不知五谷，只事游牧。生活迫使嬴秦接受新的考验。为了生存，他们只能忍受着牛羊肉的腥膻，学着西部戎族骑马射箭，与当时被东方各国视为野蛮人的西部戎族通婚贸易。到了嬴秦先祖有了足够实力觊觎关山以东的关中大地的时候，秦人已经将西部戎族粗粝豪放的性格，与自己来自东方的文明血统合二为一。也正是这种兼容并蓄的性格，造就了秦人明显有别于东方诸国的文化精神和生命基因。如果说学习并接受西部游牧民族文化传统和生活习惯，是迫于当时的生存环境的话，那么在与西部戎族相融合的时候嬴秦先祖向陇山之东的周王室学习包括青铜器制造、礼乐典章等先进文化，则是嬴秦先祖开放创新精神的必然结果。虽然在渭河上游的时候嬴秦先祖兢兢业业为周王室效力，但从礼县大堡子山发掘的墓葬陪葬品来看，在秦襄公以前，秦人先祖甚至敢于超越西周森严的礼乐制度享受礼乐生活，僭越礼制规范使用陪葬品。同时，在秦人尚处于成长阶段的时候，他们已经掌握了西周时期产生的铁器冶炼技术，制作了精美的铁制兵器。对于从山东半岛沦落成奴隶，流落西部的嬴秦先祖来说，最初的兼容开放是为了求生，而后来的兼容并蓄，则出于对一个已经从苦难中重生的民族未来的遥望与畅想。正是这种包容开放的心态和文化传统，才使嬴秦后裔“千古一帝”秦始皇拥有了襟怀天下、气吞八荒的胸怀与气度。而且，历经数十代君王，一以贯之的开拓开放精神传统，不仅让秦人从春秋战国时期诸侯纷争中脱颖而出，而且在建国立业，创建秦帝国政治、经济和文化体制时，秦始皇才能够博采众长，吸收各国先进文化传统与先进管理制度，制定了一整套影响中国封建社会两千多年的政治、经济和文化规范与制度，为延续两千多年的中国封建社会奠定了坚实的政治、经济和文化基础。

当然，对于历经数十代人，创建了中国历史上第一个封建帝国的嬴秦先祖来说，嬴秦精神涵盖的内容和范围远不止于此。对于秦人先祖留给我们民族的优秀精神财富，尚需更多专家梳理总结。

（作者单位：甘肃省天水日报社）

嬴秦兴亡的历史启示

葛志毅

秦人本起于东夷地区，西迁后处在西戎的包围中，经立国苦斗，终培养起崇尚攻伐、重视功利的立国精神，继之东向发展。经几代经营，乃实现兼并中原各国、统一天下之伟业。

《史记·秦本纪》记女脩吞玄鸟卵生子的传说，是乃东夷地区鸟崇拜卵生说的习俗。《史记·封禅书》记秦襄公自以为主少皞之神，少皞乃东夷祖神，故秦人本出东夷地区无疑。周武王伐纣，秦人先祖蜚廉死葬霍太山，周穆王封造父于赵城，皆在河东地区，说明秦人至少在殷商时已离开东夷地区西迁。近年出土的清华简《系年》载，周“成王伐商盍（蓋），杀飞（廉），西迁商盍（蓋）之民于邾圉”。商盍之民本居东夷，与秦人有族源关系，据考商盍之民被迁今甘肃谷县地区[①]，此亦可证秦人离开东夷地区西迁的史实。只是限于史料，秦人西迁的细节尚不很清楚。

秦人本居东夷，东夷在四夷之中最为特殊，被称为仁性柔顺。如《说文》曰：“南方蛮闽从虫，北方狄从犬，东方貉从豸，西方羌从羊……西南僰人、焦侥从人，盖在坤地，颇有顺理之性。唯东夷从大。大，人也。夷俗仁，仁者寿，有君子不死之国，孔子曰：道不行，欲之九夷，乘桴浮于海。有以也。”[②]与“夷俗仁”之说相近，《汉书·地理志》亦曰：“然

① 参见李学勤：《清华简关于秦人始源的重要发现》，李学勤：《初识清华简》，中西书局2013年版，第140页。

② （清）段玉裁：《说文解字注》，上海古籍出版社1981年版，第147页。

东夷天性柔顺，异于三方之外，故孔子悼道不行，设浮于海，欲居九夷，有以也夫。”[①] 按此“东夷天性柔顺”与上“夷俗仁”皆应说明东夷地区较其他地方为文明开化，故秦人早期居东夷地区必尚未染上尚武攻伐之俗，后来西迁，立国于西戎中连年战斗，尚武攻伐之习逐渐形成，这是其能吞并诸戎并东向征霸中原的重要原因之一。

秦本是善畜牧的民族。秦先祖大费佐禹治水有功受封赐，又佐舜调驯鸟兽有功，舜赐姓嬴氏。秦人先祖因精于畜牧，又善驾驭，在商周两代皆因此受封赐。飞廉后人造父为周穆王驭车平乱有功，受封赵城，至非子一代亦因赵城而蒙赵氏。[②] 非子喜好畜牧，因养马之功被周孝王封为附庸，作邑于秦，接续嬴氏祭祀，被称为秦嬴，立国于西戎之中。秦嬴之后世为周王诛讨西戎。周幽王时，西戎、犬戎与申侯杀幽王，秦襄公将兵救周，并护送平王东迁洛邑，因功被封为诸侯。秦襄公开始以诸侯之礼与诸侯通聘享，秦人开始东向发展事业。平王将岐山以西周人故地赐予襄公，并应允秦人若能击败戎人并占据其地，即归秦人所有，秦人就可以在此放开发展。秦占据周人故地，因此亦受到周文化影响。《左传》襄公二十九年（前544年）吴季札出聘列国，至鲁，请观乐，为之歌《秦》，季札曰：“此之谓夏声，夫能夏则大，大之至也，其周之旧乎！”[③] 这表明秦已通过周人故地接受华夏文化的影响，朝廷礼法制度建设亦开始有眉目。早在穆公时代，秦人就已进入快速发展阶段，不仅插手中原大国事务，而且参与大国会盟及争霸战争。同时，注意招纳贤人，改良政治，如先后召来百里奚、蹇叔、由馀等贤士。秦穆公时代是秦国力快速上升的时代，在西戎中获得极大发展成果，《史记·秦本纪》记其时伐戎，“益国十二，开地千里，遂霸西戎，天子使召公过贺穆公以金鼓”，《史记·秦始皇本纪》后附记之文则曰：“穆公享国三十九年，天子致霸”[④]，实则周王鉴于秦穆公的功业，已赐予其周室侯伯的地位。那么，穆公时代的发展已奠定秦的基本国力，已有问鼎中原、

① （汉）班固：《汉书·地理志》，中华书局1962年版，第1658页。

② 《史记·秦本纪》如此说。实则始皇又称赵政，乃因其母家本居赵，从生地得赵姓，非必如秦赵同祖赵城为说。见葛志毅：《秦汉风俗与贵族女权》，葛志毅：《谭史斋论稿续编》，黑龙江人民出版社2004年版，第457页。

③ （清）马骕著，徐连城校点：《左传事纬》，齐鲁书社1992年版，第320页。

④ （汉）司马迁撰，[日]泷川资言考证，[日]水泽利忠校补：《史记会注考证附校补》上册，上海古籍出版社1986年版，第128页。

参与列国会盟争霸的实力。《史记·六国年表序》曰："而穆公修政，东竟至河则与齐桓、晋文中国侯伯侔矣。"[①]故"春秋五霸说"之一，即将秦穆公列入。[②] 秦穆公取得如此功业，自当表彰，但其死后从死170人，且包括"三良"在内，秦人为作《黄鸟之诗》哀之，这反映其时秦人虽受中原文化影响，但仍未脱尽愚昧野蛮的落后风俗，此应为沾染戎狄习俗所致。《史记·秦本纪》下文记秦孝公时曰"秦僻在雍州，不与中国诸侯之会盟，夷翟遇之"[③]，不是毫无缘由的。

穆公之后，要以孝公、商鞅时代最值得关注。商鞅变法力主抟民于农战，提倡尚武攻伐精神，极端崇重功利，从而奠定了秦国发展的内外国策。商鞅之法尤其有助于推动秦国对外的兼并战争，故秦吞灭六国、一统天下的大业，实肇基于商鞅。

据《史记·秦本纪》，孝公即位下令求贤，以恢复穆公霸业号召于国。于是商鞅入秦，"说孝公变法修刑，内务耕稼，外劝战死之赏罚"，"于是法大用，秦人治"[④]。商鞅辅孝公始，开创秦国富强之业，当时功业堪比穆公时代。《秦本纪》载："十九年，天子致伯，二十年，诸侯毕贺，秦使公子少官率师，会诸侯逢泽，朝天子。"[⑤]秦国霸业取得了空前成就，俨然已成"挟天子以令诸侯"的大国，亦以此为标志，秦走上统一六国大业轨辙。但若细究商鞅变法奠定的国策，其中不乏可商甚至可称为过失者，只是其中有特殊原委可言。

商鞅变法之根本在抟民于农战，使利出一孔，除农战外，百姓庶民再无上升之路，以此作为逼迫和引导秦民尽力农战的政策诱饵。如《汉书·食货志》曰："及秦孝公用商君，坏井田，开仟佰，急耕战之赏，虽非古道，犹以务本之故，倾邻国而雄诸侯。然王制遂灭，僭差亡度。庶人之富者累巨万，而贫者食糟糠；有国强者兼州域，而弱者丧社稷。至于始皇，遂并天下，内兴功作，外攘夷狄，收泰半之赋，发闾佐之戍。男子力耕不足粮饷，

① （汉）司马迁：《史记·六国年表》，中华书局1982年版，第685页。

② 旧说五霸不一，《风俗通义·皇霸》以齐桓、晋文、秦穆、宋襄、楚庄为五伯，王利器认为此说"则合当正名为五霸"，见其《风俗通义校注》上册，中华书局2011年版，第19页。

③ （汉）司马迁：《史记·秦本纪》，第202页。

④ 同上书，第203页。

⑤ 同上。

妇女纺绩不足衣服。竭天下之资财以奉其政，犹不足以澹其欲也。海内愁怨，遂用溃畔。”[①]商鞅变法下启此后直至始皇时的大计国策，其尚攻战、重功利的酷虐之法，虽违三代以来的制度，却使秦国收兼并大功；但加重了对天下的敲剥压榨，使百姓穷困愁怨，实已埋下日后秦亡的祸根。《汉书·董仲舒传》曰：秦“师申商之法，行韩非之说，憎帝王之道，以贪狼为俗，非有文德以教训于下也……又好用残酷之吏，赋敛亡度，竭民财力，百姓散亡，不得从耕织之业；群盗并起，是以刑者甚重，死者相望，而奸不息，俗化使然也”[②]。亦谓秦严刑重罚，敲剥酷虐，社会经济生产已遭破坏；又不施文德教化，乃至风俗颓败，叛者四起；重使民生绝望，已无生计可施。《韩非子·和氏》曰：“商君教秦孝公以连什伍，设告坐之过，燔诗书而明法令，塞私门之请而遂公家之劳，禁游宦之民而显耕战之士。”[③]刘向《战国策书录》曰：“至秦孝公，捐礼让而贵战争，弃仁义而用诈谲，苟以取强而已矣。”[④]《汉书·刑法志》曰：“陵夷至于战国，韩任申子，秦用商鞅，连相坐之法，造参夷之诛……至于秦始皇，兼吞战国，遂毁先王之法，灭礼谊之官，专任刑罚……奸邪并生，赭衣塞路，囹圄成市，天下愁怨，溃叛之。”[⑤]亦谓商鞅变法不仅刑法酷虐，加强对人民的管控钳制，而且禁绝礼乐仁义，绳禁游学，独显耕战之士，唯遵奉公家勤劳是尚，专以诈力富强是求。如此强调耕战，摧抑学术文化，推行的实乃反智弱民的专制愚民之策，从而片面造成秦国物质上的富强假象，其背后的思想文化及社会风俗根基遭受严重摧抑破坏，给秦国社会发展带来致命打击。试想风俗文化毁坏，岂有社会安宁可言？综之，为加强对秦民的管控，保证其酷烈威严成效，不得不在多方面想方设法。但其中最主要者，乃商鞅把秦在戎狄之中发展起的尚武好战精神与法家急切的功利进取意识结合起来，并张扬到致极，使秦国走上武力强兵、急求统一的锐进迫狭之路。其弊端虽一时尚未大显，但终究为秦埋下衰败崩溃的祸根。

---

① （汉）班固：《汉书·食货志》，第 1127 页。

② （汉）班固：《汉书·董仲舒传》，第 2510—2511 页。

③ （清）王先慎：《韩非子集解》，中华书局 1998 年版，第 97 页。

④ （汉）刘向：《战国策书录》，邓骏捷校补：《七略别录佚文·七略佚文》，上海古籍出版社 2008 年版，第 33 页。

⑤ （汉）班固：《汉书·刑法志》，第 1096 页。

史籍上多有秦与戎狄同俗之说，如《战国策·魏策三》曰："秦与戎狄同俗，有虎狼之心，贪戾好利而无信，不识礼义德行。苟有利焉，不顾亲戚兄弟，若禽兽耳。"[①]《史记·六国年表》曰："今秦杂戎狄之俗，先暴戾，后仁义。"[②]所谓"戎狄之俗"即指秦在西戎沾染的尚武攻伐之习，故又谓之好利无信，不识礼义，乃戎狄之习的反映。与此相关，秦又称为虎狼之国，如《赵策三》曰："且秦虎狼之国也，无礼义之心。"[③]《汉书·贾山传》曰："秦以熊罴之力，虎狼之心，蚕食诸侯，并吞海内，而不笃礼义。"[④]所谓虎狼即戎狄尚武好战之习，故又与不知礼义并言。[⑤]秦为鼓励士兵杀敌，又行斩首立功赐爵之制，故《赵策三》又曰："彼秦者，并礼义而尚首功之国也。"[⑥]似此皆反映了秦崇尚武力攻伐，残忍嗜杀，致以斩首多为荣，好利无义。这一方面加剧各国对秦人的畏惧，同时也对秦俗造成极大败坏。这一切皆源自商鞅之法，因行斩首赐爵制，以致秦民"勇于公战，怯于私斗"[⑦]，使秦民为兼并战争出力的热情大为激发，如秦在兼并战争中杀人之众，古今罕见。有学者对秦自献公、孝公以后与诸国战争杀人之众，进行统计后得出结论曰："从古杀人之多，未有如无道秦者也。"[⑧]秦兼并战争中杀戮如此凶残，固与其染戎狄之俗、沦为虎狼之国有关，其直接原因则与商鞅之法使之成为"尚首功之国"有莫大关系，故有学者论曰："秦制爵二十等，战获首级者，计功受爵，时所尊上也。"[⑨]值得提出的是，虽然秦人好战嗜杀之习与商鞅变法有着直接关系，却与戎狄淳朴野蛮之质性的影响有着更为根本的关系。如由余曾对秦穆公论中国之治与戎夷之治的相互长短。穆公问曰："中国以诗书礼乐法度为政，然尚时乱，今戎夷无此，何以为治，不亦难乎？"由余笑曰："此乃中国所以乱也。夫自上圣黄帝作为礼乐法度，身以先之，仅以小治。及其后世，日以骄淫。阻法度之威，

---

① 参见（汉）刘向：《战国策》（中），上海古籍出版社1978年版，第869页。
② （汉）司马迁：《史记·六国年表》，第685页。
③ （汉）刘向：《战国策》（中），第696页。
④ （汉）班固：《汉书·贾山传》，第2328页。
⑤ 参见（汉）刘向：《战国策》（中），第696页。
⑥ 同上书，第705页。
⑦ （汉）司马迁撰，[日]泷川资言考证，[日]水泽利忠校补：《史记会注考证附校补》下册，第1355页。
⑧ （清）梁玉绳：《史记志疑》（一），中华书局1981年版，第142页。
⑨ （汉）刘向：《战国策》（中），第706页，注[七]。

以责督于下，下罢极则以仁义怨望于上，上下交争怨而相篡弑，至于灭宗，皆以此类也。夫戎夷不然。上含淳德以遇其下，下怀忠信以事其上，一国之政犹一身之治，不知所以治，此真圣人之治也。”[①] 由余以为，中国用诗书礼乐法度为治，恰乃世之祸乱之根源；戎夷则不然，上下之间唯怀淳德忠信之质朴以相事，唯此方为真正的圣人致治。[②] 由余这番话，可用以解释秦人何以会采用戎狄之俗，不行礼乐德化，反对仁义之治，也可以解释商鞅何以会“燔诗书，明法令”，禁绝游学之士，列诗书礼乐、仁义德化为国之蠹害。[③] 这些其实反映出秦国在强烈功利意识主导下，在思想文化上实施专制的愚民政策，乃其错误地理解借鉴戎狄之俗的本质，在政策导向上的错误选择。

如果进一步追溯秦成为尚首功之国的原因，应该与斯基泰文化的影响存在渊源联系。斯基泰人最尊崇勇武杀敌的战士，根据战士杀敌斩首的数目给予奖励并分配战利品，还要设宴予以表彰。没有斩首杀敌之功的战士则会在此种场合遭受百般侮辱，这造就了斯基泰人勇武好战的风俗。[④] 有考古发现表明，斯基泰文化是殷周时代从山西、陕西北部西迁的，那么生活于西戎中的秦人应该接触到斯基泰人，并受到其勇武精神尤其是其崇尚斩首之功的习俗影响，建立起自己的尚首功之制，有学者的研究可与此相互参证。[⑤] 秦人尚首功之制，首先见于《商君书》，其《境内》篇记载了秦军功爵制，主要据杀敌斩首多少赐爵秩田宅，如曰：“能得甲首一者，赏爵

---

① （汉）司马迁：《史记·秦本纪》，第 193 页。

② 参见（汉）司马迁撰，[日] 泷川资言考证，[日] 水泽利忠校补：《史记会注考证附校补》下册，第127页。

③ 《商君书·去强》云：“国有礼有乐，有诗有书，有善有修，有孝有弟，有廉有辩。国有十者，上无使农战，必削至亡；国无十者，上有使战，必兴至王。”《靳令》又有“六虱”的论述，其解可见高亨注译《商君书注释》（中华书局 1974 年版）。

④ 参见 [日] 江上波夫著，张承志译：《骑马民族国家》，光明日报社出版 1988 年版，第 15—16 页。

⑤ 余太山的研究可提供这方面参证。他指出，公元前 7 世纪末出现在伊犁河、楚河流域的塞种诸部可能来自东方，其中塞种四部之前身可能就是先秦典籍所见允姓之戎、大夏、禺知（禺氏）和莎车。公元前623年，秦穆公称霸西戎，拓地千里，或因此引起诸部西迁。允姓之戎、大夏、禺知（禺氏）可分别溯源于少昊氏、陶唐氏、有虞氏。陶唐氏、有虞氏各有一支从晋南经河西迁至伊犁河、楚河流域，各为塞种一部（余太山：《古族新考》，中华书局 2000 年版，第 2 页）。塞种四部，连同大月氏和乌孙，均系欧罗巴种，操印欧语（余太山：《塞种史研究》，商务印书馆 2012 年版，第 14 页）。西方所谓斯基泰人，中国史籍中称曰塞，其人种构成复杂，人可见上古东西民族交通迁徙之迹。借助余太山的研究，可见居西戎中的秦人应该与斯基泰人有过接触，相互交流影响。

一级，益田一顷，益宅九亩。”[①]《荀子·议兵》曰：“功赏相长也，五甲首而隶五家”[②]，《韩非子·定法》曰：“商君之法曰：斩一首者爵一级，欲为官者为五十石之官；斩二首者爵二级，欲为官者为百石之官。官爵之迁与斩首之功相称也。”[③]商鞅所定军功爵制，要视杀敌斩首之数分别赐予相应的爵秩、官位、田宅，故又称秦尚首功。是乃秦鼓励士兵奋力杀敌，从而取得兼并战争与统一事业之胜利完成的主要制度，也培养了秦人残忍嗜杀的野蛮凶狠之风，在各国中首屈一指。对此，若不在统一事业完成后及时改制更化，以教化代替刑罚，对风俗人心和社会秩序的负面影响不堪设想，由此更可理解汉武尊儒改制的社会意义所在。

商鞅倡导的尚攻战、重功利国策，不论后世，在当时已有清醒之士的深切认识，并予以揭示抨击，其著者有鲁仲连义不帝秦之举。鲁仲连在平原君面前声言帝秦必会造成祸难，并大义凛然地表示：“彼则肆然而为帝，过而遂正于下，则连有赴东海而死矣，吾不忍为之民也！”[④]宁死不为秦民，是对酷烈惨苛秦政之决绝态度，此实反映出当世之人对秦政必然祸害天下的恐惧疑虑心理。对秦国治下民生之困苦迫隘，战国记载多有述及，如《荀子·议兵》曰：“秦人其生民也狭厄，其使民也酷烈，劫之以势，隐之以厄，忸之以庆赏，鰌之以刑罚，使天下之民所以要利于上者，非斗无由也；厄而用之，得而后功之，功赏相长也，五甲首而隶五家，是最为众强长久，多地以正，故四世有胜，非幸也，数也。”[⑤]即秦国固然战胜攻取，兼并土地众多，但百姓在其酷烈赏罚的强逼劫迫之下困厄挣扎，苦不堪言。秦虽强横无比，但对天下劫迫压榨已达极限，故危机四伏，如《荀子·强国》又曰：“力术止，义术行，曷谓也？曰：秦之谓也。威强乎汤武，广大乎舜禹，然而忧患不可胜校也，諰諰然常恐天下之一合轧已也，此所谓力术止也。”[⑥]即秦以武力劫夺侵迫天下，列国已被逼迫至极，故秦国形势亦因此危如累卵，随时会陷入列国合谋共图的危殆之中。对此，荀子提出秦应

① 高亨注译：《商君书注释》，第152页。
② （战国）荀况：《荀子》，燕山出版社1995年版，第175页。
③ （战国）韩非著，陈奇猷校注：《韩非子新校注》，上海古籍出版社2000年版，第963页。
④ （汉）刘向：《战国策》（中），第705页。
⑤ （战国）荀况：《荀子》，第175页。
⑥ 同上书，第229页。

悬崖勒马的良策：力术止，义术行。但这对奉行尚武重功利国策的秦显然是不可能的。《韩非子》亦对秦治不足有所论述，其《外储说左上》曰：“夫慕仁义而弱乱者，三晋也；不慕而治强者，秦也。然而未帝者，治未毕也。”[①]此虽出现“帝”的概念，但绝非认为秦在仁义之治上有所未尽，而是认为秦在推行法家惨苛酷烈之治的措施上犹有不足。那么，显然希望秦治应进一步加强其惨苛急迫之侵夺压榨，这必然使本已生活在水火之中的民众雪上加霜。

商鞅变法为秦奠定基本国策，此后直至秦始皇时大体奉行不辍，其为秦国带来的成功有目共睹；它使秦国覆亡的恶果，后来人看得亦很明白。贾谊《过秦论》谓秦之失在“仁义不施而攻守之势异也”，按“仁义不施”谓秦尚功利进取而穷极榨尽天下之力，却绝不以仁义怀柔惠利天下之人。“攻守之势异”与陆贾对汉高祖所谓“马上得天下，不能以马上治之”同义。《过秦论》曰：秦“先诈力而后仁义，以暴虐为天下始。夫并兼者高诈力，安危者贵顺权，此言取与守不同术也。秦离战国而王天下，其道不易，其政不改，是其所以取之守之者（无）异也”[②]。即对秦得天下之后不及时改变政策，仍如兼并战争时尚功利进取，不给天下喘息休养之机提出的批判。可以说，商鞅之法对推进秦统一大业功在不没，但统一后未及时改弦更张，仍继续其急政暴虐的政策措施[③]，如修宫殿、造坟墓、筑长城、修驰道，北伐匈奴，南征百越，使百姓仍如往昔般被超强过度役使，仍被穷极榨取剥夺，秦亦终于亡于此急政暴虐。急政暴虐乃秦法家功利主义的集中体现，其表现为兵役、徭役征发频繁，剥极百姓，榨尽民力，加之严刑酷罚，摇手触禁，动辄得罪，致使天下愤怨，四海沸腾，秦因此崩颓覆亡。秦尚攻战、重功利的政策导向，不仅在当时坏蚀社会风俗，亦对后世留下恶劣影响，必须适时予以纠正。董仲舒指出：“自古以来，未尝有以乱济乱，大败天下之民如秦者也。其遗毒余烈，至今未灭，使习俗薄恶，人民嚚顽，抵冒殊扞，孰烂如此之甚者也。”[④]暗指秦政败坏风俗之毒烈，也就相当于指明

---

① 王先慎：《韩非子集解》，中华书局 2011 年版，第 273 页。

② （汉）司马迁撰，[日]泷川资言考证，[日]水泽利忠校补：《史记会注考证附校补》上册，第 179 页。

③ 田余庆先生曾指出秦统治具有急政暴虐的特点。见翦伯赞主编：《中国史纲要》（一），人民出版社 1979 年版，第 98 页。

④ （汉）班固：《汉书》，第 2504 页。

了汉武尊儒改制所承担的历史任务：改制更化，以教化代替刑罚，改变秦以来熟烂如此之甚的社会风俗。董仲舒提出“正其谊不谋其利，明其道不计其功”[①]，主张加强道义教化，取缔崇尚功利顽习，正乃针对秦之强烈功利意识而发。如何正确理解“攻守之势异而仁义不施”的思想，继续落实“马上得之，不能以马上治之”的治理之策，力争即时摆脱趋利避义的急亟刻削之害，恢复社会生活秩序，代以民生康宁安业，稳定平和发展的正轨常途，实乃汉初以来面对的最大社会思想议题，也是汉武帝尊儒改制应予解决的现实政治课题。

刘向曾对秦政得失有所申论批判，他说：秦“以蚕食六国，兼诸侯，并有天下。杖于诈谋之弊，终于信笃之诚，无道德之教，仁义之化，以缀天下之心。任刑罚以为治，信小术以为道，遂燔烧诗书，坑杀儒士，上小尧舜，下邈三王。二世愈甚，惠不下施，情不上达；君臣相疑，骨肉相疏；化道浅薄，纲纪坏败；民不见义，而悬于不宁。抚天下十四岁，天下大溃，诈伪之弊也。其比王德，岂不远哉！”[②]他肯定了秦统一六国的大业，却对以急政暴虐为代表的倒行逆施予以严厉批判，希望恢复三代以来秉持仁义教化，道德纲纪相维，抚民宁世施惠的王道。刘向所言颇可代表汉人对秦政得失的认识，亦可为论秦政得失者借鉴参考。如前所言，商鞅变法成功所定国策既利用了秦在戎狄发展中所染之尚武攻战精神，又结合了法家强烈的功利进取意识，从而对秦统一大业发挥了极大推动作用，但同时也破坏了社会风俗文化的正常发展。尤其是其超强过度使用民力之举，使社会难以承受，亦使后来者难以为继。故汉初所谓“拨乱反正”，尤其是汉武帝的尊儒改制，皆是意在促使社会发展恢复常途、回到正轨的必然之计。

如果从中国历史必须实现统一的历史要求和历史发展趋势看，商鞅奠定的尚攻战、重功利的国策，亦有必须肯定的积极一面。秦本为立国于西戎的弱小之国，后来能发展为战胜东方具有先发优势的六国，并在兼并战争中完胜，实现统一大业，全赖此策。那么，商鞅变法所定尚攻战、重功利的国策，在当时直至统一战争完成之日，再无可以取代者。在此意义上，秦与商鞅的历史功绩绝不可抹煞。但统一之后，本应在制度措施上改弦更

① （汉）班固：《汉书》，第 2524 页。

② （汉）刘向：《战国策书录》，邓骏捷校补：《七略别录佚文·七略佚文》，第 34 页。

张，却仍继续此过度超强使用民力之举，是秦帝国崩溃的根本原因，也是值得人们深入思考的历史经验。

（作者单位：大连大学中国古代文化研究中心）

革故·创新·强立

——秦汉文化史迹的警示

王学理

一、新与旧的较量——以商鞅变法为例

（一）秦晋对立的军事态势

秦自襄公立国之后，作为崛起于西方的诸侯，沿汧渭东下，选都雍城（今陕西凤翔县南），经过近三百年的时间，完成了政治、经济、文化、礼制等多方面的构架建设。穆公用由余之计，伐戎取胜，“益国十二，开地千里，遂霸西戎”[①]，不仅扩大了秦国的疆域，更重要的意义还在于解除了后顾之忧，有助于图谋向东发展的大业。隐忍而倔强的几代秦人，硬是把生气勃勃的奴隶制文化推上了顶峰。

但进入战国初期之后，奴隶制成了秦国进一步发展的桎梏。朝野黑暗、政治倾覆，权力争斗，无有宁日。庶长权力很大，竟能主宰君主的废立，像怀公四年（前425年），庶长晁和大臣逼死了怀公，另外择立了昭子之子，是为灵公。灵公死后，儿子不能继位，却选立了他的季父悼子，是为简公。惠公死后，太子出子虽立，但庶长改杀了出子及其母，迎立了灵公之子献公。

正因为秦国“数易君，君臣乖乱”，在对外关系上也处于劣势，东邻的魏国乘势而起，夺取了秦的“河西地”。

历史上，秦、晋隔河相望，既友好又对立。彼此是相互扶植的帮手，

① （汉）司马迁：《史记·秦本纪》，线装书局2006年版。下引《史记》文不在一一标出，只列篇目。

又是你死我活的对手。秦穆公的夫人是晋太子申生的姐姐，而后又把自己的女儿嫁给了晋文公，还把宗女嫁给晋太子圉为妻……像这秦晋之好的姻亲关系竟成了历史上“女人外交”的典范！秦平骊姬之乱，立夷吾、送重耳，使晋国恢复了安定；秦穆公十二年（前648年），晋国旱灾，秦运粮救荒，“船漕车转，自雍相望至绛”，是为历史上有名的泛舟之役。但河曲之战（穆公五年，前655年）、韩原之战（秦穆公十五年，前645年）、殽之战（穆公二十二年，前638年）、王官之战（穆公三十六年，前624年）、令狐之役（康公元年，前620年）、两次河曲之战（康公六年，前615年）……秦晋长期的交往中，都留下了兵戎相见的悲歌。进入战国时期，尽管秦厉共公二十四年（前453年）晋国发生了内乱，杀了智伯，分裂成韩、赵、魏三国，但与秦相邻的魏国并没有放松对秦的领土的争夺。

从秦、晋对立到秦、魏争夺，往往是围绕着争夺河西地展开的。当秦国政治腐败、内乱迭起之时，面对强盛起来的紧邻常常是无招架之力的，连雍都的安全都直接受到了威胁。像秦穆公十五年韩原之战后，晋君夷吾“献其河西地”。尽管这时秦国的边界已东扩到黄河西岸，但晋国并没有忘记失地之痛。秦桓公二十六年（前578年），晋厉公借楚为霸主之机，“率诸侯伐秦，秦军败走，追至泾而还”。当晋国强盛起来之后，特别是晋悼公成了“盟主”之时，便打着拥戴周王的旗号，冠冕堂皇，竟能“数会诸侯，率以伐秦，败秦军。秦军走，晋兵追之，遂渡泾，至棫林而还”。（《史记·秦本纪》）如果上次伐秦，晋兵“至泾而还”，说明泾河还是一道外围防线的话，那么秦景公十八年（前559年）晋军竟然能越过泾河“至棫林而还”①，导致雍都岌岌可危，灭国亡种之祸就在眼前！

对秦国的直接威胁，还要算是来自东邻的魏国，真如芒刺在背、骨鲠在喉。秦灵公六年（前419年），魏在河西筑起少梁城（今陕西韩城市南少梁村），秦虽反击，但仍是得而复失。（《史记·六国年表》）从公元前413年（秦简公二年）起，魏国出兵攻秦郑县（今陕西华阴县），魏公子击围繁庞（今陕西韩城市东南）逐虏百姓，吴起率军攻克临晋（原名王城，

---

① 今凤翔县北部山岭，东西走向，西通汧阳、陇县，东延岐山，扶风。因其在县境之北，俗称北山，远古时期称榆次山、俞山（《山海经·西山经》《水经注》）。因为山上多生长棫檀，故叫棫山。榆、俞与棫同音，可以通假。西周时期，凤翔为故地，宣王时成为郑桓公的封地，两国都邑均在今县城东北田家庄镇劝读村西南一带。周穆王时期的戒簋称周或林；《世本》又称棫林。这些名称，表面看来好像不尽相同，其实只是字形结构有所差异，所指实即一地（王学理：《秦物质文化通览》，科学出版社2017年版）。

秦于公元前 461 年灭大荔戎，因“筑高垒以临晋”，故名。在今陕西大荔东）、元里（今陕西澄城县南），并占领了洛阴（今大荔县西）、合阳（今陕西合阳县东南）两城。魏国在洛河以东、南至临晋、华阴以东的占领区设立了河西郡，治临晋。魏文侯以名将吴起任郡守，“以拒秦韩”。（《史记·孙子吴起列传》）

秦国失去了河西地这大片领土以及作为天然屏障的黄河防线，被迫退守洛河一线。秦简公七年（前 408 年），秦在河西岸建设名为“堑洛”的军事防卫工程，并筑重泉城（今陕西蒲城县东南钤铒镇），屯驻重兵，防御魏国。（《史记·秦本纪》《史记·六国年表》）从“堑洛”遗迹知，它是利用洛河右岸的地形，上夯筑城墙下堑削外侧的洛河河岸，相对抬升了城的高度，从而形成一条秦长城。防魏的秦长城，起自华阴县西南，即华山北麓的朝元洞，濒长涧河西岸，直抵城西北 3.5 公里的古城村，向北过渭河，傍洛河右岸西北行，经蒲城钤铒镇北城南，绕过洛河大弯，折而向东北，再直北，过白水、宜君，直达黄陵。显然，这条边城是秦国丧失河西地之后自划的东界，由此可见其国力衰竭到了只有防守的程度。

秦有外患，也有内忧。秦厉公二十六年（前 451 年），秦的左庶长取得依附楚国的蜀南郑地，并筑城（《史记·六国年表》），但只过了十年，（躁公二年，前 441 年）南郑就反叛了。（《史记·秦本纪》《史记·六国年表》）秦厉公十六年（前 461 年）攻伐大荔戎“取其王城”之后，虽然残部逃往河陇，关中再无戎寇；秦厉公三十三年（前 444 年），尽管主动地进攻占据洛水和无定河之间黄土高原上的义渠戎，也俘虏了义渠王（《史记·秦本纪》），但只安定了 15 年，于躁公十三年（前 430 年）义渠戎就反扑过来，一直打到了渭南[①]，引起雍都朝野的震惊。

（二）变法图强的曙光

大凡国难当头，总会有勇立潮头的贤明之君出现。秦献公（前 384—前 362 年在位）作为秦国最早的政治改革家，一上台就颁布了“止从死”的法令，从而废除了自武公以来实行长达 294 年的人殉制度。次年，迁都

① 《史记·秦本纪》曰：“（躁公）十三年，义渠来伐，至渭南。”《六国年表》作“渭阳”，《后汉书·西羌传》作“渭阴”。原来义渠戎在战国初年占据着洛河流域和无定河之间的广大地区，虽然在公元前 444 年遭到秦厉公的打击，戎王被俘，不得不向北退去，同秦修好，但在秦厉公之后，又乘魏强秦弱的军争间隙向南侵袭，所以《汉书·西羌传》中有“泾北有义渠之戎”的记载。也正因为义渠戎的势力已达渭北高原的南缘，而沿洛河向南攻至今渭南是完全可能的。“渭南”即“渭阴”，两处记载一致，可见“渭阳”系传抄致误。

到泾渭中心、交通便利、经济发达、“亦多大贾”且又便于伐魏的军事前沿地带——栎阳（今陕西西安阎良区栎阳镇武屯村一带），还颁布了有利于手工业、商业发展的“初行为市”的法令。市场的设立，允许商品出售，大大盘活了人民的经济生活。颁布“为户籍相伍”法令，按五家为“伍”的军事单位编制户口，使军政合一。他还推广县制，集权于国君。

秦献公的初步改革收到了显著的效果，使国力增强，对魏的军事斗争也有所进展。从公元前366年起，为收复河西地，主动出击，于洛阴（今陕西大荔西南）、合阳初战告捷。（《史记·六国年表》）隔了一年之后，秦军过黄河，在魏地又取得石门（今山西运城西南）大捷，“斩首”六万，使关东诸侯震惊，连徒具“天子”虚名的周显王也给予祝贺，并赐以“伯”的称号。（《史记·秦本纪》）出于秦国军事进攻，魏惠王为摆脱秦、赵、韩三国对都城安邑（今山西夏县西北）的威胁，更为了魏国向中原发展的战略考虑，于公元前364年徙都大梁（今河南开封）。（《竹书纪年》）公元前362年，秦与魏战少梁（今陕西韩城县南），俘虏了魏将公叔痤（《史记·秦本纪》《史记·六国年表》《史记·赵世家》），收回庞城（即繁庞，《史记·魏世家》）。面对正在崛起的秦国，为了守住西线，魏国在洛河东岸筑起了一条防秦的西长城[①]，而且在固阳（今陕西合阳地）建立深沟壁垒的要塞，进行防守[②]。

正当秦国数挫魏师之际，秦献公去世，即位的是年仅21岁的太子渠梁，

① 《史记·秦本纪》谓：孝公元年（前361年）“魏筑长城，自郑滨洛，以北有上郡”。“郑”即今陕西华阴县。“洛”，指洛水。《正义》云：“魏西界与秦相接，南自华州郑县，西北过渭水，滨洛水东岸向北有上郡鄜州之地，皆筑长城以界秦境。”鄜州即今陕西富县。“上郡”则有两说，一是魏国河西地的郡名；一是秦国的上郡，治肤施（今陕西榆林东南鱼河堡），为秦昭王三十五年（前272年）所设立。以筑城时间与当时形势而言，自然以关于魏筑长城的时间，据《竹书纪年》说是魏惠王“十二年（前358年），龙贾帅师筑长城于西边”。而《史记·魏世家》作十九年（前351年）。但因为《秦本纪》是在孝公元年记述当时形势的，已看到魏国新败后筑长城的事实，所以建筑西长城的起始时间应以公元前361年为准。许多学者都把华阴县城西长涧河左岸的“秦长城”当作“魏长城”。有的还把洛河绕过“商原”从长城村到北城南的一段长城当作“秦长城”，并说秦长城“两过洛河”，考古材料证实这一说法是不对的。

② 《史记·魏世家》记载惠王十九年（前351年）“筑长城，塞固阳”。《正义》引《括地志》云：“‘椢阳县，汉旧县也，在银州银城县界’。按魏筑长城自郑滨洛，北达银州，至胜州固阳县为塞。固阳县有连山，东至黄河，西南至夏、会等州。椢音固矣。”在此，固阳有两说，一在今陕西米脂、佳县的唐银州（治所今榆林东南）；一在今内蒙古包头市和托克托县一带黄河南岸的隋唐胜州。其实，魏筑长城时，陕北依然是魏地，无须建立城塞防秦。至于内蒙古的那个固阳，距秦、魏边境太远，更谈不上防秦。可见以上两说均不足凭信。“筑长城，塞固阳”是魏国设防的两个措施，当在河西地上。有学者已辨明“固阳”本是“合阳”之误。因为战国时合阳在今合阳县东南东王乡莘里、莘野两村（《水经·河水注》），这里黄河河道窄而稳定，一直是重要渡口，因此魏在失去少梁之后就力保合阳，深沟壁垒加强设防。

即历史上有名的秦孝公（前 361— 前 338 年在位）。

（三）求贤令与反制派的矛盾

秦孝公当政，正是六国并起，“诸侯力政，争相兼并”之时。楚北有汉中，隔秦岭与秦相接。魏自今华县以北过渭水，滨洛水东岸筑长城，直达上郡鄜县一带。秦国处在关中的中西部这一狭小的地域，四面受敌。为了恢复穆公时代的辉煌，为了实现献公东伐的遗愿，秦孝公下了一道“求贤令”，明确承诺：“宾客群臣有能出奇计强秦者，吾且尊官，与之分土。”（《史记·秦本纪》）

“少好刑名之学”的商鞅（原名卫鞅，或尊称公孙鞅），是位只有 29 岁又才思敏捷的青年人。当他听说秦孝公礼贤下士之后，以为是个实现抱负的好机会，就带着李悝的《法经》从魏国来到秦国。通过景监，见到了秦孝公。前后面谈三次，前两次谈的是类比“三代”的“帝王之道”（即“帝道”“王道”），孝公直打瞌睡。只有最后一次谈“霸道”时，听得席地而坐的孝公来了精神，不自觉地往商鞅跟前靠，竟“语数日不厌”。

针对孝公在变法改制时难下决心的迟疑，商鞅大胆地指出：“疑行无名，疑事无功。且夫有高人之行者，固见非于世；有独知之虑者，必见敖于民。愚者暗于成事，知者见于未萌。民不可与虑始而可与乐成。论至德者不纵于俗，成大功者不谋于众。是以圣人苟可以强国，不法其故；苟可以利民，不循其礼。”（《史记·商君书》）

商鞅见解透彻，高屋建瓴，慷慨陈词，用词尖利。秦孝公为他“强国利民”的思想所折服，下定决心只一个字：“善！”

秦国有个优良的传统，那就是“廷议”制度。凡涉及国家大事，都会由大家商议、讨论和辩论，最后由君主重裁决。那么，为了取得统治集团的支持，秦孝公召开了“御前会议”。根据《史记·商君列传》的记载，双方展开了一场“变法”与否的大辩论，照录于下：

> 甘龙曰：“不然。圣人不易民而教，知者不变法而治。因民而教，不劳而成功；缘法而治者，吏习而民安之。”
>
> 卫鞅曰：“龙之所言，世俗之言也。常人安于故俗，学者溺于所闻。以此两者居官守法可也，非所与论于法之外也。三代不同礼而王，五伯不同法而霸。智者作法，愚者制焉；贤者更礼，不肖者拘焉。”

杜挚曰:“利不百,不变法;功不十,不易器。法古无过,循礼无邪。”

卫鞅曰:“治世不一道,便国不法古。故汤武不循古而王,夏殷不易礼而亡。反古者不可非,而循礼者不足多。”

孝公曰:“善。”

秦孝公接受了卫鞅的主张,并升任卫鞅为左庶长(秦爵第十级,相当于国卿),随之颁布了“变法之令”。经过六年的舆论和组织准备,由国家颁布法令,改革户籍组织,奖励军功,实行“连坐法”,打破了僵化的思想状态和习惯势力,使秦国萎靡不振的社会面貌为之一新。公元前352年,商鞅由左庶长升任大良造(秦爵第十六级,相当于相国)。他率军东渡黄河,围降了魏的别都安邑(今山西夏县北)。次年,攻下魏的西长城要塞固阳,从而缓解了东境的军事压力,转而内向,大刀阔斧地进行第二次改革,以便把变法运动推向纵深发展。

在新都咸阳变法的主要内容包括经济和政治两方面,意义非凡。“开阡陌封疆”,在田间修建南北与东西相交的道路(阡陌),树立田界的标志(封),并连接以矮墙(疆),彻底改变了奴隶主的国家土地所有制,从法律上确立了封建地主阶级的土地私有制;规正了田制,国家依田亩收取租税,按壮丁征收军赋,从而做到“赋税平”;废除了“世卿世禄”制,行“军功爵”制,使民“勇于公战、怯于私斗”,对增强军威、国威,有绝对的积极作用;“集小乡、邑、聚为县,置令、丞”,集权于中央,从而消除了奴隶主贵族的割据势力;“平斗桶权衡丈尺”,由国家颁布标准器,统一度量衡;“令民父子兄弟同室内息者为禁”,革除社会陋习,建立新风尚,按丁男确立家庭单位,有利于耕战政策的推行。

商鞅变法前后达12年,收到了显著效果:“秦民大悦,道不拾遗,山无盗贼,家给人足。民勇于公战,怯于私斗,乡邑大治。”(《史记·商君列传》)。

秦国的军事力量因商鞅变法的胜利而大大加强,诸侯国也不得不刮目看待这个崛起于西土的强国。秦孝公十九年(前343年)“天子致伯”,次年“诸侯毕贺”。秦国还派公子少官带军队参加了逢泽(今河南开封南)的诸侯集会,并朝见了周天子。接着,在秦孝公二十三年(前339年)商鞅率军攻魏,俘虏了魏将公子卬,还迫使魏国交还了一部分西河郡地,魏国不得不把自己的政治重心从安邑移到大梁。

商鞅变法取得了成功，显现出秦孝公与秦献公具有远见卓识和博大的胸怀，能够摆脱守旧势力的包围，锐意改革，积极进取，从而引领秦国走出一条革新之路。诸侯来朝，周王庆贺，外交与会，在诸侯国中显现出秦国崛起的一派勃勃生机。随着军事实力的壮大，国际影响力也不断增强。特别是“耕战政策”的制定，为秦国的富强、走向统一奠定了坚实基础。

二、不朽秩序的建立——秦汉相承的制度

（一）最后完成统一大业之路

汉人贾谊在其《过秦论》中说秦始皇“续六世之余烈，振长策而御宇内，吞二周而亡诸侯，履至尊而制六合”，实际上是他高度概括了自秦孝公以来，经过惠文王、武王、昭襄王、孝文王、庄襄王六代遗留下来的功业，一鼓作气统一了中国。在这时间不算短的130年间里，嬴秦人凭着“韧而奋”的精神，不只是停留在“争霸”的政治层面，而是自觉地顺应“必归统一”的历史潮流，终究建立起泱泱的秦帝国。

嬴政13岁（前246年）即位，这时秦国的版图正如司马迁概括的那样：“已并巴、蜀、汉中，越宛有郢，置南郡矣；北收上郡以东，有河东、太原、上党郡；东至荥阳，灭二周，置三川郡。”（《史记·秦始皇本纪》）如果说这时因为他“年少，初即位”，不得不“委国事大臣”的话，但他身边还有一帮贤臣能将，文如文信侯吕不韦还能“招致宾客游士”，舍人李斯可作为侍从宾宾，武如将军蒙骜、王齮、麃公等，都具有“欲以并天下”的能力。但是，大宦官嫪毐不仅被封为长信侯，还拥有今河南修武西北、太行山东南的“山阳地”，以太原郡为“毐国”，有家僮数千人、客宦四千余人，炙手可热。“事无小大皆决于毐。”（《史记·秦始皇本纪》）当时，朝堂之上有吕不韦和嫪毐两大势力集团，各树山头，争权夺利，“仲父”（吕不韦）和“假父”（嫪毐）勾心斗角，已经不是什么秘密。从执法的大官到御车的小吏，在选择自己的政治靠山时都忧心忡忡，陷于为难

的境地，不知所从地说："与嫪氏乎？与吕氏乎？"[①]表面上表现出来的是吕、嫪两大集团的争斗，实际上反映了秦国在政治上存在着以吕不韦为代表的大臣同嫪毐为代表的太后派之间的斗争。从根本上着眼，这不仅影响到秦国的长治久安，更关系着秦国的前途。

当嬴政22岁（前238年）行过冠礼，借镇压嫪毐叛乱之机，也剥夺了吕不韦的相权。两大势力集团的被铲除，为他亲政施展"帝国梦"扫除了障碍。

嬴政亲政后，通过七年（始皇十年到十六年，前237—前231年）治国、用兵、舆论统一的实践磨练，首次在全国"令男子书年（登记年龄）"，并于骊山陵墓工地的近旁设"丽邑"，做了大规模战争前的准备。从十七年（前230年）消灭韩国起，用了十年时间，陆续并灭了赵、燕、魏、楚、齐，公元前221年统一了中国，从而建立起专制主义中央集权的秦王朝。嬴政也终于完成了从"秦王"到"始皇帝"的华丽转身。

（二）秦始皇留给后世的文化遗产

中国刚统一，国体、政体的确立是当务之急。中国古代社会实行的是家族世袭制，连嬴政也不愿改变，不然为什么自己要做"始皇帝"。目的是要"二世、三世至于万世，传之无穷"。那么，是否要按照殷周之王的办法，继续走立诸侯的分封制老路呢？诸侯并争、"六国回辟，贪戾无厌，虐杀不已"（《之罘刻石》）、生灵涂炭的历史与现实刚过不久，始皇岂能忘记"昔者五帝地方千里，其外侯服、夷服、诸侯或朝或否，天子不能制"的教训？（《史记·秦始皇本纪》李斯语）

时代考验着秦王嬴政的政治智慧与创造性思维。果然，他的行为翻开了划时代的一页，成为留给后世的一笔文化遗产。他创新的改制与措施，应该说是多方面的。

1. 端正称谓，明确规定

"除谥法"，立帝号（"始皇帝"），自称曰"朕"；命为"制"，令为"诏"；规定年始于"十月朔"，"衣服旄旌节旗皆上黑，数以六为纪，符法冠皆六寸，而舆六尺，六尺为步，乘六马"……这些都以秦为水德而"合

① 王守谦：《战国策全译》，贵州人民出版社1992年版，第794页。

五德之数”（《史记·秦始皇本纪》）。

2. 创新改制，措施得力

（1）中央统治机构实行三公九卿制。

在皇帝之下，以丞相为主，“掌丞天子，助理万机”。以右丞相为尊，又设国尉掌管军事，再设助手御史大夫（即副丞相），从而形成中央的“三公”。

在中央三公之下，又分设九个专职部门，即掌宗庙礼仪的奉常、掌宫殿侍卫的郎中令、掌宫门屯卫兵的卫尉、掌御马的太仆、掌刑罚的廷尉、掌皇室宗亲的宗正、掌财粮的治粟内史、掌税收的少府。“九卿”既是九部的名称，也是长官之号。在办事机构里另设令、丞及吏员。三公九卿之外，又各设有独立的机关，如客卿、中尉、将作少府、典属国、太子太傅、太子少傅、詹事、将行、侍中、中常侍，等等。

从政治中枢的职官设立中，我们就可以看出秦始皇自诩“职臣遵分，各知所行，事无嫌疑，黔首改化，远迩同度，临古绝尤”（《东观刻石》）的状况，确实是“秦兼天下，建皇帝之号，立百官之职，不师古”[①]。“不师古”，有实绩，正是创新的最好说明。

（2）在地方行政管理上全面推行郡县制。

关中原是秦国的本土，统一后成了秦王朝的京畿重地，名曰“内史”。内史之地划分为京兆尹、左冯翊、右扶风三个区，各设令丞。

秦统一之初，“分天下以为三十六郡，郡置守、尉、监”（《史记·秦始皇本纪》）。以后随边境开发和郡治的调整，全国郡数达到四十六郡。[②]在岳麓书院抢救的秦简中，还出现了“清河”“州陵”两个郡名。郡内三官分管民事、地方兵事和监察，制同中央的三公。

郡以下的行政建制分三级，依次是县、乡、里。另有亭管治安，相当于派出所。

（3）统一度量衡制与币制。

战国时期，度量衡制与币制相当混乱。各国都自有一套系统，名称各异。秦在统一之后，把商鞅变法时整齐划一的度量衡制推向全国。据《汉书·律

① （唐）杜佑：《通典·职官》，中华书局1988年版，第467页。
② 谭其骧：《秦郡新考》，《浙江学报》第二卷第一期，1948年。

历志》记载，秦的单位及进位标准是：

度制：1 引 =10 丈 =100 尺 =1000 寸 =10000 分

量制：1 斛 =10 斗 =100 升 =1000 合 =2000 龠

衡制：1 石 =4 钧 =120 斤；1 斤 =16 两；1 两 =24 铢

以标准器“商鞅方升”为准，结合“始皇方升”、“高奴铜石权”及更多的秦权量文物测试，可以确知秦的 1 尺等于 23.1 厘米，1 斗等于 2010 毫升，1 斤等于 256.25 克。

战国时期，流通的货币有布、刀、金版及圜钱四种形态，换算相当麻烦。秦始皇统一货币，采用了三等制。“黄金以镒名，为上币；铜钱识曰‘半两’，重如其文，为下币。而珠玉、龟贝、银锡之属为器饰宝藏不为币。然各随时而轻重无常。”（《史记·平准书》）在此虽说币为三等却列上下，实际上还应有一种“布帛”。在这里，秦不但对货币的形制、重量有着明确规定，而且把铸造权统统收归中央。

半两钱为通用货币，形为圆钱方孔，无郭，正面钱文“半两”二字突起，分列孔之两侧，背光平。直径一般在 2.5—3 厘米，重 4—6 克。

计量单位与货币的统一，有利于商品交换中价格的折算，对促进全国物资交流有很大的好处。

（4）统一文字，整饬书体。

中国文字起源很早，约有 6000 年之久。但由于战国时期的社会分裂割据，使文字在发展、演变中有了区域性很强的“文字异形”状态（《说文解字·叙》）。同一个字，各国不同，即使在一国之内也有多种写法。这种纷繁的状况，对社会经济的发展和文化交流产生的消极阻碍作用是非常明显的。

秦国使用的文字是由周的籀文（大篆）演化而来的小篆，好写好认。秦始皇为了做到“书同文字”，就以西土的秦文字为基础，“罢其不与秦合者”，把原来已比大篆有所简化的小篆作为官书，用来书写庄重的石刻铭文，而在官府文书中则大量采用更为简化的隶书。他以法令的形式把官方统一的标准文字推向全国，从而取代了“东土文字”。（《说文解字·叙》）

其实，文字同书法是一体的两种表现形式。书法依附文字而存在，是外在的美，同时也随文字的发展而在变化。要达到“书同文字”的目的，秦始皇还采取了一项积极的措施，就是颁发了统一文字与书法的范本。他令丞相李斯、中车府令赵高、太史令胡毋敬三人对长期以来演变中的大篆字形、结构、笔划走向等加以省改，削繁就简，分别写出《苍颉篇》七章、《爰历篇》六章和《博学篇》七章三个小篆样本——字书，做到字形规矩（大小、位置笔数）、走向匀称（书写次序）、偏旁部首统一（形体、位置、神态和性质），产生结构紧凑、笔划整饬的总体效果。

中国的文字从秦的小篆演变到流行近两千年的楷体，起到了保存、传承中国文化的极大作用，尽管中国幅员辽阔，各地“语言异声”，但都在使用统一的文字。中国多元一体的文化载体，在世界上是独一无二的。

（5）堕坏城郭，决通川防，夷去险阻。

战国时期，各国为了自保，不仅关卡林立，还设深沟壁垒，出于军事目的常常以邻为壑。这对人员往来、商品交换极为不便。

秦始皇拆毁了六国多处的城防要塞和军事城堡，疏通河道、夷平壅塞的军事设施，消除了残余势力借以反抗作乱的隐患。

（6）“车同轨”，广修道路。

秦始皇在统一度量衡、书同文字的同时，也颁布了“车同轨”的法令。规定“舆六尺”，合138.6厘米，这同秦俑坑车舆宽140厘米接近。

“车同轨”，是针对六国地区而言，因为那些地区道路宽窄不一。从秦帝国统御全国而言，道路畅通、车马驰驱、时间迅疾是异常必要的。秦始皇仍以首都咸阳为中心，除对原来内史的外向道路整修之外，第二年（前220年）就大力修筑了通向东方的“天下大道”——驰道。

《汉书·贾邹枚路传》引贾山的一段话：

> （秦）为驰道于天下，东穷燕齐，南极吴楚。江湖之上，濒海之观毕至。道广五十步，三丈而树，厚筑其外，隐以金椎，树以青松。为驰道之丽至于此。[①]

驰道的干线实际是两条，分别通向燕、齐地区和吴、楚地区。这两条多车道高速公路标准化程度很高。

服虔注：“隐，筑也，以铁椎筑之”。既是“厚筑其外，隐以金椎”，

① （汉）班固《汉书·贾邹枚路传》，中华书局1962年版，第2328页。

在当时的历史条件下，必定是黄土、砂石与石灰搅拌，除路基要夯实外，还要在路肩培土施以铁椎，使路面抬升，既坚固平整又便于排除积水。

在路的两侧栽植青松，并非贾山批评奢侈的那种“驰道之丽”，它实际属于保障专用路线畅通的“隔离带”，具有实际意义，而美化作用则是在使用的前提下出现的视觉效果。

“道广五十步”，即路面宽300秦尺（秦“六尺为步”），合今69.3米。

“三丈而树”，据清末王先谦《汉书补注》说：“三丈中央之地，惟皇帝得行，望台树之以为界也。”即路中心宽三丈（6.93米）的一道名曰“中道”，是专供皇帝车马驰驱的“驰道”（蔡邕《独断》）。诸侯、令使即使有皇帝的命制特许进入驰道，也只能沿“中道”两侧行驶，而不能行于“中道”。

中道与旁道固然体现了封建等级制的区别，但在交通上因“高速”和“中速”的分别，才构成多车道的高速公路。这在世界交通史上都具有重要的意义。

另外，秦始皇三十五年（前212年），还修筑了一条通向北边的国防专用高速大道——直道。

《史记·秦始皇本纪》曰：“三十五年，除道，道九原，抵云阳，堑山堙谷，直通之。”《史记·蒙恬列传》曰：“始皇欲游天下，道九原，直抵甘泉。乃使蒙恬通道，自九原抵甘泉，堑山堙谷，千八百里。”汉代司马迁不辞劳苦，实地考察了直道的全程。经勘察，秦直道的起点是今陕西淳化县北之秦林光宫遗址，其南有长300里的驰道直通首都咸阳，向北经旬邑、黄陵、富县、甘泉、志丹、安塞、靖边、横山、榆林，今内蒙古伊金霍洛旗、东胜，到达包头市的九原郡治，计13个县、市，已发现遗迹的道路全长约750公里。其选线主要是沿子午岭主脊东侧北上（今淳化县甘泉山到志丹与安塞县交界处），再沿横山西侧芦河左岸北上，经毛乌素沙漠，过鄂尔多斯东部的平地，抵九原。路面宽30—40米，最宽处达58米。在直道沿线两侧多有烽燧、障城、关隘、兵站。由此可知，秦直道修建工程浩大，堑山堙谷，配套工程还有长城、亭障之类，正如司马迁感叹“轻百姓力”那样，但这对边防遇警，秦政府能立即调兵、辎重相随，在短时间内赶赴北长城沿线退敌，是绝对必要的。

（7）除却陋习，重视教化。

嬴秦固然源自东方，但后来迁居甘陇一带，长期同戎狄接触，难免不受原始落后习俗的影响。作为一个诸侯国，秦国被排斥在诸侯“会盟”之外。这就使秦国国君献公、孝公等辈深感“诸侯卑秦，丑莫大焉”（《史记·秦本纪》）。商鞅变法时，规定“令民父子兄弟同室内息者为禁”，“民有二男以上不分异者，倍其赋”（《史记·商君列传》）。这固然从税赋角度出发，建立起一夫一妻制的新家庭关系，但也反映了秦人的某些陋俗。

秦始皇重视对百姓的教化，在他五次出巡的七次刻石中多有强调。

他严厉批评“古之五帝，知教不同，法度不明，假威鬼神，以欺远方，实不称名”，指出今天百姓之所以能“欢欣奉教”，就是因为“尽知法式”（《史记·秦始皇本纪》）。

为了稳定社会，维持良好的家庭关系，以严厉的手段规定：“防隔内外，禁止淫泆，男女絜诚。夫为寄豭，杀之无罪，男秉义程。妻子逃嫁，子不得母，咸化廉清。”（《史记·秦始皇本纪》）

他还强调：“男乐其畴，女修其业，事各有序。”（《史记·秦始皇本纪》）实际上，在长达数千年的农业社会，中国一直遵循着男耕女织的模式，可见其影响之大！

“尊卑贵贱，不踰次行。”（《琅邪刻石》）“贵贱分明，男女礼顺，慎遵职事。”（《泰山刻石》）等级社会的阶级区分，在这里再次得到重申。

秦始皇为巩固秦帝国的统治，不自觉的创新精神与自觉的作为还有很多，比如保护土地私有制、迁徙移民、商业政策、修筑长城、兴建水利，等等，都具有深远的历史意义。

3. 制度缺憾，留下教训

为了秦帝国“不懈于治，夙兴夜寐”，秦始皇工作得异常刻苦。《史记·秦始皇本纪》中有这样的记载：“天下之事，无大小皆决于上。上至以衡石量书，日夜有呈，不中呈不得休息。”仅批阅全国呈来的奏章，每天就要看 120 斤重的竹简文字，有人计算最少也折合 20 多万字。他不看完则不休息。

焚书的结果，使先秦时期的文化典籍遭到空前的损失。“以吏为师”，实际上是推行愚民政治。

坑杀儒生，是秦廷议制度的倒退。堵塞言论、一人独尊，很自然地出现“上不闻过而日骄，下慑伏谩欺以取容”（《史记·秦始皇本纪》中方士侯生与卢生的对话）的恶劣朝风。

他贪图长生不老，为了求仙药，“费以巨万计”，劳而无功。

长期经受战争之苦的黎民百姓贫穷困苦，赋税多、徭役重，民不聊生。饱守战乱却得不到喘息机会，秦始皇接连兴起大型工程，劳师动众，劳民伤财，把挣扎在死亡线上的人民又推向深渊，从而埋下亡秦的祸根。

（三）汉循秦制，承中有变

汉承秦制是长期以来人们的主流看法，有道理，但也不全对。作为统治的政权形式，尽管仍是专制主义的中央集权制，而汉中央政府上层统治集团的成分较为复杂，既有中小地主和下层人士，也有大量的关东地主。因此，西汉政治统治实际上行的是双轨制。在中央有三公九卿制，在地方仍沿用郡县制。但在这一主体系统之外，又分封了很多诸侯王。汉初有异姓诸侯王七个，其中除长沙王吴芮外，刘邦随之将这些独立王国给消灭了。但他又封了九个刘氏子弟作为“屏藩皇室”的同姓诸侯王。岂不知这些有土、有人民、有军队、有官僚的小王国随经济实力的增长，富可敌国，土地面积扩大，跨州连郡，尾大不掉，竟成了反叛中央的敌对力量。之后发生的吴楚七国之乱，就是刘邦种下的恶果。

西汉初年，奉行黄老之术“无为而治”。经过文帝和景帝的治理，不烦民、不扰民，减免税赋和徭役，发展生产。七十年的休养生息，使西汉王朝出现了兴旺发达、空前繁荣的局面。《汉书·食货志》的描述是：“至武帝之初七十年间，国家亡事，非遇水旱，则民人给家足。都鄙廪庾尽满，而府库余财。京师之钱累百巨万，贯朽而不可校。太仓之粟陈陈相因，充溢露积于外，腐败不可食。众庶街巷有马，仟伯之间成群。乘牸牝者摈而不得会聚。守闾阎者食粱肉；为吏者长子孙；居官者以为姓号。人人自爱而重（难）犯法，先行谊而黜媿辱焉。”①

“仓廪实而知礼节，衣食足而知荣辱。”② 物质生活改善后，武帝把文化建设提上了议事日程。从历史的优秀文化传统看，简括概要有如

① （汉）班固：《汉书·食货志》，第1136页。

② 黎翔凤：《管子校注》，中华书局2004年版，第163页。

下几端。

第一，放弃了适应汉初形势的黄老思想，摒弃软弱无力的无为而治学说，“罢黜百家”，把主张大一统的“新儒学”作为统治思想。这对控制农业劳动力、抑制地方豪强、对外用兵，加强皇权，是绝对必要的。

第二，设置《五经》博士，广泛搜罗人才。

罢黜百家，独置《诗》《书》《易》《礼》《春秋》五经博士，使儒学成了官学，但也揭开了今文经同古文经争论的序幕。

汉武帝统治时期，还通过察举制（地方官考察推荐）、征召制（皇帝召问），使更多的文学之士、有才能名望的人跻身公卿大夫士吏行列。正如班固所写的那样：“儒雅则公孙弘、董仲舒、倪宽，笃行则石建、石庆，质直则汲黯、卜式，推贤则韩安国、郑当时，定令则赵禹、张汤，文章则司马迁、相如，滑稽则东方朔、枚皋，应对则严助、朱买臣，历数则唐都、洛下闳，协律则李延年，运筹则桑弘羊，奉使则张骞、苏武，将率则卫青、霍去病，受遗则霍光、金日磾，其余不可胜纪（记）。是以兴造功业，制度遗文，后世莫及。”[①]

第三，整理典籍，兴建太学，提高人文素质。

刘邦进入秦都咸阳，萧何首先收取丞相府的图籍文书与档案资料，加以妥善保护。汉惠帝四年（前 191 年），解除了“挟书令”，使民间收藏的大批图书回到政府手中。汉武帝“建藏书之策，置写书之官，下及诸子传说，皆充秘府”。见载长安藏书之处，尚有石渠、天禄、兰台（御史中丞的所在）等。显然，汉都长安是全国藏书最多的地方。

公孙弘被任命为学官，他“自京师始，由内及外”设立官学的建议得到了采纳。（《史记·儒林列传》）太学初立时，每年仅招收博士弟子 50 人，以后不断增加。蜀郡太守文翁曾遣送十余名学生来长安求学，学成后回到本地，担任重要官职，使蜀地“大化”（《汉书·循吏传》）。设立太学，教授五经，正式开始了西汉的学校事业，长安也就成了全国的教育中心。

据《汉书·儒林传》记载：“自武帝立五经博士，开弟子员，设科射策，劝以官禄，讫于元始，百有余年，传业者寖盛，枝叶蕃滋，一经说至百余万言，

① （汉）班固：《汉书·公孙弘卜式倪宽传》，第 2634 页。

大师众至千余人。”[①] 太学之设，也为学习成绩优异的贫家子弟打开了入仕之门。像武帝时的御史大夫倪宽、宣帝时历任少府和宰相的萧望之、元帝的丞相匡衡、成帝的丞相翟方进等著名大臣，都是出身寒门，通过太学学习、研究经学而得到重用的。

第四，完善文化设施，开展学术研究活动。

在未央宫内建有国家档案馆石渠阁、国家图书馆天禄阁、功臣纪念馆麒麟阁、诗坛柏梁台。另外，还有金华殿、朱鸟堂几个大型的文化建筑工程，在收藏不同典籍和讲授学问活动方面也都很有名。

司马迁继任太史令，凭借长安石室金匮里的藏书，加之亲历考察，隐忍顽强，写出了我国第一部纪传体的历史名著《史记》。

汉武帝雄才大略，文治武功，又多才多艺。在他的倡导和带动下，汉都长安也为赋的创作与繁荣提供了平台。待诏金马门的文学之士甚多，司马相如、贾谊、枚乘、王褒、扬雄等人都是一代的辞赋大家，其作品规模巨大，结构恢弘，气势磅礴，语汇华丽，往往是鸿篇巨制。在司马相如之后，扬雄等的《甘泉赋》《河东赋》《羽猎赋》《长杨赋》等四篇，也具有较强的针对性。

第五，开辟丝绸之路，方便中外文化交流。

汉武帝对匈奴发动三次大规模的反击战争，夺得河西走廊，终于隔断了匈奴与羌人的联系，为西汉王朝通西域开辟了重要通道。

建元三年（前 138 年），应募的汉中城固人张骞带着胡人堂邑父及 100 多人，从长安出发，经过 13 年，两次被匈奴扣留，冒险到达大宛国（今中亚费尔干纳，位于乌兹别克斯坦、塔吉克斯坦和吉尔吉斯斯坦三国的交界地区）、康居国（今中亚乌兹别克斯坦撒马尔罕），远及已占有康居（迁居今阿姆河南）之地的大月氏（今阿姆河北）。虽然未使汉廷同大月氏结盟的计划实现，但报告了沿途各国的地理、物产、风俗习惯的情况，从而增进了西汉政府对西域的了解，坚定了西汉政府与西域进一步联系的决心。元狩四年（前 119 年），张骞以中郎将的身份，率领 300 人、马 600 匹、牛羊万头和大量的金币财帛前往乌孙（位于今巴尔喀什湖东南，伊塞克湖、

① （汉）班固：《汉书・儒林传》，第 3620—3621 页。

纳林河、伊犁河流域），开始了第二次“通西域”之旅。张骞的副使通过乌孙，分赴于阗、大宛、康居、大月氏、大夏、安息、身毒、打弥等国，足迹遍及中亚和西南亚各地，最远到达地中海沿岸的罗马帝国和北非。从此开始，西汉王朝正式同西域各国有了往来。

丝绸之路上，并不全是以丝绸为主的商贸往来，文化艺术、宗教、科技都是通过这条漫长的道路相互传输的，千百年来，经久不衰。

三、文明与野蛮的对立——强盛御侮

（一）匈奴的破坏力

匈奴是生活在中国北方草原的古老民族。从战国到汉武帝时期，匈奴奴隶制国家达到极盛时期。这个仅有150万人口的少数民族，没有文字，没有文化，极富侵略性，不停地向外扩张，把原居住在甘肃河西走廊的月氏人、乌孙人赶到伊犁河畔及妫水（今阿姆河）北岸。征服了西域楼兰（今新疆罗布泊以南）等二十几国，课以重税。还掠走丁零、西羌、乌桓、鲜卑、楼烦、白羊等族55万人作为奴隶。野蛮地掠夺中原人口、牲畜、财产，使边地人民遭受无穷的损失和牺牲，不能正常地开展生产生活。边境地区的不安定，也使西汉王朝受到严重的威胁。

西汉初年，民困财乏，国家无力抗拒匈奴的侵扰。每年都得向匈奴单于交纳贡品和进献妃子，以和亲的形式换取暂时的安宁。这种屈辱的、不平等的关系，既不能满足匈奴奴隶主贪得无厌的胃口，也对汉政府是极大的负担。

（二）反击匈奴之战

汉武帝为夺取匈奴入侵中原的前沿阵地——河南地（即新秦），于元光六年（前129年），派公孙贺出云中、公孙敖出代郡、李广出雁门、卫青出上谷。只有年轻将领卫青率军直抵龙城，斩虏敌人700名。匈奴反扑，进扰上谷、渔阳（今河北卢龙至山海关一带），次年攻入雁门，杀3000余人。随之，卫青率3万骑兵进击。元朔二年（前127年），卫青兵出云中郡，沿黄河北岸西进，至高阙。又南下击败匈奴白羊王和楼烦王军，终于收复了丢掉80余年的“河南地”，解除了匈奴对汉都长安的威胁，从而扭转了汉、匈对峙的军事形势。

汉王朝终于向匈奴发动了全线出击。元朔五年（前124年），李息、张次公率军出右北平（今内蒙古平泉），牵制匈奴主力。卫青则率10万骑兵，由朔方出高阙山口向北进攻，长驱700里，俘虏裨小王等1.5万人。次年，卫青又率10万铁骑出定襄（今内蒙古呼和浩特），北攻匈奴数百里。年仅18岁的霍去病带800轻骑就深入敌阵，大获全胜，俘虏单于祖父、叔父等重要首领，因功封为“冠军侯”。

为夺取河西走廊，元狩二年（前121年），汉武帝派霍去病出兵陇西，在皋兰山（今兰州黄河西）同匈奴激战，深入焉耆山（今甘肃山丹县境）千余里，杀二王，俘浑邪王子及相国、都尉等大小首领，斩首8900余级。同年夏，武帝派李广、张骞自右北平出塞，进击匈奴左贤王。霍去病和公孙敖率万骑出北地，越居延海，与匈奴在今张掖一带激战。匈奴战死3万之众，单桓王、酋涂王及相国、都尉70余人被俘，降卒2500人。秋，匈奴昆邪王杀休屠王，率数万人降汉。整个河西走廊全部被纳入汉王朝版图，汉廷在此地设武威、酒泉二郡。再过10年，又分武威、酒泉地置张掖、敦煌二郡。在设置四郡的同时，在敦煌之西百余里建阳关和玉门关，筑长城（“外长城”）。于轮台、伊循屯田积谷，在乌垒设立西域都护，对扫清匈奴势力、切断匈奴同西羌（在今青海境内）的联系、控制河西和塔里木盆地绿洲地区、“通西域”、开发边郡都有着积极的作用。

匈奴在元狩三年（前120年）从右北平、定襄入侵，掠走千余人，远遁漠北。次年，汉武帝派大将军卫青、骠骑将军霍去病率10万骑，分别从定襄、代郡长驱进击。卫青追匈奴单于至寘颜山赵信城（今鄂尔浑河以南），斩首1.9万人，烧毁其粮食；霍去病带另一部军队出代2000余里，在狼居胥山瀚海沙漠（今内蒙古西苏尼特旗北）败匈奴左贤王，俘7万余人。

卫青与霍去病以士卒万人、马10万余匹的代价，消灭敌人八九万，使匈奴向北远遁“而幕南无王庭”（《汉书·匈奴传》），隔绝南羌、月氏，斩断匈奴右臂，百年来由匈奴制造的边患基本上得以解除。

汉王朝取得河西走廊后，先后设立了河西四郡，并徙民屯居垦田生产，使这里人口增加、地亩扩大，对保障丝绸之路畅通也起了很大作用。

四、15年与200年的历史警示

秦孝公继承父业，以改革者的勇气冲破阻力，支持商鞅变法。“内务耕稼，外劝战死之赏罚”的耕战政策，使秦国由弱转强，为秦始皇“奋六世之余烈”兼并诸侯统一天下打下坚定的基础。战国时期各国都在变法，唯独秦国后起而又取得成功，说明只要打破僵化守旧的思想、紧跟时代前进的潮流，干符合人民利益的事业，必会胜利。

历史朝代的更替，往往以创新者胜。三代相袭，模式未变。秦始皇统一中国之后，制度创新，“历代都行秦政事”。影响深远，意义非凡。

始皇筑长城，只是把滋扰国家的草原民族隔在墙外。汉武帝则是通过“河西大战”和“漠北大战”保障先进文化地区的长治久安。

秦王朝只有15年就土崩瓦解，而西汉统治竟长达214年！其中各有原因，非一语可道破。但以边患而言，和平并不能用祈愿的方式求得。“以战促和”，便是对历史经验的总结。

（作者单位：陕西省考古研究所）

以统一为宗旨

——“嬴秦特色”四论之一

柳明瑞

提到“千古一帝秦始皇”的最大历史功绩，人们会不约而同地回答：是他完成了统一中国大业，建立起一个以汉族为主体统一的中央集权的强大的封建制国家——秦朝，并奠定中国版图的基本框架。“秦始皇让大一统的思想深入后世人的心底。”[①]

中央集权并非秦始皇所首创。秦朝之前的夏、商、周三代无一不是实行奴隶制“中央集权”，与后起秦朝的最大差别是“小朝廷、大社会”，除靠近国都的所谓王畿实行有效统治外，其他地方或为官方任命的诸侯及附庸国、或为方国及方国联盟，它们独立性很强，往往不服管制，中央的权威管束不到它们。从这个角度看来，三代的统一仅是局部的统一。国祚最长的是周朝，号称前后历经800年，可到最后小朝廷畏缩在洛阳城内，天下诸侯谁还听它号令？而秦朝实行郡县制，中央行政管辖权一直延伸至县，通过县级权力机构再逐级拓展至乡、亭、里。秦朝虽存在了短短的15年，但它的统一是有效且高效的统一，是名副其实的统一。

回顾嬴秦源自东方、迁徙西部崛起的历史过程，我们可以明显地看到它的一大特色：以统一为宗旨，以大一统作为追求的终极目标，一贯反对分裂倾向和分裂势力。

① 韩世泰：《诋毁秦始皇的都是些什么人？》，https：//xw.qq.com/cmsid/20190724A0W0I800？f=newdc。

一、嬴秦走向大一统的艰难历程

嬴秦人源自东方，分几次向西部迁徙。《史记·秦本纪》根据秦人所撰《秦纪》写道，早在殷商时代，“太戊以下，中衍之后，遂世有功，以佐殷国，故嬴姓多显，遂为诸侯”。他们“在西戎，保西垂”。[①]有学者认为，此“西垂”乃“西陲”，泛指西部边陲。而有学者则认为，此“西垂”乃专有名词，即同一篇中秦庄公为周朝“西垂大夫”之“西垂”，也就是秦襄公始为诸侯所建“西垂宫”所在地（今甘肃省陇南市礼县）。这也就是说，嬴秦人早在商代就已越过陇山，定居于甘东南。笔者倾向于后一种观点。这是嬴秦人在商代由事业发展需要而积极推动西进的一次迁徙。

另一次重要的西迁记载在《清华大学藏战国竹简（贰）》之《系年》中。西迁时间在西周初年周公平定三监之乱之时。西迁原因是因忠于殷商王朝的嬴秦先祖蜚廉反抗新兴的周王室政权失败，东逃至嬴姓故国商奄（其故都，一说在曲阜，一说在今山东沂源东安故城。[②]后者近是），继续组织和领导叛乱活动。“飞廉东逃于商盍（蓋）氏。成王伐商盍（蓋），杀飞（廉），西迁商盍（蓋）之民于邾圉，以御奴虞之戎，是秦先人。”[③]这是嬴秦人被迫被动的一次西迁。西迁的落足之地朱圉山，在今甘肃天水甘谷境内。此地距礼县不过百里，两支远道而来的嬴秦人同居于陇山脚下，血脉相连，命运相同，融为一体是十分自然的事情。

一个氏族，一个民族，在危难之际，首要任务是救亡图存。换言之，奋起抗争，以保命保种为第一要务。待到站稳脚跟、逐步发展之后，才可能产生远大的梦想，开始对更大目标的追求。

嬴秦人也不例外。它完成统一大业大体经历了两大历史时期：

（一）第一大历史时期：渐进式扩大领土

1. 非子迈出扭转嬴秦命运的关键一步

《史记·秦本纪》在记述嬴秦人历史时，明确提到伯益后裔在夏代处于没落状态，故而“去夏归商”。殷商时代“嬴姓多显”，但后因周初反周再次被打入另册。非子在家族立嫡过程中被排挤出赵城（今山西洪洞北

① （汉）司马迁：《史记·秦本纪》，中华书局1982年版，第174页。

② 参见徐祥法：《商奄都邑考》，《天水师范学院学报》2019年第1期，第66—71页。

③ 李学勤主编：《清华大学藏战国竹简（贰）》，中西书局2011年版，第141页。

镇东北），西居犬丘（今陕西兴平东南十里南佐村）而因祸得福，侥幸躲过西戎灭族之灾，因“好马及畜，善养息之”，被周孝王“召使主马于汧渭之间”。这是嬴秦人变反周为拥周的战略转变，是顺应时代潮流的明智选择。由此一变，遂成附庸，建邑于秦（今甘肃天水清水一带），“使复续嬴氏祀，号曰秦嬴”[①]。后居西犬丘（今甘肃陇南礼县），时约在公元前880—前857年。这里即商代嬴秦人“在西戎，保西垂”的西垂，距西周初嬴秦人被迫“西迁朱圉”的朱圉山不远。如此一来，就先后有三支嬴秦人汇聚于西戎，结成了血浓于水的同胞联盟。这肯定不是周朝统治者的初衷，他们的目的本是借助嬴秦人抵御西戎人东侵，却无意中培养了一个日后埋葬自己的强大对手。

2. 秦庄公迈出嬴秦人拓疆开土的第一步

非子玄孙为秦庄公。秦庄公为报西戎杀父（秦仲）之仇，响应周宣王号令，兄弟五人带领周室派来的七千人，“伐西戎，破之”。于是，拥有了西戎地及“大骆地犬丘”，由附庸升为“西垂大夫”，“居故西犬丘”，即今礼县“西山”下西汉水一带。[②]这是《秦本纪》的记载，十分简略。相比之下，国家博物馆所藏的不其簋盖铭和滕州市博物馆所藏的不其簋器身铭文，则较详细地记述了秦庄公征伐狎狁（犬戎一支）的一次战斗过程，译为白话，大意是：

大周宣王某年九月戊申这一吉日，（代表周室的大臣）白氏说：大其，西北方狎狁多次大举进犯西部疆域。天王（周宣王）命令我，（征调你族出战，要求）你归来时多多进献追击西方所擒获的战俘。我（代表天王）命令你，驾车追击敌人到洛水，再用我调配的战车以游动方式在高陶一带击溃狎狁，多多斩杀敌人、俘获敌人。（战斗开始后）戎人齐心协力，抱成一团，驾车追逐你部。你部与戎人都陷入了严重的困顿之中。你部（只得）休整。你没有因为我派遣的战车（不良）陷于艰难处境（而泄气）。（经过激战）你部擒获很多，该斩首的斩首，该审讯的审讯。

白氏（又）说：大其，你原本是个普通小人物，（如今）你开始

① （汉）司马迁：《史记·秦本纪》，第177页。

② 同上书，第178页。

从军事行动中得到（天王）的教诲和恩宠。（我代表天王）赏赐你弓箭一张、箭簇一束，奴隶五户，田地五百亩，听凭你使用。大其跪拜，俯首作揖。（赏赐仪式）结束（以后），（大其我）制作纪念祖父公伯、祖母孟姬的青铜簋，用来乞求后人多福，长寿无疆，永纯善终。（希望）子子孙孙永远珍爱这件宝器，（让祖先）永远享用不完盛在里面的祭品。①

从上述铭文中可以看出，大其伐戎之战一波三折，表现了嬴秦人不怕牺牲、一往无前的崇高进取精神。同时，可以看出，嬴秦人得到的土地是拿鲜血与生命换来的。不管怎么说，嬴秦人总算拥有了属于自己支配的立锥之地。

由附庸非子的一个秦邑，到“西垂大夫”秦庄公的两块属地，嬴秦人迈出了扩张的关键一步。

3. 秦襄公迈开跨向关中的关键一步

识时务者为俊杰。《秦本纪》载，秦庄公之子秦襄公“将兵救周，战甚力，有功”，获周平王好感。既而“以兵送周平王”东徙雒邑，以避戎祸，“平王封襄公为诸侯”，襄公于是开始立国，与诸侯通使聘享，还获赐“岐以西之地”。②此时，社会已由春秋（前 1046—前 771 年）进入战国时代（前 770—前 249 年），岐山以西之地尚在戎手，“秦能攻逐戎，即有其地”③。如攻逐不成，仍然与己无缘。与岐相邻的丰同为周室兴起之地，圣脉所系，但西周王室已无力夺回，所以只能借助秦力。秦人偏居西隅，最缺的是土地，特别是缺乏通向关中的立足点。如今有了这个合理合法的机会，秦人岂会失去？襄公十二年（前 766 年），“伐戎而至岐”④。至此，秦人不仅据有秦邑、西垂、犬丘，周宣王所赐五百亩，还拥有了岐山以西属于关中西部的大片区域。尽管如此，嬴秦的国都仍设在偏僻的西垂。

第四步，从秦文公到秦孝公，随着在关中地区地盘扩大，秦国政治中心逐渐东移，秦国成为战国七雄之一。

---

① 柳明瑞：《从“不其簋”看秦出东方》，莱芜嬴秦文化研究院编：《嬴秦文化研究》，2015 年合刊，第 35 页。

② 参见（汉）司马迁：《史记·秦本纪》，第 179 页。

③ 同上。

④ 同上。

《秦本纪》载，秦襄公之子文公即位三年（前763年），“以兵七百人东猎”，实际是到关中属地进行军事巡察。文公十六年（前750年），“以兵伐戎，戎败走”。他将周留下的民众收入其治下，“地至岐”，将岐山以东地方献给周王朝。[①]从这一点看出秦文公是践约守信的。

文公孙宁公于二年（前714年）徙都岐山西之平阳（今陕西宝鸡东南陈仓区太公庙村），说明在这里已站稳脚跟。

之后，秦公室经过一番内斗，宁公子武公“至于华山下”，所居之“平阳封宫”又向东移动，且于武公十年（前688年）“伐邽、冀戎，初县之”，此为秦设县之始。次年，又设置杜、郑两县，均在今陕西长安附近。[②]

到秦缪公十五年（前645年），“秦地东至河”，已逼近晋国河东之地。三十三年（前627年），秦攻占“晋之边邑”滑。又采纳内史廖进言，使用美人计和离间计，消磨戎王斗志，破坏其君臣关系，三十七年（前623年），“伐戎王，益国十二，开地千里，遂霸西戎”，巩固了后方阵地，扩大了疆域。[③]

据《秦本纪》记述，在秦缪公之后，在一段较长的时间里，历经康公、共公、桓公、景公、哀公、惠公等，秦国主要精力用在与东邻晋国相互缠斗上。双方互有损伤，疆域却并未有明显变化。之后，由于秦国内“数易君，君臣乖乱，故晋复强”，晋又夺取了秦河西之地。[④]

尽管如此，秦献公于二年（前383年）仍迁都栎阳（今陕西西安闫良区武屯镇官庄村与古城屯村之间），“且欲东伐，复缪公之故地”。十一年（前374年），周太史儋见秦献公，《史记·周本纪》记下了太史儋说的一段联络感情的话，颇有意思。他说：“始周与秦国合而别，别五百载复合，合十七岁而霸王出焉。”[⑤]所谓“周故与秦国合而别”，是从周孝王封非子为附庸开始算起为“五百岁”（前880—前384年，计506年），他预言再过17年，秦将成为“霸王”。17年后是公元前357年，正值《秦本纪》所记“天子致伯”[⑥]的秦孝公在位期间，“伯”同“霸”，秦可不真成了“霸王”！看来，太史儋是个有名的政治预言家。到献公二十一年（前364年），

① 参见（汉）司马迁：《史记·秦本纪》，第179页。
② 同上书，第182页。
③ 同上书，第189—194页。
④ 同上书，第195—200页。
⑤ 同上书，第159页。
⑥ 同上。

败三晋之师于石门（今山西运城西南），斩首六万，取得对东方各国的第一次大胜，与晋同为姬姓的周天子显王竟然“赐以黼黻之服”[①]，表示祝贺。黼黻之服即饰有精美花边的官服，可见周室已看到了秦国发展的巨大潜力。两年后（前 362 年），秦献公与魏“战于少梁（今陕西韩城南），虏其将公孙痤”[②]。

由于献公打下的基础，孝公元年（前 361 年）秦国即已与河山以东六强国并列，成为战国七雄之一。但《秦本纪》却有记载，因秦国地处偏僻的西方，不与他国结盟，诸侯们仍以落后的夷狄对待它。这给孝公以极大的刺激，他认为，“诸侯卑秦，丑莫大焉”，决心要改变这种状况，于是施恩布惠，赈济孤寡，奖赏功臣，下令招纳战将，吸引贤士，“宾客群臣有能出奇计强秦者，吾且尊官，与之分土”。商鞅闻讯，于次年（前 360 年）入秦。三年（前 359 年），秦孝公接受商鞅主张，实行变法，“内务耕稼，外劝战死之赏罚”。不顾保守势力强烈反对，坚持三年，国力大增。八年（前 354 年）、十年（前 352 年），先后两次与魏国交战，均获胜。十二年（前 350 年），孝公筑新都咸阳，次年徙之。自此，咸阳成为秦国首都。在行政管理上，孝公也实行变革。将小乡聚升为 41 个大县，设县令掌管，并制定实施贡赋之法。国土扩大，其东部边界已越过了洛水。到二十年（前 342 年），“诸侯毕贺”。秦也改变了闭关锁国政策，派出公子少官作为使者，帅师到宋国逢泽（今河南开封南），出席由魏惠王召集宋、卫、邹、鲁等 12 国国君参加的盟会，会后还集体到洛邑朝拜了周天子。这是秦国首次在重大国际活动中亮相。二十二年（前 340 年），商鞅帅军击魏，“虏魏公子卬”。公子卬投降秦国为将。秦惠文君七年（前 330 年），“公子卬与魏战，虏其将龙贾， 斩首八万”[③]。

（二）第二大历史时期：飞跃式并吞六国

经过从秦文公到秦孝公近 430 年的拼搏，秦国从一个僻居西部的夷翟小国，逐步在弱肉强食的列国中生存下来，以渐进方式，逐步扩大领土，政治经济文化中心由西垂经平阳、平阳封宫、栎阳最后到咸阳。从惠文君开始，又经过四代五任国君不断东征，终于以飞跃式方式并吞六国，首次

---

① （宋）司马光：《资治通鉴》，上海古籍出版社 1987 年版，第 8 页。

② （汉）司马迁：《史记·秦本纪》，第 201 页。

③ 同上书，第 207 页。

完成了大一统事业。

如果将之前界定为战略防守阶段，最后秦始皇为战略反攻阶段的话，那么惠文君及其后的秦武王、昭王、孝文王、庄王在位的90年间，可以称为战略相持阶段。这个阶段的特点是秦往往以一国之力，采取分化瓦解策略，抵消多国联军带来的军事压力。

沉稳持重的秦惠文君嬴驷开始了一城一地的争夺。他于公元前337年即位伊始，就应守旧势力要求，杀掉了为秦国变法图强立下汗马功劳的商鞅。不过，商鞅之法早已深入人心。所以，楚、韩、赵等强国出于自身考虑，仍然屈身像对待周天子一般来朝拜惠文君。连堂堂周天子也不得不来祝贺。四年（前334年），“天子致文武胙”，竟然献上祭祀自己祖先周文王、周武王的礼品来表达诚意。之前，秦与魏因河西地几度交手，互有胜负。十年（前328年），张仪相秦，在六国间开展一系列外交活动，暂时缓和了与韩、魏两大邻国的紧张关系。公元前317年以后，“韩、赵、魏、燕、齐帅匈奴攻秦”，秦未被合纵联军吓倒，派出庶长樗里疾迎战于韩地脩鱼(今河南新乡原阳县西南)，掳韩将申差，打败赵公子渴、韩太子奂，斩首8.2万。秦惠文君后元九年（前316年），秦灭蜀，伐取赵国中都（今山西平遥西）、西阳（今山西中阳）。十年（前315年），秦伐取韩国石章，攻伐打败赵将泥，伐取义渠25城。十一年（前314年），樗里疾攻魏国焦地，取胜；打败韩国岸门守军，斩首一万。十二年（前313年），庶长疾攻赵，掳赵将庄。十三年（前312年），庶长章袭楚国丹阳，掳其将屈匄，斩首八万；攻楚汉中，取地600里，置汉中郡。此为秦设郡之始。之前，他国已有郡之设。同年，楚国围攻韩国雍氏，秦派庶长疾助韩而东攻齐，派将军到满助魏攻燕。十四年（前311年），秦伐楚，取召陵（今河南漯河东部)。小国丹、黎来臣服，蜀相壮杀蜀侯来降。在国力国威达到一定程度后，秦惠文君继齐威王、魏襄王、韩宣惠王之后，亦宣布称王，史称秦惠文王。①此为秦称王之始。

敢作敢为的秦武王嬴荡首提大一统理念。武王在位仅有短短的4年时间（前310—前307年），而且“有力好戏”，后因“举鼎绝膑”——折断膝盖骨而亡，所以政治上并无多大的建树。只是在临死的这一年（前

① 参见（汉）司马迁：《史记·秦本纪》，第205—206页。

307 年），“拔（周室）宜阳，斩首六万。涉河，城武遂”，筑城于韩国武遂。但他的抱负却很大，在临死前一年，对右丞相甘茂发出豪言壮语：“寡人欲容车通三川，窥周室，死不恨矣。”[①]东周以河、洛、伊为三川，亦可代指中原。这是秦人首次以心照不宣的方式透露自己的宏伟蓝图。秦武王的伟大梦想对其玄孙嬴政的影响至深至大。

雄才大略的秦昭王嬴则（又名稷）为秦人进入战略反攻打下稳固基础。在通往大一统道路上，秦昭王有几点做法值得一提。

一是消除内乱，巩固大后方。昭王即位次年（前 305 年），政局未稳，“庶长壮与大臣、诸侯、公子为逆，皆诛”。纵容叛逆的惠文王后（楚女）等，“皆不得良死”。君威从此大振。六年（前 301 年），蜀侯王子煇反，令司马错平定之。以后再无人敢反叛。[②]

二是实施远交近攻方略，分化瓦解抗秦力量。秦的崛起引起了战国列强的警觉，它们联合起来对抗秦国。十一年（前 296 年），齐、韩、魏、赵、宋五国及赵之属国中山共同攻秦。秦怎么办？能屈能伸方为大丈夫。割让陕、虢、曲沃等河外地给魏国，将早年所占的赵地武遂归还赵国，以求和解，获得喘息机会。两年后（前 294 年），秦便开始反攻，派将军向寿伐韩，取武始（在今河北邯郸西南 50 里）。左更（秦二十等军功爵位之十二级）白起攻韩国之新城（今河南洛阳宜阳县西）。次年（前 293 年），白起又在伊阙（今河南洛阳龙门镇）攻打韩、魏联军，拔 5 城，斩首 24 万，打开了秦冲出函谷关、挺进中原的道路，是一个历史性的转折点。其后 4 年内，秦又派大良造（秦二十等军功爵位之十六级）白起、左更司马错攻打魏国，取垣（今属山西运城）。攻打楚国，取宛（今河南南阳）。到十八年（前 288 年），秦昭王派魏冉使齐，约齐湣同时称东帝。两个月后，“皆复去”帝号。[③]从表面上看，秦昭王策划的这次政治外交攻势无疑是失败了，远没有达到其预期目的，即通过一起称帝，诱使齐与秦结成统一战线，合力瓜分赵国，正如《史记·田敬仲完世家》所记，从此齐“不修攻战之备，不助五国攻秦”[④]，最终走向投降灭亡也就不可避免了。

---

① （汉）司马迁：《史记·秦本纪》，第 209 页。
② 同上书，第 210 页。
③ 同上书，第 212 页。
④ （汉）司马迁：《史记·田敬仲完世家》，第 1903 页。

三是以消灭列强有生力量为主要目标。秦昭王虽然也注重攻城略地，但更在乎消灭对手的有生力量。战局不利时，他可以割地退让一步。有时，可以地易地。例如，十七年（前290年），“秦以垣为（易）蒲坂（今山西永济）、皮氏（今山西河津阳村乡东南）”。有时，先占后退。十五年（前292年），白起攻魏，取垣，“复予之”。对于消灭敌人的有生力量，昭王却从不手软。十四年（前293年），白起帅师发起的伊阙之战，斩杀韩、魏首级24万。三十二年（前275年），相国穰侯魏冉攻魏，至魏国都城大梁（今河南开封），斩首四万。三十三年（前274年），客卿胡阳攻打魏国卷邑（今河南郑州原武县西北7里）、蔡阳（今河南汝南）、长社（今河南长葛东北），斩首15万。四十三年（前264年），武安君白起攻韩，拔九城，斩首五万。四十七年（前260年），白起大破赵于长平，“四十余万尽杀之”，仅释放小弱者240人回赵。五十一年（前256年），将军摎攻韩，取阳城（今河南方城东）、负黍（今河南登封大金店镇南城子村），斩首四万。攻赵，取二十余城，斩首俘获九万。[①]据不完全统计，昭王任内，共斩首90万，接近战国时期斩首总数的一半。为后之秦王嬴政扫平六国清除了障碍。比如赵国，自从长平之战后便一蹶不振，为秦始皇灭赵埋下了伏笔。

四是实行“赦罪人”政策，巩固新占领土。秦昭王时期秦国疆域迅速扩大。如何守住这些新占领的土地？他采取了一项新的国策，那就是“赦罪人”迁徙政策，也就是将犯罪的人迁至新地，等于进行赦罪处理。据《史记·秦本纪》记载，仅在二十一年（前286年）至二十八年（前279年）八年间，就有五次这样的大型活动。第一次是二十一年，秦大将左更司马错攻击魏国河内（位于今河南北部、河北南部）。魏国为了换回被俘的国人，只得将曾为都城的安邑（今山西夏县）献给秦国，秦将邑内魏人赶走，安邑变为一座空城。秦昭王果断决策：“募徙河东赐爵，赦罪人迁之。”召募人迁徙河东，分给土地，表现好、贡献大者还可赐以爵位，大量有罪的人被赦免迁去。这样就将大量消极因素变成了积极因素，为犯罪人员创造了赎罪的机会，给守住并开发新的国土提供了廉价的人力资源。二十六年（前281年），又“赦罪人迁之穰”。穰，今河南省邓州市，本韩邑。二十七年（前

① 参见（汉）司马迁：《史记·秦本纪》，第210—218页。

280 年），司马错攻楚，“赦罪人迁之” 于南阳（今河南南阳）。白起攻赵，取代光狼城，又使人迁入。二十八年，大良造白起攻楚，取焉（在今湖北襄阳）、邓（今湖北襄阳城），“赦罪人迁之”。在秦国历史上，“赦罪人迁之”于新地，当是昭王首创，而且连年实施，说明极为有效。[①]

五是收九鼎，“周初亡”。随着秦国领土扩张进程的迅速推进，六国惶恐不已，除合纵抗秦之外，有时也不得不屈膝来朝拜。五十三年（前 254 年），“天下来宾”，表示宾服，也就是服从和顺从。其中，“韩王入朝，魏委国听令”。韩王来朝拜，魏国则表示将政权交出，听从秦国号令。到此时，周室作为天下共主早已衰微不堪。秦武王“窥周室”，实际是为摸清虚实，以便消灭之。 五十一年（前 256 年），“西周君”武公与诸侯合纵，帅天下精锐之师出伊阙（今河南洛阳龙门镇）攻击秦国，秦派将军摎迎敌，“西周君”见势不妙，主动跑来投降，“顿首受罪，尽献其邑三十六城，口三万”。次年（前 255 年），“西周”国民向东逃亡，“其器九鼎”入秦。九鼎，传说是大禹所作，是象征国家权威和统一的宝物。《史记正义》曰：“禹贡金九牧，铸鼎于荆山下，各象九州之物，故言九鼎。历殷至周赧王十九年，秦昭王取九鼎，其一飞入泗水，余八入于秦中。”秦握有九鼎，也就象征着有了统一天下的权力。由于“西周君”认罪态度好，秦昭王采取宽大政策，“归其君于周”，但它已无力回天，“周初亡”的大局已定。[②]

秦孝文王嬴柱即位三天即亡，是中国历史上在位最短的君王。其孙秦庄王嬴子楚亦仅立三年而卒。尽管时间短促，他也干了几件有意义的事。“大赎罪人，修先王功臣，施德厚骨肉而布惠于民。”灭“东周君”，使不绝其祀。使蒙骜伐韩，韩献成皋（今河南荥阳汜水镇）、巩（今河南巩县）。秦界东至大梁（今河南开封），初置三川郡。秦武王曾想“容车通三川”，如今变成了现实。又使蒙骜攻赵，定太原，初置太原郡，取 37 城。魏国背约，派大将无疾率燕、赵、韩、楚、魏五国之兵击秦，秦拒其于河外陕、华二州。[③]

从秦孝文王到秦庄王，由于人事更迭，厄运沓至，保持现状已属不易，还取得一定进展，更是难能可贵。这有赖于秦昭王创下的雄厚基业，使六国不敢轻举妄动。

① 参见（汉）司马迁：《史记·秦本纪》，第 212—213 页。
② 参见（汉）司马迁：《史记·秦始皇本纪》，第 218—219 页。
③ 同上书，第 219 页。

秦始皇嬴政以气吞山河之势开启了并吞六国的历史进程。

在此之前，从总体上看，在土地这一点上，面对六国，秦国是得到的多，失去的少，有时一战即拿下几十座城池。《史记·秦始皇本纪》描述其势之盛曰："当是之时，秦地已并巴、蜀、汉中，越宛有郢，置南郡矣；北收上郡以东，有河东、太原、上党郡；东至荥阳，灭二周，置三川郡。"[①]

尽管如此，六国屡有失地却未亡国。待秦王嬴政执掌秦国实权以后，局面便发生了根本变化。

而促使他抓住这个千载难得一遇的机会的是客卿李斯。李斯，楚人。《史记·李斯列传》有载，李斯在当秦相文信侯吕不韦舍人时，有机会向秦王政建言，着重提出：

> 昔者秦穆公之霸，终不东并六国者，何也？诸侯尚众，周德未衰，故五伯迭兴，更尊周室。自秦孝公以来，周室卑微，诸侯相兼，关东为六国，秦之乘胜役诸侯，盖六世矣。今诸侯服秦，譬若郡县。夫以秦之强，大王之贤，由（犹）灶上骚（扫）除，足以灭诸侯，成帝业，为天下一统，此万世之一时也。今怠而不急就，诸侯复强，相聚约从（纵），虽有黄帝之贤，不能并也。[②]

这个"天下一统"的伟大构想，正中野心勃勃的秦王嬴政的下怀。他破格任命李斯为长史，"听其言"，采取软硬两手，一手暗地里派谋士持金玉以游说诸侯。诸侯名士爱财者，花重金去收买，以离间君臣关系，削弱之。不肯收财者，"利剑刺之"[③]，也就是以武力征服，这是最有效的手段。现在，以六国被灭时间先后梳理如下。

第一个被灭的是韩国。

秦王政三年（前 244 年），"蒙骜攻韩，取十三城"[④]。四年（前 243 年），作为人质的秦、赵庶子各自回归本国，预示着两国关系恶化。六年（前 241 年），韩、魏、赵、卫、楚 5 国合纵攻秦，夺取本为赵邑、后为秦有的寿陵（在今河北境内）。秦出兵反击，联军只得罢兵。秦军乘胜前进，顺道攻下卫国，其君逃亡。十年（前 237 年），李斯向秦王嬴政提出"请

① 参见（汉）司马迁：《史记·秦始皇本纪》，第 223 页。

② （汉）司马迁：《史记·李斯列传》，第 2540—2541 页。

③ 同上书，第 2450 页。

④ （汉）司马迁：《史记·蒙恬列传》，第 2565 页。

先取韩以恐他国”的方略，王接受。这是韩国第一个被灭的原因所在。为什么首选韩国？史籍未做解说。据分析，一是在六国中韩国最弱，国土面积最小，国力最弱。“吃柿子先拣软的捏”，古今中外其理一也。弱者好打，容易成功。二是出于地缘政治考虑。秦、韩为近邻，先拿它不必远途劳师，投入成本较低，拿下后又便于管理。三是使国力大增，给他国造成威慑。四是韩国横在今山西南部、河南中西部的南北狭长地带上，拨掉它就可打开东征的门户。怎样灭韩国？夺军先夺帅。韩国最优秀的安邦定国栋梁首推学识渊博、才华横溢的韩非。韩非是韩国贵族，却不被韩王看重。在国家危难之际，于公元前233年（秦王政十四年）才派“韩非使秦，秦用李斯计，留非，非死云阳”。尽管韩非活着也难以阻挡统一车轮滚滚向前，但他的死无疑加快了这一进程。同年，“韩王请为臣”。三年后（秦王政十七年，前230年），秦内史腾攻韩，拿下韩新郑，俘虏韩王安，“尽纳其地”，韩国灭亡。[①]

第二个被灭的是赵国。

赵国也是秦之邻国，而且同出一祖伯益，春秋时互相通婚，有过“秦晋之好”，进入战国两国便成为势不两立的宿敌，双方互相攻伐。在赵亡前135年间，双方（包括赵合纵攻秦）攻伐26次，其中秦攻赵20余次，仅长平一役白起即歼敌40多万人。秦王十八年（前229年），秦兵分三路合击攻赵，大将王翦帅上郡军团，攻下井陉（位于今河北西部边陲）；杨端和帅河内郡兵团，与羌瘣所帅军队配合，合围赵国都城邯郸，赵王迁逃至东阳，次年（前228年）被俘，赵亡。[②]

第三个被灭的是魏国。

魏国同样是秦之邻国，两国攻伐次数最多，约计50次，其中秦伐魏40余次，五次斩首达50万。迫于压力，秦王政十六年（前231年），“魏献地于秦”，以求自保。二十二年（前225年），秦“王贲攻魏，引河沟灌大梁，大梁城坏，其王请降，尽取其地”。魏国亡。[③]

第四个被灭的是楚国。

战国中后期，“秦晋之好”转为“秦楚之欢”。从秦昭王算起，在幕后“垂

① 参见（汉）司马迁：《史记·秦始皇本纪》，第224—232页。

② 同上书，第233页。

③ 同上书，第232—234页。

帘听政”的是楚女宣太后，在前台挑大梁的是宣太后之异母弟魏冉，作为宣太后玄孙、魏冉外甥，秦始皇对楚国亦毫不客气。二十三年（前224年），秦王再次起用将军王翦攻打楚国。王翦使用疲敌战术，坚守陈邑（今河南淮阳）与平舆（今河南驻马店东部），面对楚军挑衅，拒不迎战。僵持一年有余，楚军疲惫，开始向东转移。王翦见时机成熟，立即派出精兵追击，一举击败楚军。王翦和蒙武率军攻入楚都寿春（今安徽寿县），俘获了楚王负刍。楚将项燕补立昌平君为新楚王，试图苟延残喘。王翦、蒙武乘胜追击，昌平君死，项燕自杀，楚国彻底灭亡。[①]

第五个被灭的是燕国。

燕国不与秦国接壤。看到昔日盟国相继被灭，燕国便有唇亡齿寒、兔死狐悲之感。公元前227年（秦王政二十年），燕国太子丹使刺客荆轲刺杀秦王，未得逞。灭韩、赵、燕、楚之后，秦转身对付燕国。二十五年（前222年），秦大兴兵，派王贲率军攻燕辽东，“得燕王喜”，燕亡。[②]

第六个被灭的是齐国。

齐原只设西线防秦，没料到秦将王贲灭燕之后，顺道从燕南挥师南下，齐王田建卒不及防，只得听相国后胜话，乖乖投降，齐亡。时在秦王二十六年（前221年）。[③]

从公元前230年，到公元前221年，只用短短11年，秦始皇就以摧枯拉朽之势完成统一大业，创造了中华民族历史上最辉煌、最伟大的业绩。

秦始皇之所以出人意料地大获成功，大约有以下几个原因。

一是长期分裂，天下共苦，战斗不休，人心思定，人心思和。并吞六国，顺应时代潮流，当然势不可当。

二是秦历代先人不懈奋斗，积小胜为大胜，到了厚积薄发的时刻，当然势如破竹。

三是重赏之下，必有勇夫。秦实行军功爵制，给每个将卒创造了上升的空间，所以奔赴战场会一往无前。

① 参见（汉）司马迁：《史记·秦始皇本纪》，第234页。
② 同上书，第233—234页。
③ 同上书，第235页。

二、秦始皇为巩固大一统成果采取的重要措施

关东六国并入，秦国版图急剧扩大，“东至海暨朝鲜，西至临洮、羌中（今青海、西藏及四川西北部、甘肃西南部），南至北向户，北据河为塞，并阴山至辽东”①。

人口规模也迅速扩大。各地地理、气候、历史背景、人文风俗各异，对秦人的感情也不尽相同，如何管理这个新诞生的王朝的重担，历史地压到了秦始皇肩头。他自命为始皇帝，确立了中央集权的绝对权威，然后实行了八个统一，亦可简称“八同”。

第一曰“域同郡”。

全国统一后，如何管理幅员辽阔的国土被首先提上议事日程。丞相绾等人主张仿效周初分封子弟同姓以藩卫王室旧例，建议分封诸子去各地当诸侯，不然会出现管理空档。这是个原则问题，秦始皇交给群臣讨论。廷尉李斯发表了一通宏论，力陈分封制带来的严重弊端：“周文武所封子弟同姓甚众，然后属疏远，相攻击如仇雠，诸侯更相诛伐，周天子弗能禁止。”不如海内“皆为郡县”，赏赐给诸子和功臣去管理，让他们向国家缴纳赋税。这样做，“天下无异意”，是实现安宁的好办法。秦始皇认同李斯的意见，他说，以往“天下共苦战斗不休”，就是因为“侯王”林立。如今天下初定，若再分封诸侯，岂不是“树兵”威胁自己吗？果真如此，想求全国“宁息，岂不难哉！”秦始皇以政治家的清醒头脑，决定在全国实行郡县制。②

县，初意为悬系之悬，后借为州县之县，表明它是悬系于京师之外的一级行政机构。周制下，县是大于郡的，而秦在统一六国前早已易制，改为郡管县。统一之初，全国分为36郡，后有所增加。每郡设置守、尉、监三职，机构相当精简。唐代思想家、文学家柳宗元在《封建论》一文中指出，秦始皇废除封建制，实行郡县制，是从“私其一己之威”出发，却达到了“公之大者也”。他甚至断言，“公天下之端自秦始”，具体说就是从秦始皇实行郡县制开始。③毛泽东说“百代都行秦政制”④，主要指的也是郡县制。

---

① （汉）司马迁：《史记·秦始皇本纪》，第239页。
② 同上书，第238—239页。
③ 汪贤度编撰：《柳宗元散文选集》，上海古籍出版社1997年版，第23页。
④ 冯锡刚：《郭沫若与毛泽东的五次唱和》，《中华读书报》2002年5月8日。

可见，秦始皇实行郡县制的历史贡献有多么大。

第二曰“车同轨”。

《汉书·贾山传》曰：“东穷燕齐，南极吴楚，江湖之上，滨海之观毕至。”[①] 秦朝修了九条从咸阳通往旧六国的国家标准高速公路——驰道，驰道宽度是有统一尺寸的，宽为50步，约合今69米。法律硬行规定，行驶于驰道上的马车两个车轮之间的距离必须一致。之前，各国马车车距是不同的。车同轨的意义，在于中央政权可以高速调运战略物资和军事力量，及时平息叛乱，协调各地发展。这是一项交通工程，也是一项军事工程。

据《史记·秦始皇本纪》，车同轨不过是秦朝“器械一量”，或曰“一法度石丈尺”的代名词，用现在的话说，就是度量衡标准化的代名词。秦始皇统一全国当年，就以最高权威以铜、铁、陶等不同材质铸造诏版，颁布诏书，宣布将原来各国不统一的度量衡明确地统一起来。[②] 量，为了保证国家的财富收入计算合理有据，秦朝沿用秦孝公时商鞅所定标准，利用旧标准器“商鞅量”，或新造标准器，加刻诏文，颁行天下，凡不合者一律废止。度，以尺丈步里为计量单位，6尺为一步（约合今230厘米），240步为一亩，这一亩制千年而不变。衡，以石、钧、斤、两、铢为计量单位。1石等于4钧，1钧等于30斤，1斤等于16两，1两等于24株。据测算，秦代的1斤大约相当于今天的253克，仅比今市斤多3克。

第三曰“货同币”。

春秋战国时代，各诸侯国都有自己铸造发行的青铜货币。例如，齐国为圜钱和面文文字、字数不同的“齐法化”刀币；燕国为尖首刀币、明刀、襄平方足布；赵国则以布币为主，兼有刀布和圜钱；而楚国则以黄金“郢爰”为称量货币，使用时需要将金版或金饼切割成零星小块，然后通过特定的等臂天平称量使用。如此以来，便出现各国货币形制有别，面文迥异，计量单位不同，造成国与国之间货币流通和兑换的困难。实现大一统之后，这种局面如继续下去，必然影响经济和社会的发展。秦始皇发布法令，废除战国时期流通的刀、布、郢爰和贝币等大小、形制、重量和货值不一的庞杂混乱的六国货币，沿用从秦惠文王二年（前336年） 即铸造的内方外

① （汉）班固：《汉书·贾山传》，中国古籍出版社1986年版，第219页。

② 参见（汉）司马迁：《史记·秦始皇本纪》，第245页。

圆“半两”青铜钱作为法定货币，铸造标准样钱推行全国。

第四“衣同裳”。

中国人通常将“衣食住行”视为生存之四大基本要素，而衣居其首。穿衣是人类与其他高等动物的重要区别。可以说，衣服是人类文明进步的重要标志，它可以明显地区分出人的族属、信仰、身份和地位。而在战国时代，各国的服饰各有不同，无不打着各自风俗特色的印记。秦朝统一以后，秦始皇兼收六国的车旗服御，创立了衣冠服饰制度，什么人穿什么材质、颜色、纹样、佩饰及相应冠履的衣服，都有明确规定。秦始皇迷信阴阳五行之说，认为是秦水灭周火而兴起，而黑色主水，所以秦人崇尚黑色，以黑色为贵，规定只有皇帝及高层贵族着上衣下裳的黑色祭服，三品以上的官吏则着绿袍深衣，“黔首”即庶人只能穿粗布做的白袍短衣，博士、儒生只能穿儒雅的儒服。这个界限是不允许任何人逾越的。

秦朝这套衣冠制度虽然只推行了短短十多年，但它基本上被国祚四百年的汉代继承下来，并随着衣料的发展和引进，做出相应的改进和改善，终于形成了以汉族风格为主的华夏服饰文化体系，对中华民族心理的形成起到了一定的暗示与约束作用。

第五曰“行同伦”。

我们都知道，秦始皇是以法治国闻名于世的，那他是不是就完全忽视了道德教化呢？事实并非如此，至少从公开的7块东巡刻石来看，他还是“专隆教诲”的，重视移风易俗，坚持“匡饬异俗”，对不合时宜的陈风陋习加以匡正，使之合乎礼义。

他要求处理好人事关系：“以明人事，合同父子。”上下级要如同父子。“尊卑贵贱，不踰次行”。下级不能僭越行事。

他十分重视伦理建设。原则是以“圣智仁义”来训导人，教育人要“端直敦忠”，做正直、敦厚、忠诚的老实人。

他对臣子的要求很严，“臣下修饬”，臣子必须自我约束，行为端正，合乎礼义。按照分工，各尽其职，“方伯分职，诸治经易”，方伯分职治理，所理常在平易。只有“职臣遵分，各知所行，事无嫌疑”，才能把事情办好。他要求官员廉洁奉公，“奸邪不容，皆务良贞”。做事要勤勉，“细大尽力，莫敢怠荒”，事无巨细，都不能有一点儿马虎懈怠。

对处理家庭内部关系，他也有具体而明确的要求。不允许寡妇抛弃儿子改嫁，“有子而嫁，倍死不贞”。“禁止淫泆”，男女之间要“洁诚”相待。丈夫如果奸淫别家的女人，别人将其“杀之无罪”。妻子抛弃丈夫逃嫁他人，她的孩子就会失去母亲，那也是不道德、不允许的。他希望“男乐其畴，女修其业”，男耕女织，“事各有序”。[①]

第六曰“刑同律”。

在议帝号时，廷尉李斯等提到秦始皇丰功伟绩时说道：“今陛下兴义兵，诛残贼，平定天下，海内为郡县，法令由一统，自上古以来未尝有，五帝所不及。”他将“法令由一统”与“平定天下”“海内为郡县”相提并论，足见法令统一所占的重要地位。实际上，“海内为郡县”之所以能推行开来并坚持下去，也是得益于法令。没有法律保障，“海内为郡县”是不可想象的。

还有前面论述到的“车同轨”“货同币”“衣同裳”“行同伦”，后面将要论述到的 “道同法”“书同文”等，均是依仗执政权、统一颁行律令的结果。

秦始皇四次东巡过程中，通过七次立刻石、颂秦德，再三重申法令一统。

二十八年（前 219 年），秦始皇封泰山，刻所立石颂秦德，颂辞开头即云：“皇帝临位，作制明法。”“作制”，即推行法制，制定制度，如实行郡县制。“明法”，就是公开告知天下，推行以法治国，让全国上下都知道必须遵法守法，任何人不得违反法度。

秦刻石是一种广而告之、传之永久的告示。通过刻立在泰山之巅的神圣告示，秦始皇向天下、向后人宣示了秦朝以法治国的坚定立场和不可动摇的决心。

同年同次东巡，秦始皇登临琅琊，再次立石刻，颂辞开头仍然突出法：“端平法度，万物之纪。”“端平法度”，强调的是法律的公正性、公平性，与现在我们常说的“一碗水端平”“法律面前人人平等”有异曲同工之妙。“王子犯法，与庶民同罪”，是法家一贯倡导的主要法学观点。秦始皇公开宣示“端平法度”，显示了他以法治国的特色。再看“万物之纪”，纪，

---

① 本部分引文未做标注者，均出自（汉）司马迁：《史记·秦始皇本纪》，第 243—252 页。

本义是指散丝的头绪。《墨子·尚同》云："譬若丝缕之有纪，网罟之有纲。"[①] 由此，引申为纲纪、纲领。《诗·大雅·棫朴》云："纲纪四方"[②]，就是统领四方、规范天下的意思。所谓"万物之纪"，是说只要抓住法，抓住"端平法度"，就是抓住了世间万物的大纲要领。足见法在秦始皇治国理念中的崇高地位。

接下来，在琅琊刻辞中，还有两处提到法，一处是"除疑定法，咸各所辟（避）"。怎么做合法，怎么做犯法，法律定得十分明确，让人懂得如何规避犯罪。另一处是"驩（欢）欣奉教，尽知法式"。让人乐于接受教育，普遍知晓标准规范。

二十九年（前 218 年），秦始皇东巡之罘刻辞中，重申了在"圣法初兴"之际，"建定法度，显箸（著）纲纪"的治国方略。实际上，他就是"普施明法，经纬天下"的。

三十七年（前 210 年），在秦朝建立 11 年之后，秦始皇南下会稽，刻辞中回顾了立法行法的过程："秦圣临国，始定刑名，显陈旧章。初平法式，审别职任，以立恒常。"所谓"始定刑名"，就是确定刑罚名称，确定量刑标准，形成完整的法律体系，这就是秦律。秦称法为律。"旧章"指的是嬴秦历代先人所定的法律条文，特别是商鞅变法的法律成果。"显陈"，就是突出地呈现出来、继承下来，希望"后敬奉法"，达到"常治无极，兴舟不倾"，国祚绵长的目的。[③]

以上说的是立法出于一，立法的最高权力掌握在皇帝手中。这是秦朝法律的最大特点。

第七曰"道同法"。

"道同法"的意思是，大一统秦王朝走的是法家路线。法家思想是统治全社会的正统思想。

社会存在决定社会意识，经济基础决定上层建筑。在经济上和政治上占统治地位的阶级，在思想上、精神上也必然占统治地位。这是马克思主义政治经济学的基本观点。今天，我们不妨用这个基本观点来分析一下秦始皇当年"焚书坑儒"有无合理性。

---

① 吴毓江：《墨子校注》卷二，中华书局 1993 年版，第 111 页。

② 袁愈安译诗，唐莫尧注释：《诗经全译》，贵州人民出版社 1981 年版，第 399 页。

③ 本部分引文未做标注者，均出自（汉）司马迁：《史记·秦始皇本纪》，第 236—262 页。

周朝建立以来，推行周公创立的德治礼教，而各诸侯国则有不同的治国理念，最明显的是齐、鲁两个大国，齐走法家路线，而鲁遵循周礼。进入战国，群雄蜂起。从总体上看，依靠法家治国能富国强兵，秦国是典型。而走广义儒家路线者则停滞不前。据《史记·鲁周公世家》，当年周公即已预见到“鲁后世其北面事齐”[①]的结局。公元前256年（鲁顷公二十四年），在秦灭“东周”的这一年，便为实力不及秦国的楚国所灭。从整体上考察，在百家争鸣的战国时代，叱咤风云的是法家、兵家、墨家和纵横家，而儒家思想并未成为任何一个强国的统治思想。那么，秦始皇统一中国后不用儒家思想作为指导思想，也是顺理成章的事。尽管如此，秦始皇对儒家一开始并非完全排斥。据《史记·封禅书》，二十八年（前219年），秦始皇首次东巡时，登完曲阜南边的邹绎山，然后前往曲阜北边的泰山，途径儒家大本营曲阜，征发博士、儒生70人为随从，他“与鲁诸儒生……议封禅望祭山川之事”。看来，他是真心实意想咨询一下诸儒生对封禅礼仪的意见。因为他是第一位真正封禅泰山的帝王，无先例可循。诸儒生乱扯一通，说什么要用蒲草将车轮子包起来，以免损伤山上的一草一木等等，实际上，秦始皇乘坐的安车（辒凉车）是根本无法爬上陡峭山顶的，此议等于放空炮，言不及义，所以秦始皇认为，“此议各乖异，难施用，由此绌儒生”。绌，同黜，不再任用儒生当封禅参谋。他毅然决定，按照秦在故都雍邑祭祀白帝的礼仪封禅了泰山。受到冷遇的儒生听说秦始皇上泰山遇雨，便幸灾乐祸，加以“讥之”。儒生们的言行肯定伤害了秦始皇至高无上的尊严和超乎常人的自尊心，为他以后“坑儒”奠定了心理基础。[②]

三十四年（前213年），又有70名博士在咸阳宫为秦始皇祝寿，仆射周青臣、齐人淳于越等发表师古害今言论，引起主张薄古师今的丞相李斯不满，他即席发表了继《谏逐客书》之后的又一篇宏论，高屋建瓴地揭示“五帝不相复，三代不相袭”的历史发展规律，“时变异也”，治国思路也应不同。他认为，诸侯“厚招游学”之士，文人“善其所私学”，各逞其能，那是“天下散乱”“莫之能一”的产物。如今，形势发生了根本变化，“天下已定，法令出一”，“别黑白而定一尊”。在大一统的条件下，

① （汉）司马迁：《史记·鲁周公世家》，第1524页。
② 参见（汉）司马迁：《史记·封禅书》，第1366—1367页。

知识分子应该做的是“学习法令辟（避）禁”，避免触犯法律，还要劝导“百姓当家则力农工”，致力于发展农业和工商业。而不识时务的“愚儒”们“不师今而学古”，一旦听说上边发布法令，便“各以其学议之”，妄加评论，而且出去参与街谈巷议，“率群下以造谤”，“惑乱黔首”。这种风气如不禁止，则国家权威必然受损。[①]

李斯以清醒的眼光看到了意识形态领域里的乱相及其危害，出于对国家命运的关心，他郑重地提出统一舆论、统一思想的几条建议，得到秦始皇的首肯。其一，“请史官非《秦纪》皆烧之。”欲灭其国，先灭其史。六国已灭，再灭其史，为的是彻底扑灭复国者的幻想。这一点无疑对秦朝有利，但却给后世历史研究留下无法弥补的损失。其二，“非博士官所职，天下敢有藏《诗》、《书》、百家语书，悉诣守、尉杂烧之。”凡私藏的《诗》《书》及诸子百家的书籍，必须全部上缴，由郡守县尉等官员负责销毁。这就是广受后世诟病的“焚书”。诸子百家也有法家，其书正好为你所用，烧它干什么？看来，焚书范围无疑扩大化了。不过，从这段史料可以看出，官方任用的博士还是允许在其职权范围内收藏这类书的。这一点往往被否定秦始皇焚书坑儒者所忽视，也是不对的。其三，“有敢偶语《诗》《书》者弃市。”“偶语《诗》《书》者”是儒生，竟在闹市被执行死刑，未免太残酷了一点。这属于矫枉过正的极端做法，目的是杀鸡给猴看，起到杀一儆百的威慑作用。其四，“以古非今者族。”“以古非今”是认识问题、思想问题，是言者而非行者，本人罪不当死，他的整个家族，甚至他母亲、他妻子的家族又有何罪？竟受株连而全部被杀，这就是滥杀无辜，必然丧失民心。其五，“吏见知不举者与同罪。”官吏知他人“以古非今”而不举报，也同样处以灭族极刑。这就更进一步扩大化了。其六，“令下三十日不烧，黥为城旦。”这应是指负责焚书的官员，如在一个月内未烧光，那是犯渎职罪，要在其脸上刺上黑字，发配边塞，白天防敌寇，夜间修长城，刑期为4年，够得上严苛。[②]

李斯提出“焚书坑儒”主张，旨在阻止厚古薄今思潮泛滥成灾。因为儒家所视为经典的四书五经之类，都是歌颂尧天舜日、尊古卑今的，意识

① 参见（汉）司马迁：《史记·秦始皇本纪》，第254页。

② 同上书，第255页。

形态味道甚浓，与法家所推崇的“薄古师今”理念格格不入，所以必须以法律形式强制排除它的干挠。

秦始皇为什么愿意接受李斯的建议？因为秦人一向以法家思想治国，秦始皇是法家治国理念的伟大实践家，他用法家的犀利眼光看透了儒家的道德主张不适合治理从大乱转向大治的社会现实。但是用法制去统一人们的思想太过僵硬，造成了一些后遗症。这是秦始皇的时代局限性。我们没有权利去苛求古人有些技术类的“医药卜筮种树之书”不具意识形态色彩，因此可以“不去”，允许保留。[①]

李斯的建议被秦始皇采纳后变成法律条文，立即生效。执行情况怎么样呢？真正被弃市的儒生并未见诸史籍，《史记·秦始皇本纪》中确有“犯者四百六十余人，皆阬（坑）之咸阳”的记载，那是在禁书令生效两年之后。这些人中确有儒生，但占多大比例不清楚，重要的是秦始皇点名道姓横加痛斥的卢生是方术士，准确说是装神弄鬼、骗取秦始皇赏赐“甚厚”的江湖大骗子，罪当至死，杀之不枉。[②]但奇怪的是，这个“卢生”后来也被拉来纳入“儒生”队伍中，作为秦始皇坑儒的重要罪证。

第八曰“书同文”。

其实，“车同轨，书同文，行同伦”，最早出自孔子孙子子思所作《中庸》[③]，不过是儒家追求“天下大同”思想的具体化。但真正从理想变为现实的是秦始皇。所以，人们将“三同”安到秦始皇头上并无不妥。

现在回到正题“书同文”上。关于这个问题，笔者曾在2014年8月中旬在“柳姓又一村”博客上发过三篇系列文章——《秦始皇为什么必须推行“书同文字”》《秦始皇为什么能够推行“书同文字”》《秦始皇为什么喜欢东巡并刻石》，后收入笔者的《紫砚斋百衲本（二）》中[④]，较详细地阐明了笔者的观点，这里不再赘述。

主要补充一点，无论是“域同郡”“刑同律”，还是“车同轨”“货同币”“行同伦”“衣同裳”“道同法”，要想推行于全国，传之于永久，

---

① 参见（汉）司马迁：《史记·秦始皇本纪》，第255页。

② 同上书，第258页。

③ 参见中国书店编：《四书五经》，中国书店1985年版，第14页。

④ 参见柳明瑞：《紫砚斋百衲本（二）》，山东省内部资料性出版物，准印号：莱芜第2005-01号，第277—299页。

都必须借助文字这一交流和记录工具，舍此则不能行远致久。可以说，“书同文”是其他“七同”的物化形式、基础和依托。

秦始皇正是借助“域同郡”“刑同律”“车同轨”“货同币”“行同伦”“衣同裳”“道同法”“书同文”等，有效地巩固了大一统的成果。

秦王朝在短短15年内灭亡，问题不是主要出在这“八同”上。这“八同”作为宝贵的政治文化遗产并未因秦亡而消失，相反，它的影响极其深远。

三、嬴秦以统一为宗旨的意义与启示

嬴秦以统为宗，功莫大焉。

首先，秦朝确立了中国版图的基本框架。

之前，中国经历过夏、商、周三代。尽管《尚书·禹贡》有“禹划九州”之说，但据《史记·殷本纪》所记，大禹治理的所谓“四渎”，不过是“东为江，北为济，西为河，南为淮”。“东为江”之江水，经学者研究认定，即今流经莱芜境内的嬴水。[①]仅从这一点就说明，大禹治水的范围并不像后来宣扬的那么大，那么夏朝的版图也就注定不会太大。商朝有所扩大，周朝更进一步扩大。周朝则名大而实小，封建割据使国土变得支离破碎。试对夏、商、周三代地图与秦朝地图加以比对，就会感到秦朝版图空前之大。元代中国版图横跨欧亚大陆，但并无有效管理。真正实际有效掌控的中国最早最大版图是秦始皇绘就的。这一点谁也无法否认。

其次，秦朝确立了以防御为主的国防政策。

按《史记·秦始皇本纪》，秦始皇当时圈定的疆域是：“六合之内，皇帝之土。西涉流沙，南尽北户，东有东海，北过大夏。”对于如此广阔的疆域只要能守护好就是一大难事。地处北部边疆的强悍游牧民族胡人匈奴时时刻刻在窥觎秦朝。秦始皇决定将燕、赵等国的长城连接起来，后称为“万里长城”。这是中国历史上最为宏伟的防御性国防工程，目的是阻止胡人骑兵长驱直入，南侵中原。其间，派兵“西北斥逐匈奴”，还派将军蒙恬发兵“三十多万北击胡”，保证了北部边境的安宁。[②]

① 参见柳明瑞：《嬴姓溯源》，中国文史出版社2007年版，第55—56页。

② 参见（汉）司马迁：《史记·秦始皇本纪》，第245—252页。

再次，秦始皇迈出了开拓蓝色海洋的第一步。

秦始皇对海洋情有独钟。统一六国后，他先后五次出巡，四次到海边，三次到琅琊。其中，前一次在琅琊台黄海边，他“大乐之，留三月”。为什么这样热爱海洋？过去以为他是到海上寻长生不老药，据《史记·秦始皇本纪》，他确实被方术士欺骗，曾派“徐市发童男女数千人，入海求仙人”。对此我们要做出科学分析。按徐市等人上书所言，“海中有三神仙，名曰蓬莱、方丈、瀛洲，仙人居之”。顾名思义，其中的瀛州是嬴族在大海之中居住的一座神秘岛屿。史学家王献唐正是这样解读的：“瀛州之瀛，本出嬴族，其族亦自山东之西部东徙……所居以族为名，故有营丘。营即嬴也……嬴族散处山东、辽宁两半岛之情形若是，则航海其间而据一岛，以本族旧称名为瀛州，正又意中事也。”① 正因为如此，秦始皇才视瀛洲为祖宗之洲。他是“祖龙”，派人“入海求仙人”，实际即入“瀛洲”寻找自己的先人和族人，当然也是一种向海外宣示主权的实际行动。总而言之，他认为东方大海是他嬴家的大海，是嬴秦王朝的蓝色疆域。大海的广阔无垠给他以震撼和幻想，大海丰富和神奇的物产令他大开眼界。从会稽乘船经海路北上三巡山东时，秦始皇曾梦见与海上恶神战，别人告诉他，所谓海上恶神，实际是“大鲛鱼”，见到它用连弩射杀之，海上便安宁了。于是，秦始皇下令进海捕鱼的人要全力捕捉这种“大鲛鱼”。结果，从琅琊到成山头，并未发现这种兴风作浪的“蛟龙”。到达之罘（今山东烟台芝罘区）海面，终于有“巨鱼”出现，秦始皇亲自操连弩“射杀一鱼”。这是他向海洋宣战的一大胜利，更流露出他征服海洋的雄心壮志。

在此之前相当长的时间内，人们的目光都集中在内陆。炎黄与蚩尤大战，实际是对黄土地的争夺。大禹治水，治理的是内陆之水。导水入海是治水的终极目标。在那时的人们看来，大海不过是容纳洪水的一个巨大蓄水池。秦始皇则不以为然，他将目光投向大海，并以实际行动开启了对海洋的探索与索求。在这一点上，他超越了前人。后来很多有雄才大略的政治家如汉武帝、唐玄宗、宋太祖等，也没能像他那样关心海洋、热爱海洋、探索海洋。揭去蒙在秦始皇头上那层迷信、愚昧的薄纱，透过现象看本质，

① 王献唐：《炎黄氏族文化考》，齐鲁书社 1985 年版，第 554 页。

我们不得不承认，正是他给我们中国人种下了“领海”概念的种子。

嬴秦“以统一为宗旨”的特色，给我们哪些启示和教益呢？

第一点，正义之战也要站在道义制高点上。

秦始皇吞并六国是顺应历史潮流的，因为他看到“六王专倍（背、背叛），贪戾傲猛，率众自强。暴虐恣行，负力而骄，数动甲兵。阴通閒（间）使，以事合从（纵），行为辟方，内饰诈谋，外来侵边，遂起祸殃”。秦国必须站出来，“义威诛之，殄熄暴悖”，才能使“乱贼灭亡”。[①] 这是从总体上把握大局，但具体到攻灭每一个国家，也要师出有名，各有说辞：对韩，“异日韩王纳地效玺，请为蕃臣，已而倍（背）约，与赵、魏合从（纵）背秦，故兴兵诛之，虏其王”；对赵“寡人以为善，庶几息兵革。赵王使其相李牧来约盟，故归其庶子。已而倍（背）盟，反我太原，故兴兵诛之，得其王”；对魏，“魏王始约服入秦，已而与韩、赵谋袭秦，秦兵吏诛，遂破之”；对楚，“荆（楚）王献青阳以西，已而畔（叛）约，击我南郡，故发兵诛，得其王，遂定其荆（楚）地”。对燕，“燕王昏乱，其太子丹乃阴令荆轲为贼，兵吏诛，灭其国”；对齐，“齐王用后胜计，绝秦使，欲为乱，兵吏诛，虏其王，平齐地”。[②] 这就是站在道义制高点上，有理有节地去消灭对手。

第二点，“宜将剩勇追穷寇，不可沽名学霸王”。

这是借用毛泽东《人民解放军占领南京》七律诗中的两句，意在表达应抓住敌疲我盈、敌衰我盛的大好时机，痛追残敌，不能贪图虚名，放纵敌人而铸成千古恨。

秦始皇不愧为一位伟大的军事家，在风卷残云般扫灭六国之时也遇到过“穷寇”。十九年（前 228 年），秦灭赵，得赵王。待秦始皇返都，其母太后崩。趁秦国无暇他顾之机，赵公子嘉率其宗亲数百人逃往代郡（今河北蔚县东南），自立为代王，与东边的燕国联手，屯兵于上谷（今河北张家口怀来县小南辛堡镇大古城村）。这支赵国的残余部队据说只有两万人。但这两万人长于胡服骑射，又经历过沙场洗礼，血性贲张，战斗力不可小觑。秦始皇岂容养痈贻患？命令王贲在灭燕返国途中，坚决、彻底、

① 参见（汉）司马迁：《史记·秦始皇本纪》，第 261 页。
② （汉）司马迁：《史记·秦始皇本纪》，第 230—235 页。

干净地一举将其歼灭。[①]

第三点，实行有区别的移民政策。

秦朝移民基本朝着两个极端的方向发展。一是移外以实内。秦朝建立当年，咸阳虽为全国政治中心，但经济上却赶不上原齐国临淄等富庶城市。《战国策·齐策一》描述临淄之盛况曰："临淄甚富而实，其民无不吹竽鼓瑟、击鼓弹琴、斗鸡走犬、六博蹹鞠者。临淄之途，车毂击，人肩摩，连衽成帷，举袂成幕，挥汗成雨。家敦而富，志高而扬。"[②]秦始皇羡慕之余，想到了一条让咸阳迅速崛起的捷径——"徙天下富家于咸阳十二万户"。按一个富户由主人和下人20口人计算，咸阳城市人口一下剧增240万人，他们从全国带来的巨额财富使咸阳瞬间成为经济"大都会"。最主要的是，这些富家原来散处全国各地，是既得利益的受损者，他们可以利用财富收买人心，是一种不安定因素。如今一下被集中充实到咸阳，在王朝的眼皮底下生活，一举一动尽在掌控之中，谁还敢犯上作乱？这对于国家统一绝对是件好事。

另一个方向则恰恰相反：移内以实外。在统一进程中和统一完成后，秦王朝多次组织由内地到边疆的移民活动，这些人不是富豪，多为普通老百姓。二十八年（前219年），为开发秦始皇喜爱的海边胜地琅琊，他下令"徙黔首三万户琅邪台下"，免除12年的赋税徭役，以吸引和安抚他们。三十五年（前212年），连续迁移"三万家（于）丽邑，五万家（于）云阳（今重庆云阳）"，均免除税役10年。另一部分是犯有罪但不致死的人。例如，有的罪犯典押给富人当奴隶，主家又给其娶了妻子的人，以及商贩，将他们组织起来去夺取陆梁地区，设置桂林、象、南海等郡，把受贬谪的人派去防守。三十四年（前213年），贬谪那些执法不正的法官去修筑长城及戍守南越地区。最大规模的一次发生在三十五年（前212年），将遭受宫刑的"七十余万人"，强制集中到咸阳，分别修建阿房宫和丽山始皇陵。[③]

这样做，既可改造犯人，加强防备，又可节省大笔人工费用。这个"赦罪人"的妙招是秦始皇从其曾祖昭王那里学来的。

实事求是地说，秦始皇在巩固国家统一、维护领土完整问题上，留给

① 参见（汉）司马迁：《史记·秦始皇本纪》，第233—234页。
② （汉）刘向编：《战国策》，新疆人民出版社1996年版，第61页。
③ 参见（汉）司马迁：《史记·秦始皇本纪》，第242—256页。

我们的教训更多也更深刻。

一是任何时候不能刀枪入库、马放南山。

扫灭六国后，秦始皇认为天下太平，便采取了息兵政策。统一当年，秦始皇便下令“收天下兵，聚之咸阳，销以为钟鐻，金人十二，各重千石，置廷宫中”。之所以铸偌大之铜人，是传说在临洮发现罕见的12个巨人，他们皆着夷狄服装，秦始皇以为是不祥之兆，便铸12个铜人以“象之”，实际上是以镇压之。[①]

当时的采矿业、冶金业远不像后来那样发达，铜、铁之类金属是稀有且珍贵的重要战略物资。收缴并销毁兵器，是釜底抽薪，无疑会大大削弱原六国贵族复辟势力的军事力量，是好事，但铸为毫无实际意义的铜人则是对金属资源的极大浪费。如果改铸为农具，那会极大地促进生产力的发展。可惜当时没有这样做。

在尽收天下兵器的同时，秦始皇又通过东巡刻石，反复申明，“黔首安宁，不用兵革”，“甾（灾）害绝息，永偃戎兵”[②]，已经到了可以刀枪入库、马入南山的时候。

当主要兵力转向修长城、修阿房宫、修始皇陵等大型土木工程时，一场重大的政治、军事危机正在酝酿中。秦二世二年（前209年），陈胜、吴广揭竿而起，用的武器不过是锄头、木棍，却打得秦军溃不成军，一个很重要的原因是秦军早已丧失了当年的斗志，也懈怠了日常的军事训练。

养兵千日，用兵一时。要想立于不败之地，平时绝不能高枕无忧。居安思危，时刻保持警惕，时刻准备打仗，方能掌握战争的主动权，而不致于陷于被动挨打的窘境。

二是在歌舞升平的盛世要冷静地看到潜在的矛盾和危机。

秦始皇完成统一大业后，确实创造了“五帝所不及”的丰功伟业。这时候，吹鼓手们开始八仙过海，各显其能，以无所不用其极的花言巧语来奉承他、美化他、歌颂他。丞相李斯是头脑最冷静的心腹、高官。由他起草书写的7篇东巡刻辞，篇篇都充斥着过誉溢美之词，什么“忧恤黔首，朝夕不懈”，秦始皇真的这么勤政爱民吗？什么“举错（措）必当，莫不

① 参见（汉）司马迁：《史记·秦始皇本纪》，第239页。
② 同上书，第245—250页。

如画”，秦始皇真的这么料事如神吗？什么“六亲相保，终无寇贼”。果如此，为什么秦始皇东巡到博浪沙中还会“为盗所惊”，甚至在他的禁苑兰池也“夜出逢盗”呢？说什么“兼听万事，远近毕清”。果如此，为什么连自己的长子扶苏都误解呢？总之一句话，说秦始皇是“暴君”不对，但说他是无所不知、无所不能的“圣君”，也言过其实。秦始皇听这种阿谀奉承的话听多了，听惯了，也就飘飘然、昏昏然起来，到后期，他堵塞言路，独断专行，大搞一言堂，听不进半点不同意见，行踪诡秘，疑神疑鬼，甚至“畏死”，讳言死。关心自己，关心自己身后哀荣，超过了对国事、对王朝命运的关注。他当始皇帝，本想“后世以计数，二世三世至于万世，传之无穷”，绝对没有想到，仅到二世便戛然而止。①

三是要维护国家统一，必须培养可靠的接班人。

要维护一个家庭长期完整，必须有一个好家长，而且好家长还要有一个好接班人。按照传统这个接班人一般是嫡长子。而在王朝王室内，接班人的选任则不仅是家族之事，而且是涉及王朝生死存亡的国家大事。正是在这个重要问题上，叱咤风云的秦始皇却认为自己能够长生不老，可以长期执掌权柄，因而疏于对自己接班人的遴选与培养。在他的众多儿子中，嫡长子扶苏道德高尚，思想深邃，有政治远见，且刚毅勇武，信人而奋士，应是秦王朝最理想的接班人人选。但秦始皇却并不太赏识他。他只因在焚书坑儒问题上发表了自己的独立见解即得罪了父亲，他说：“天下初定，远方黔首未集，诸生皆诵法孔子，今上皆重法绳之，臣恐天下不安。唯上察之。”结果，“始皇怒，使扶苏北监蒙恬于上郡（今陕西榆林市东南 75 里鱼河堡附近）”② 。实际上， 秦始皇是将大有作为的扶苏调离秦朝政治、经济、军事中心咸阳，而让平庸无为的庶子胡亥随时陪侍左右。赵高、李斯正是利用这一点，才在秦始皇最后一次东巡返程中病死沙丘之后敢于矫改诏书，立胡亥为太子，更伪造诏书，假传圣旨，历数公子扶苏、蒙恬所谓罪状，然后将二人“赐死”。③ 三年后秦朝灭亡，华夏大地一度出现了群雄并起的割据分裂局面。④

---

① 参见（汉）司马迁：《史记·秦始皇本纪》，第 236—275 页。

② 同上书，第 258 页。

③ 同上书，第 264 页。

④ 同上书，第 269—275 页。

四是最重要、最关键的是要及时将战时政策调整为平时政策。政策和策略是一个政党的生命， 自然也是一个国家的生命。商鞅变法以来，秦国一直实行鼓励耕战政策，特别在消灭六国过程中，连年征战不休，消耗巨大国力民力支持战时需要，以求达成统一华夏之目的，这无疑是正确的，无可厚非。

统一之战结束后秦始皇应该及时调整战略方向，给疲惫不堪的全体国民发展生产、休养生息的机会。这样做会大大缓和社会矛盾，安定人心，增加社会财富，获得广大百姓支持和拥护，江山也就会稳固，国祚自然绵延有望。然而，遗憾的是，秦始皇却似乎完全没有意识到这一点，他的谋臣也没有任何人提醒他注意这一点，反而帮助他推行了一系列不合时宜的政策措施。例如，不惜倾全国之力，在咸阳修建阿房宫和骊山陵；在各地广建行宫，“关中计宫三百，关外四百余”；“令咸阳之旁二百里内宫观二百七十复道甬道相连，帷帐钟鼓美人充之”……这些完全仅为最高统治者服务的基本建设，毫无疑问加重了民众的经济负担和精神负担。秦始皇还多次大张旗鼓地外出巡察，“求仙人不死之药”，“徐市等费以巨万计”，大量消耗的也是民脂民膏。[①] 另外，据《史记·陈涉世家》，一些适用战时的苛刻政策，如逼得陈胜、吴广起义的“适戍失期当斩”的法条，都机械地保留下来。[②] 这就导致官逼民反，无异于自掘坟墓。

“成也萧何，败也萧何。”统一大业由秦始皇缔造，实际上真正葬送大一统的也是秦始皇。历史就是如此云谲波诡，然而又合乎常理。

读史可以明鉴，知古可以鉴今。总结秦始皇在完成统一大业中的得与失、经验与教训，对今天的中国很有借鉴意义。

文中难免有错讹之处，敬请大家批评指正。

（作者单位：济南市嬴秦文化研究院）

① 参见（汉）司马迁：《史记·秦始皇本纪》，第 256—258 页。
② 参见（汉）司马迁：《史记·陈涉世家》，第 1950 页。

东夷文化与嬴秦西迁

李健民

一、东夷文化的历史考察

东夷是中国远古时代一支重要族群，分布于黄河下游的山东及邻近的河南、江苏、安徽局部地区。其首领有少皞（少昊）、蚩尤及以后的伯翳（伯益）等。《周书・尝麦》曰：“命蚩尤于宇少昊，以临四方。”[①]宇的本意为屋檐，屋檐下可以居住，所以引申为居住的意思。“于宇少昊”就是说居住在少昊的地方。少皞陵在鲁，即今山东曲阜境内。

《史记・秦本纪》曰：“秦之先，帝颛顼之苗裔孙曰女脩。女脩织，玄鸟陨卵，女脩吞之，生子大业。大业取少典子，曰女华。女华生大费，与禹平水土。已成，帝锡玄圭。禹受曰；‘非予能成，亦大费为辅。’帝舜曰：‘咨而费，赞禹功，其赐而皁游。尔后嗣将大出。’乃妻之姚姓玉女。大费拜受，佐舜调驯鸟兽，鸟兽多驯服，是为伯翳。舜赐嬴姓。”[②]

大费一名伯翳。学界普遍认为少昊为嬴姓始祖，伯翳为嬴氏先祖。嬴地在嬴水流域，今山东省济南市莱芜区西北羊里街道城子县村之嬴城故址。后来，东夷西迁，建秦。据此，东夷亦称嬴秦。

---

① 黄怀信：《逸周书汇校集释》，上海古籍出版社 2007 年版，第 781 页。
② （汉）司马迁：《史记・秦本纪》，中华书局 1959 年版，第 173 页。

二、东夷文化的考古学分析

经过长期的考古发掘，有关东夷文化的遗迹、遗物，以及由此认知的精神文化内涵，已得到相应的科学认证，在很大程度上复原了东夷文化的真实面貌。东夷文化相应的考古学文化是大汶口文化和山东龙山文化。大汶口文化约当东夷的少昊时期，山东龙山文化则约当东夷的伯益时期。本文拟对此做考古学分析。

大汶口文化以山东泰安县大汶口镇与宁阳县堡头村交界的一处典型遗址命名。大汶口文化主要分布在以泰山、沂山为中心的广大地区，鲁中南

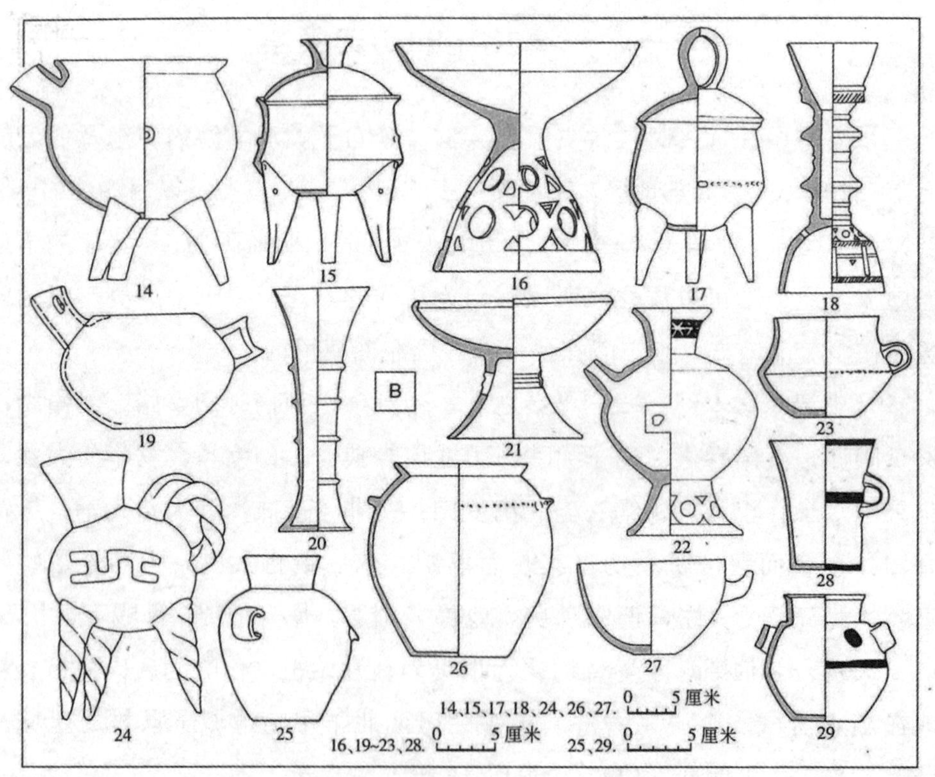

B. 中期 14. 盉(野店M47:54) 15. 鼎(大汶口M117:53) 16. 镂孔豆(大口M34:1) 17. 盂形鼎(野店M22:34) 18. 觚形杯(野店M15:1) 19. 盉(大汶口M26:4) 20. 觚形杯(野店M62:20) 21. 豆(大口M9:2) 22. 盉(野店M50:10) 23. 罐(大汶口M121:12) 24. 鬶(野店M47:6) 25. 背壶(大口 M98:13) 26. 罐(大汶口M98:25) 27. 带把钵(野店M16:3) 28. 朱绘单耳杯(大汶口M98:12) 29. 朱绘 壶(大汶口M9:38)

图 1 大汶口文化陶器（中期）

为其分布的主要区域。大汶口文化年代距今约6200—4600年，此时正当中国古代文明社会起源时期。至今大汶口文化遗址已发现数百处，经正式科学发掘的有60余处。大汶口文化晚期，其文化涵盖的地域几乎包括山东全境，并兼及河南、江苏、安徽等地与山东邻近的部分地区，无论从时间阶段还是分布地域，与东夷集团少昊时期的文化内涵大体相合。山东龙山文化以山东省济南市章丘区龙山街道城子崖遗址的发掘而命名，山东龙山文化的年代距今约4600—4000年，正处于司马迁《史记》所述五帝时期，亦即东夷集团的伯益时期，为中国古代文明社会初成之时。山东龙山文化

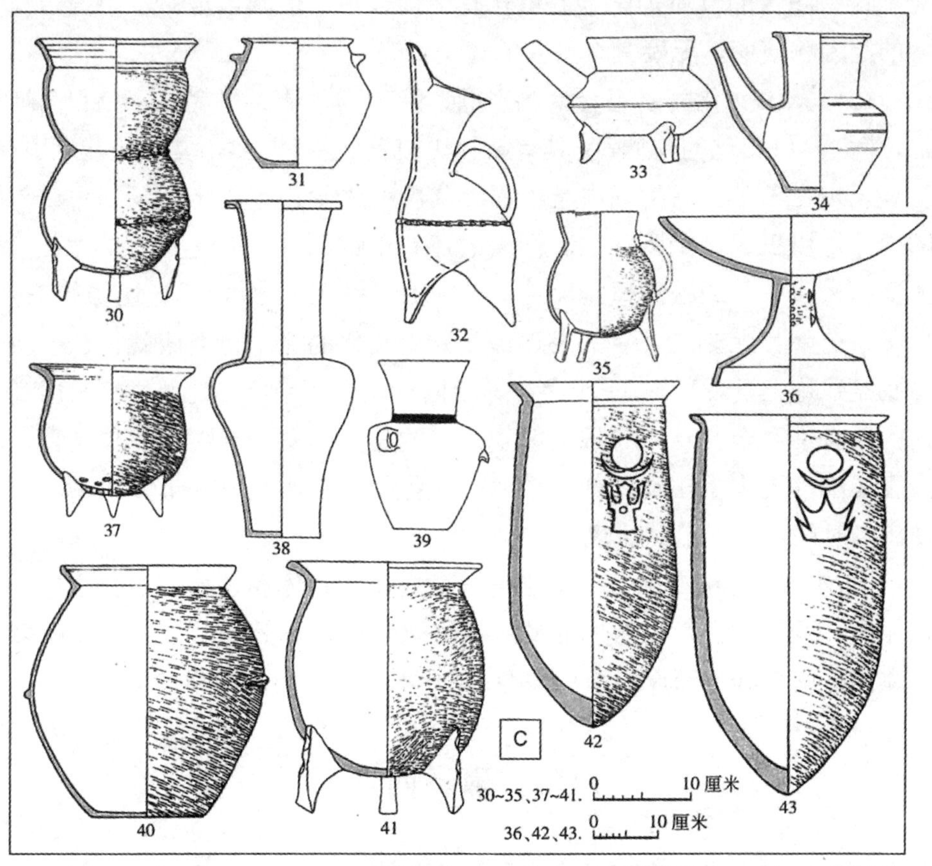

C. 晚期　30. 甗（尉迟寺M203:1）　31. 罐（大汶口M4:13）　32. 鬶（尉迟寺M126:10）　33. 盉（大汶口 M47:付20）　34. 盉（尉迟寺F9:12）　35. 盉（尉迟寺M162:1）　36. 豆（陵阳河79M17:16）　37. 鼎形甑（尉迟寺F46:13）　38. 长颈壶（尉迟寺F30:2）　39. 朱绘背壶（大汶口M117:60）　40. 罐（尉迟寺M189:1）　41. 罐形鼎（尉迟寺M45:1）　42. 大口尊（尉迟寺M177:1）　43. 大口尊（尉迟寺M96:2）

图2　大汶口文化陶器（晚期）

在时间阶段、分布地域以及文化源流方面，皆为大汶口文化的承传和发展。

大汶口文化陶器以鼎、鬶、觚形杯的组合特点最为鲜明。鼎是炊器，主要有釜形鼎、盆形鼎和钵形鼎；鬶是水器，其存在时间贯穿大汶口文化全过程；觚形杯是大汶口文化的一种标志性器物，不仅是水器，而且也是酒器。大汶口文化的一个重要文化现象，是出现了许多刻画在陶器上的图像文字，一般刻画在大口尊的口沿下部。这批图像文字多为单字，目前共发现 20 多个。不重复的有八九种，主要是日、火、月、山等。此外，还有带柄的钺、带柄的锛的形象以及冠形图像等，其中有的字符尚见涂朱痕迹。对于这些图像的性质，学术界虽然有不同认识，但其出现对于中国古代文字的起源和演变，无疑具有重要的意义。

山东龙山文化陶器组合为罐形鼎、甗、鬶、罐、平底盆、豆和高柄杯等，为大汶口文化的延伸，又具有新的历史发展特色。龙山文化的艺术成就，主要表现在玉雕、文字、陶艺方面。临朐西朱封遗址出土大量制作精美的随葬品，以玉冠饰最为华丽。同出的还有玉钺两件，四孔玉刀 1 件，浮雕人面玉簪 1 件，绿松石坠饰 4 件，串饰 18 件，以及数以千计的绿松石片。邹平丁公陶片上刻划文字的发现，是龙山文化的又一重要成就。在一块大平底盆残片上发现五行 11 个字，其余四行均为两个字。这些文字与殷商时期的甲骨文和金文结构有很大区别，可能是古彝文。制陶工艺最具特色的蛋壳黑陶杯的大量出现，代表了龙山文化陶器制作艺术的最高水平，也反映出当时的饮酒已蔚然成风。

大汶口文化和山东龙山文化是东夷文化的载体和表象，与中原华夏文化相较，既有共性，又有明显的区域文化特色，充分反映了中华文明多元一体的格局，具有深厚的历史渊源。

三、嬴秦西迁

嬴秦是一支多灾多难而又有所作为的族群，能忍辱负重，砥砺前行，终成宏伟大业。

嬴秦在历史上多次西迁，几乎都与时局的动乱有关。第一次西迁在夏代末年，嬴秦助商叛夏，进入岐山周原。第二次嬴秦为商西迁戍边。第三次西迁，武王伐纣，嬴秦挺商。第四次西迁，乃因嬴秦参与武庚之乱，引发周公东征。嬴秦兵败，被贬罚西迁移民。第五次，嬴秦后裔大骆及其子非子率族人迁至西犬丘。因其善于养马，为周人抵御西戎，受到周孝王封赏："朕其分土为附庸，邑之秦，使复续嬴氏祀，号曰秦嬴。"嬴秦由此获时来运转的契机，初登"嬴姓小贵族"之位。周宣王时，秦庄公破西戎，夺回其先祖大骆领地西犬丘，并受封"西垂大夫"。周幽王为西戎所杀，秦襄公护周平王至成周，即洛阳。周平王乃封秦襄公为诸侯，将岐山以西之地全部赐与秦国。自此，秦国跃龙门，获得与晋、楚、鲁、齐、燕等国平起平坐的资格，开启历史转折之路。

纵观东夷、嬴秦的发展历程，大汶口文化和山东龙山文化作为其物质和精神文化的载体与表象，以陶鼎、鬶和高柄杯等炊器与水器、酒器，以及丁公陶文等为代表，充分展示了东夷乃至嬴秦人的生活习俗和聪明才智。嬴秦人长途跋涉，屡次西迁，历经磨难，从不入流的酋邦小国，逐渐荣登诸侯之列，终至成就大一统的皇朝伟业，开启了中国古代历史的新纪元，因而具有深远的历史意义。其不屈不挠、胸怀大志、拼搏奋进的精神，也具有激励现今国人的积极意义。

（作者单位：中国社会科学院考古研究所）

清华简与赵简子史事研究

吕庙军

清华简第七辑整理报告于2017年4月在清华大学发布，该辑所收《子犯子馀》《晋文公入于晋》《赵简子》《越公其事》四篇简文，对于研究春秋历史和思想提供了新材料。其中前三篇简文主要与春秋晋国历史大事有关，尤其是公布的第三篇竹简《赵简子》亦受到不少学者关注。清华简《赵简子》共11支简，简长约41.6厘米，宽0.6厘米。除了第4、11支有些文字残缺而不易释读外，其他都清晰可读。原简无序号，清华简整理者根据内容和简背信息细心编联，将《赵简子》全篇分为两部分内容，第一部分内容为范献子对赵简子的“进谏”（规诫）；第二部分内容是赵简子与成鱄的问对。① 清华简《赵简子》的问世，为我们研究晋国历史上著名的政治家、改革家，赵国基业的开创者赵简子提供了难得的契机。

赵简子的历史事迹在《左传》《国语》《史记》《说苑》等传世文献中多有记载，这些文献对赵简子语言特征、思想倾向、人格品行的表现正好能与简文相互对照，可以印证或补证并丰富关于赵简子历史和思想内容的研究。

一、清华简《赵简子》“范献子进谏曰”

清华简《赵简子》的问世，对研究春秋晋国历史和赵国历史文化的学

① 参见李学勤主编：《清华大学藏战国竹简（柒）》，中西书局2017年版，第106页。

者是一件非常欣喜的事情。正如清华简整理者所说，《赵简子》全篇由两部分组成，前为范献子对赵简子的进谏，后系赵简子与成鱄的问答。从语言体裁形式来看，前后两部分都是对话体，属于语类文献。前篇是范献子一人的进谏之言，没有赵简子的言论；后篇是赵简子先问、成鱄然后答，无疑是一种问答体或问对形式。首先，我们结合简文内容对赵简子的历史信息进行分析，然后就其中若干历史疑问尝试探讨。为便于阅读，下文尽量用宽式径引简字，《赵简子》前篇释文如下：

赵简子既受𡩋将军，在朝，范献子进谏曰："昔吾子之将方少，如有讹，则非子之咎，师保之罪也。就吾子之将长，如有讹，则非子之咎，傅母之罪也。今吾子既为𡩋将军矣，如有讹，则非人之罪，将子之咎。子始造于善，则善人至，不善人退。子始造于不善，则不善人至，善人退。用由今以往，吾子将不可以不戒已！"[①]

《赵简子》前篇内容首先点明了赵简子的身份是𡩋将军，也可以视作范献子向赵简子进谏的时间是赵简子为上军将时。简文第一部分记载了范献子向赵简子进谏的主要内容，结合《史记·晋世家》及《左传》有关其事迹记载可以知道赵简子正是为晋国上军将时之事。作为赵氏宗主的赵简子，嬴姓赵氏，名鞅，又名赵孟（非赵简子一人专称），字志父，简子是其谥号。赵简子本是赵氏孤儿赵武之孙，其父赵景叔（子）早逝，赵简子早年代父上朝，为将时年龄应不大。这次进谏发生在朝廷。范献子与赵简子同为晋国正卿，其名亦为鞅，又称士鞅，谥号范献子。两人都属于晋国历史上著名的人物。但是在晋国历史上，赵简子的官职地位一直不及范献子。赵简子曾担任下军佐、上军将、中军佐、中军将，是晋国历史上叱咤风云的人物。从前篇简文内容判断，赵简子已为晋国上军将多时，故范献子言"方少……将长……既为𡩋将军矣"。

首先，对于赵简子政治身份"𡩋将军"的认识，在学术界意见并不统一。

简文前半部分，学者于"𡩋"的释读存在不少分歧，可谓众说纷纭。整理者认为此字读为"承"，训为"继"，受承指继承，"将军"系动宾结构。[②]许文献认为该字读为"裨"，训作"副"或"偏"，"裨将军"

---

① 李学勤主编：《清华大学藏战国竹简（柒）》，第106页。

② 同上书，第108页。

为传世文献习见之将军称号。[①]明珍以为此字读作“篞”，训作“副”。[②]林少平认为明珍的看法可信，并进一步指出古文“副”“倅”皆有“佐”义，当读作“篞将军”即“佐将军”，与文献记载的“赵鞅初入政为六卿之佐下军”吻合。[③]杨蒙生认为“简文‘受䍙将军’可能读为‘受命将军’，指赵简子继承父职而被命为将军”[④]。程浩读为“孟将军”，认为“所谓‘孟将军’或即‘上军将’之别称”[⑤]。陈伟怀疑此字应如杨蒙生先生所说，是从“黽”得声，读为“命”。[⑥]王宁认为，“䍙将军”释读为“上将军”可能性仍然极大；而“孟将军”“命将军”“裨将军”等名称，用在战国（包括）以后的军职上也许可以，但用在晋三军六卿的命名上，感觉都不太适当。[⑦]综合以上诸家所说，从字形、语义、字音、语境及晋国官职的历史变化和含义，本文以为将该字释文为“上”较胜。因此，王宁之释读可能较为得当。

其次，该段简文中官职高的范献子向地位低的赵简子进行“进谏”，简文作者似乎用词不当。

众所周知，在晋国历史上，赵氏、范氏作为晋国六卿中的两个势力，是政治仇敌。李学勤先生在该辑整理报告发布会上也已明确指出：“从史料上可知，范献子、赵简子此二卿一贯不合，是著名的政坛冤家。范献子的规诫是何居心，就很值得玩味了。”[⑧]同样，其观点体现在已经出版的整理报告中：“前一部分反映了范献子和赵简子这对政坛冤家之间的微妙关系。”[⑨]但究竟两人之间的微妙关系是何，李学勤先生并未明言。那么，范献子向自己政敌的“进谏”究竟是何用意呢？为什么在晋国政治地位高的

① 参见许文献：《清华七〈赵简子〉从黽二例释读小议》，武汉大学简帛网，http://www.bsm.org.cn/show_article.php？ id=2801。

② 参见明珍先生于2017年5月5日发表在武汉大学简帛网论坛《清华七〈赵简子〉初读》第10层之评论。

③ 林少平：《也说清华简〈赵简子〉从黽字》，复旦大学出土文献与古文字研究中心网站，http://www.gwz.fudan.edu.cn/Web/Show/3042。

④ 清华大学出土文献读书会（石小力整理）：《清华七整理报告补正》[EB/OL]，清华大学出土文献研究与保护中心网，http://www.tsinghua.edu.cn/publish/cetrp/6831/2017/20170423.html。

⑤ 程浩：《清华简第七辑整理报告拾遗》，清华大学出土文献研究与保护中心，http://www.tsinghua.edu.cn/publish/cetrp/6831/2017/20170423070443275145903/20170423070443275145903_.html。

⑥ 参见陈伟：《也说楚简从“黽”之字》，武汉大学简帛网站，http://www.bsm.org.cn/show_article.php？ id=2792。

⑦ 参见王宁：《史说清华简七〈赵简子〉中的“上将军”》，复旦大学出土文献与古文字研究中心网，http://www.gwz.fudan.edu.cn/Web/Show/3041。

⑧ 转引自江胜信：《除了“卧薪尝胆”越王靠什么灭吴称霸？——〈清华大学藏战国竹简〉第七辑整理报告揭开未知历史细节》，《文汇报》2017年4月24日。

⑨ 李学勤主编：《清华大学藏战国竹简（柒）》，第106页。

范献子要向地位较低的赵简子“进谏”呢？这是我们研究赵简子不得不面对的一个重要问题。赵平安、石小力两位学者认为：“很明显，简文所谓‘进谏’实为‘告诫’，实际上是范献子给赵简子上‘紧箍咒’……赵氏和范氏是政坛上的冤家，范献子对赵简子的进谏折射出二氏之间的微妙关系。”① 此处使用“进谏”一般而言是政治地位低的人对政治地位高的人或下属向上级的谏议。而范献子明明地位比赵简子高，为何简文要反其道而行之却用“进谏”呢？私以为上述两位学者并未深刻揭示其中的真正原因。简文按照常理本该用“规诫”却偏偏用“进谏”。其中道理不应该仅从范献子的说话内容中抉微其旨，更应该从简文文本语言特点与春秋时期的史官思想观念着手分析，或许才能揭示其中主要原因。

我们知道，《赵简子》该篇属于语类文献，既有作者或传抄者陈述的室语言内容，又有直接引用或实录的谈话内容。简文文本形式上是“范献子进谏曰”，这属于史官或传抄者的陈述行文部分，使用“进谏”抑或“规诫”完全属于史官或传抄者遣词造句的事，反映了他们的思想观念。无疑，在这些史官或传抄者的心目中，赵简子的政治地位是应该高于范献子的，故他们要使用“进谏”之辞。这就说明了该史官或传抄者的思想观念的偏向，他们是支持、拥护或站在赵简子一方来进行史学编纂或选择的。从众多春秋时期的语录文献的问对体来看，这些文本都有着某一方面确定的主旨，均反映了作者的看法或思想观念。基于这样的认识，我们认为，《赵简子》的第一部分内容并非范献子进谏赵简子的原貌，而非常可能是后来的史官或传抄者为了一定的政治教化目的重新编撰了晋国保存的档案材料，成为今天我们所见到的样子。

简文使用“范献子进谏”而不用“规诫”，真实暴露了简文作者史官或者传抄者的政治思想倾向，他们认为赵简子才是这段对话的主角。虽然简文第一部分主要记载是范献子的“进谏”内容，他的话占据了该段的大部分内容，但简文内容并不是要突出范献子多么的高明或地位多么的崇高，该段话的主体或主角仍是赵简子。如果我们进一步思考的话，这篇简文大概是赵简子最后击败范氏、中行氏等势力之后或三家分晋以后编纂或改变的语录体文献。这时候赵简子成为四卿中或三家势力中最为强势的力量。

---

① 赵平安等：《成鱄及其与赵简子的问对——清华简〈赵简子〉初探》，《文物》2017年第3期。

这些代表赵氏势力的史官或传抄者在编撰或改编这些材料时，就有意识地掺入了他们的政治思想倾向，以表达他们是支持、拥护赵氏势力的。当然，范氏被消灭之后，他们使用范献子向赵简子“进谏”则是对赵氏的肯定、赞扬，却又是对范氏势力的一种否定、反讽。这或许才是李学勤先生所说的“范献子与赵简子这对政坛冤家之间的微妙关系”的真实用意吧。

现在回过头来，再从传世文献中找出与《赵简子》第一部分内容相似或有关的范献子“进谏”的内容。这就是《国语》中收入的一篇——《邮无正谏赵简子无杀尹铎》。为了分析方便，兹不妨将两者摘引如下：

> 邮无正进，曰：“昔先主文子少衅于难，从姬氏于公宫，有孝德以出在公族，有恭德以开在位，有武德以羞为正卿，有温德以成其名誉，失赵氏之典刑，而去其师保，基于其身，以克复其所。及景子长于公宫，未及教训而嗣立矣，亦能纂修其身以受先业，无谤于国，顺德以学子，择言以教子，择师保以相子。今吾子嗣位，有文之典刑，有景之教训，重之以师保，加之以父兄，子皆疏之，以及此难。夫尹铎曰：‘思乐而喜，思难而惧，人之道也。委土可以为师保，吾何为不增？’是以修之，庶日可以鉴而鸠赵宗乎！若罚之，是罚善也。罚善必赏恶。臣何望矣！”简子说，曰：“微子，吾几不为人矣！”
>
> 范献子进谏曰：“昔吾子之将方少，如有讹，则非子之咎，师保之罪也。就吾子之将长，如有讹，则非子之咎，傅母之罪也。今吾子既为将军矣，如有讹，则非人之罪，将子之咎。子始造于善，则善人至，不善人退。子始造于不善，则不善人至，善人退。用由今以往，吾子将不可以不戒已！”[①]

邮无正，即邮良伯乐，字伯乐，晋国大夫。邮无正向赵简子进言阻止杀死尹铎，他回顾了赵简子祖、父两代赵氏宗族基业来之不易。其中提到简子祖父赵文子具有孝、恭、武、温四德，通过个人的修养恢复了先人的德业。简子父亲赵景子也没有受到师保的教诲而继承了先主的官爵，也能加强自身的修养来承受先人的德业。而到了赵简子继承了爵位，有祖父赵文子的常法，又有父亲赵景子的教诲，再加上师保的教养、同族父兄的指导，对以上均有所忽视从而遭受这场祸难。尹铎以壁垒为师保，就是意在使赵

① 邬国义等：《国语译注》，上海古籍出版社1994年版，第468页。

简子保持忧患意识，引以为鉴戒从而安定赵氏宗族。

在《赵简子》第一部分范献子所谏内容中也从简子之“将方少……师保之罪”“之将长……傅母之罪”“既为上将军……非人之罪”三个阶段进行叙述，与“邮无正谏赵简子无杀尹铎”结构非常相似，只不过后者是以赵简子的祖父、父亲及简子本人三个阶段陈述。最后，前者的落脚点在于突出尹铎修筑、增高壁垒是为了赵氏宗族的安定，赵简子认识到赏善罚恶引导臣僚的重要性。后者则以任用善与不善、善人与不善人的关系，即“子始造于善，则善人至，不善人退。子始造于不善，则不善人至，善人退”，警示赵简子，让他深以为戒。两者所不同的是，前者赵简子对范献子进谏的看法没有下文；后者则有赵简子对邮无正谏说的由衷感激“微子，吾几不为人矣！”反映了赵简子受益之大。

可见，以上两段文字一为出土文献，一为传世文献，记载内容虽略有不同，但其基本结构和内容可以合观，从而弥补、丰富理解《赵简子》第一部分范献子“进谏”赵简子的历史背景和思想动机。赵简子曾就用人用贤问题向多个不同身份地位的人询问，显示了春秋末期面临公族势弱、私门强大、卿大夫专政的政治形势。晋国正卿赵简子对用贤、政治得失、民心的关切，展现了那个时代新兴的地主政治势力的积极进取的朝气和活力，正与当时诸侯国国君的守旧、卑弱形成了明显对比。

赵简子是一位政治头脑清醒、开明的政治家。他不仅礼贤下士，知人善任，而且虚心学习，从谏如流，选贤任能；在遵守礼治的口号下，锐意改革，铸刑鼎，公布成文法，向实行法制迈出一大步。赵简子善于用人，如用阳虎、董安于、周舍等，都是不拘一格。多种文献记载赵简子对周舍颇多青睐：

> 昔者周舍事赵简子，立赵简子之门三日三夜。简子使人出，问之曰“夫子将何以令我？”周舍曰：“愿为谔谔之臣，墨笔操牍，随君之后，司君之过而书之。日有记也，月有效也，岁有得也。”简子悦之，与处。居无几何而周舍死，简子厚葬之。三年之后，与诸大夫饮，酒酣，简子泣。诸大夫起而出曰：“臣有死罪，而不自知也。”简之曰：“大夫反，无罪。昔者吾友周舍有言曰：‘百羊之皮，不如一狐之腋’。众人之唯唯，不如周舍之谔谔。昔纣昏昏而亡，武王谔谔而昌。

自周舍之死后，吾未尝闻吾过也。故人君不闻其非，及闻而不改者亡，吾国其几于亡矣，是以泣也。”[①]

赵简子在晋国执政时非常渴望大臣们直言进谏，时时勉励诸大夫以国家兴亡为重，消除国家治理的弊端。赵简子称誉周舍：“百羊之皮，不如一狐之腋。众人之唯唯，不如周舍之谔谔。”其礼贤下士、察纳谏言的心情是何等的迫切和诚恳。赵简子真无愧于历史上从谏如流、勤政好问、礼贤下士的政治家、改革家。

二、清华简《赵简子》中“赵简子问于成鱄曰”

清华简《赵简子》第一部分内容“范献子进谏曰”前文已进行了详细探讨。下面来看第二部分“赵简子问于成鱄曰”。从前文分析可知，前者是范献子主动向赵简子“进谏”，在一定程度上反映了范献子与赵简子的主从关系、政治地位的高低。无论如何，简文作者是有意表达某种思想或政治倾向的。就竹简第一部分范献子表达的思想主旨来看，范献子在赵简子继承上军将的职位后，强调了赵简子今后要勇于担当政治责任，不可再借口师保、傅母之罪，一切行事对错都应该由个人负责，而不应该推诿他人。另外，还规诫赵简子要以身作则为善，善于任用善人而屏退不善人。第二部分相对第一部分内容就丰富多了，请看简文所述：

> 赵简子问于成鱄曰：“齐君失政，陈氏得之，敢问齐君失之奚由？陈氏得之奚由？”成鱄答曰：“齐君失政，臣不得闻其所由，陈氏得之，臣亦不得闻其所由。抑昔之得之与失之，皆有由也。”赵简子曰：“其所由礼可闻也？”成鱄答曰：“昔我先君献公是居，掌有二宅之室，以好士庶子，车甲外，六府盈，宫中六灶并六祀，然其得辅相周室，亦智者诸侯之谋。（简 7、8）就吾先君襄公，亲冒甲胄，以治河济之间之乱。冬不裘，夏不帐箑，不食濡肉，宫中六灶并六祀，然则得辅相周室，兼霸诸侯。就吾先君平公，宫中三十里，驰马四百驷，奢其衣裳，饱其饮食，宫中三台，是乃侈已，然则失霸诸侯，不知周室……

① 邬国义等：《国语译注》，第 1792 页。

俭之侈……□侈之俭乎？”[①]（简10、11）

简文中“成鱄”亦作成抟，是春秋末晋国大夫，关于其事迹言论也见诸其他史籍。竹简第二部分内容主要是赵简子向成鱄询问齐君失政、陈氏得政的原因。可成鱄并没有正面回答赵简子的问题。于是，赵简子机灵地将话锋一转，又问成鱄齐君和陈氏对礼的执行情况。成鱄于是将晋献公、晋襄公、晋平公时采用的礼义用度的侈俭不同，从而造成政治业绩兼霸诸侯和失霸诸侯的截然不同的结果告知赵简子，旨在使赵简子明白俭与侈关乎国家政治得失的道理。这段简文是关于赵简子向成鱄询问国家政治得失的大道理的。

有趣的是，刘向《说苑·说善》中也记载了赵简子向成抟询问贤人的问题，其详如下：

> 赵简子问于成抟曰:“吾闻夫羊殖者,贤大夫也。是行奚然？”对曰:“臣抟不知也。”简子曰：“吾闻之，子与友亲；子而不知，何也？”抟曰：“其为人也数变，其十五年也，廉以不匿其过；其二十也，仁以喜义；其三十也，为晋中军尉，勇以喜仁；其年五十也，为边城将，远者复亲。今臣不见五年矣，恐其变，是以不敢知。”简子曰：“果贤大夫也，每变益上矣！”[②]

赵简子向成抟询问羊殖是否是贤大夫，听了成抟的一番回答，最后他慨叹羊殖为贤大夫，名副其实。这段话不仅表明羊殖是一位日进的贤大夫，而且也暗示赵简子之臣成抟也是一个具有务实态度品质的诚信大夫。赵简子身边贤臣众多，故多能从他们的谈话中得到治国理政用人的良策。

上引两种文献“赵简子问于成鱄曰”都隐含着深刻的治国理政道理。前者对成鱄的解释，赵简子并未进行评论。后者赵简子在成鱄讲完之后，对羊殖进行了总结评价。这是两种对话体语类文献文本不同之处。总之，赵简子勤政好问，对询问的对象有时给予评论，有时则无文本交代。

《国语·晋语》中亦多载关于赵简子虚心问贤的故事，其中录有赵简子向其手下小吏壮驰兹的发问：

> 赵简子问于壮驰兹曰：“东方之士孰为愈？”壮驰兹拜曰：“敢

---

① 李学勤主编：《清华大学藏战国竹简（柒）》，第106页。

② （汉）刘向：《新序·杂事》，中华书局1985年版，第503页。

贺！”简子曰：“未应吾问，何贺？”对曰：“臣闻之：国家之将兴也，君子自以为不足；其亡也，若有余。今主任晋国之政而问及小人，又求贤人，吾是以贺。”[①]

壮驰兹是春秋时晋国大夫，也是史籍上记载壮姓第一人。其历史事迹仅见于此。这一段话是赵简子向壮驰兹问贤的一个佳例。赵简子尚贤任能、求贤若渴的政治品格通过壮驰兹之口间接表达出来。赵简子担任晋国正卿不耻下问、求贤若渴的心理溢于言表。文字明面上是赵简子请教壮驰兹，实际上在称赞赵简子治国理政的成功。刘向《说苑·说善》中还有一则关于赵简子与孔子著名弟子子贡的问对。其问对内容如下：

赵简子问子贡曰：“孔子为人何如？”子贡对曰：“赐不能识也。”简子不说曰：“夫子事孔子数十年，终业而去之，寡人问子，子曰‘不能识’，何也？”子贡曰：“赐譬渴者之饮江海，知足而已。孔子犹江海也，赐则奚足以识之？”简子曰：“善哉，子贡之言也！”[②]

子贡为孔子得意弟子，姓名为端木赐，春秋末年卫国人。赵简子不仅常常虚心问及属下关于贤人的看法，而且也向子贡询问有关孔子的为人的高见。可子贡的回答很微妙，认为自己只不过是孔子的一名弟子，最大限度地向孔子学习知识和做人，至于孔子的为人，并非自己所能尽知，指出孔子心胸宽广。子贡以“孔子犹江海”给予孔子以高度评价，使赵简子对子贡之言连连称善。赵简子对贤人、圣人之如此倾慕用心，可见赵简子治理晋国、开创赵氏基业是与其优秀的政治风格分不开的。

细心的读者不难发现，赵简子多次向不同身份的人士问贤，这些被问的人并非直接回答问题，大多是间接或以隐喻的形式启发赵简子，赵简子最后都能受到启迪和收获，并且给予满意答复或评价。这不仅反映了赵简子的聪明敏锐，而且充分展现了赵简子的政治悟性和执政能力。在众多史籍中有关赵简子勤政“好问”的诸贤人中，当属《左传·昭公二十五年》中他向郑国的子大叔请教“礼”之记载：

子大叔见赵简子，简子问揖让、周旋之礼焉。对曰：“是仪也，非礼也。”简子曰：“敢问何谓礼？”对曰：“吉也闻诸先大夫子产

① 邬国义等：《国语译注》，第477页。

② （汉）刘向撰，向宗鲁校证：《说苑校证》，中华书局1987年版，第287—288页。

曰：‘夫礼，天之经也，地之义也，民之行也。’天地之经，而民实则之。……民有好恶、喜怒、哀乐，生于六气。是故审则宜类，以制六志。哀有哭泣，乐有歌舞，喜有施舍，怒有战斗；喜生于好，怒生于恶。是故审行信令，祸福赏罚，以制死生。生，好物也；死，恶物也；好物，乐也；恶物，哀也。哀乐不失，乃能协于天地之性，是以长久。”简子曰：“甚哉，礼之大也！”对曰：“礼，上下之纪，天地之经纬也，民之所以生也，是以先王尚之。故人之能自曲直以赴礼者，谓之成人。大，不亦宜乎？”简子曰：“鞅也，请终身守此言也。”[①]

子大叔本名游吉，姬姓，游氏，名吉，时人尊称其为子大叔，春秋时郑国正卿，支持子产改革，后继子产执政。《左传》记载赵简子曾向他问揖让、周旋之礼，游吉告诉简子揖让、周旋之礼仅是一种礼仪形式，而礼的核心主旨是天经地义，是人民行动的规范。听了子大叔的一番关于礼和民性的论说，他说：“礼的作用真是太伟大了！”礼作为上下之纪、天地经纬，是人民得以生存的根本，只有立身行事做到符合礼义规范要求的人才称得上是一个道德人格上完善的人。赵简子对子大叔关于礼的高论及其“鞅也，终身守此言”的感叹，说明子大叔的礼论使赵简子受到了格外的触动。

在众多赵简子询问政治得失和国家兴亡的人物中，不仅有晋国国内的名士贤达，也有他国的政治家或名流。在晋国，史墨称得上是一个对赵简子产生政治和思想影响的关键人物。赵简子曾就国家政治兴亡的缘由咨询晋国著名史官史墨：

赵简子问于史墨曰：“季氏出其君，而民服焉，诸侯与之，君死于外，而莫之或罪也。”对曰：“物生有两，有三，有五，有陪贰。故天有三辰，地有五行，体有左右，各有妃耦。王有公，诸侯有卿，皆有贰也。天生季氏，以贰鲁侯，为日久矣。民之服焉，不亦宜乎？鲁君世从其失，季氏世修其勤，民忘君矣。虽死于外，其谁矜之？社稷无常奉，君臣无常位，自古以然。故《诗》曰：‘高岸为谷，深谷为陵。’三后之姓，于今为庶，王所知也。在《易》卦，雷乘《乾》曰《大壮》，天之道也。昔成季友，桓之季也，文姜之爱子也，始震而卜。卜人谒之，曰：‘生有嘉闻，其名曰友，为公室辅。’及生，如卜人之言，有文在其手曰

① 邬国义等：《国语译注》，第1457—1459页。

‘友’，遂以名之。既而有大功于鲁，受费以为上卿。至于文子、武子，世增其业，不废旧绩。鲁文公薨，而东门遂杀适立庶，鲁君于是乎失国，政在季氏，于此君也，四公矣。民不知君，何以得国？是以为君，慎器与名，不可以假人。”[①]

史墨，又名史黯，姓蔡，名墨，为晋国太史，故称史墨，谙于天文星相、五行数术及筮占。史墨答赵简子之问，认为鲁君时时骄纵淫逸，而季氏能够经常修身勤政，故季氏赢得民心。国家社稷是没有固定的奉祀者的，君臣之间的关系也是可以变化的。鲁君失国，政在季氏。所以作为君主不能把自己的礼器和名爵借给别人。其中详细道理正如《左传·成公二年》引仲尼之言曰：“唯器与名，不可以假人，君之司也，名以出信；信以守器，器以至礼，礼以行义，义以生利，利以平民，政之大节也，若以假人，与人政也，政亡，则国家从之，弗可止也已。”[②] 史墨对国家政治得失的深刻论述，对赵简子的执政思想产生了深刻的影响。

《国语》中也载有史墨谏赵简子田于蝼事，“赵简子田于蝼，史黯闻之，以犬待于门。简子见之，曰：‘何为？’曰：‘有所得犬，欲试之兹囿。’简子曰：‘何为不告？’对曰：‘君行臣不从，不顺。主将适蝼而麓不闻，臣敢烦当日。’简子乃还。”[③] 史墨谏赵简子到国君的园囿随意打猎是违礼的行为，听到史墨的婉转劝告，赵简子便返回了。可见赵简子发现自己行为失当，能够并善于听从臣下的意见，及时改正，做到从谏如流。

余　论

综上所论，清华简《赵简子》第一部分有“谏”无对，第二部分有问有对，属于严格意义上的问对体。虽然二者都属于语录文献，但文本形式上存在差异。从诸多文献中发现的赵简子问于某人的句式来看，赵简子求贤若渴且善于听取并采纳贤者的意见，这些优良的政治素质为他在激烈的春秋晋国的政权斗争中赢得了民心、民意，为赵氏宗族的生存、发展、壮大奠定了政治基础。

---

① 邬国义等：《国语译注》，第473页。
② 同上书，第788—789页。
③ 同上书，第473页。

赵简子在晋国政坛执政达四十余年[①]，尊贤重士，政绩卓著，故在众多文献中留下了有关他的不少历史事迹和言论。从以上史籍记载及论述可知，赵简子勤政好问，求贤若渴，先后向壮驰兹、子贡、成鱄、史墨、子大叔等晋国或他国不同身份地位的人问及治国理政、尚贤使能、礼义的有关问题，“开了以后战国时期尚贤风气的先河”[②]。

由此可见，赵简子纳谏对象广泛，能够从不同群体中汲取宝贵建议，而且赵简子咨询、请教的内容均关乎国家兴亡、政治得失、尚贤任能的核心问题。这不仅对于赵简子的执政能力是一种宝贵的磨练，也是对他推动晋国的政治改革，奠定赵氏宗族由晋卿跃入诸侯、由家入国的基础，并最终夺取晋国的权力，从而开创了赵国基业。

（作者单位：邯郸学院文史学院荀子学院）

① 参见（汉）刘向撰，向宗鲁校证：《说苑校证》，第92页。

② 沈长云等：《赵国史稿》，中华书局2000年版，第96页。

秦帝国中的齐文化

邱文山　张　越

齐文化是一个博大精深的文化体系，是我国古代独具特色的重要地域文化之一，对中华文明的形成和发展具有深远的影响。齐国在长达800年的历史中，数创辉煌。春秋时期为五霸之首，战国时期又列为七雄之冠，并与西方的秦国并立。[①]从公元前230年到公元前221年，秦王嬴政实行远交近攻的策略，各个击破，先后灭掉韩、赵、魏、楚、燕、齐，最终完成统一大业，结束了春秋战国以来500多年的分裂局面。秦的统一，对于以汉民族为主体的多民族国家的经济、政治和文化的发展具有重要意义。秦王朝的建立，是由诸侯割据称雄时代进入统一的专制主义中央集权时代的标志，是中国历史发展新阶段的开端。

一、齐文化发展过程中面临的新形势

齐文化源于上古时期的东、西部两个文化圈。东部文化圈是指上古时期的东夷文化，西部文化圈是指上古时期的华夏文化。齐文化是在东夷文化的基础上融进了诸多华夏文化元素后形成的新文化。齐文化初步形成于公元前11世纪齐国的建立。临淄是齐文化的摇篮。临淄原名“营丘”，因濒临淄水而更名。临淄作为齐国都城，经过数百年的发展，到了战国时期，已经成为海岱之间的大都会。《战国策·齐策一》描述说：“临淄之中

① 参见张越：《富民思想——齐文化的价值内核》，《东岳论丛》2006年第6期。

七万户……临淄之途，车毂击，人肩摩，连衽成帷，举袂成幕，挥汗成雨，家敦而富，志高而扬。”[①]秦汉时期，“齐临淄十万户，市租千金，人众殷富，巨于长安”[②]。正是这座被后人誉为“东方罗马”的古都和绕城而过的淄河，孕育和浇灌出齐文化的丛丛新绿。

姜太公封齐建国至齐桓公称霸诸侯，齐国的历史走过了整个西周，走到了春秋前期。其间，齐国虽然经历了两次移都、三次宫廷内争和几多战乱，但通常情况下，齐国的社会是稳定的，能够在和平的环境下生产和生活，并且迎来了文、成、庄、僖四君长达120年的治世。正是在这样的社会背景下，齐文化出现了形成后的第一次大发展。

进入春秋后，齐桓公和管仲登上了齐国的政治舞台。君臣知遇，风云际会，在齐桓公的充分信任和鼎力支持下，管仲大刀阔斧地进行了旨在富国强兵、尊王攘夷的全方位改革。齐国政治、经济、军事、科技等迅速发展，齐桓公成为春秋第一位霸主。齐文化在这一时期出现了第一次高潮。

战国时期，田氏代齐，齐国顺应改革、争雄、统一天下的时代大潮，刚刚取得政权的田氏统治集团，以蓬勃之精神，积极进取之姿态，励精图治、招揽贤才、富国强兵，在相当长的时期内独占鳌头。此时，齐文化迎来了第二次高潮。

在齐文化的发展过程中，齐国出现了一大批彪炳青史的杰出人物，既有政治家、军事家，又有思想家、科学家。其中荦荦大者有姜太公、齐桓公、齐威王、齐宣王、管仲、晏婴、邹忌、司马穰苴、孙武、孙膑、田单、邹衍、扁鹊、淳于越、徐市等。正是这些杰出的人物，与素以勤劳、勇敢、智慧而著称的齐地劳动人民一起创造了博大精深的齐文化。

秦王嬴政统一六国后，在政治方面，实行郡县制；在经济方面，采取了一系列有利于发展封建经济的措施，统一货币，统一度量衡；在文化方面，秦始皇下令“书同文”。

这一时期，先秦各地域文化、各学术流派，在社会大动荡转向大一统的曲折转化中经历了分化改组、合流，有的衰落，有的得到新的发展，形成了不同倾向的新的学术思潮。这一时期各种地域文化、各种学术思潮

① （汉）刘向：《战国策》，上海古籍出版社1985年版，第337页。
② （汉）司马迁：《史记·齐悼惠王世家》，中华书局1959年版，第2422页。

互相激荡，具有过渡的性质，它既是春秋战国百家争鸣的余波，又是中国传统文化全面整合的文化基础。

中国传统文化在形式上全面整合后，先秦时期的各地域文化作为独立的文化形态已不复存在，但这并不意味着其消失或消亡，这是由文化的相对独立性以及独特的发展规律所决定的。从历史发展的实际情况看，尽管实现了国家政治与经济的统一，但地域文化的差异一直存在。对此，任继愈指出："地区文化不仅在春秋战国存在，秦汉统一以后也仍然存在。全国统一后，由于封建经济是自给自足的自然经济，由于中国地域广大，有千山万水相隔，各地文化传统具有保守性，思想文化上的地区差异性仍长期存在。不仅在秦汉，且在三国、南北朝、隋唐、宋、明乃至清，地域文化一直是存在的。"①

随着秦始皇统一中国，先秦各地域文化、各学术流派面临新的形势：一方面，统治者要选择适合自己统治的指导思想；另一方面，各种思想也希望被统治者青睐。在这一过程中，东方这块古老大地蕴育的齐文化自然也不甘落后。这也表现出齐文化已经逐渐越出先秦的齐国范围，而延及秦王朝的广阔区域，逐渐由地域文化而向主流文化转化。

二、齐文化对秦帝国的重大影响

秦始皇建立了统一的封建帝国，齐国作为周代诸侯国中立国最久的东方泱泱大国，其兴衰史也随之画上了一个缺憾的句号。然而，齐文化并没有、也不可能因此而消失。齐国作为一个政治共同体虽不复存在，但产生在这块古老土地上的丰厚文化却以其强大的生命力，依然变化着形式，曲折地向前发展，并对当时秦朝社会的各个层面均产生了重大的影响。这主要表现为：

第一，齐人邹衍的思想学说成为秦始皇巩固政权的理论依据。战国时的方士，只有方术而没有堂皇的理论，与诸子百家相比，显然黯然失色。至战国末期，阴阳家代表、著名方士邹衍将阴阳五行说与社会朝代的更替相结合，更推而论社会事物之变化，因而显于诸侯，从而也启发了其他方

① 任继愈：《中国哲学思想发展史》第一卷，人民出版社1983年版，第25页。

士。邹衍是阴阳五行学说的集大成者，他把古代产生于齐地的阴阳说与五行说有机地结合在一起，用阴阳消长之道，说明五行的相生相克，从而建构了阴阳五行学说的思想体系，并进一步用五行相胜说来解释人类社会的发展变化和王朝的更替，从而创造了“五德终始”理论。然而，在齐国产生的这一学说并未在本土实践，当秦朝建立后，却被秦始皇顺手接了过去，成为他改朝换代和巩固政权的强有力的思想武器。据《史记·封禅书》载：“自齐威、宣之时，邹子之徒论著终始五德之传，及秦帝而齐人奏之，故始皇采用之。”[①]

秦始皇不仅把“五德终始说”作为其统一大业的理论根据，而且把它作为制定制度和政策的理论基础。为了应秦为水德之命，“秦更命河曰‘德水’，以冬十月为年首，色上黑，度以六为名。音上大吕，事统上法”[②]。《史记·秦始皇本纪》记载：“方今水德之始，改年始，朝贺皆自十月朔。衣服旄旌节旗皆上黑。数以六为纪，符、法冠皆六寸。而舆六尺，六尺为步，乘六马。更名河曰德水，以为水德之始。”以属水的十月为岁首，以属水的黑色为主色调，以代表水的数字六为基本规范，以体现秦为水德之化身。

第二，源于齐地的“封禅”成为秦王朝的盛典。封禅是我国古代神化帝王的一种手段，是宗教与政治相结合而产生的一种独特文化现象。据《史记·封禅书》记载：齐有八祠，主祀八神，其中地主即祠泰山梁父。这一宗教文化或“自古而有之，或曰太公以来作之”。后来，系统而深入地谈封禅的是管仲，而欲行封禅大典的是齐桓公。当时管仲认为没有出现符瑞，桓公封禅的条件尚不成熟。此后似乎再也没有人谈封禅、行封禅，因而司马迁说：“厥旷远者千有余载，近者数百载，故其仪阙然堙灭，其详不可得而记闻云。”

秦王嬴政统一天下后，认为自己德高三皇，功超五帝，于是号称“皇帝”。这时的秦始皇也已通过阴阳五行、五德终始的理论取得了“黑龙”之瑞，“水德”之命，封禅的条件具备了，于是秦始皇便想到了封禅。公元前219年，秦始皇第一次东巡，举行封禅大典。据《史记·封禅书》记载：“（秦始皇）即帝位三年，东巡郡县，祠驺峄山，颂秦功业。于是征从齐鲁之儒生博士

① （汉）司马迁：《史记·封禅书》，第1368页。
② 同上书，第1366页。

七十人，至乎泰山下。”[①]这样，齐桓公没有实现的愿望，却在秦始皇那里得到了实现。

第三，源于齐国的神仙方术在秦朝得到了空前发展。齐地滨海，很早就产生了海上仙山仙人和不死之药的美好传说，这便使人们由对灵魂飞升的希翼转而变为对人生长寿以至不死的现实追求。怎样才能达此目的呢？这就需要借助于方士。神仙与方士的结合，就形成了齐文化中独特的方士文化现象。这种文化对秦始皇和秦朝社会产生了深刻的影响。据史载：秦始皇在短短12年间，五次巡游全国。除第一次是西巡外，其他四次都是东巡。在四次东巡中，有三次到过齐地的琅琊。秦始皇数次至琅琊，是因为这里是东海之滨，而传说中的仙人，就住在东海的蓬莱山上。对秦始皇多次派方士寻求长生不老仙药一事，史书多有记载。秦始皇带着长生不死的幻想病死于沙丘平台。秦始皇醉心于寻求仙药，使齐地的方士文化获得了空前的发展机会。

第四，稷下先生中的上大夫之封开启了秦博士制度。博士作为一种官职制度最早形成于稷下学宫，齐宣王时封稷下先生为上大夫就是明证。秦博士制度是稷下之风的延续与发展，对此，有学者指出：“秦汉的博士制度也与稷下学宫有一定的联系，《史记·秦始皇本纪》载‘始皇置酒咸阳宫，博士七十人前为寿’。秦博士制度由战国稷下及其它学宫发展而来，博士承担着教授文化，参定礼仪，备问咨政的作用。秦博士淳于越曾要求恢复分封旧制，遭到丞相李斯的强烈反对，由此引发了‘焚书坑儒’。当时遗存的战国之士好议之风受到了打击，但博士制度是建立在稳定的君主专制政权之上的，博士的参政议政有一系列的法规做保证，它是君主专制制度的一个组成部分，并不是秦政权偶尔为之的事项，也不像稷下学那样因君主好恶可以随意更改‘议论’的主题或放弃‘议论’。稷下学宫与秦博士制度在形式上较为类似，秦博士制由先代学宫制发展而来，但秦博士制有稳定的制体保证，这是稷下学宫所没有的。”[②]

对“秦汉博士制度源出稷下”，钟肇鹏先生做过考证：“叔孙通为秦时博士有弟子百余人。可见秦时也有博士弟子，称‘博士诸生。’《史记·叔

① （汉）司马迁：《史记·封禅书》，第1366页。

② 李健胜：《稷下先生社会地位刍议》，《管子学刊》2003年第1期。

孙通传》说：‘汉王拜叔孙通为博士，号稷嗣君。’裴骃《集解》引徐广曰：‘言其德业足以继踪稷下之风流也。’其实这就是说明秦及汉初的博士是继承了齐国稷下学宫的制度，故号为‘稷嗣君’。郑康成答‘张逸问《书赞》云：‘我先师棘下生何时人？’答云：‘齐田氏时善学者所会处也，齐人号之曰棘下生，无常人也。’棘、稷音同，古字通。棘下即稷下，稷下生亦即稷下先生，也就是稷下的博士。是博士制度沿于齐稷下，汉朝儒者固知之。”①

稷下学宫的一个鲜明特点就是多元并立、平等共存。齐国统治者并不限制他们的言论自由，更不会以政治手段迫害其人身。这种风气在秦朝前期并未消失。从《史记·秦始皇本纪》记载的周青臣与博士齐人淳于越的辩论可以看出两个问题：淳于越作为博士，可以自由发表自己的不同政见，甚至可以当面责始皇之过，骂周青臣不忠，此其一。秦始皇作为皇帝，尽管悦周青臣之言而恶淳于越之语，但是他并未当场裁决，更没有立即对淳于越治罪，而是下议于李斯，此其二。可见自由争论的稷下学风依稀留存。

三、“焚书坑儒”与齐文化的沉寂

秦向有重视法家思想的传统，秦孝公任用法家的代表人物商鞅推行变法，取得了成功。其实，商鞅推行变法并不是一帆风顺的，在其变法过程中，前后经历过两次与儒家的大论战：一次是变法之初与儒家代表人物甘龙、杜挚的辩论；另一次是变法取得初步成效时与宗室贵戚赵良的辩论。这两场辩论，体现了中国传统文化阶段性整合过程中，各地域文化、各学术流派之间的冲突、演变，对于中国传统文化格局的形成，都是很有意义的。当时，由于秦王的支持，在秦国的法家势力逐渐压倒了儒家势力，而成为秦国的统治思想并逐渐成为传统。后来，秦始皇任法，是对这一传统的继承和发展。

秦始皇三十四年在咸阳宫大宴群臣，引发了关于是否实行“分封制”的大辩论。来自齐国的博士淳于越等儒家代表主张实行“分封制”，而法

① 钟肇鹏：《秦汉博士制度源出稷下考》，《管子学刊》2003 年第 3 期。

家代表李斯等则持相反意见。“丞相李斯曰：‘五帝不相复，三代不相袭，各以治，非其相反，时变异也。今陛下创大业，建万世之功，固非愚儒所知。且越言乃三代之事，何足法也？异时诸侯并争，厚招游学。今天下已定，法令出一，百姓当家则力农工，士则学习法令辟禁。今诸生不师今而学古，以非当世，惑乱黔首。丞相臣斯昧死言：古者天下散乱，莫之能一，是以诸侯并作，语皆道古以害今，饰虚言以乱实，人善其所私学，以非上之所建立。今皇帝并有天下，别黑白而定一尊。私学而相与非法教，人闻令下，则各以其学议之；入则心非，出则巷议，夸主以为名，异取以为高，率群下以造谤。如此弗禁，则主势降乎上，党与成乎下，禁之便。臣请史官非秦记皆烧之，非博士官所职，天下敢有藏《诗》、《书》、百家语者，悉诣守、尉杂烧之。有敢偶语《诗》、《书》者弃市，以古非今者族，吏见知不举者与同罪。令下三十日不烧，黥为城旦。所不去者，医药、卜筮、种树之书。若欲有学法令，以吏为师。’制曰：‘可。’”[①]秦始皇统一全国后，百家争鸣的时代毕竟已经过去，文化专制即将到来。对此，深受稷下学宫熏陶的齐人淳于越，带着十足的书生之气，没有丝毫的敏感，结果被卷入这场文化浩劫。这就是著名的“焚书”事件。

公元前212年，齐国方士又惹出了“坑儒”的事件。秦始皇坑儒的原因是多方面的，但其中最直接的原因是受到了方士的愚弄和讥讽。秦始皇被徐市愚弄后，又被咸阳的文学方术士讥讽。据《史记·秦始皇本纪》载：当时的齐方士卢生和侯生“相与谋曰：‘始皇为人，天性刚戾自用，起诸侯，并天下，意得欲从，以为自古莫及己。专任狱吏，狱吏得亲幸。博士虽七十人，特备员弗用……未可为求仙药。’于是乃亡去。始皇闻亡，乃大怒曰：‘吾前收天下书不中用者尽去之。悉召文学方术士甚众，欲以兴太平，方士欲练以求奇药。今闻韩众去不报，徐市等费以巨万计，终不得药，徒奸利相告日闻。卢生等吾尊赐之甚厚，今乃诽谤我，以重吾不德也。诸生在咸阳者，吾使人廉问，或为妖言以乱黔首。’于是使御史悉案问诸生，诸生传相告引，乃自除。犯禁者四百六十余人，皆坑之咸阳”[②]。这就是骇人听闻的“坑儒”事件。“齐人淳于越进谏……秦始皇下其议丞相府。丞相李斯以为越言不

① （汉）司马迁：《史记·秦始皇本纪》，第255页。

② 同上书，第258页。

可用，因此谓诸生之言惑乱黔首，乃令史官尽烧五经，有敢藏诗书百家语者刑，唯博士乃得有之。”[①]因为这一事件主要是由齐人引起的，所以齐文化自然是首先遭难。从此以后，齐文化便暂时趋向沉寂。

秦始皇下令统一和简化文字，是对中国古代文字发展、演变做了一次总结，也是一次大的文字改革，对中国文化的发展起了重要作用。特别值得一提的是，秦始皇最终完成了“天下”在权威和实际疆域上的统一，将破碎的诸夏地区——华夏文明核心圈重新凝结于一体。秦对于“天下”体系的重构和华夏帝国疆域与制度的建构之贡献可称伟大，却由于自身政治合法性建构的缺陷与政权纯粹法家化统治的失败尝试而迅速灭亡，留下的经验教训成为后世统治者的宝贵遗产。[②]

（作者单位：山东理工大学齐文化研究院）

① （汉）王充：《论衡》，上海人民出版社 1974 年版，第 426 页。

② 参见史少秦：《浅议天下主义与华夏帝国的初成》，《管子学刊》2017 年第 4 期。

汉武封禅之肃然山考

刘家文　徐祥法　宋继荣

肃然山，是一座不起眼的小山。但却因汉武帝登封泰山祭天后下禅于此山祭地而屡见于经传。

司马迁《史记·孝武本纪》记述了汉武帝封泰山后禅肃然山之事：“明日，下阴道。丙辰，禅泰山下阯东北肃然山，如祭后土礼。天子皆亲拜见，衣上黄而尽用乐焉。江淮间一茅三脊为神藉。五色土益杂封。”[①] 意思是，汉武帝在泰山举行封山大典之后，第二天从泰山北面的道路下山，于丙辰日在泰山下东北方向的肃然山上开辟场地祭地，并施以祭祀后土的礼仪。在封禅过程中，天子拜见天神、地神，穿黄色衣服并在祭祀全过程中演奏音乐。用采自江淮一带的三棱灵茅作为神垫，封土用杂土石，用五色土盖在祭坛上。

对于肃然山所在地，由于各类史籍只记载方位而未确指某山，兼之历史上多次区划调整之故，导致后人依据零星线索推测，或此或彼，莫衷一是。

一、史书记载若乱麻，乱麻之中寻“肃然”

其实，肃然山方位很明确：在泰山“东北”方向。《史记·太史公自序》曰：“余从巡祭天地诸神名山川而封禅焉”[②]，司马迁是这次封禅大典的目

① （汉）司马迁：《史记·封禅书》，中华书局 1959 年版，第 1398 页。

② 同上书，第 457 页。

击者和参与者，对肃然山方位的记载当然不会出错。

古代也有肃然山乃邹平长白山、新泰梁父山等不同说法。明末清初名儒顾炎武在其《山东考古录》对此作了辨析："服虔云：'肃然山在梁父。'按：梁父县在今兖州府泗水县境，是泰山之南，与本文东北不合。《酉阳杂俎》云：'长白山，古肃然也。'亦非。按：《史记》：'帝以乙卯封泰山，明日，下阴道。丙辰，禅泰山下阯东北肃然山。'明日，即丙辰也。本日下山，本日行礼，必在三五十里之内，不当远至长白山也。……今泰安州东关往北七十里，地名王许保。其北有山，碑云：'古宿岩山'，恐即肃然山也。又按：光武'以二月二十二日辛卯封泰山，夜，下山。明日，百官上寿。暮宿奉高，三十里。明日发，至梁父，九十里。二十五日甲午，禅梁父。'则谓肃然在梁父者亦非。"[①]

受顾氏所言"王许保其北有山"影响，许多人便把今寨里镇王许村附近的羊丘山视为肃然山。然"王许保"并非"王许村"，"保"乃古代一编制机构，类似于现在的乡镇。顾氏所言，似指"王许保"这一大范围的北部，再者，"恐即肃然山也"，可见顾炎武也未肯定，只是一种猜测。

莱芜现存历代史志大都有肃然山和羊丘山（杨丘山）的记载。

明嘉靖《莱芜县志·地理志·形胜》：

> 杨丘山，在县西北五十里，世传杨六郎隐居于此，见（现）有故城可证。
>
> 肃然山，在县西北五十里，泰山之麓，其势巍然，汉武帝丙辰禅此山，如后土礼。[②]

清康熙《新修莱芜县志·封域志·山川形胜附》：

> 肃然山，在县西北六十里，高二十里，泰山之东麓，其势巍然可畏……
>
> 杨丘山，在县西北五十里。旧志，昔有杨郎隐此，其故城遗迹尚存……[③]

① （清）顾炎武：《山东考古录》，光绪八年七月山东书局重刊本，第 14 页。

② 参见尹承乾主编：《莱芜历代志书集成》上册，中国图书出版社 2009 年版，第 19 页。

③ 同上书，第 123—124 页。

清光绪《莱芜乡土志·山》：

（肃然山）在县西北六十里，王许保，一名杨丘山。[①]

清宣统《莱芜县志·地理志·山》：

杨丘山，在县西北五十里旧寨区。

肃然山，在县西北六十里旧寨区，泰山之东麓，《史记》汉元封元年封泰山，禅泰山下阯东北肃然山，即此。[②]

后世史志均沿袭清志。

从上列可以看出，历代县志皆以肃然山、羊丘山为二山。惟光绪年间的《莱芜乡土志》认为杨邱山即肃然山的说法，而在其后不久宣统年间编纂的《莱芜县志》坚决予以否定，仍主二山非一山的观点。

此外，《山东通志》载："杨邱山，在县西北五十里，又名羊邱。或云：羊叔子居此。云云山，在县西北五十里，界连泰安县，金史以为古肃然也。"[③]此处"云云山"之名或误，其指的是杨邱山附近被《金史》称为肃然山的一座山。《山东通志》认可《金史》所述，主张杨邱山与肃然山非同一座山。

即便历代县志主肃然山与杨丘山为两山的观点呈一边倒的趋势，但细究之，县志记载的肃然山又似非一山。有的说在县西北五十里，有的说六十里。有的则自相矛盾，如嘉靖《莱芜县志》说"在县西北五十里"，但其"县境图"[④]却将其标注在了七八十里之外与泰安接境之处；康熙《莱芜县志》中记载的肃然、羊丘泾渭分明，其另一条有关肃然山的记载记载曰"三清观在肃然山左"[⑤]，然三清观在寨里镇唐王许村，位于羊丘山南偏西方向2公里处，其右十几公里内无山可见，何言"肃然山左"？有人据此认为羊丘山即肃然山，但羊丘山不在其左。

明末清初顾祖禹的《读史方舆纪要》，作为研究中国军事史、历史地理的重要文献，其两处关于肃然山的记载也出现了抵牾之处："肃然山州东北七十里。《史记》：武帝封泰山，下……禅泰山下址东北肃然山。是也。

① 参见尹承乾主编：《莱芜历代志书集成》上册，第408页。

② 同上书，第435页。

③（清）岳濬修、（清）杜诏纂：《（雍正）山东通志》卷六《山川志》，《文渊阁四库全书》本。

④ 参见尹承乾主编：《莱芜历代志书集成》上册，第12页。

⑤ 同上书，第158页。

其东南即莱芜县界。”[①]“又肃然山，在县西北五十里，与泰安州接界。”[②]前者曰“其东南即莱芜县界”，意为肃然山在泰安境内；后者曰“与泰安州接界”，意为在莱芜境内，实在让人摸不着头脑。前者大概是引用了汉代有关汉武封禅的记载，作者未注明。据唐代《元和郡县图志》：元封元年（前110年）“汉武帝封禅，分嬴、博二县立奉高县，以奉泰山之祀。”[③]时将嬴县一分为二，一部分归新设立的奉高县，一部分归莱芜县（时县治在淄川城子庄），肃然山所在地在奉高境内，因称“其东南即莱芜县界”。明嘉靖《莱芜县志》县境图将肃然山标注在泰安、莱芜交界的西北角，或亦因于此。

清末名儒姚鼐云：“余尝病天下地志谬误，非特妄引古记，至纪今时山川、道里、远近、方向，率与实舛，令人愤叹”，而“泰安聂君《泰山道里记》最善，心识其语”。[④]聂君者，聂鈫也，其参考群籍，且遍历泰山、蒿里、云亭、徂徕、灵岩诸山，穷谷悬崖，亲临其境，风雨严寒，务求真面。历经三十余载，写成《泰山道里记》。通过详细勘正，该书认为志书中关于“肃然山、奉高城、季札子墓与白骡冢，俱误指其地”[⑤]。其亲临“肃然山”考察时，遗址遗迹尚存，因而他认为，“恐即肃然山也。按：杨邱山东有小陵，舒畅崛起，是其地矣”[⑥]。肃然乃其东边一小陵。按聂言寻之，唯杨邱山东北方向不远处的大王庄镇政府所在他的孤山符合其描述。

二、史籍留印记，对之现“肃然”

《通典》卷四十二曰：“周制，大司乐云：冬至日，祀天于地上之圆丘。”《尔雅》曰：“（圆丘）非人力为之丘。”是说祭天的圆丘是自然的山丘，非人力堆筑而成。甘肃礼县鸾亭山汉武帝“祭祀遗址的圆坛原本是自然山

① （清）顾祖禹：《读史方舆纪要》卷三十一《山东二》，光绪二十七年二林斋藏版、图书集成局铅印本，第16页。

② （清）顾祖禹：《读史方舆纪要》卷三十一《山东二》，第 16 页。

③ （唐）李吉甫：《元和郡县图志》卷十，清光绪六年金陵书局刊本，第9页。

④ 参见（清）姚鼐：《泰山道里记・序》，（台湾）成文出版社 1968 年影印本，第 27 页。

⑤ （清）姚鼐：《泰山道里记・跋》，第 31 页。

⑥ （清）聂鈫：《泰山道里记》，第 120 页。

脊的一部分，只是被人为挖断而形成的（独立圆丘），更接近《通典》所记的周制。……古代祭天的圆坛……强调在自然的土丘上祭天，可能更符合‘报本反始’的要求，即回报大自然的馈赠”[①]。祭天如此讲究，禅地也不例外。孤山就是一座自然形成的接近圆形的山丘，多土少石，乃一“天赐”禅地场所。

《史记·封禅书》曰：“二曰地主……盖天好阴，祠之必于高山之下畤，命曰畤；地贵阳，祭之必于泽中圜丘云。”[②]从中可知，地性喜阳，祭地必须在水泽之处的圆丘上。孤山正是位于高山之下低洼之处的一座独立小山，其周边不远皆有河流经过。汉代此处水流量很大，与当今不可同日而语，兼之是时山东洪涝严重，此处为一处水泽之地。再看古帝王所禅蒿里、石闾、社首、梁父诸山，境况莫不如此：皆为海拔一二百米的小山，古代周遭环水且相对孤立。

按照古文献记载，“高山之下、小山之上、封土为坛、除地为场、为坛三垓”[③]。虽然现在孤山山体与汉代大相径庭，但在孤山也找到了“三垓”的痕迹，在山顶下侧有一大面积平阔地，应为祭坛下之一“垓”。

“天子从封禅还，坐明堂”[④]，汉武帝封禅肃然之后，去往明堂。汉明堂在故县村南石碑村汶河旁，即今泰安市区东约 19 公里的故县村。孤山南有接驾埠村，原名别驾埠，应为汉武帝禅肃然礼毕之后当地官员别驾之所。

三、山迹印史迹，孤山乃肃然

孤山是位于大王庄镇政府驻地的一座小山，拔地而起，与其他山丘毫无干连，即便下部山体已被村庄遮挡，但掩饰不住其巍峨挺拔的雄姿。山上树木苍苍，阴翳蔽日。尤为值得注意的是，至今山顶仍有较厚的人工筑土。

据山下村庄的高立义老人讲，以前山顶平整，山顶周围砌有方正的石基，所用的石头都是从几公里之外运来的青石。石堰内部有青、红、黄、白、

① 梁云：《对鸾亭山祭祀遗址的初步认识》，《中国历史文物》2005 年第 5 期。
② （汉）司马迁：《史记·封禅书》，第 1367 页。
③ 冯国、巩军：《国家级祭天遗址惊现陕西》，《人民日报》（海外版）2016 年 12 月 7 日。
④ （汉）司马迁：《史记·封禅书》，第 1398 页。

黑五种颜色的天然土壤。此外，山顶上还有五种颜色的石头。“文化大革命”时期，石堰被拆除，石头被挪作他用，他是当时从山上往山下搬运石头者之一。

高立义老人不经意的几句话，让我们如获至宝。青、红、黄、白、黑五种颜色的土，应该是史书上所称的“五色土”。这种五色土有着丰富的文化内涵，代表东、南、西、北、中五方，金、木、水、火、土五行，青帝伏羲、赤帝神农、黄帝轩辕、白帝少昊、黑帝颛顼五帝……以五色土来表明“普天之下，莫非王土”。

我们认为，高立义老人所言“方正的石基”与古代天圆地方的祭坛高度吻合，应为汉武帝禅肃然所建的祭坛，五色土乃《史记》所载“五色土益杂封”，即用代表五方的五色泥土混杂起来放在祭坛上。

2019 年 11 月 12 日，笔者再到孤山寻访，恰遇热爱本土文化、探究孤山即肃然山并对该山进行保护的王端军先生。据王端军先生介绍，大概因民间有口口相传该山为汉武禅地之所的传说，前几年曾有外地不法之徒怀疑山顶“祭坛”下面有“宝贝”，遂在山顶东侧打盗洞，被发现后鼠窜。其实，所谓“宝贝”，史书无载，只不过是犯罪分子的一种臆想。再者，山顶祭坛屡经动扰，已不复存在，即便有所谓“宝贝”，也早已不知所踪。

种种迹象表明，孤山就是史书所载之肃然山。

在孤山周边区域，遗址遗迹较为丰富，多呈现周至汉代文化特征，诸如大王庄村东遗址（面积达 15 万平方米）、大王庄村北遗址（面积 1.8 平方米）、西上崮遗址（面积 1.9 平方米）等。这些遗址除出土大量汉代以前陶器标本外，还出土有青铜鼎、象牙龙凤梳、玉琮等极其重要的珍贵文物。尤为值得注意的是，20 世纪 90 年代，孤山西边的西上崮村村民徐国林在取土时捡到一枚四字铜印章，他本人与当时在莱芜市文物办工作的宋继荣清晰记得上有“司马”两字，其余二字未能辨识，现已佚失。笔者将甘肃礼县鸾亭山附近铁笼山出土的一枚汉代“军司马印”印章图片让其比对，言形制、内容与之无别，此为一汉代武将之印无疑。司马，汉武帝定制，主武也，掌管军事之职。大将军所属军队分为五部，各置司马一人领之。可以想见，汉武帝到此禅地，此“司马”武将可能于此护驾。凡此，足见在汉代以前，这一带就是泰山东麓人烟兴旺、经济发达、交通便利的重要区域。这也是孤山即肃然山的一个佐证。

中华嬴秦文化园项目规划业已完成，兴建在即，这对弘扬中华优秀传统文化，加快新旧动能转换，促进经济社会发展是一件大事、好事。汉武帝封禅之肃然山与文化园项目近在咫尺，在项目建设过程中，若将封禅文化融入项目中，会提升游客认知度、景点多样性、项目厚重度，也必将为“文旅济南”“康养济南”建设增添色彩和光彩。

（作者单位：济南市嬴秦文化研究院）

附录

济南市[1]嬴秦文化研究大事记

（2000年10月—2020年10月）

2000年

• 10月1—7日，中共莱芜市委常委、莱芜市人民政府常务副市长刘宗元，山东人民广播电台高级记者、驻泰安莱芜记者站原站长柳明瑞，特聘《泰山志》主笔、泰山学者李继生等分别应莱芜市振华实业总公司总经理刘家文邀请在泰安相聚，交谈中柳明瑞、李继生等泰安学者谈到莱芜的历史很可能和秦始皇有关系，刘宗元认为这是关系莱芜历史的大事，值得研究探讨，表示市政府成立一个小组组织大家一起研究。

• 10月8日，刘宗元在刘家文陪同下到泰安与柳明瑞继续探讨挖掘莱芜历史文化资源的问题。

• 12月22日，刘宗元在中共莱芜市第十届五次全体委员会议上公开了研究秦始皇祖根在莱芜的信息。

2001年

• 3月9日，莱芜市历史研究组正式成立，中共莱芜市委副书记、市政府常务副市长刘宗元任组长，市政协主席朱应铭、副市长魏春香、副市长毕玉惠、山东人民广播电台泰莱记者站原站长柳明瑞、市政府秘书长办

① 含原莱芜市（即今济南市莱芜区、钢城区、莱芜高新区）。

兼公室主任苏文德、市政府副秘书长冯兆华、市文化局长张绪忠、市史志办主任尹承乾、钢城区副区长卢炳书任副组长，莱城区副区长杨桂钊、市文化局副局长魏玉娥、市政协文史委赵亮、市旅游局副局长何方庚、市档案馆副馆长蒋昆明、市日报社主任编辑唐文芳、市广播电台台长段希曾、市文物办公室主任宋继荣、市地名办主任李学勇、莱城区委办公室副主任研究室主任刘曰芝、钢城区史志办主任唐广源、莱芜振华集团总经理刘家文为成员。

特聘《泰山志》主笔、泰山学者李继生，原泰山档案局副局长冯钦淮，泰山文化研究中心主任周郢，泰山风景名胜区管理委员会考古研究所毕玉堂，泰山文化研究所所长袁明英，新泰历史研究会副会长李明杰、柳方来，新泰历史研究会理事陈新为研究员。

• 8 月，柳明瑞、尹承乾负责编辑论文集《嬴秦与莱芜》，刘宗元安排市政府办公室印刷。

2006 年

• 10 月 31 日，刘宗元、柳明瑞以中国先秦史学会会员的名义，就“嬴姓与莱芜”研究的指导思想和基本定位、范围和重点、研究方式和组织领导以及召开全国学术研讨会、沿秦人西迁路线进行考察交流等问题，向中共莱芜市委书记于建成提交了《关于继续开展“嬴姓与莱芜”研究活动的建议》，建议市委市政府加大力量，继续深化研究，以使研究成果转化为重要的旅游资源和经济文化资源。

2007 年

• 7 月，经过修改补充的《嬴姓溯源》再版发行。

2008 年

• 4 月 9 日，莱芜市人大常委会原第一副主任刘宗元，中共莱芜市委常委、宣传部部长毕玉惠，约柳明瑞、刘家文等见面，商议成立莱芜市嬴姓文化研究会及莱芜市先秦史文化研究院相关事宜。

2009年

• 9月14日，成立山东嬴牟历史文化研究中心。

• 12月23日，山东省民间组织管理局为“山东嬴牟历史文化研究中心”发放登记证书。

2010年

• 经过近半年的筹备，6月23日，莱芜嬴历史文化研究院、山东嬴牟历史文化研究中心在龙园宾馆举行成立大会。中国先秦史学会会员、原莱芜市人大常委会第一副主任刘宗元，中国社会科学院历史所研究员、中国先秦史学会常务副会长兼秘书长宫长为，山东省社会科学院原副院长陈建坤等80余名领导、专家、学者出席了会议。经研究，聘请宋镇豪、孟世凯、宫长为、李明杰、仝蜥纲为学术顾问，刘宗元为名誉院长、名誉主任，朱应铭、孙延年、苏灿华、王守东、韩廷木、董瑞吉为顾问，陈建坤、刘廉堂、戴有奎为特邀顾问，李敏实、刘庆平、许庆奎、吴加庆、韩金来为名誉理事长；选举刘家文为理事长（法人代表），莫哲、赵怀祥、吕桂亭、许英强、王同海、吕纯仁为副理事长，刘家文、柳明瑞、尹承乾、张兆清、唐文芳、宋继荣、冯美荣、李贞峰、王庆喜、杨会银、刁俊河、高留声、窦怀明、陈钦成为常务理事；选举柳明瑞为莱芜嬴历史文化研究院院长，刘家文为常务副院长；选举刘家文为山东嬴牟历史文化研究中心主任；选举尹承乾、张兆清、唐文芳、宋继荣为两研究机构副院长（副主任），唐文芳为两研究机构秘书长、高留声为副秘书长，徐祥法为两研究机构办公室主任。

中共莱芜市市委常委、宣传部部长毕玉惠讲话。

2011年

• 9月7日，刘宗元、毕玉惠、柳明瑞、刘家文、唐文芳、高留声一行前往北京，到清华园拜会著名历史学家、古文字学家、清华大学终身教授、中国先秦史学会名誉会长李学勤先生。李学勤先生对莱芜嬴姓探源高度重视支持，他以出土文物《清华大学藏战国竹书（贰）》中《系年》的记载为例，论证了“秦之先人”即被西迁的“商奄之民”。商奄包括曲阜、莱芜一带，说明嬴秦始源在山东莱芜。

•9月18日上午9时，首届中国•莱芜嬴历史文化学术研讨会隆重开幕。

•10月8日，“莱芜嬴历史文化研究院”更名为“莱芜嬴秦文化研究院”。院刊《嬴文化研究》、网站“嬴文化网”也同时更名，分别称为《嬴秦文化研究》、“嬴秦文化网”。

2012年

•1月中旬，嬴城遗址西北古墓被盗，刘宗元、柳明瑞联合给市委书记写了《关于保护“嬴城遗址”的紧急建议》。市委书记收到报告后当即批示：请公安局长重视并加大打击力度，请分管副市长与有关部门研究加大保护的具体措施并付诸实施”。随后，经莱芜市、莱城区公安干警两个月的缜密侦查，嬴城遗址盗墓案告破，追回一批珍贵文物。

2013年

•3月，首届中国•莱芜嬴历史文化学术研讨会论文集——《嬴秦始源》由中国社会科学出版社出版。该论文集由李学勤先生任编委会主任并作序，宋镇豪先生任主编，宫长为、刘宗元任副主编。全书收录包括李学勤、宋镇豪、孟世凯先生在嬴研会上的主题演讲在内的学术论文52篇、附录11篇，共计50万字。

•5月3日，国务院下发《关于核定公布第七批全国重点文物保护单位的通知》，核定“嬴城遗址”为全国重点文物保护单位。

•6月8日，由中国先秦史学会、中国社会科学出版社、中共莱芜市委宣传部联合主办的首届中国•莱芜嬴历史文化学术研讨会论文集——《嬴秦始源》出版座谈会，在中国社会科学院学术报告厅举行。清华大学终身教授李学勤，山东省政协原副主席王久祜，著名甲骨学家孟世凯，中国先秦史学会会长宋镇豪，中国社会科学院副秘书长、科研局局长晋保平，中国社会科学出版社社长赵剑英，中国先秦史学会副会长宫长为等出席会议，并先后讲话或发言。

• 11 月，莱芜市史志办公室主任刘霞主持，嬴秦文化研究成果及大事记由柳明瑞、尹承乾整理载入新修《莱芜市志》附录，待再修市志时采用。

• 11 月 23 日，莱芜市第十八次社会科学优秀成果奖揭晓，莱芜嬴秦文化研究院报送的首届中国・莱芜嬴历史文化学术研讨会论文集——《嬴秦始源》获著作类一等奖。

2014 年

• 8 月 31 日上午，在莱芜广播电视台，刘宗元、柳明瑞、唐文芳、张子信接待北京雷禾文化产业发展有限公司海天、王梅、杨扬一行，商谈拍 7 集、每集 30 分钟的历史文献纪录片《嬴秦溯源》（暂定名，后改为《嬴秦帝国探源》）合作事宜。

• 12 月 14 日上午，由中国先秦史学会、莱芜嬴秦文化研究院、莱芜广电传媒集团、北京雷禾文化产业发展有限公司筹拍的大型历史文献纪录片《嬴秦帝国探源》开机仪式在人民日报社礼堂举行。李学勤先生出席会议并讲话，宫长为主持会议，刘宗元及莱芜有关部门的负责人到会，毕玉惠致欢迎辞，北京雷禾文化产业发展有限公司董事长海天就纪录片的创作构想和有关情况做了介绍，刘宗元致答谢词。李学勤、薛启亮（中宣部办公厅主任）、宫长为、刘宗元、毕玉惠、海天为开机仪式揭幕。

2015 年

• 6 月，莱芜嬴秦文化研究院与泰山策划研究院合作编制了《中华嬴秦文化园项目概念性规划》并向社会有关方面推介。

• 12 月 25 日，中国先秦史学会聘请中国先秦史学会莱芜嬴秦文化基地主任刘宗元为中国先秦史学会特约理事。

2016年

• 11月12—13日，中国先秦史学会工作会议在河南省辉县市召开。这是中国先秦史学会召开的首次工作会议。全国政协委员、中国社会科学院学部委员、中国先秦史学会会长宋镇豪，副会长兼秘书长宫长为，副会长张新斌、王辉、彭邦本、杜勇以及来自北京、河南、山东、河北、陕西、山西、四川、湖北、重庆、上海10省市的21个分支机构的专家学者80余人参会，莱芜嬴秦文化研究院刘宗元、徐祥法、吕成成出席会议。刘宗元发言，并申请承办中国先秦史学会第二次工作会议，宋镇豪、宫长为研究后同意2017年在莱芜召开第二次中国先秦史学会工作会议。

• 11月底，刘宗元、毕玉惠到济南山航大厦拜访正在出席济南大舜文化研讨会的中国先秦史学会常务副会长宫长为。刘宗元向宫长为会长汇报了在承办中国先秦史学会第二次工作会议的同时召开第二届嬴秦文化研讨会的想法，拟将研讨的主题定为嬴秦文化与中华远古文明，宫长为会长认为很好，随后又向宋镇豪会长做了汇报，宋会长同意并确定成立中国先秦史学会中华远古文明研究基地，并在会上授牌。

2017年

• 4月，刘宗元向正在中央党校学习的中共莱芜市委书记王良汇报了召开第二届嬴秦文化研讨会建议方案，王良书记非常重视，同意召开研讨会，确定仍由市委宣传部牵头，筹备会议事宜。

• 6月27日，山东孙子研究会莱芜分会成立，山东孙子研究会会长、原济南军区联勤部政委张建设少将，山东孙子研究会常务副会长兼秘书长、原滨州军分区政委曹永孚，中国先秦史学会莱芜嬴秦文化研究基地主任、山东孙子研究会副会长刘宗元，莱芜市人大常委会第一副主任毕玉惠，研究院顾问李长江、李德鑫，研究院长柳明瑞，院支部书记郭家安，副院长唐文芳、宋继荣、徐祥法等出席，张建设、刘宗元为山东孙子研究会莱芜分会揭牌并讲话。

• 10月17日，由刘宗元主持策划、董玮负责布展的莱芜嬴秦文化研究成果展第一展室布展完成，正式对外展示。该展室展示了 2000 年至 2016 年莱芜嬴秦文化研究的主要成果，内容包括莱芜历史沿革、与嬴秦有关的历史遗址、嬴秦世系及西迁路线、孟世凯赴莱芜考察、专著书稿、杂志、首届研讨会资料、《嬴秦始源》首发式、纪录片《嬴秦帝国探源》开机仪式、《清华简》、出土文物图片、对外交往、志书、中华嬴秦文化园规划等。

• 10 月 21 日，中国 • 莱芜第二届嬴秦文化与远古文明工作会议暨中国先秦史学会莱芜工作会议在龙园宾馆隆重举行。李学勤先生发来贺信。中国先秦史学会副会长宫长为主持会议，中共莱芜市委常委、宣传部部长李春英致欢迎辞，宋镇豪致开幕词，山东社会科学院副院长王志东、山东孙子研究会会长张建设、中国秦文研究会会长贾雪阳、中国城市经济学会会长晋保平先后致词。

开幕式上，宋镇豪与山东省人大常委会原副主任于建成为设在莱芜的“中国先秦史学会中华远古文明研究基地” 揭牌，基地主任刘宗元接牌。

• 12 月 12 日，柳明瑞、唐文芳、徐祥法赴北京与中国文史出版社签订中国 • 莱芜第二届嬴秦文化与远古文明工作会议论文集 ——《嬴秦文化与远古文明》出版合同。

2018 年

•1 月 17 日，九羊集团、泰山学院、莱芜嬴秦文化研究院三方进行座谈，达成合作意向。经招投标程序，确定中华嬴秦文化园旅游总体规划由泰山学院旅游规划中心编制。

• 11 月 21 日，由中国先秦史学会、山东省社会科学院、中共莱芜市委宣传部联合主办的《嬴秦文化与远古文明》出版座谈会在莱芜举行，中国社会科学院学部委员、历史所研究员、中国先秦史学会会长宋镇豪，山东省人大教科文卫委员会主任委员仉兴玉，山东孙子研究会会长张建设，山东社会科学院院长张述存，中共莱芜市委常委、宣传部部长刘洪海，莱芜市副市长张桂爱等同志出席会议并讲话，中国先秦史学会常务副会长兼秘书长宫长为主持会议，山东省人大教科文卫委员会副主任委员毕玉惠、山东省人大常委会办公厅副巡视员李建军、莱芜市人大常委会副主任魏凯忠以及莱芜有关部门的负责人到会。

《嬴秦文化与远古文明》一书由中国先秦史学会会长宋镇豪主编、中国文史出版社出版，为“中国·莱芜第二届嬴秦文化与远古文明工作会议”上专家学者提交的部分论文汇编，共收录学术论文46篇，附录14篇，共计60多万字。著名历史学家、古文字学家、清华大学出土文献研究与保护中心主任李学勤先生为本书作序。会议认为，《嬴秦文化与远古文明》的出版发行，意义重大而深远，是对山东历史文化研究的重大贡献，是山东社会科学研究的重要成果。莱芜作为嬴秦始源地，又推出了《嬴秦文化与远古文明》这样一项重大成果，意义重大。首先，毫无疑问地推动了嬴秦始源的研究；其次，推动了秦文化的研究；最后，推动了嬴秦文化与山东地区远古文明的探讨。东夷文化与中原地区文化构成了中华文明的东西两大板块，这两个板块在文化发展、社会进步等各个方面来说是平起平坐的。嬴秦文化是东夷文化的一个重要因子。作为山东来讲，东夷文化是更古老的、在山东地区土生土长的文化，它与齐文化、鲁文化在分量上是三足鼎立的，是不容轻视的。

• 12月5日，《嬴秦文化与远古文明》荣获莱芜市第23次社会科学优秀成果著作类特等奖颁奖座谈会在龙园宾馆举行。毕玉惠主持会议，刘宗元出席会议并讲话，莱芜市社科联党组书记、主席李晓华，莱芜嬴秦文化研究院院长柳明瑞，莱芜日报社副总编张全宝以及邓庆昌、王元河、董玮、李胜华等同志分别讲话或发言。

• 12月18日，刘宗元出席会议并向山东孙子研究会赠送了《嬴秦文化与远古文明》一书。山东孙子研究会会长张建设对研究院的工作给予了高度评价，他说，以刘宗元为代表的莱芜嬴秦文化研究基地及嬴秦文化研究院的专家学者，经过十八年的潜心研究，先后推出了《嬴秦与莱芜》《嬴姓溯源》《嬴秦始源》等学术成果，先后召开了两届研讨会，就嬴秦族源问题达成广泛共识，在此基础上完成了《嬴秦文化与远古文明》一书。这本书对先秦史乃至中华文明探源具有重要意义。

• 12月26日，山东孙子研究会顾问、中共河南省委原常委、河南省军区原政委王伟力少将，《雷锋》杂志社副总编辑、原济南军区政治部宣传部部长张振江，临沂军分区原副司令员牟鹏，原济南军区联勤部某分部副部长王允灵一行到莱芜嬴秦文化研究院考察。王伟力认为，莱芜嬴秦文化数年的研究成果在史学界是颠覆性的。这些成果不仅属于莱芜，而且也是山东的，更是全国的，对中华文明探源工程具有重大意义。他建议，随着莱芜区划的调整，嬴秦文化研究应登上更高的平台，把嬴秦文化融入齐鲁文化，融入华夏文化，让它在中华文明史上展现其固有的风采，为文化强国建设贡献自己的力量。

2019 年

• 5 月 16 日，宫长为会长到莱芜九羊查看中华嬴秦文化园选址地及会议设施。

• 6 月 27 日，全国政协常委、山东大学儒学高等研究院执行院长、《文史哲》主编、山东大学讲席教授、校学术委员会副主任、中国墨子学会副会长王学典，山东大学儒学高等研究院党委书记、教授、硕士生导师李平生，山东大学资深教授、博士生导师、中国秦汉史研究会副会长孟祥才，山东大学儒学高等研究院原党委书记、研究员巴金文，山东大学原工会主席、离退休干部党总支书记李光合一行五人，到莱芜嬴秦文化研究院考察交流。

王学典对济南莱芜嬴秦文化研究取得的成果给予了高度评价。他说，济南市嬴秦文化研究院作为一家社会组织，经过多年的悉心研究，对嬴秦族起源于东方还是西方这样一个在史学界悬而未决的问题给出了一个确切的答案，坐实了莱芜为嬴秦起源地，得到了史学界顶级专家的肯定与支持，这是一件很了不起的事情，并表示下一步将全力支持嬴秦文化研究，和嬴秦文化研究院建立紧密的合作关系。李平生表示，下一步将给予嬴秦文化研究全力支持，加强合作，指出嬴秦文化研究成果不仅要走向全国，也应走向世界。巴金文表示，莱芜弘扬地方文化需要高校支持，山大服务地方也需要地方这一平台，这是一件“双赢”的事，十分契合济南的文化建设和山大“服务山东”的目标，会尽力协作做好，为研究弘扬嬴秦文化做些实事。李光合表示，一定把今后的合作关系发展好，争取获得实质性成果，帮助莱芜嬴秦文化研究做些实事，这也是山大服务地方的重要组成部分。孟祥才教授高度赞扬莱芜嬴秦文化研究取得成就并将自己的著作《秦始皇帝大传》赠予刘宗元。

• 7 月 7 日，山东省汉文化促进会全省代表大会在济南召开。山东省汉文化促进会顾问委员会主席刘宗元出席会议并讲话，刘宗元在讲话中指出，汉文化伟大而辉煌。说它伟大，是因为汉文化和我们的国家、民族乃至个人密切相连，汉文化也是华夏文化、中华文化；说它辉煌，是因为汉文化在中华五千年文明史中发挥了承前启后的关键作用，这就是汉承秦制。汉以后尽管我们国家也经历了多次严重的分裂、割据、内战和外族入侵统治，但五千年中华文明、文化始终血脉不断，汉文化功不可没。刘宗元指出，山东省汉文化促进会的成立，为我们学习汉文化、研究汉文化、交流汉文化搭建了一个新的平台。

• 7 月 11 日，“莱芜嬴秦文化研究院”正式更名为“济南市嬴秦文化研究院”。

• 7 月 16 日，中华嬴秦文化产业园总规编制论证会议在九羊集团温泉度假酒店召开，济南市嬴秦文化研究院刘宗元、毕玉惠、柳明瑞、刘家文、郭家安、唐文芳、宋继荣、高留声、徐祥法，泰山学院王雷亭及规划团队，莱芜区王宁及区直有关部门负责人，羊里街道胥会先及有关人员，九羊集团许庆奎、董新清及有关人员出席，泰山学院旅游规划团队汇报了中华嬴秦文化园旅游总体规划编制初稿。

• 8 月 6—12 日，由中国先秦史学会济南嬴秦文化研究基地主任刘宗元带队，济南市嬴秦文化研究院组团赴甘肃考察嬴秦文化，旨在促进济南嬴秦文化研究与甘肃嬴秦文化研究之间的学习交流，全面提升研究水平。考察团先后考察了天水市甘谷县、秦安县和陇南市礼县等地，参观学习了甘肃省博物馆等文化教育机构有关嬴秦文化和远古文明的发掘、保护、研究、开发成就。通过考察，我们清晰地看到了嬴秦西迁后在甘肃的创业发展历史遗迹，看到了大量墓葬、出土文物等说明秦人来自东方的证据。

• 9 月 23—25 日，由中国先秦史学会、石泉县人民政府主办的 2019 中国·石泉鬼谷子文化高峰论坛暨石泉鬼谷子旅游文化园开园仪式在鬼谷子故里陕西省石泉县举行，中国先秦史学会济南嬴秦文化研究基地、中国先秦史学会中华远古文明研究基地主任刘宗元应邀出席会议并做发言和大会感言。

刘宗元在论坛发言中认为，石泉县作为一个拥有 18 万人口的县，经过 16 年的努力，打造出了高水平的鬼谷子文化旅游系列景点、设施，成为石泉文旅产业的龙头，这不仅对鬼谷子文化，对中华文化也是重大贡献，值得我们学习。石泉县是一个纯山区县、贫困县，有自己独特的生态优势，打造康养、文旅产业有得天独厚的条件。刘宗元认为，当前制约石泉各项事业发展最大的瓶颈是交通问题。他建议陕西省委、省政府和安康市委、市政府加大对石泉发展交通的支持力度，交通顺畅了，经济社会各项事业发展速度也就加快了。发言中，刘宗元还就莱芜嬴秦文化的研究历程、研究成果及研究成果转化情况向大会做了介绍。

• 10 月 7 日，国务院下发《国务院关于核定并公布第八批全国重点文物保护单位的通知》（国发〔2019〕22 号），核定“汶阳遗址”为全国重点文物保护单位。

• 10 月 22—23 日，甘肃秦文化研究会第四次学术研讨会在礼县隆重召开。来自全国各地的专家、学者齐聚一堂，展示、交流秦文化研究新成果，济南市嬴秦文化研究院副院长徐祥法代表研究院应邀参会。

会上，与会专家学者围绕各自提交的论文进行了秦文化学术讨论。徐祥法向大会提交了关于秦人祖先东夷地区商奄之民都邑的考证文章——《商奄都邑考》。文章通过相关史料记载确定了奄都的大体位置，并由此通过相关出土文物、地理地名等方面加以论证，确定了奄都具体之所在，对商代奄都所在地这一学界悬而未决的问题给出了自己的答案，得到了与会专家的关注与认同。同时，与会专家对于秦人源于山东、源于莱芜的研究成果，都给予了高度赞扬，并表示要加强与秦人起源地的莱芜在嬴秦文化研究方面的交流与合作。

• 11 月 5 日晚，刘宗元与山东省文化和旅游厅党组成员、办公室主任王炳春按照王磊厅长安排，研究确定了省文化和旅游厅支持嬴秦文化研究课题名称为“山东省嬴秦文化研究转化发展基地”，并决定在中国 • 济南第三届嬴秦文化暨中华嬴秦文化园规划研讨会上授牌。

• 11 月 23—24 日，由中国先秦史学会、山东社会科学院、山东大学儒学高等研究院、山东孙子研究会、中共济南市委宣传部、济南市文化和旅游局主办，中共济南市莱芜区委宣传部、济南市莱芜区文化和旅游局、泰山学院、济南市嬴秦文化研究院、羊里街道党委政府、山东九羊集团、山东普阳集团承办的中国·济南第三届嬴秦文化暨中华嬴秦文化园规划研讨会在嬴秦祖里——济南市莱芜区隆重召开。

开幕式由中国先秦史学会会长宫长为主持。开幕式上，中国城市经济学会会长、中国社会科学院原副秘书长兼科技局局长晋保平，山东省社会科学联合会党组书记、副主席刘致福讲话，中共济南市委常委、宣传部部长杨峰，山东社会科学院副院长、党委委员张少红，山东大学儒学高等研究院党委书记李平生，河北师范大学历史文化学院教授沈长云，山东孙子研究会会长张建设，莱芜区委副书记、区长秦蕾先后致辞，刘宗元做了题为“嬴秦文化研究的深化与成果转化”的研讨会筹备工作报告，泰山学院副院长王雷亭做了“中华嬴秦文化园旅游总体规划编制”的报告。山东省委办公厅信息调研室主任苏守平出席了会议。

本届研讨会在深化嬴秦文化内涵、精神研究的同时，重点对中华嬴秦文化园规划进行了研讨。与会专家学者通过两天的现场考察和规划研讨，对规划总体达成共识，从不同的角度就项目规划、立项、建设、运营及至市场营销等方面提出了建议。会议认为，中华嬴秦文化园项目规划站位较高，立意清晰，调研充分，规划翔实，策划项目具有较高社会吸引力，特别是规划以“嬴秦文化”的物化展示、精神传承、参与体验为重点，打造“嬴秦文化”品牌，具有创新性、唯一性。辅以体现文化、医养结合的康养度假、休闲娱乐，配套系列服务设施等，其市场潜力巨大，可覆盖全国乃至世界。具有良好的经济效益、社会效益、生态效益和文化效益，项目建成后必将成为济南市文旅产业的新亮点、新旧动能转换的新示范，达到预期目的。

研讨会上，与会专家学者还依据考古和文献资料更加深入地论证了嬴秦源于济南莱芜的科学性和正确性，对“嬴秦精神”进行了深度探究和高度提炼，对嬴秦文化与远古文明的关系也做了进一步探讨。

山东省文化和旅游厅对嬴秦文化研究、开发和利用工作一直高度重视，经常给予指导和支持。会上，济南市委常委杨峰与代表山东省文化和旅游厅厅长王磊出席会议的产业处处长张百科为“山东省嬴秦文化研究转化发展基地”揭牌。同时，中国先秦史学会决定依托中国先秦史学会济南嬴秦文化研究基地成立中国先秦史学会嬴秦文化五省交流促进会，为山东、河南、山西、陕西、甘肃五省建立了嬴秦文化研究深化、转化的携手联动新机制。

会议开幕式后，中共济南市莱芜区委书记朱云生会见了与会专家代表。

• 11 月 30 日，以山东省旅游职业学院陈国忠教授为主任委员，山东省文化和旅游厅一级调研员蒋卫东、山东师范大学旅游系教授何桂梅、山东师范大学文学院教授杜贵晨、山东大学管理学院教授吉小青为评审委员的《中华嬴秦文化园旅游总体规划》评审委员会召开评审会，经过认真讨论同意《中华嬴秦文化园旅游总体规划》通过评审。评审委员会认为，首先，嬴秦文化在东夷文化中具有重要贡献与地位，是山东及中国远古文明形成与发展、中华民族精神与华夏一统渊源等的重要文化，建设嬴秦文化园是彰显这一切的重要举措。其次，《中华嬴秦文化园旅游总体规划》调研充分，基础工作扎实，资料翔实，内容全面，思路清晰，成果完备，符合总体规划规范要求。再次，《中华嬴秦文化园旅游总体规划》定位准确，立意深远，创意丰富，空间布局合理，提出的旅游发展战略、发展思路、项目策划具有较强的可操作性。最后，《中华嬴秦文化园旅游总体规划》提出的旅游服务设施体系规划、道路系统规划等符合实际，为中华嬴秦文化园旅游发展奠定了坚实基础。

2020 年

• 9 月 25 日，济南市人大常委会副主任李胜利一行到莱芜区调研嬴秦文化及中华嬴秦文化园项目建设，市人大代表、中国先秦史学会济南嬴秦文化研究基地主任刘宗元，市人大代表、山东省人大教科文卫委员会副主任毕玉惠，莱芜区人大常委会主任高永胜、副区长李亚丽等陪同调研。李胜利认为，中华嬴秦文化园项目正是打造“五个济南”的需要，要抓住时机，合理规划，加快建设。该项目有嬴秦文化多年来的研究成果为基础，有九羊集团的参与，一定会有圆满的结果。中共济南市莱芜区委书记朱云生会见李胜利主任。

• 10 月 12 日，山东省旅游规划院副院长张宏瑞一行四人赴莱芜区考察济南市嬴秦文化研究院、嬴城遗址、羊里街道办中华嬴秦文化园项目选址现场以及中华嬴秦文化园旅游总体规划，充分肯定嬴秦文化研究成果和中华嬴秦文化园旅游总体规划，对项目的推进实施提出了指导性意见，并确定将中华嬴秦文化园项目申报“长城国家文化公园”项目，刘宗元、毕玉惠、邓庆昌、许庆奎、董新清等陪同考察，泰山学院王雷亭校长于前一天与张宏瑞副院长电话介绍了《中华嬴秦文化园旅游总体规划》及编制情况。